NCS 국가직무능력표준 National Competency Standards

한국세무사회 국가공인

I can! 전산회계 2급

2025년 최신버전 KcLep 반영

KB212965

written by 이원주 · 김진우
directed by 김윤주 · 김혜숙

SAMIL | 삼일회계법인 삼일인포마인

2025

머리말

과거에는 부기라는 명칭으로 수작업으로 회계정리를 하였으나, 현재는 정보화 시대의 흐름에 발맞춰 전산을 활용하고 있으며, 4차산업의 등장과 함께 현대 사회가 보다 더 복잡해지는 배경 속에 기업의 경영정보를 제공하기 위한 회계정보의 중요성이 더욱 강조되고 있는 것이 지금의 현실이다.

회계는 기업의 경리담당자 혹은 세무사, 회계사들만이 하는 업무영역으로 전문지식이 필요하다는 편견 속에 "회계는 어렵다"라는 선입견을 가지고 있는 경우가 많지만, 회계는 많은 사람들이 생각하는 것처럼 그렇게 어려운 전문분야가 아니라, 우리의 일상적인 경제생활 모두와 밀접한 연관이 있다고 볼 수 있다.

국가공인 전산회계 자격시험은 한국세무사회에서 기업의 다양한 회계정보에 대한 실무처리능력을 평가하기 위해 이론시험(30%)과 실기시험(70%)으로 구성되어 있으므로, 회계이론과 함께 실무처리능력을 동시에 갖추기 위해 수험생들은 반드시 이론과 실무를 병행해서 학습하여야 할 것이다.

"I CAN 전산회계 2급"의 특징은

첫 째, 체계화된 이론정리

전산회계 자격시험이 과거에 비해 체계적인 회계이론의 학습 없이는 합격하기 힘들게 출제되고 있다. 단순 암기식 혹은 요약만으로 전산회계 2급 시험에 합격하더라도, 향후 상위급수인 전산회계 1급 및 전산세무 자격시험에서 힘들어하는 수험생들의 고충을 많이 접하였기에, I CAN 전산회계 2급은 이론내용을 보다 충실히 정리하고 단원별 기출문제와 분개예제 연습문제를 통한 반복학습 및 자가평가를 진행할 수 있도록 구성하였다.

둘 째, 따라하기와 유형별 연습문제를 통한 실무처리 능력 향상

전산회계 수험용 프로그램인 케이랩(KcLep)의 설치에서 시작하여 기본적인 실무 작업과 함께 프로그램의 활용을 위한 '따라하기' 예제를 수록하였으며, 과거 기출문제의 출제빈도 분석을 통해 다양한 출제유형을 경험해 볼 수 있도록 '유형별 연습문제'를 수록하였다. 따라하기와 유형별 연습문제를 체계적으로 학습한다면 실무시험에 대한 출제유형을 파악할 수 있을 것이다.

셋 째, 최신 기출문제 학습을 통한 완벽한 시험대비

최근 출제경향을 반영한 최신 기출문제 학습을 통해 출제유형 파악은 물론 따라하기와 유형별 연습문제의 학습에 대한 자가평가를 바탕으로 전산회계 2급 자격시험을 완벽하게 준비할 수 있도록 하였다.

"I CAN 전산회계 2급"을 통해 전산회계 2급 자격시험을 준비하는 수험생들에게 합격의 기쁨과 함께, 회계정보의 실무처리능력을 갖춘 전문인으로 한걸음 도약하는 계기가 될 수 있기를 기원한다. "I CAN 전산회계 2급"이 출간될 수 있게 도와주신 삼일피더블유씨솔루션 이희태 대표이사님 및 임직원분들과 바쁘신 일정 속에서 소중한 시간을 내시어 꼼꼼히 감수해주신 김윤주, 김혜숙 교수님께 깊은 감사를 드리고, 교재의 부족한 부분은 앞으로 계속 발전시키겠다는 약속과 함께 독자들의 충고와 질책을 바란다.

2025년 1월 저자 씀

전산회계 2급 자격시험의 개요

1 목적

전산세무회계의 실무처리능력을 보유한 전문인력을 양성할 수 있도록 조세의 최고전문가인 1만여명 세무사로 구성된 한국세무사회가 엄격하고 공정하게 자격시험을 실시하여 그 능력을 등급으로 부여함으로써, 학교의 세무회계 교육방향을 제시하여 인재를 양성시키도록 하고, 기업체에는 실무능력을 갖춘 인재를 공급하여 취업의 기회를 부여하며, 평생교육을 통한 우수한 전문인력 양성으로 국가발전에 기여하고자 함

2 자격시험 시행 근거

- 법적근거: 자격기본법
- 공인번호: 고용노동부 제2021-1호
- 종목 및 등급: 전산세무회계(전산세무 1급 및 2급, 전산회계 1급 및 2급)
- 자격의 종류: 국가공인 민간자격
- 응시료: 30,000원
- 자격증 발급: 모바일자격증(무료) 혹은 실물 "플라스틱"자격증(발급비 5,000원)
- 자격관리기관: 한국세무사회

3 검정기준 등

검정기준 (전산회계 2급)	회계원리(재무회계)에 관한 기본지식을 갖추고 기업체의 세무회계 업무보조자로서, 전산회계 프로그램을 이용한 회계업무 처리능력을 평가함
응시자격	응시자격은 제한이 없다. 다만, 부정행위자는 해당 시험을 중지 또는 무효로 하며 이후 2년간 시험에 응시할 수 없다.
원서접수	접수기간 중 한국세무사회 자격시험 홈페이지(http://license.kacpta.or.kr)로 접속하여 단체 및 개인별 접수(회원가입 및 사진등록 필수)
시험방법	• 이론: 객관식 4지선다형 필기시험(15문항) • 실무: 전산세무회계프로그램(케이렙: KcLep)을 이용한 실기작업
시험시간	60분(이론 및 실무 동시진행)
합격기준	100점 만점에 70점 이상(절대평가)
환불규정	원서접수기간 중에는 100% 환불. 원서접수 마감 후 5일 이내 50% 환불. 이후에는 환불 불가(상세 환불규정은 한국세무사회 자격시험 홈페이지 참고)

4 전산회계 2급 평가범위

이론 (30%)	• 회계원리	당좌 및 재고자산, 유형 및 무형자산, 유가증권, 부채 및 자본금, 수익과 비용 등 (15문항 30점)
실무 (70%)	• 기초정보관리 및 전기분재무재표 작성 (3문항 18점)	
	• 일반전표입력 (8문항 24점)	
	• 전표의 오류수정 (2문항 6점)	
	• 결산 수정분개 입력 (4문항 12점)	

참고 ✓전체적인 문항수와 배점은 거의 동일하지만, 자격시험 회차에 따라 약간의 차이가 있을 수 있음
✓답안매체로는 문제 USB메모리가 주어지며, 이 USB메모리에는 전산세무회계 실무과정을 폭넓게 평가하기 위하여 회계처리대상회사의 기초등록사항 및 1년간의 거래자료가 전산수록되어 있음
✓답안수록은 문제 USB메모리의 기본DATA를 이용하여 수험프로그램상에서 주어진 문제의 해답을 입력하고 USB메모리에 일괄 수록(저장)하면 됨

5 2025년 자격시험 일정

회차	시험시행일	원서접수일	합격자발표일
제118회	02. 09 (일)	01. 02 ~ 01. 08	02. 27 (목)
제119회	04. 05 (토)	03. 06 ~ 03. 12	04. 24 (목)
제120회	06. 07 (토)	05. 02 ~ 05. 08	06. 26 (목)
제121회	08. 02 (토)	07. 03 ~ 07. 09	08. 21 (목)
제122회	09. 28 (일)	08. 28 ~ 09. 03	10. 23 (목)
제123회	12. 06 (토)	10. 30 ~ 11. 05	12. 24 (수)

참고 자격시험의 상세일정은 한국세무사회 자격시험 홈페이지(http://license.kacpta.or.kr)에서 확인 가능하며, 원서접수 기간에는 24시간 접수가능하지만, 마지막날은 18:00까지 이다.(문의: 한국세무사회 ☎ 02-521-8398)

6 자격시험 필수 준비항목

1. 신분증

다음의 신분증 중에 하나는 반드시 있어야 시험에 응시할 수 있다.

① 주민등록증(분실시 임시발급확인서)
② 청소년증(분실시 임시발급확인서)
③ 생활기록부 사본(학교직인이 찍혀있고 사진이 부착되어 있어야함)
④ 여권, 운전면허증, 공무원증, 장애인카드(복지카드)
⑤ 중고등학생의 경우 학생증(대학생 및 대학원생의 경우 학생증으로 응시 불가)

참고 여권의 경우 만료기간 이내여야 하며, 신분증 미 지참시 자격시험에 응시할 수 없으며, 특히 모바일 자격증의 경우 신분확인용으로 사용이 불가하다.

2. 수험표

- 수험표가 없다고 해서 시험을 볼 수 없는 것은 아니지만, 시험장소 확인을 위해 시험일 이전에 출력해 두는 것이 편리하다.(시험이 있는 주의 월요일부터 출력가능)
- 시험당일 수험표를 출력하지 않은 경우, 모바일 수험표도 활용이 가능하다.
- 수험표에는 인적사항, 시험장소 및 시험시 주의사항 및 시험요령 등이 기록되어 있다.

3. 전자계산기

• 전자계산기는 일반계산기를 사용해야 한다.(공학용 계산기는 사용할 수 없다.)
• 스마트폰의 계산기 앱을 사용할 수 없으며, 시험 시 스마트폰은 종료하여야 한다.
• 전자계산기를 미리 준비하지 못한 경우는 KcLep 프로그램에 내장되어 있는 계산기를 사용해도 무방하다.

4. 손목시계

• 전산회계 자격시험은 60분 이라는 한정된 시간에 시험(이론 및 실무)을 마쳐야 하므로, 문제를 푸는 과정에 대한 시간관리가 중요하다. PC에도 시계가 내장되어 있지만 별도의 전자시계를 준비하는 것이 자격시험에 도움이 된다.

참고 탁상용 시계는 사용할 수 있지만, 문자전송 기능이 있는 워치의 경우는 사용이 불가능 하다.

5. 필기구

• 컴퓨터용 펜은 필요 없으며, 전산회계 자격시험은 이론과 실무 모두 KcLep 프로그램에 입력하도록 되어 있어 필기구가 반드시 필요한 것은 아니지만, 계산문제를 풀거나 메모 등을 위해서 간단한 필기구를 준비하는 것이 자격시험에 도움이 된다.

7 자격시험 답안작성

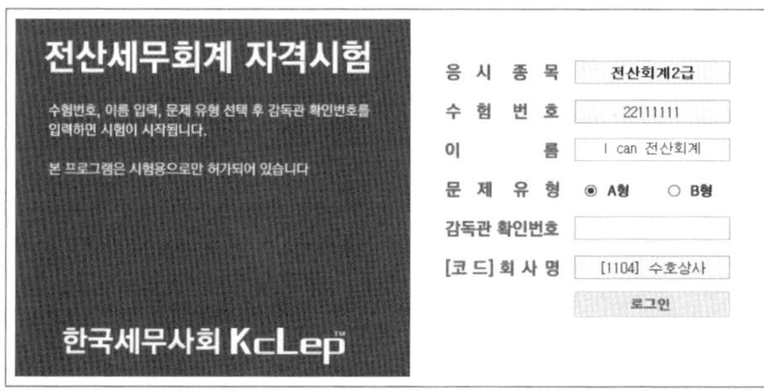

참고 자격시험의 문제유형은 A형과 B형으로 구분되며, 문항수와 내용은 동일하고 순서만 상이하다.

- 실기작업을 완료한 후 [이론문제 답안작성] 메뉴를 통해 이론답안과 장부조회 답안을 입력한다.
- 입력에 이상이 없다면 [답안저장(USB로 저장)]메뉴를 실행하여 시험을 종료한다.

참고 답안저장 후 답안 수정 등 추가 작업을 진행하였을 경우 답안을 다시 저장한 후 감독관에게 USB를 제출하며, 시험지는 제출하지 않아도 된다.

8 전산회계 자격시험 수험절차

시험전	• 시험시작 시간을 숙지하고, 수험표를 비롯한 자격시험 필수 항목을 준비한다. • 자격시험 20분 전까지 시험장소에 도착하여 고사실을 확인한다. • 지정된 좌석을 확인하고 키보드, 마우스 등의 장비를 확인한다. 참고 신분증이 없거나, 유효기간이 만료된 신분증은 자격시험 응시가 불가능하다.
USB 수령	• 감독관으로부터 응시종목별 기초백데이타 설치용 USB를 수령한다. • **USB 꼬리표가 본인의 응시종목을 확인하고, 뒷면에 수험정보를 기재**한다. 한국세무사회 / 〈전산회계 2급〉 / 국가공인 전산세무회계자격시험 / ※ 뒷면을 반드시 기재하시기 바랍니다. 수험번호 / 감독관확인 / 성 명 / 생년월일 / 문제유형 A형 □ B형 □ / KcLep
USB 설치	• USB를 컴퓨터의 **USB 포트에** 삽입하여 인식된 해당 **USB** 드라이브로 이동한다. • **USB**드라이브에서 기초백데이타설치프로그램인 'Tax.exe' 파일을 실행한다. 참고 USB는 처음 설치이후, 시험 중 임의로 절대 재설치(초기화)하지 않아야 한다.
수험정보입력	• [수험번호(8자리)]와 [성명]을 정확히 입력한 후 [설치]버튼을 클릭한다. ※ 입력한 수험정보는 이후 절대 수정이 불가하니 정확히 입력해야 한다.
시험지 수령	• 시험지와 본인의 응시종목(급수) 일치 여부 및 문제유형(A 또는 B)을 확인한다. • 문제유형(A 또는 B)을 프로그램에 입력한다. • 시험지의 상태와 파본 여부를 확인한다.
시험 시작	• 감독관이 불러주는 **'감독관확인번호'를 정확히 입력**하고, 시험에 응시한다.
(시험을 마치면) USB 저장	• **이론문제의 답**은 메인화면에서 이론문제 답안작성 을 클릭하여 입력한다. • **실무문제의 답**은 문항별 요구사항을 수험자가 파악하여 각 메뉴에 입력한다. • 이론과 실무문제의 **답을 모두 입력한 후** 답안저장(USB로 저장) 을 클릭하여 답안을 저장한다. • **저장완료** 메시지를 확인한다. 참고 USB 저장 이후, 답안을 수정하는 경우 최종 제출전 다시 저장 하여야 한다.
USB 제출	• 답안이 수록된 USB 메모리를 빼서, 〈감독관〉에게 제출 후 조용히 퇴실한다.

전산세무회계자격시험은 컴퓨터에 수험용 프로그램(KeLep)이 설치된 상태에서, 수험자가 직접 배부받은 답안매체(USB메모리) 내의 문제 데이터프로그램(Tax.exe)을 설치하고, **본인 스스로 프로그램 사용법 및 세무회계 지식을 기반으로 제한된 시간 내에 문제를 풀어서 입력하고,** 시험 종료시 본인의 입력 자료를 답안매체에 수록하여 제출하여야 합니다.

전산회계 2급 자격시험의 가답안과 확정답안

가답안	• 시험당일 오후 8시경에 한국세무사회 자격시험 홈페이지에 (가)답안이 공개되며, (가)답안에 대해 시험 종료 후 3일이내에 이의신청이 가능하다.
확정답안	• 확정답안은 시험당일 공개된 (가)답안의 이의신청에 대한 검토와 심사를 거쳐 최종발표하며, [기출문제] 메뉴에서 확인할 수 있다.
부분점수 및 채점기준	• 실무처리능력을 검증하는 자격시험의 특성상 부분점수는 원칙적으로 없지만, 출제의도, 풀이과정, 배점 및 난이도 등을 감안하여 [확정답안] 범위 내에서 소폭의 부분점수(감점처리)를 부여하고 있으나, 배점이 큰 문항이나 [확정답안] 내에서 소폭 적용해 온 부분점수(감점처리)는 단계적으로 축소 또는 폐지를 추진하고 있다.

전산회계 2급 자격시험 관련 각종 확인서 발급

한국세무사회 에서는 국가공인 전산세무회계자격시험의 수험생 편의를 위해 [접수확인서], [응시확인서], [자격취득확인서]를 비롯해 인터넷에서 발급된 확인서의 진위여부를 확인할 수 있는 메뉴까지 제공하고 있다.

접수확인서
현재까지 접수한
접수내역을
출력할 수 있습니다.
접수마감 8일 이후부터 가능

응시확인서
현재까지 응시한 응시내역을
출력할 수 있습니다.
(미응시 수험생은 출력불가)
합격자발표 이후부터 가능

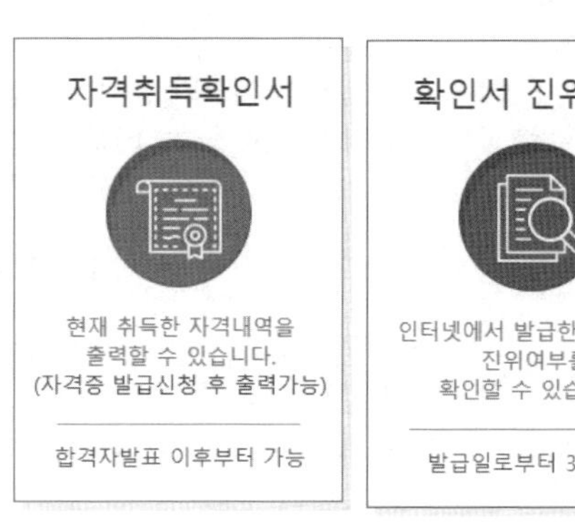
자격취득확인서
현재 취득한 자격내역을
출력할 수 있습니다.
(자격증 발급신청 후 출력가능)
합격자발표 이후부터 가능
확인서 진위여부
인터넷에서 발급한 확인서의
진위여부를
확인할 수 있습니다.
발급일로부터 3개월간

전산세무회계 자격증 발급

자격증발급	• 국가공인 전산세무회계 시험의 자격증은 합격자발표일로부터 한국세무사회 홈페이지에서 신청가능하다. • 전산세무회계 자격증은 플라스틱 카드형태의 실물자격증 혹은 모바일자격증으로 선택 발급되며, 자격증을 발급받지 않고 자격 취득확인서로 자격취득을 증명할 수 있다.

전산세무회계 자격시험의 보수교육

보수교육	• 국가공인 전산세무회계 자격증의 유효기간은 합격일로부터 5년이며, 매 5년 단위로 갱신하여야 한다. • 보수교육을 이수하고 자격증이 갱신등록되면 유효기간이 5년 연장된다.
자격증갱신	• 자격증은 유효기간 만료일 3개월 전부터 만료일까지 보수교육을 받고 유효기간을 갱신하여야 한다. • 보수교육을 이수하지 않은 경우, 그 자격이 일시정지되고 자격증 발급이 제한된다. 단, 교육기간이 지나더라도 언제든지 보수교육을 이수할 수 있고 이수하면 자격갱신이 가능해진다.
보수교육절차	갱신대상 조회 → 교재 다운로드 (종목별 교재 공부) → 평가시험 → 60점 이상 자동갱신등록 (60점 미만은 재시험)

참고 전산세무회계 자격증의 갱신대상 조회 및 보수교육은 한국세무사회 자격시험 홈페이지에서 확인 가능하다.

9 전산세무회계 자격시험 최근 합격율

회차	시험일자	전산세무1급	전산세무2급	전산회계 1급	전산회계 2급
117회	24.12.07.	18.33%	27.77%	46.84%	51.98%
116회	24.10.06.	30.97%	21.01%	43.95%	51.85%
115회	24.08.03.	10.08%	28.44%	48.81%	64.91%
114회	24.06.01.	21.62%	55.92%	37.78%	53.07%
113회	24.04.06.	14.50%	28.52%	42.89%	59.11%
112회	24.02.04.	4.05%	50.79%	40.16%	56.62%
111회	23.12.02.	9.10%	27.75%	39.55%	48.63%
110회	23.10.08.	24.21%	46.44%	30.02%	56.95%
109회	23.08.05.	9.32%	47.01%	33.26%	58.84%
108회	23.06.03.	22.93%	25.51%	29.25%	53.93%
107회	23.04.09.	23.29%	19.06%	33.18%	72.82%
106회	23.02.12.	25.57%	40.67%	44.14%	53.26%
105회	22.12.03.	11.63%	48.57%	51.07%	55.36%
104회	22.10.02.	14.87%	44.45%	46.15%	31.38%
103회	22.08.06.	11.07%	43.50%	38.91%	66.58%
102회	22.06.04.	4.17%	40.53%	34.47%	66.50%
101회	22.04.10.	9.30%	33.91%	51.63%	71.30%
100회	22.02.13.	16.25%	34.66%	50.68%	51.08%

10 전산회계 자격취득자 우대사항

1. 공무원 및 군 기술행정병 가산점 인정

구분	내용
공무원	•경찰청 경찰공무원: 가산점 2점(전산세무 1급, 2급 및 전산회계 1급) •해양경찰청 경찰공무원: 가산점 2점(전산세무 1급, 2급), 가산점 1점(전산회계 1급)
군 기술행정병	•육군: 가산점 30점(전산세무, 전산회계 모든 급수) •해군·공군·해병대: 가산점 44점(전산세무, 전산회계 모든 급수)

2. 평생교육진흥원 학점은행제 학점인정

- 국가공인 전산세무 1급: 16학점(2009년 이전 취득자는 24학점)
- 국가공인 전산세무 2급: 10학점(2009년 이전 취득자는 12학점)
- 국가공인 전산회계 1급: 4학점(2011년 이전 취득자는 해당 없음)
- 국가공인 세무회계: 1급(9학점), 2급(6학점), 3급(3학점)

3. 공기업 및 공공기관 자격활용

공기업	대한석탄공사, 부산항만공사, 울산항만공사, 인천국제공항공사, 인천항만공사, 제주국제자유도시개발센터, 한국공항공사, 한국광물자원공사, 한국남동발전(주), 한국도로공사, 한국동서발전㈜, 한국마사회, 한국석유공사, 한국수자원공사, 한국조폐공사, 한국철도공사, 해양환경관리공단 외 다수
준정부기관	공무원연금공단, 교통안전공단, 국립공원관리공단, 국립생태원, 국민건강보험공단, 근로복지공단, 농업기술실용화재단, 대한무역투자진흥공사, 도로교통공단, 사회보장정보원, 선박안전기술공단, 예금보험공사, 우체국물류지원단, 중소기업기술정보진흥원, 축산물안전관리인증원, 축산물품질평가원, 한국가스안전공사, 한국국제협력단, 한국국토정보공사, 한국노인인력개발원, 한국농수산식품유통공사, 한국디자인진흥원, 한국방송통신전파진흥원, 한국보건복지인력개발원, 한국보건산업진흥원, 한국보훈복지의료공단, 한국산업단지공단, 한국석유관리원, 한국세라믹기술원, 한국승강기안전기술원, 한국언론진흥재단, 한국연구재단, 한국원자력환경공단, 한국임업진흥원, 한국전기안전공사, 한국지식재산전략원, 한국청소년상담복지개발원, 한국청소년활동진흥원 외 다수
공사	강릉관광개발공사, 강원도개발공사, 경기관광공사, 경기평택항만공사, 경남개발공사, 고양도시관리공사, 광주광역시도시공사, 구리도시공사, 남양주도시공사, 당진항만관광공사, 대전광역시도시철도공사, 대전도시공사, 부산관광공사, 성남도시개발공사, 안산도시공사, 여수시도시공사, 인천도시공사, 장수한우지방공사, 제주관광공사, 제주에너지공사, 제주특별자치도개발공사, 창녕군개발공사, 청송사과유통공사, 통영관광개발공사, 함안지방공사, 화성도시공사 외 다수
공단	가평군시설관리공단, 강동구도시관리공단, 강서구시설관리공단, 강화군시설관리공단, 광명시시설관리공단, 구로구시설관리공단, 노원구서비스공단, 대구광역시시설관리공단, 대구환경공단, 도봉구시설관리공단, 동대문구시설관리공단, 문경관광진흥공단, 보령시시설관리공단, 부산지방공단스포원, 부천시시설관리공단, 부평구시설관리공단, 서구시설관리공단, 시흥시시설관리공단, 안동시시설관리공단, 양주시시설관리공단, 양천구시설관리공단, 연천군시설관리공단, 영월군시설관리공단, 용산구시설관리공단, 의정부시시설관리공단, 이천시시설관리공단, 인천광역시시설관리공단, 중구시설관리공단, 중랑구시설관리공단, 창원경륜공단, 파주시시설관리공단 외 다수
기타 공공기관	(재)APEC기후센터, (재)국악방송, (재)우체국시설관리단, (재)한국스마트그리드사업단, (재)한국장애인개발원, (재)한국형수치예보모델개발사업단, (재)한식재단, 가축위생방역지원본부, 강릉원주대학교치과병원, 건설근로자공제회, 경제인문사회연구회, 과학기술정책연구원, 국립광주과학관, 국립문화재연구소, 국립중앙의료원, 국방전직교육원, 국제식물검역인증원, 국토연구원, 그랜드코리아레저(주), 남북하나재단, 노사발전재단, 농업정책보험금융원, 대구경북과학기술원, 대구경북첨단의료산업진흥재단 외 다수

참고 전산세무 및 전산회계 자격취득 사항을 직원채용 및 인사평가 반영, 자격수당 지급 등 다양하게 활용하고 있으며, 일반기업체 관련 내용은 한국세무사회 자격시험 홈페이지에서 확인 가능하다.

11 'I can 전산회계 2급'과 NCS

- 대분류 : 02. 경영·회계·사무
- 중분류 : 03. 재무·회계
- 소분류 : 02. 회계
- 세분류 : 01. 회계·감사, 02. 세무

제1편 Ⅰ. 회계원리 이론

목차	능력단위	수준	능력단위요소
1. 회계의 개념과 순환과정	0203020101_20v4 전표관리	2	• 회계상 거래 인식하기 • 전표작성하기
	0203020112_23v5 재무제표작성	3	• 재무상태표 작성하기 • 손익계산서 작성하기
2. 유동자산	0203020101_20v4 전표관리	2	• 회계상 거래 인식하기 • 전표작성하기
3. 투자자산 및 유형자산	0203020102_20v4 자금관리	2	• 현금시재관리하기 • 예금관리하기 • 어음수표관리하기
	0203020101_20v4 전표관리	2	• 회계상 거래 인식하기 • 전표작성하기
4. 무형자산 및 기타비유동자산	0203020101_20v4 전표관리	2	• 회계상 거래 인식하기 • 전표작성하기
5. 부채	0203020101_20v4 전표관리	2	• 회계상 거래 인식하기 • 전표작성하기
6. 자본금	0203020101_20v4 전표관리	2	• 회계상 거래 인식하기 • 전표작성하기
7. 수익과 비용	0203020101_20v4 전표관리	2	• 회계상 거래 인식하기 • 전표작성하기
8. 장부의 이해	0203020101_20v4 전표관리	2	• 회계상 거래 인식하기 • 전표작성하기

제2편 실무 1. KcLep 실무 따라하기 및 2. 실무문제 유형별 연습

목차	능력단위	수준	능력단위요소
1. 기초정보관리	0203020112_23v5 재무제표작성	3	• 재무상태표 작성하기 • 손익계산서 작성하기
	0203020105_20v4 회계정보시스템 운용	2	• 회계프로그램 운용하기 • 회계정보 활용하기
2. 일반전표입력	0203020101_20v4 전표관리	2	• 회계상 거래 인식하기 • 전표작성하기 • 증빙서류 관리하기
	0203020105_20v4 회계정보시스템 운용	2	• 회계프로그램 운용하기 • 회계정보 활용하기
3. 오류수정	0203020101_20v4 전표관리	2	• 회계상 거래 인식하기 • 전표작성하기 • 증빙서류 관리하기
	0203020105_20v4 회계정보시스템 운용	2	• 회계프로그램 운용하기 • 회계정보 활용하기
4. 기말수정분개	0203020104_23v5 결산처리	2	• 결산준비하기 • 결산분개하기
	0203020105_20v4 회계정보시스템 운용	2	• 회계프로그램 운용하기 • 회계정보 활용하기
5. 장부조회	0203020105_20v4 회계정보시스템 운용	2	• 회계관련 DB마스터 관리하기 • 회계프로그램 운용하기 • 회계정보 산출하기

제2편 실무 2 최신기출문제

목차	능력단위	수준	능력단위요소
기출문제	0203020101_20v4 전표관리	2	• 회계상 거래 인식하기 • 전표작성하기 • 증빙서류 관리하기
	0203020104_23v5 결산처리	2	• 결산준비하기 • 결산분개하기
	0203020105_20v4 회계정보시스템 운용	2	• 회계관련 DB마스터 관리하기 • 회계프로그램 운용하기 • 회계정보 산출하기

목차

3부 실무문제 유형별 연습

4부 최신 기출문제(106~117회)

5부 정답 및 해설

I Can!

전산회계 2급

1부

회계원리 이론

I Can!

전산회계 2급

I Can!

전산회계 2급

1. 회계의 개념과 순환과정

01 회계의 기본개념

1 회계의 이해

회계란 회계정보이용자가 합리적인 의사결정을 할 수 있도록 기업의 경제적 정보를 식별, 인식, 측정, 기록 및 전달하는 과정을 말한다. 이는 회계의 목적과도 유사하며, 기업에서 이루어지는 수많은 "경영활동을 숫자로 표현하는 기업의 언어"라고 표현 하기도 한다.

회계의 정의	회계정보이용자가 합리적인 의사결정을 할 수 있도록 기업의 경제적 정보를 식별, 인식, 측정, 기록 및 전달하는 과정
회계의 목적	정보이용자가 경제적 의사결정을 하는 데 유용한 정보 제공
회계정보이용자	기업과 관련된 모든 사람(경영자, 직원, 투자자, 주주, 채권자, 거래처, 정부 등)

회계에서 중요시되는 기능은 기업실체의 여러 활동 중 어떤 활동이 기록대상이 되는지에 대한 식별(identification)과 기록대상 활동을 화폐가치로 파악하기 위한 측정(measurement), 기록결과를 정보이용자에게 이해가능하도록 하는 전달(communication)이 있다.

참고 회계의 주체는 기업체이며, 회계책임은 경영자에게 있다.

I CAN 기출문제

다음 중 회계의 목적에 대한 설명으로 바르지 않은 것은?

① 일정시점의 재무상태를 파악한다.
② 일정기간 동안의 경영성과를 측정한다.
③ 종업원의 근무 성적을 산출하여 승진에 반영한다.
④ 이해관계자들에게 의사결정에 필요한 정보를 제공한다.

정답풀이

③ 회계의 주된 목적은 기업의 회계정보(재무상태 및 경영성과)를 바탕으로 기업의 이해관계자들에게 의사결정에 필요한 유용한 정보를 제공하기 위한 것이다.

2 회계단위와 회계연도

회계단위	기업이 소유하고 있는 현금, 물품, 채권, 채무 등의 증감변화를 기록, 계산하기 위한 장소적범위를 말하며, 본점 및 지점, 본사 및 공장 등으로 구분된다.
회계연도	기업은 설립과 동시에 경영활동이 무한히 계속되므로 그 기간 전체에 대한 경영성과를 파악하기가 어려워 6개월 또는 1년으로 기간적 범위를 설정하여야 하는데 이 경우를 회계연도 혹은 회계기간이라 하며, 1년을 초과할 수 없다.

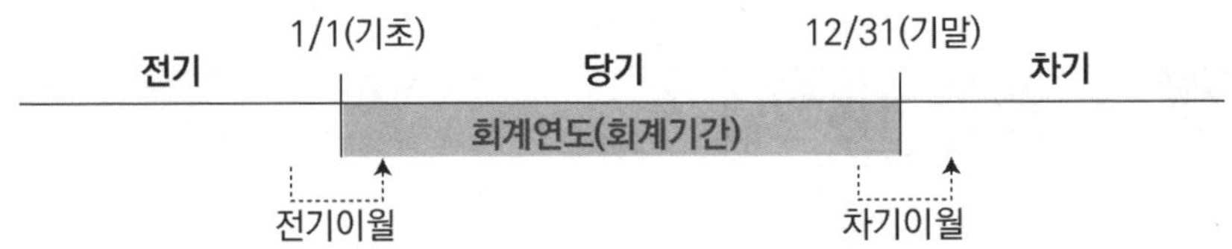

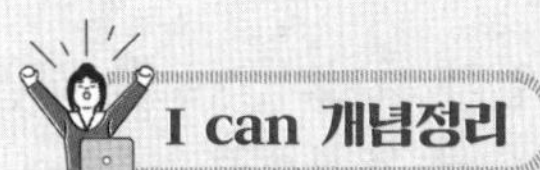

회계연도(회계기간) 기본용어

- 기초: 보고기간의 시작시점
- 당기: 현재의 보고기간
- 차기: 다음의 보고기간
- 전기이월: 전기에서 당기로 이월된 것
- 기말: 보고기간의 종료시점
- 전기: 이전의 보고기간
- 이월: 다음 보고기간으로 넘기는 것
- 차기이월: 당기에서 차기로 이월된 것

I CAN 기출문제

회계기간에 대한 설명 중 올바르지 않은 것은?

① 회계연도라고도 한다.
② 원칙적으로 1년을 초과할 수 없다.
③ 유동자산과 비유동자산의 구분 기준이다.
④ 전기, 당기, 차기로 구분할 수 있다.

 **정답풀이**

③ 회계기간은 회계연도라고도 하며, 원칙적으로 1년을 초과할수 없으며, 1년이내의 기간으로는 임의설정이 가능하며, 전기 및 당기, 차기로 구분이 가능하다.

3 부기와 회계

장부에 기록하다라는 의미의 부기는 복식부기의 원리를 이용하여 거래를 기록하고 분류하며, 요약한다는 의미를 지니는 반면, 회계는 어떤 거래를 누구를 위하여 어떻게 기록하고 전달해야 하는가에 대한 것이 포함된다는 점에서 차이를 구분할 수 있다.

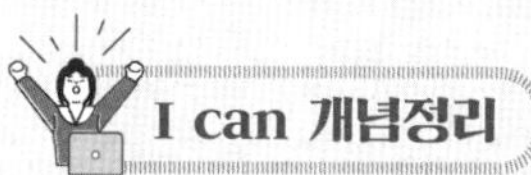

기록·계산하는 방법에 따른 부기의 분류

- 단식부기: 일정한 원리원칙 없이 단순한 장부형태로 작성되어 재무상태 및 경영성과를 파악하기 어렵다.
- 복식부기: 일정한 원리원칙(거래의 이중성, 대차평균의 원리)에 따라 작성하여 자기검증능력을 가지고 있다.

영리성 유무에 따른 부기의 분류

- 영리부기: 영리를 목적으로 하는 기업에서 사용하는 부기로 회계원리, 원가회계, 은행부기, 건설업부기 등이 해당된다.
- 비영리부기: 영리를 목적으로 하지 않는 가계나 학교, 관공서에 사용하는 부기로 가계부, 관청부기, 재단부기 등이 해당된다.

4 회계의 분류

재무회계는 외부공표용 재무제표를 작성하기 위한 것이므로 기업회계기준에서 정하는 규정을 준수하여야 하지만, 관리회계는 내부관리용이므로 기업 내부에서 정한 기준으로 자유롭게 작성할 수 있다.

구 분	관리회계 Management Accounting	재무회계 Financial Accounting	세무회계 Tax Accounting
목 적	경영자가 경영활동에 필요한 재무정보 생성, 분석	일반목적 재무제표 작성	법인세, 소득세, 부가가치세 등의 세무보고서를 작성
정보 이용자	내부정보이용자, 경영자 등	외부정보이용자, 주주, 투자자, 채권자 등	과세관청, 국세청 등
작성 기준	특별한 기준이나 일정한 원칙없이 작성	일반적으로 인정된 회계원칙에 따라 작성	법인세법, 소득세법, 부가가치세법 등에 따라 작성

I can 회계의 기본개념

다음 내용을 확인하고 (   )에 알맞은 회계의 기본개념에 대한 용어를 표기하시오.

1. 회계의 궁극적인 목적은 기업의 경영활동에서 발생하는 거래를 기록, 분류, 요약하여 기업의 모든 이해관계자에게 합리적인 의사결정을 위한 유용한 (   )를 제공하기 위함이다.
2. 부기는 기록, 계산 방법에 따라 (   )와 (   )로 나뉘어지며, 이용자의 영리성 유무에 따라 기업등에서 사용하는 (   )와 학교 및 종교단체등에서 사용하는 (   )로 나뉘어진다.
3. 회계는 회계정보 이용자들을 기준으로 외부보고 목적인 (   )와 내부보고 목적인 (   )로 나뉘어진다.
4. 자산, 부채, 자본의 증감변화를 기록, 계산하는 장소적인 범위를 (   )라 하고, 기업의 재무상태와 경영성과를 파악하기 위해 인위적으로 설정한 기간적인 범위를 (   ) 또는 (   )라 한다.
5. 회계기간의 시작시점을 (   )라 하고, 영업을 마치는 시점을 (   )이라 하며, 당해연도 즉, 당기를 기준으로 이전 연도를 (   ), 다음 연도를 (   )라 한다.

답안

① 회계정보 ② 단식부기, 복식부기, 영리부기, 비영리부기 ③ 재무회계, 관리회계
④ 회계단위, 회계연도, 회계기간 ⑤ 기초, 기말, 전기, 차기

5 일반기업회계기준이 정하는 재무제표

기업회계기준에는 몇 가지 종류가 있지만 주로 일반기업회계기준과 한국채택국제회계기준이 사용되며, 일반기업회계기준이 정하는 재무제표는 다음과 같다.

재무상태표	일정시점의 재무상태(자산·부채·자본에 대한 정보)를 표시
손익계산서	일정기간의 경영성과(수익·비용에 대한 정보)를 표시
자본변동표	자본 구성항목의 기초 및 기말잔액과 회계기간의 변화를 표시
현금흐름표	현금의 유입과 유출(영업활동, 재무활동, 투자활동)등 현금의 흐름을 표시
주 석	각 재무제표의 내용에 대한 추가적인 정보를 표시

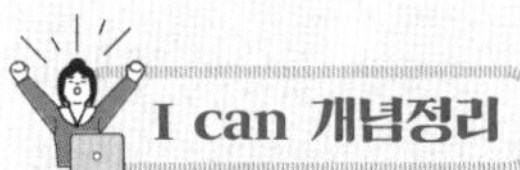

재무보고는 다음 4가지를 목적으로 한다.

- 투자자 및 채권자의 의사결정에 유용한 정보 제공
- 미래현금흐름을 예측하는데 유용한 정보 제공
- 재무상태, 현금흐름, 자본변동 등에 대한 유용한 정보 제공
- 경영자의 수탁책임평가에 유용한 정보 제공

6 회계의 기본가정

회계는 일정한 가정 하에 이루어지며, 기본가정 중 가장 중요한 것은 다음과 같다.

기업실체의 가정	• 기업을 소유주와는 독립적으로 존재하는 회계단위로 간주 • 하나의 기업을 하나의 회계단위의 관점에서 재무정보를 측정, 보고 • 소유주와 별도의 회계단위로서 기업실체를 인정하는 것 참고 회계단위: 기업의 경영활동을 기록 계산하기 위한 장소적 범위(본점, 지점) ex) 회계처리는 주주 등의 입장이 아닌 기업실체 입장에서 해야 한다.
계속기업의 가정	• 일반적으로 기업이 예상 가능한 기간 동안 영업을 계속할 것이라는 가정 • 기업은 그 경영활동을 청산하거나 중요하게 축소할 의도나 필요성을 갖고 있지 않다는 가정을 적용 참고 건물의 내용연수를 20년 등으로 하여 감가상각을 할 수 있는 것은 계속기업의 가정이며, 자산의 가치를 역사적 원가에 따라 평가하는 기본 전제이다.
기간별 보고의 가정	• 기업실체의 존속기간을 일정한 기간 단위로 분할하여 각 기간별로 재무제표를 작성 • 기업의 경영활동을 영업이 시작되는 날부터 폐업하는 날까지 전체적으로 파악하기는 어려우므로, 인위적으로 6개월 또는 1년 등으로 구분하여 재무제표를 작성(기말결산정리의 근거) 참고 회계연도는 1년을 넘지 않는 범위 내에서 기업의 임의대로 설정할 수 있다.

I CAN 기출문제

재무제표는 일정한 기본가정 하에서 작성 된다. 그 기본가정에 해당하지 않는 것은?

① 계속기업의 가정 ② 기업실체의 가정
③ 기간별 보고의 가정 ④ 발생과 이연의 가정

정답풀이

④ 회계의 기본가정은 계속기업, 기업실체, 기간별 보고의 가정이 해당된다.

7 전산회계정보시스템

수작업회계에서는 전산조직체계를 갖추지 않아도 할 수 있다는 장점이 있으나, 회계정보의 처리속도가 너무 느리고 오류의 가능성이 높다는 단점 때문에 최근에는 전산조직에 의해 회계자료를 수집하고, 회계장부와 재무제표를 작성하여 정보이용자에게 전달하는 방식을 채택하고 있는데 이를 전산회계정보시스템 이라고 한다.

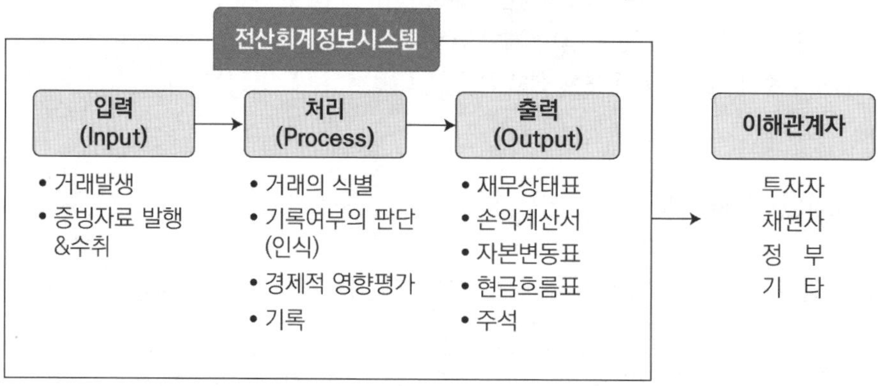

I can 실전문제(회계의 기본개념)

※ I can 실전문제에 수록된 문제들은 모두 전산회계 2급 시험에 다수 출제되었던 내용입니다.

01 **회계의 궁극적인 목적으로 해당하는 것은?**

① 기업내의 모든 거래 사항을 기록, 분류, 요약
② 기업의 의사결정을 위한 정보를 제공
③ 기업 소유주인 주주를 위해 경제적 사실을 요약정리
④ 기업의 자금조달을 위해 채권자에게 상황을 보고

02 **회계상의 회계연도(회계기간)를 바르게 나타낸 것은?**

① 사업개시일에서 폐업일까지를 의미한다.
② 채권과 채무의 소멸일까지를 의미한다.
③ 투자한 자본을 회수할때까지를 의미한다.
④ 결산 후 시점에서 다음 결산기까지를 의미한다.

03 **다음 중 회계주체에 해당하는 것은?**

① 기업체　　② 기업주
③ 은행 및 채권단　　④ 회계책임자

04 **회계단위와 회계연도에 대한 다음 설명 중 옳지 않은 것은?**

① 회계연도는 회계기간이라고도 하며, 보통 6개월 또는 1년 단위로 설정한다.
② 회계단위란 재산의 변동 내역을 독립적으로 기록, 계산 정리하기 위한 장소적인 범위를 말한다.
③ 본점과 지점, 본사, 공장 등은 회계단위의 분류에 해당한다.
④ 회계기간은 기업이 임의로 결정할 수 없으며, 1년 이상으로 설정가능하다.

05 다음 보기의 ( )에 들어갈 회계상 용어는 무엇인가?

> 회계의 주체인 기업이 소유하는 각종 재산 및 자본의 증감변화를 기록, 계산하기 위한 장소적 범위를 (가)라 하고, 인위적으로 설정된 기간적인 범위를 (나)라고 한다.

① 가: 회계연도, 나: 회계기간
② 가: 회계연도, 나: 회계단위
③ 가: 회계단위, 나: 회계연도
④ 가: 회계기간, 나: 회계연도

06 다음 표의 (가)에 들어갈 용어에 해당하는 것은 무엇인가?

20×1년(전기)	20×2년(당기)	20×3년(가)

① 후기
② 차기
③ 기초
④ 기발

07 복식부기에 대한 다음 설명중 올바른 것은?

① 재무상태와 경영성과를 파악하기가 힘들다.
② 소규모 상가 혹은 가계 등에서 사용한다.
③ 현금의 수입과 지출만 회계상에 기록한다.
④ 일정한 원리원칙에 의하여 재산의 변동사항을 정리한다.

02 기업의 재무상태

재무상태란 기업의 일정시점 즉, 기초와 기말의 재산 상태를 의미하는 것으로, 일정시점의 자산, 부채, 자본에 대한 상태를 말한다.

1 자산

기업이 경영활동을 위하여 소유하고 있는 각종 재화나 채권을 말한다. 즉, 과거의 거래나 사건의 결과로서 현재 기업실체에 의해 지배되고 미래의 경제적 효익을 창출할 것으로 기대되는 자원을 말한다.

과 목	내 용
현 금	한국은행에서 발행하는 지폐와 주화, 통화, 통화대용증권(자기앞수표 등)
당좌예금	당좌수표를 발행할 목적으로 은행에 돈을 예입한 금액 (예금자의 청구에 의하여 언제든지 인출가능한 요구불예금)
보통예금	입금 및 출금을 자유로이 할 수 있는 통장예금
현금 및 현금성자산	현금과 당좌예금, 보통예금 등을 합한 것
단기금융상품	만기가 1년 이내의 정기예금, 정기적금 등 을 가입한 경우 (단기예금, 정기예금, 정기적금)
단기매매증권	단기시세차익을 목적으로 주식, 사채, 공채 등 유가증권을 구입한 경우
외상매출금	상품을 매출하고, 대금을 외상으로 한 경우
받을어음	상품을 매출하고, 대금을 약속어음(일정한 시기&장소&금액을 지불하겠다는 약속)으로 받은 경우
매출채권	외상매출금과 받을어음을 합한것
미수금	상품이 아닌 물건(토지, 비품 등)을 매각처분하고 대금을 나중에 받기로 한 경우
단기대여금	금전을 타인에게 빌려주고, 차용증서를 받은 경우
선급금	상품을 매입하기로 하고, 계약금조로 상품대금의 일부를 미리 지급한 경우
상 품	판매를 목적으로 외부로부터 매입한 물품 (재고자산)
비 품	영업용으로 사용하는 책상, 의자, 금고, 응접세트, 컴퓨터 등을 구입한 경우
건 물	영업용으로 사용하는 사무실, 창고, 기숙사, 점포 등을 구입한 경우
토 지	영업용으로 사용하는 땅을 구입한 경우 (운동장, 주차장, 건물부지 등)
기계장치	영업용으로 사용하는 각종 기계장치 등을 구입한 경우
차량운반구	영업용으로 사용하는 화물차, 승용차, 오토바이 등을 구입한 경우
소모품	사무용 장부 및 볼펜 등 소모성이 있는 물품을 구입하고 자산으로 처리한 경우
미착품	자산의 매입과정에서 대금 결제는 하였으나 아직 도착하지 않은 물품

유동자산과 비유동자산

- 자산은 1년 기준(현금화 할 수 있는 기간)에 의해 유동자산과 비유동자산으로 분류된다.

① 유동자산
재무상태표일로부터 1년 이내에 현금화 할 수 있는 자산을 말한다.
(현금 및 현금성자산, 매출채권, 대여금, 미수금, 금융자산, 재고자산 등)

② 비유동자산
재무상태표 작성일로부터 1년 이후에 현금화 할 수 있는 자산을 말한다.
(장기대여금, 장기미수금, 투자부동산 등)

2 부채

기업이 장래에 타인에게 일정한 금액을 갚아야 할 채무(빚)를 말하며, 채권자 지분이라고 한다.

과 목	내 용
외상매입금	상품을 매입하고 대금은 외상으로 한 경우
지급어음	상품을 매입하고 대금은 약속어음(일정한 시기, 장소, 금액을 지불하겠다는 약속)으로 발행한 경우
매입채무	외상매입금과 지급어음을 합한 것
미지급금	상품이 아닌 물건(토지, 건물 등)을 구입하고 대금은 나중에 주기로 한 경우
단기차입금	타인으로부터 현금을 빌리고 차용증서를 발행해 준 경우
선수금	상품을 매출하기로 하고, 계약금조로 상품대금의 일부를 미리 받은 금액
사채	회사가 장기 자금을 조달하기 위하여 발행하고 자금을 차입함과 동시에 만기에 원금 상환을 약속한 채무증권
퇴직급여충당부채	회계연도 말 기준 임직원등에게 지급해야할 퇴직금 해당액

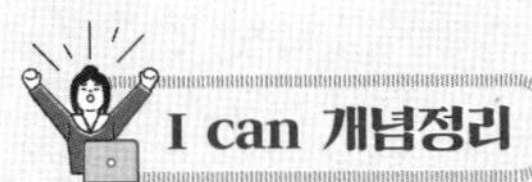

유동부채와 비유동부채

• 부채는 1년 기준(현금화 할 수 있는 기간)에 의해 유동부채와 비유동부채로 분류된다.

① 유동부채

재무상태표일로부터 1년 이내에 만기가 도래하는 부채를 말한다.
(매입채무, 단기차입금, 미지급금, 선수금 등)

② 비유동부채

재무상태표일로부터 1년 이후에 만기가 도래하는 부채를 말한다.
(장기차입금, 사채, 퇴직급여충당부채 등)

I can 계정과목

다음 내용을 확인하고 ( )에 자산, 부채, 자본을 구분하여 표시하시오.

(1) 외상매입금 ( ) (2) 단기매매증권( ) (3) 받을어음 ( )
(4) 자본금 ( ) (5) 지급어음 ( ) (6) 건물 ( )
(7) 차량운반구 ( ) (8) 미수금 ( ) (9) 단기대여금 ( )
(10) 비품 ( ) (11) 미지급금 ( ) (12) 상품 ( )
(13) 단기금융상품 ( ) (14) 매입채무 ( ) (15) 선급금 ( )
(16) 외상매출금 ( ) (17) 선수금 ( ) (18) 미착품 ( )
(19) 단기차입금 ( ) (20) 토지 ( ) (21) 소모품 ( )
(22) 보통예금 ( ) (23) 매출채권 ( ) (24) 당좌예금 ( )

답안

(1)부채 (2)자산 (3)자산 (4)자본 (5)부채 (6)자산 (7)자산 (8)자산 (9)자산 (10)자산 (11)부채 (12)자산 (13)자산 (14)부채 (15)자산 (16)자산 (17)부채 (18)자산 (19)부채 (20)자산 (21)자산 (22)자산 (23)자산 (24)자산

3 자본

기업의 자산총액에서 부채총액을 차감한 잔액으로 자본 또는 순자산이라 한다.

자본등식 → 자산 - 부채 = 자본

4 재무상태표

일정시점에 있어서 기업의 재무상태를 나타내는 일람표로서 재무상태보고서라고도 한다. 재무상태표의 작성형식에는 자산, 부채, 자본의 순서에 따라 상하로 작성되는 보고식 재무상태표와 자산은 차변, 부채 및 자본은 대변에 구분하여 작성되는 계정식 재무상태표가 있으며, 기업의 재무상태 즉 투자활동의 결과인 자산, 부채, 자본에 대한 정보를 제공한다.

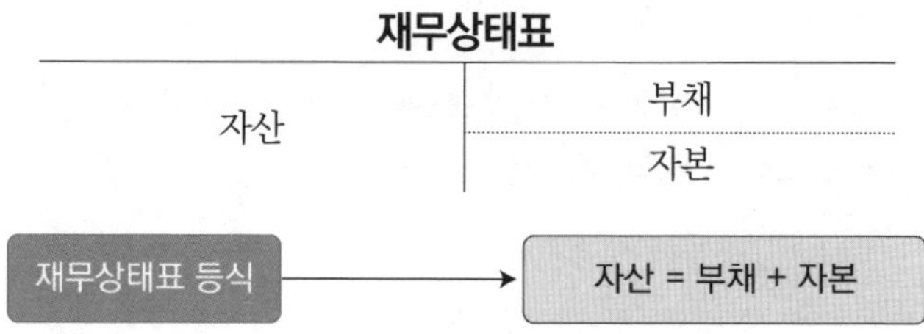

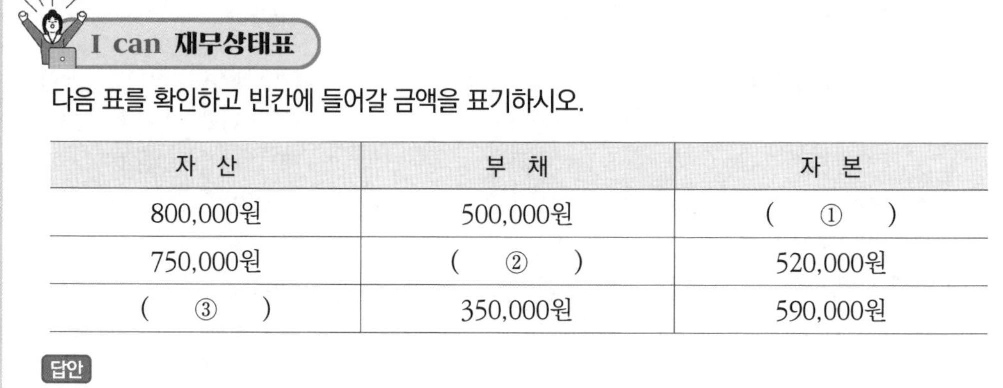

I can 재무상태표

다음 표를 확인하고 빈칸에 들어갈 금액을 표기하시오.

자 산	부 채	자 본
800,000원	500,000원	(①)
750,000원	(②)	520,000원
(③)	350,000원	590,000원

답안

① 300,000원 ② 230,000원 ③ 940,000원

재무상태표

재 무 상 태 표

20X1년 1월 1일

I can 상사 (단위: 원)

자 산	금 액	부채·자본	금 액
현금및현금성자산	1,300,000	매 입 채 무	700,000
단기금융상품	500,000	단기차입금	300,000
매 출 채 권	1,200,000	자 본 금	4,000,000
상 품	500,000		
건 물	1,500,000		
	5,000,000		5,000,000

※ 자산총액은 5,000,000원
※ 부채총액은 1,000,000원
※ 자본총액은 4,000,000원

재무상태표 등식 → 자산 = 부채 + 자본

재무상태표에서 확인되는 당기순손익

- 기초 재무상태표의 자본금과 기말 재무상태표의 자본금을 통해 당기순손익을 파악할 수 있다.
  - ✓ 기초자본금 〈 기말자본금 = 당기순이익
  - ✓ 기초자본금 〉 기말자본금 = 당기순손실

재무상태표에 나타나는 통합계정

- 현금및현금성자산: 현금 + 당좌예금 + 보통예금 + 현금성자산
- 매출채권: 외상매출금 + 받을어음
- 매입채무: 외상매입금 + 지급어음

다음 I can 상사의 기초(1/1)와 기말(12/31)의 자산, 부채와 관련된 자료를 이용하여 재무상태표를 작성하고 아래 물음에 답하시오.

[자료1] 1월 1일의 재무상태

현금	1,400,000원	당좌예금	1,200,000원	단기금융상품	300,000원
단기매매증권	500,000원	외상매출금	1,600,000원	건물	3,000,000원
외상매입금	1,000,000원	단기차입금	800,000원	미지급금	1,200,000원

[자료2] 12월 31일의 재무상태

현금	1,500,000원	당좌예금	800,000원	단기금융상품	500,000원
단기매매증권	500,000원	외상매출금	2,000,000원	건물	3,000,000원
외상매입금	900,000원	단기차입금	600,000원	미지급금	1,000,000원

재 무 상 태 표

I can 상사　　20X1년 1월 1일 현재　　(단위: 원)

자 산	금 액	부채·자본	금 액

재 무 상 태 표

I can 상사　　20X1년 12월 31일 현재　　(단위: 원)

자 산	금 액	부채·자본	금 액

① 기초자산 총액은 얼마인가?
② 기초자본금은 얼마인가?
③ 기말자산 총액은 얼마인가?
④ 기말자본금은 얼마인가?
⑤ 당기순이익은 얼마인가?

답안

재 무 상 태 표

I can 상사　20X1년 1월 1일 현재　(단위: 원)

자 산	금 액	부채·자본	금 액
현금	1,400,000	외상매입금	1,000,000
당좌예금	1,200,000	단기차입금	800,000
단기금융상품	300,000	미지급금	1,200,000
단기매매증권	500,000	자본금	5,000,000
외상매출금	1,600,000		
건물	3,000,000		
	8,000,000		8,000,000

재 무 상 태 표

I can 상사　20X1년 12월 31일 현재　(단위: 원)

자 산	금 액	부채·자본	금 액
현금	1,500,000	외상매입금	900,000
당좌예금	800,000	단기차입금	600,000
단기금융상품	500,000	미지급금	1,000,000
단기매매증권	500,000	자본금	5,800,000
외상매출금	2,000,000		
건물	3,000,000		
	8,300,000		8,300,000

① 8,000,000원　② 5,000,000원　③ 8,300,000원　④ 5,800,000원　⑤ 800,000원

I can 실전문제(기업의 재무상태)

※ I can 실전문제에 수록된 문제들은 모두 전산회계 2급 시험에 다수 출제되었던 내용입니다.

01 **재무상태표의 특징으로 올바른 것은 무엇인가?**

① 기업의 일정기간의 영업실적을 나타낸다.
② 기업의 일정시점의 영업실적을 나타낸다.
③ 기업의 일정기간의 재무상태를 나타낸다.
④ 기업의 일정시점의 재무상태를 나타낸다.

02 **다음 중 재무상태표의 등식을 올바르게 표현한 것은?**

① 자산 = 부채 - 자본
② 자산 = 부채 + 자본
③ 자산 - 부채 = 자본
④ 자산 + 부채 = 자본

03 **다음 설명 중 그 내용이 올바르지 않은 것은?**

① "자산 - 부채 = 자본"은 자본등식 이다.
② 외상매입금, 단기차입금, 선급금 등은 부채에 해당한다.
③ "자산 = 부채 + 자본"은 재무상태표등식 이다.
④ 자산이 250,000원 부채가 180,000원인 기업의 자본금은 70,000원 이다.

04 **다음 중 올바르지 않은 설명은 무엇인가?**

① 기업의 각종 재화, 채권을 자산이라 한다.
② 자산, 부채, 수익 비용은 재무상태표요소이다.
③ 부채는 장래에 일정한 금액을 갚아야할 것이다.
④ 자산총액에서 부채총액을 차감하면 자본금이다.

05 **다음 중 자산으로 계상될 수 없는 것은?**

① 판매를 목적으로 매입한 물품
② 건물을 외상구입하고 아직 지급하지 못한 금액
③ 상품을 판매하고 받지 못한 대금
④ 수표를 발행할 목적으로 당좌예입한 금액

06 **다음 중 부채로 계상될 수 없는 것은?**

① 은행에서 차입한 금액
② 외상으로 상품을 구입하고 아직 지급하지 못한 금액
③ 상품을 취득하기로 하고 지급한 계약대금
④ 상품을 매출하기로 하고 지급받은 계약대금

07 **부채가 고정된 금액이라 가정하고, 기업의 자산이 증가했다면 자본의 변화는 무엇인가?**

① 증가한다. ② 감소한다.
③ 변하지 않는다. ④ 알 수 없다.

08 **1년 이내에 현금화가 가능한 자산을 지칭하는 회계상 용어에 해당하는 것은?**

① 유형자산 ② 유동자산
③ 무형자산 ④ 비유동자산

09 **회계의 기말자산은 1,300,000원, 기말부채는 500,000원이다. 결산시 당기순이익이 300,000원 발생하였다면 기초자본금은 얼마인가?**

① 400,000원 ② 500,000원
③ 600,000원 ④ 700,000원

10 **회계산업의 20X1년 기초자본금은 850,000원이었으며, 20X1년 결산시 기말자본금은 1,250,000원으로 확인되었다. 회계산업의 당기순손익은 얼마인가?**

① 당기순손실 400,000원 ② 당기순이익 400,000원
③ 당기순손실 300,000원 ④ 당기순이익 300,000원

11 다음 자료에 의하여 매입채무를 계산하면 얼마인가?

• 외상매출금: 500,000원	• 받을어음: 200,000원	• 미 수 금: 100,000원
• 외상매입금: 500,000원	• 지급어음: 300,000원	• 미지급금: 100,000원

① 700,000원　② 800,000원
③ 900,000원　④ 1,000,000원

12 다음 ( ) 안에 들어갈 내용으로 옳은 것은?

( )은(는) 순자산으로서 기업실체의 자산에 대한 소유주의 잔여청구권이다.

① 자산　② 부채　③ 자본　④ 당기순이익

13 다음 자료를 이용하여 뚜기상사의 단기차입금을 계산하면 얼마인가?

• 현금: 2,500,000원	• 받을어음: 3,000,000원	• 미수금: 3,500,000원
• 미지급금: 1,800,000원	• 단기차입금: ( )	• 자본금: 5,000,000원

① 2,200,000원　② 3,500,000원
③ 4,000,000원　④ 5,800,000원

14 다음 중 부채에 대한 설명으로 가장 옳지 않은 것은?

① 부채는 과거의 거래나 사건의 결과로 현재 기업실체가 부담하고 있고 미래에 자원의 유출 또는 사용이 예상되는 의무이다.
② 유동성장기부채는 유동부채로 분류한다.
③ 부채는 1년을 기준으로 유동부채와 비유동부채로 분류한다.
④ 정상적인 영업주기 내에 소멸할 것으로 예상되는 매입채무와 미지급비용 등이 보고기간 종료일로부터 1년 이내에 결제되지 않으면 비유동부채로 분류한다.

03 기업의 경영성과

경영성과는 일정기간 동안 기업의 경영 활동의 결과로 그 기간동안 발생한 수익과 비용의 총액을 의미한다.

1 수익

수익(Revenue)이란, 상품의 매매활동과정에서 발생하는 매출액이나, 기업의 여유자금을 대여하고 받는 이자수익, 용역을 제공하고 받는 수수료수익 등과 같이 기업실체의 경영활동과 관련된 재화의 판매, 용역의 제공 등의 대가로 발생하는 자산의 증가 또는 부채의 감소를 통해 자본의 증가를 가져오는 요인이다.

과 목	내 용
상품매출	상품을 매출하였을 때 발생하는 수익계정
이자수익	단기대여금 또는 은행의 예·적금 등에서 발생하는 이익을 받은 경우
임대료	건물, 토지 등을 빌려주고, 집세 및 지대(토지 사용료)를 받은 경우
수수료수익	용역등을 제공하거나 상품판매 중계역할을 하고 수수료를 받은 경우
배당금수익	주식에 대한 배당금을 받은 경우
단기매매증권처분이익	주식, 사채, 공채 등의 단기매매증권을 처분하면서 발생하는 이익
유형자산처분이익	건물, 비품, 토지 등의 유형자산을 원가 이상으로 처분하였을 때 발생하는 이익
잡이익	영업활동 이외에서 발생하는 것으로 폐품, 박스 등의 처분 등에서 발생하는 비교적 금액이 적은 이익

2 비용

비용(Expense)이란, 기업의 경영활동 결과로 수익을 얻기 위하여 희생된 대가로서 기업실체의 경영활동과 관련된 재화의 판매, 용역의 제공 등의 대가로 발생하는 자산의 유출이나 사용 또는 부채의 증가를 통해 자본의 감소를 가져오는 요인이다.

과 목	내 용
이자비용	차입금에 대한 이자를 지급한 경우
임차료	건물, 토지 등을 빌리고 집세 및 지대(토지 사용료)를 지급한 경우
수수료비용	용역 등을 제공받거나 상품판매 중계역할 서비스를 받고, 수수료를 지급한 경우
급여	종업원에게 월급을 지급한 경우
여비교통비	택시요금, 버스요금, 시내출장비 등을 지급한 경우
통신비	전화요금, 우편요금, 통신요금 등을 지급한 경우
수도광열비	수도, 가스, 사무실 난방비 등을 지급한 경우
전력비	전기요금을 지급한 경우
소모품비	사무용 장부 및 볼펜 등의 소모성 물품을 구입하고 비용으로 처리한 경우 (사무용품비)
세금과공과	기업의 재산세, 자동차세, 상공회의소 회비, 각종 협회비 등을 지급한 경우
보험료	영업용건물의 화재보험료, 영업용차량의 보험료 등을 지급한 경우
광고선전비	상품 판매를 위해 지급되는 TV, 혹은 신문에 광고비 등을 지급한 경우
운반비	상품 매출시 발생한 운반비, 짐꾸러기 비용 등을 지급한 경우
수선비	건물, 기계장치 등의 수리비를 지급한 경우
도서인쇄비	신문구독료 및 도서, 잡지 등을 구입한 경우
단기매매증권처분손실	단기매매증권을 장부금액 미만으로 처분하여 발생하는 손실
유형자산처분손실	유형자산을 장부금액 미만으로 처분하여 발생하는 손실
잡손실	영업활동에 관계없는 손실 (현금도난 등)
복리후생비	자사 직원들의 회식, 식사대접, 선물, 축의금, 유니폼 등을 지급한 경우
접대비 (기업업무추진비)	거래처 직원들에게 식사대접, 선물, 회식 등을 제공한 경우
교육훈련비	종업원들의 직무능력향상 교육을 실시한 경우
차량유지비	회사의 업무용 차량의 주차비, 세차비, 주유비, 엔진오일교체비용 등을 지급한 경우
기부금	불우이웃돕기 성금이나, 태풍 혹은 재해 재난 등에 성금을 기탁한 경우
감가상각비	유형자산의 내용연수에 비례한 감가상각을 설정한 경우
대손상각비	매출채권의 대손에 대비해 대손충당금을 설정하거나 대손되는 경우

참고 기업이 업무와 관련이 있는 자와 업무를 원활하게 진행하기 위하여 지출한 금액을 "접대비"라는 용어로 처리하고 있으나, 세법에서는 "접대비"라는 용어의 부정적 의미로 인해 "기업업무추진비"라는 용어로 변경(2024.01.01.부터 시행)되었다. 다만, 기업회계기준에서는 현행 "접대비"라는 용어를 그대로 사용하고 있다.

I can 계정과목

다음 내용을 확인하고 ( )에 비용, 수익을 구분하여 표시하시오.

(1) 세금과공과 ( )	(2) 여비교통비 ( )	(3) 유형자산처분손실 ( )
(4) 단기매매증권처분이익 ( )	(5) 임차료 ( )	(6) 보험료 ( )
(7) 배당금수익 ( )	(8) 급여 ( )	(9) 수수료 수익 ( )
(10) 상품매출 ( )	(11) 광고선전비 ( )	(12) 유형자산처분이익 ( )
(13) 통신비 ( )	(14) 이자비용 ( )	(15) 단기매매증권처분손실 ( )
(16) 소모품비 ( )	(17) 이자수익 ( )	(18) 수수료 비용 ( )
(19) 운반비 ( )	(20) 도서인쇄비 ( )	(21) 임대료 ( )

답안

(1)비용 (2)비용 (3)비용 (4)수익 (5)비용 (6)비용 (7)수익 (8)비용 (9)수익 (10)수익 (11)비용 (12)수익 (13)비용 (14)비용 (15)비용 (16)비용 (17)수익 (18)비용 (19)비용 (20)비용 (21)수익

3 손익계산서

일정기간 동안 기업의 경영성과를 나타내는 재무보고서로서 당해 회계기간의 경영성과뿐만 아니라, 기업의 미래 현금흐름과 수익창출능력 등의 예측에 유용한 정보를 제공한다.

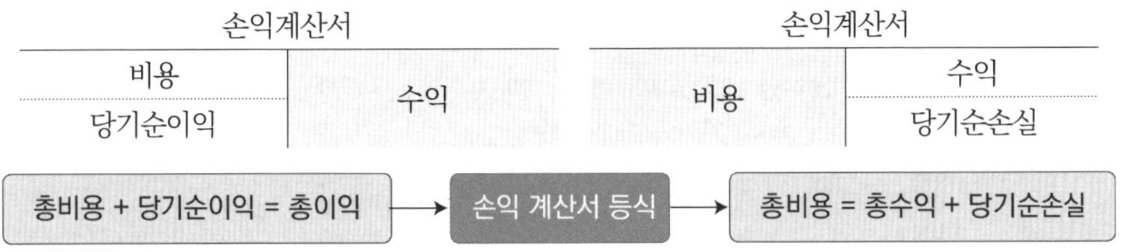

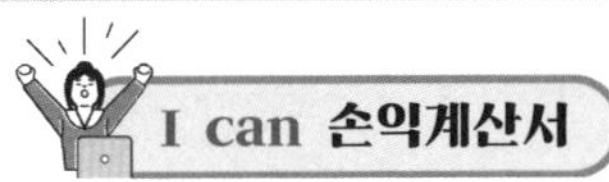

손익 계산서 등식

총비용 = 총수익 + 당기순손실

I can 손익계산서

다음 표를 확인하고 빈칸에 들어갈 금액을 표기하시오.

총 수 익	총 비 용	당기순이익
800,000원	500,000원	(①)
750,000원	(②)	230,000원
(③)	350,000원	-40,000원

답안

① 300,000원 ② 520,000원 ③ 310,000원

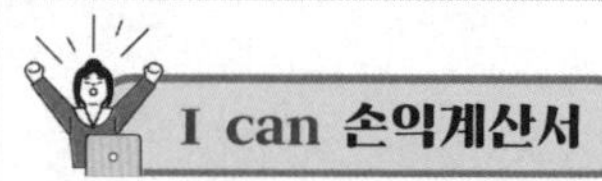

다음 I can 상사의 경영성과 자료를 확인하고 손익계산서를 작성하시오.

배당금수익	980,000원	임대료	320,000원	이자수익	250,000원
급여	450,000원	임차료	130,000원	보험료	130,000원
수선비	130,000원	수도광열비	220,000원	세금과공과	50,000원
차량유지비	110,000원	여비교통비	150,000원	잡손실	30,000원

손 익 계 산 서

I can 상사 20X1년 1월 1일부터 12월 31일까지 (단위: 원)

비 용	금 액	수 익	금 액

답안

손 익 계 산 서

I can 상사 20X1년 1월 1일부터 12월 31일까지 (단위: 원)

비 용	금 액	수 익	금 액
급여	450,000	배당금수익	980,000
임차료	130,000	임대료	320,000
보험료	130,000	이자수익	250,000
수선비	130,000		
수도광열비	220,000		
세금과공과	50,000		
차량유지비	110,000		
여비교통비	150,000		
잡손실	30,000		
당기순이익	150,000		
	1,550,000		1,550,000

I can 재무상태표와 손익계산서 작성

다음 재무상사의 자료들을 보고 기초 및 기말 재무상태표와 손익계산서를 작성하시오.

[자료1] 1월 1일의 재무상태

현금	200,000	당좌예금	200,000	단기매매증권	300,000
외상매출금	250,000	단기대여금	150,000	상품	500,000
건물	1,000,000	외상매입금	450,000	지급어음	150,000
단기차입금	300,000	미지급금	200,000		

[자료2] 12월 31일의 재무상태

현금	350,000	당좌예금	250,000	단기매매증권	300,000
외상매출금	300,000	단기대여금	100,000	상품	600,000
건물	1,500,000	외상매입금	650,000	지급어음	200,000
단기차입금	250,000	미지급금	700,000		

[자료3] 1월 1일부터 12월 31일까지 발생한 수익과 비용

상품매출	450,000	이자수익	80,000	잡이익	70,000
급여	280,000	보험료	120,000	소모품비	30,000
통신비	50,000	여비교통비	20,000		

재 무 상 태 표

재무상사 20X1년 1월 1일 (단위: 원)

자 산	금 액	부채·자본	금 액

재 무 상 태 표

재무상사 20X1년 12월 31일 (단위: 원)

자 산	금 액	부채·자본	금 액

손 익 계 산 서

재무상사 20X1년 1월 1일부터 12월 31일까지 (단위: 원)

비 용	금 액	수 익	금 액

① 기초자산 총액은 얼마인가?
② 기초부채 총액은 얼마인가?
③ 기초자본금은 얼마인가?
④ 기말자산 총액은 얼마인가?
⑤ 기말부채 총액은 얼마인가?
⑥ 기말자본금은 얼마인가?
⑦ 총수익은 얼마인가?
⑧ 당기순이익은 얼마인가?

I can 재무상태표와 손익계산서 작성 답안

재 무 상 태 표

재무상사 20X1년 1월 1일 (단위: 원)

자 산	금 액	부채·자본	금 액
현금	200,000	외상매입금	450,000
당좌예금	200,000	지급어음	150,000
단기매매증권	300,000	단기차입금	300,000
외상매출금	250,000	미지급금	200,000
단기대여금	150,000	자본금	1,500,000
상품	500,000		
건물	1,000,000		
	2,600,000		2,600,000

재 무 상 태 표

재무상사 20X1년 12월 31일 (단위: 원)

자 산	금 액	부채·자본	금 액
현금	350,000	외상매입금	650,000
당좌예금	250,000	지급어음	200,000
단기매매증권	300,000	단기차입금	250,000
외상매출금	300,000	미지급금	700,000
단기대여금	100,000	자본금	1,600,000
상품	600,000		
건물	1,500,000		
	3,400,000		3,400,000

손 익 계 산 서

재무상사 20X1년 1월 1일부터 12월 31일까지 (단위: 원)

비 용	금 액	수 익	금 액
급여	280,000	상품매출	450,000
보험료	120,000	이자수익	80,000
소모품비	30,000	잡이익	70,000
통신비	50,000		
여비교통비	20,000		
당기순이익	100,000		
	600,000		600,000

① 2,600,000원 ② 1,100,000원 ③ 1,500,000원 ④ 3,400,000원
⑤ 1,800,000원 ⑥ 1,600,000원 ⑦ 600,000원 ⑧ 100,000원

4 기업의 당기순손익

기업이 회계기간 동안의 당기순손익을 계산하는 방법에는 재산법과 손익법이 있다.

(1) 재산법

기업의 재무상태 중 회계연도초의 기초자본과 회계연도말의 기말자본의 증감변화를 비교하여 기업의 순손익(순이익과 손실)을 계산하는 방법

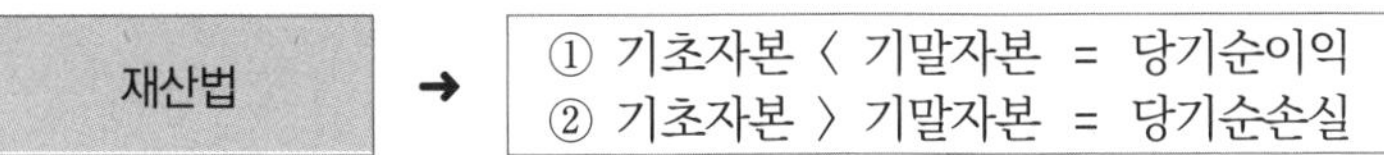

(2) 손익법

기업의 일정기간의 경영성과인 비용과 수익의 발생액을 비교하여 기업의 순손익을 계산할 수 있는 방법

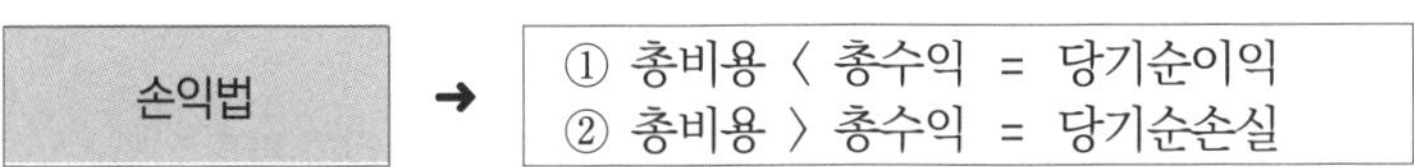

참고 재산법과 손익법에서 계산된 당기순손익은 반드시 일치하여야 한다.

다음의 빈칸에 알맞은 금액을 채워넣으시오.(단위: 원)

구분	기 초			기 말			총수익	총비용	당기순이익
	자산	부채	자본	자산	부채	자본			
1	600,000	400,000	( )	900,000	300,000	( )	( )	100,000	( )
2	( )	800,000	300,000	( )	700,000	200,000	200,000	( )	( )
3	600,000	( )	200,000	700,000	( )	400,000	( )	100,000	( )
4	900,000	( )	( )	800,000	( )	600,000	( )	200,000	200,000

답안

구분	기 초			기 말			총수익	총비용	당기순이익
	자산	부채	자본	자산	부채	자본			
1	600,000	400,000	(200,000)	900,000	300,000	(600,000)	(500,000)	100,000	(400,000)
2	(1,100,000)	800,000	300,000	(900,000)	700,000	200,000	200,000	(300,000)	(-100,000)
3	600,000	(400,000)	200,000	700,000	(300,000)	400,000	(300,000)	100,000	(200,000)
4	900,000	(500,000)	(400,000)	800,000	(200,000)	600,000	(400,000)	200,000	200,000

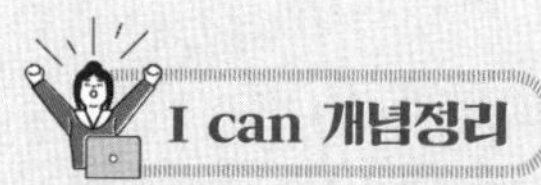

손익계산서

제11기 20×1년 1월 1일부터 20×1년 12월 31일까지
제10기 20×0년 1월 1일부터 20×0년 12월 31일까지

I CAN 상사 (단위: 원)

과 목	당 기(제11기)		전 기(제10기)	
Ⅰ. 매출액		×××		×××
Ⅱ. 매출원가		×××		×××
1. 기초상품재고액	×××		×××	
2. 당기상품매입액	×××		×××	
3. 기말상품재고액	(×××)		(×××)	
Ⅲ. 매출총이익		×××		×××
Ⅳ. 판매비와관리비		×××		×××
1. 급여	×××		×××	
⋮	⋮		⋮	

손익계산서 작성기준

- 수익과 비용은 그것이 발생한 기간에 정당하게 배분되도록 처리하여야 한다.
  (수익은 실현주의, 비용은 발생주의에 따름)
- 수익과 비용은 총액에 의해 기재됨을 원칙(총액주의)으로 한다.
- 모든 수익과 비용은 발생한 시기에 정당하게 배분되어야 하며, 미실현 수익은 당기 손익계산서에 산입하지 않아야 한다.

손익계산서에서 확인되는 당기순손익

- 일정기간 동안 발생한 비용총액과 수익총액을 통해 당기순손익을 파악할 수 있다.
  ✓ 총비용 〈 총수익 = 당기순이익
  ✓ 총비용 〉 총수익 = 당기순손실

I can 실전문제(기업의 경영성과)

※ I can 실전문제에 수록된 문제들은 모두 전산회계 2급 시험에 다수 출제되었던 내용입니다.

01 다음 중 수익계정으로만 짝지어진 것은?

① 상품매출이익, 임대료, 이자수익, 잡이익
② 잡이익, 임차료, 수수료수익, 배당금수익
③ 이자수익, 단기매매증권처분손실, 잡이익
④ 매출채권, 이자수익, 단기매매증권평가이익

02 다음 중 비용계정으로만 짝지어진 것은?

① 급여, 보험료, 임대료
② 잡손실, 수수료수익, 광고선전비
③ 이자비용, 단기매매증권처분손실, 배당금수익
④ 유형자산처분손실, 임차료, 세금과공과

03 다음 중 기업의 경영성과 측정과 관계가 없는 것은?

① 유형자산처분이익
② 광고선전비
③ 배당금수익
④ 매입채무

04 다음 중 손익계산서와 관계있는 모든 것을 선택한 것은?

㉠ 일정기간	㉡ 경영성과	㉢ 재무제표	㉣ 재무상태

① ㉠, ㉡
② ㉠, ㉢
③ ㉠, ㉡, ㉢
④ ㉡, ㉢, ㉣

05 다음 중 비용에 관한 올바른 내용을 〈보기〉에서 모두 고른 것은?

〈보기〉

ㄱ. 자본 감소의 원인이 된다.
ㄴ. 기업이 경영활동으로 지출하는 경제적 가치
ㄷ. 기업이 일정시점에 소유하고 있는 재화나 권리
ㄹ. 재화나 용역을 고객에게 제공하고 그 대가로 얻는 금액

① ㄱ, ㄴ　② ㄱ, ㄹ　③ ㄴ, ㄷ　④ ㄷ, ㄹ

06 다음 내용의 (　) 안에 순차적으로 들어갈 내용으로 옳은 것은?

수익이란 기업실체의 경영활동과 관련된 재화의 판매 또는 용역의 제공 등에 대한 대가로 발생하는 자산의 (　) 또는 부채의 (　)이다.

① 유입, 증가　② 유출, 감소
③ 유출, 증가　④ 유입, 감소

07 다음 (A), (B), (C) 및 (D)에 들어갈 용어를 올바르게 짝지은 것은?

재무상태표는 (A)의 (B)를 나타내는 재무제표이고, 손익계산서는 (C)의 (D)를 나타내는 재무제표이다.

① A: 일정기간　B: 재산상태　C: 일정시점　D: 경영성과
② A: 일정기간　B: 경영성과　C: 일정시점　D: 재산상태
③ A: 일정시점　B: 재산상태　C: 일정기간　D: 경영성과
④ A: 일정시점　B: 경영성과　C: 일정기간　D: 재산상태

08 다음 자료에 의하여 기말자본을 계산할 경우 그 금액은 얼마인가?

- 기초자산:　900,000원
- 기초부채:　300,000원
- 총 수 익: 1,300,000원
- 총 비 용: 1,800,000원

① 100,000원　② 200,000원
③ 400,000원　④ 600,000원

09 **다음 자료를 이용하여 자본금의 추가 출자액을 계산하면 얼마인가? (단, 제시된 자료를 제외한 자본금과 관련된 거래는 일체 없는 것으로 간주한다)**

- 기초자본금: 3,000,000원
- 기말자본금: 4,800,000원
- 총수익: 2,500,000원
- 총비용: 2,000,000원

① 800,000원　② 1,000,000원
③ 1,300,000원　④ 1,600,000원

10 **다음 자료중 빈 칸에 들어갈 금액으로 옳은 것은?**

기초	기말			당기순손실
자본	자산	부채	자본	
80,000원	㉮	90,000원	㉯	10,000원

	㉮	㉯
①	140,000원	70,000원
②	140,000원	90,000원
③	160,000원	70,000원
④	160,000원	90,000원

04 거래

1 거래의 정의

기업의 경영활동에 의하여 자산, 부채, 자본의 증감변화를 일으키는 모든 현상을 거래하고 하며, 수익, 비용의 발생 또한 자본의 증감을 일으키는 요소가 되므로 거래로 성립된다.

회계상의 거래		회계상의 거래가 아님
- 화재, 도난, 파손, 분실, - 감가상각, 대손상각 등	- 자산의 구입과 판매, 채권·채무의 발생과 소멸 - 유형자산 매각등 실거래 - 손익(수익, 비용)의 발생	- 건물의 임대차계약 - 상품의 매매계약, 주문서 발송 - 일정급여를 주기로한 후 직원채용 - 건물·토지 등의 담보설정
일상생활상 거래가 아님	일상생활(사회통념)상의 거래	

2 거래의 8요소

기업에서 일어나는 거래는 여러 가지가 있는데, 최종적으로는 자산의 증가와 감소, 부채의 감소와 증가, 자본의 감소와 증가, 수익의 발생 혹은 비용의 발생이라는 8가지의 요소로 나뉘어진다. 이를 거래의 8요소라 하며, 모든 거래에 대해서 반드시 차변요소와 대변요소가 서로 대립되어 결합된다.

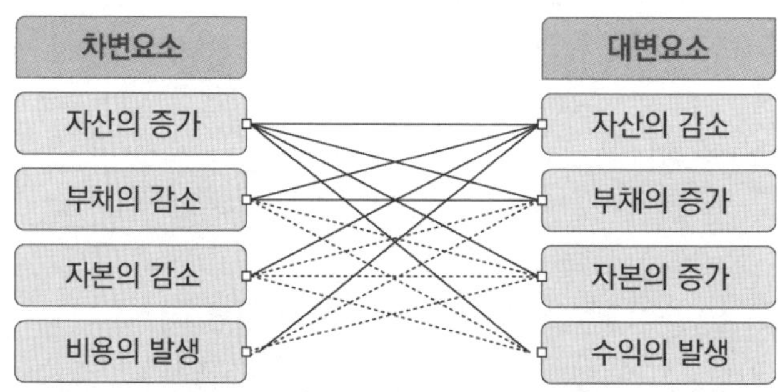

참고 굵은선은 빈번히 발생하는 거래이며, 점선은 비교적 적게 발생하는 거래이다.

I CAN 기출문제

다음 거래의 결합관계에서 성립할 수 없는 것은?

① (차) 자산의 감소 (대) 자산의 증가
② (차) 부채의 감소 (대) 부채의 증가
③ (차) 부채의 감소 (대) 수익의 발생
④ (차) 자산의 증가 (대) 수익의 발생

정답풀이

① 자산의 증가는 차변에 발생하며, 자산의 감소는 대변에 발생한다.

3 거래의 이중성과 대차평균의 원리

회계상의 모든 거래는 그 발생이 반드시 차변요소와 대변요소가 대립되어 성립하며, 양쪽에 동일한 금액이 이중으로 기입되는 것을 거래의 이중성이라고 하며, 거래의 이중성으로 인해 전체 거래의 차변합계와 대변합계가 반드시 일치하는 결과를 대차평균의 원리라고 한다.

I can 개념정리

회계상 거래에 해당되는 것과 해당되지 않는 것을 예시하면 다음과 같다.

회계상 거래에 해당되는 것	회계상 거래에 해당되지 않는 것
• 화재, 도난, 분실, 파손 등 • 매출, 매입 • 채무의 지급, 채권의 회수 • 이자의 지급, 급여의 지급 등	• 직원채용 • 담보의 제공 • 상품 등의 주문 • 계약(계약금을 주고받으면 거래에 해당함)

발생하지 않는 거래 8요소의 결합형태

• 차변요소끼리 혹은 대변요소끼리의 결합형태
  ✓ 거래의 이중성에 의해 모든 거래는 동전의 양면처럼 차변요소와 대변요소가 대립적으로 발생하기 때문에 동일한 차변 혹은 대변요소의 증감은 발생하지 않는다.

• 수익과 비용의 동시발생
  ✓ 수익은 순자산의 증가를, 비용은 순자산의 감소라는 결과를 가져오며, 수익과 비용의 발생은 자산 및 부채의 증감이란 결과를 가져오기에 수익과 비용은 동시에 발생할 수 없다.

I can 거래의 인식

다음 중 회계상 거래인 것은 (○), 거래가 아닌 것은 (X)를 표기하시오.

① 현금 500,000원을 출자하여 영업을 개시하다. ( )
② 회계상사에 상품을 판매하기로 하고 계약을 체결하였다. ( )
③ 화재로 인하여 창고건물이 소실되다. ( )
④ 급여 2,000,000원을 주기로 하고 종업원을 채용하였다. ( )
⑤ 합격상사에 상품 300,000원을 매입하기 위하여 주문을 하였다. ( )
⑥ 종업원의 실수로 금고에 보관중이던 현금 500,000원을 도난 당하였다. ( )
⑦ 2년 뒤에 상환하기로 하고, 대출은행에서 현금을 차입하였다. ( )

답안

① (○) ② (X) ③ (○) ④ (X) ⑤ (X) ⑥ (○) ⑦ (○)

① 현금을 출자하여 영업을 개시하면, 현금(자산)이 증가하면서 자본금(자본)이 증가
② 상품을 판매하기로 하고 계약을 체결한 경우는 거래에 해당하지 않음
③ 화재로 창고건물이 소실되면 자산(건물)이 감소하게 되어 비용(재해손실)이 발생
④ 급여를 지급하기로 하고, 종업원을 채용하기만 하였으므로 회계상 거래가 아님
⑤ 상품을 매입하기로 하고 계약만 체결하였으므로 회계상 거래가 아님
⑥ 현금을 도난당한 경우는 자산(현금)이 감소하게 되어 비용(잡손실)이 발생
⑦ 현금을 차입하였으므로 자산(현금)이 증가하면서 부채(단기차입금)가 증가

I CAN 기출문제

다음 중 회계상 거래에 해당하지 않는 것은?

① 상품의 구매계약을 체결하였다.
② 신용가드로 우편요금을 지급하였다.
③ 사무실 임대료 2개월분을 받지 못하였다.
④ 직원 급여를 미지급 하였다.

정답풀이

① 회계상 거래는 자산, 부채, 자본의 증감변화(비용&수익 포함)를 일으키는 모든 현상을 포함하며, 구매계약의 결정 및 일정 급여를 지급하기로 하고 종업원을 채용한 경우 등은 회계상 거래로 인식하지 않는다.

4 거래의 종류

1. 교환거래

거래의 종류 중 자산, 부채, 자본의 증감만 발생하여 손익에 영향을 주지 않는 거래이다.

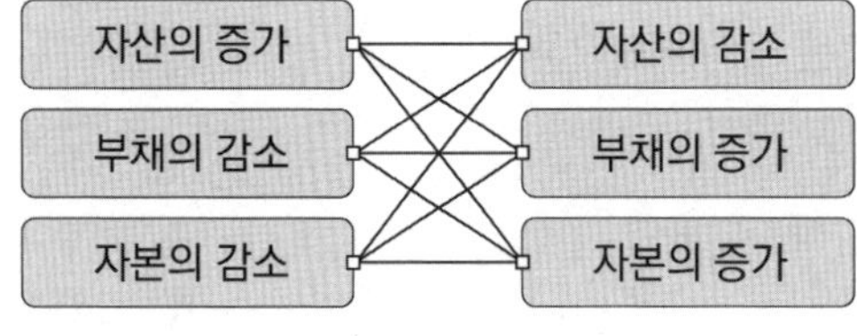

- 상품을 매입하고 대금은 현금으로 지급하다.
- 현금을 빌려오다.
- 현금을 출자하여 영업을 개시하다.

2. 손익거래

거래의 종류 중 거래의 총액이 수익이나 비용이 발생하는 거래이다.

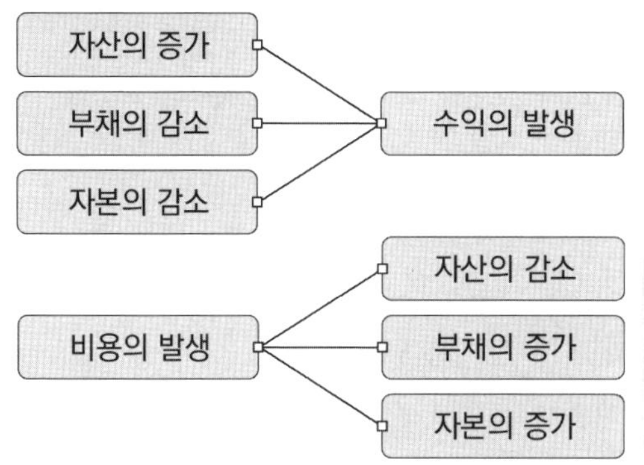

- 종업원의 급여를 현금으로 지급하다.
- 전화요금을 현금으로 지급하다.
- 임대료를 현금으로 받다.

3. 혼합거래

거래의 종류 중 하나의 거래에서 교환거래와 손익거래가 동시에 발생하는 거래 즉, 거래의 총액에 자산, 부채, 자본의 증감액과 수익, 비용의 발생이 혼합된 거래이다.

- 단기대여금 2,000원과 그에 대한 이자 500원을 현금으로 수령하다.
- 단기차입금 2,000원과 그에 대한 이자 500원을 현금으로 지급하다.

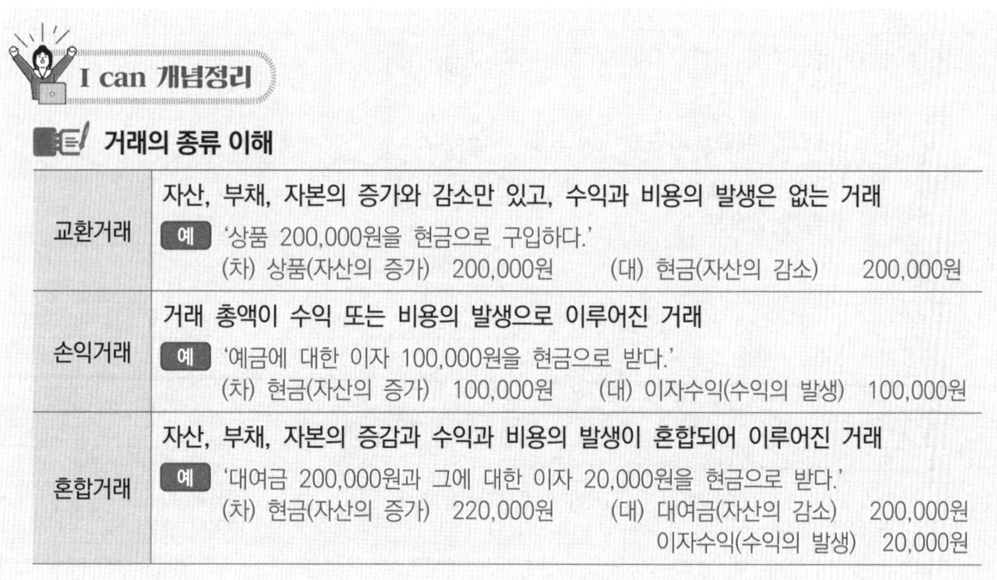

I can 개념정리

거래의 종류 이해

교환거래	**자산, 부채, 자본의 증가와 감소만 있고, 수익과 비용의 발생은 없는 거래** 예 '상품 200,000원을 현금으로 구입하다.' (차) 상품(자산의 증가) 200,000원 (대) 현금(자산의 감소) 200,000원
손익거래	**거래 총액이 수익 또는 비용의 발생으로 이루어진 거래** 예 '예금에 대한 이자 100,000원을 현금으로 받다.' (차) 현금(자산의 증가) 100,000원 (대) 이자수익(수익의 발생) 100,000원
혼합거래	**자산, 부채, 자본의 증감과 수익과 비용의 발생이 혼합되어 이루어진 거래** 예 '대여금 200,000원과 그에 대한 이자 20,000원을 현금으로 받다.' (차) 현금(자산의 증가) 220,000원 (대) 대여금(자산의 감소) 200,000원 이자수익(수익의 발생) 20,000원

I CAN 기출문제

다음 분개에 대한 거래의 종류가 날짜별로 옳은 것은?

9/5 (차) 현금 ××× (대) 단기대여금 ××× 이자수익 ×××	9/7 (차) 보험료 ××× (대) 보통예금 ×××

① 9/5: 교환거래, 9/7: 혼합거래
② 9/5: 교환거래, 9/7: 손익거래
③ 9/5: 혼합거래, 9/7: 손익거래
④ 9/5: 혼합거래, 9/7: 교환거래

정답풀이

③ 9/5은 혼합거래 이며, 9/7은 손익거래 이다.

I can 거래의 결합관계

다음 거래내용을 확인하고 거래의 결합관계를 기록하고, 거래의 종류를 표기하시오.

구분	거래내용	차변요소	대변요소	거래의 종류
(1)	현금 250,000원을 거래처에 대여하다.			
(2)	상품 1,000,000원을 매입하고 대금은 외상으로 하다.			
(3)	단기차입금에 대한 이자 50,000원을 현금으로 지급하다.			
(4)	외상매입금 400,000원을 현금으로 지급하다.			
(5)	단기대여금 300,000원과 그에 대한 이자 10,000원을 함께 현금으로 받다.			

답안

구분	거래내용	차변요소	대변요소	거래의 종류
(1)	현금 250,000원을 거래처에 대여하다.	자산의 증가	자산의 감소	교환거래
(2)	상품 1,000,000원을 매입하고 대금은 외상으로 하다.	자산의 증가	부채의 증가	교환거래
(3)	단기차입금에 대한 이자 50,000원을 현금으로 지급하다.	비용의 발생	자산의 감소	손익거래
(4)	외상매입금 400,000원을 현금으로 지급하다.	부채의 감소	자산의 감소	교환거래
(5)	단기대여금 300,000원과 그에 대한 이자 10,000원을 함께 현금으로 받다.	자산의 증가	자산의 감소 수익의 발생	혼합거래

I can 실전문제(거래)

※ I can 실전문제에 수록된 문제들은 모두 전산회계 2급 시험에 다수 출제되었던 내용입니다.

01 **다음 중 회계상 거래에 해당하는 것은?**

① 거래처에 상품을 주문하다.
② 건물에 대해 임대차 계약을 체결하다.
③ 건물이 노후되어 가치가 감소하다.
④ 종업원을 채용하다.

02 **회계상 거래에 대한 다음 설명중 올바르지 않은 것은?**

① 기업의 자산, 부채 및 자본의 증감 변화를 일으키는 일련의 사건을 회계상 거래라고 한다.
② 상품의 주문, 건물의 임대차계약 등도 회계상 거래이다.
③ 화재로 인한 건물의 소실, 상품도난 등은 회계상 거래이다.
④ 수익, 비용의 발생도 자본의 증감변화가 발생하므로 회계상 거래에 해당한다.

03 **기업의 경영활동에 의해서 발생하는 자산, 부채, 자본의 증감변화를 일으키는 일체의 경제적 사건을 지칭하는 용어는 무엇인가?**

① 거래 ② 계정
③ 전기 ④ 분개

04 **회계상 거래가 발생하면 재무제표의 차변과 대변에 동시에 영향을 미치게 되는데, 이는 회계의 어떤 특성 때문인가?**

① 거래의 이중성 ② 중요성
③ 신뢰성 ④ 유동성

05 다음의 거래 결합관계에서 성립할 수 없는 것은?

① (차) 자산감소 (대) 자산증가
② (차) 부채감소 (대) 부채증가
③ (차) 부채감소 (대) 수익발생
④ (차) 자산증가 (대) 수익발생

06 다음 내용의 거래종류로 옳은 것은?

상품을 구입하고 대금은 월말에 지급하기로 하다

① 교환거래
② 손익거래
③ 혼합거래
④ 거래가 아님

07 다음 내용의 거래종류로 옳은 것은?

차입금과 함께 이자를 현금으로 상환하다.

① 교환거래
② 손익거래
③ 혼합거래
④ 거래가 아님

08 다음 분개에 대한 거래의 종류가 날짜별로 옳은 것은?

9/5 (차) 현금 52,000원 (대) 단기대여금 50,000원
이자수익 2,000원

9/7 (차) 소모품비 30,000원 (대) 보통예금 30,000원

① 9/5: 교환거래, 9/7: 혼합거래
② 9/5: 교환거래, 9/7: 손익거래
③ 9/5: 혼합거래, 9/7: 손익거래
④ 9/5: 혼합거래, 9/7: 교환거래

05 계정

1 계정(Account: a/c)의 정의

거래가 발생하면 자산, 부채, 자본의 증감변화와 수익/비용이 발생하게 되는데, 이러한 변화를 구체적으로 기록, 계산, 정리하기 위하여 설정하는 단위를 계정이라 하고, 현금계정 등과 같이 계정에 붙이는 이름을 계정과목이라 하며, 계정의 기입장소를 계정계좌라 한다.

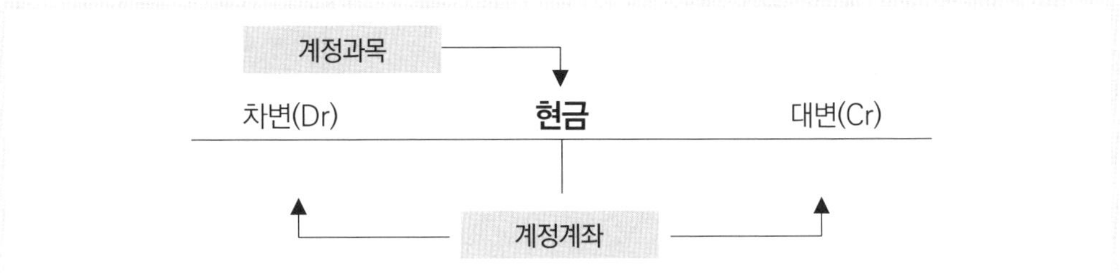

2 계정의 분류

거래는 회계의 목적에 따라 재무상태표(자산, 부채, 자본)계정과 손익계산서(수익, 비용)계정으로 분류된다.

1. 재무상태표 계정

구분	계정과목
자 산	현금및현금성자산, 외상매출금, 받을어음, 단기대여금, 상품 등
부 채	외상매입금, 지급어음, 단기차입금, 미지급금 등
자 본	자본금, 인출금 등

재무상태표 계정의 기입규칙

자 산

증가	감소
잔액	

재무상태표

자산의 잔액	부채의 잔액 자본의 잔액

부 채

감소	증가
	잔액

자 본

감소	증가
	잔액

- 자산계정은 증가를 차변에, 감소를 대변에 기입하면 잔액은 반드시 차변에 남는다.
- 부채계정은 증가를 대변에, 감소를 차변에 기입하면 잔액은 반드시 대변에 남는다.
- 자본계정은 증가를 대변에, 감소를 차변에 기입하면 잔액은 반드시 대변에 남는다.

2. 손익계산서 계정

수 익	상품매출, 이자수익, 수수료수익, 배당금수익, 임대료 등
비 용	급여, 통신비, 수도광열비, 보험료, 광고선전비, 여비교통비 등

손익계산서 계정의 기입규칙

비용

발생	소멸
잔액	

손익계산서

비용	수익

수 익

소멸	발생
	잔액

- 수익계정은 발생을 대변에, 소멸을 차변에 기입하면 잔액은 반드시 대변에 남는다.
- 비용계정은 발생을 차변에, 소멸을 대변에 기입하면 잔액은 반드시 차변에 남는다.

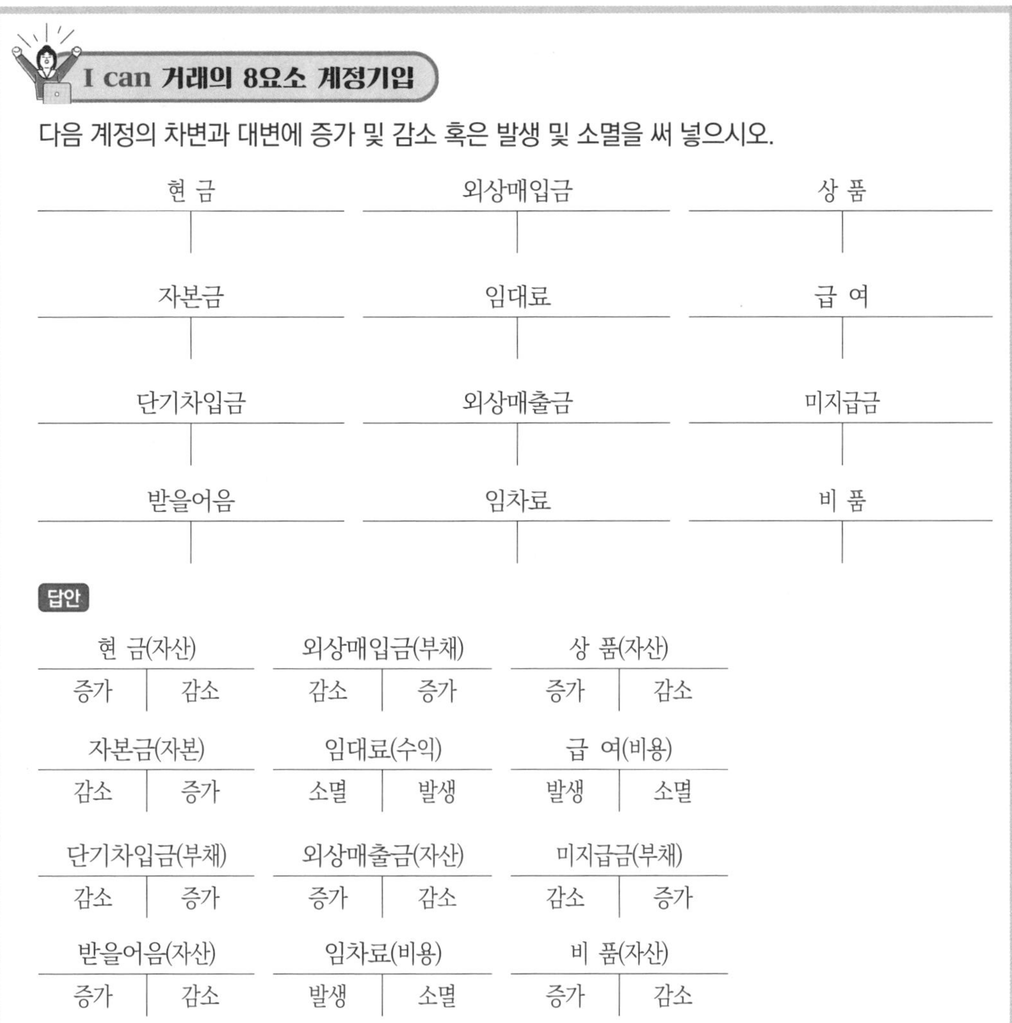

I can 거래의 8요소 계정기입

다음 계정의 차변과 대변에 증가 및 감소 혹은 발생 및 소멸을 써 넣으시오.

현 금	외상매입금	상 품
자본금	임대료	급 여
단기차입금	외상매출금	미지급금
받을어음	임차료	비 품

답안

현 금(자산)		외상매입금(부채)		상 품(자산)	
증가	감소	감소	증가	증가	감소

자본금(자본)		임대료(수익)		급 여(비용)	
감소	증가	소멸	발생	발생	소멸

단기차입금(부채)		외상매출금(자산)		미지급금(부채)	
감소	증가	증가	감소	감소	증가

받을어음(자산)		임차료(비용)		비 품(자산)	
증가	감소	발생	소멸	증가	감소

I CAN 기출문제

다음 계정잔액의 표시가 올바르지 않은 것은?

① 외상매입금

	5,000원

② 자본금

	25,000원

③ 매입채무

25,000원	

④ 비품

15,000원	

정답풀이

③ 자산, 부채, 비용은 잔액이 차변에 남고, 부채와 자본, 수익은 잔액이 대변에 남는다. 매입채무(외상매입금과 지급어음)는 부채이므로 잔액이 대변에 남아야 한다.

I can 실전문제(계정)

※ I can 실전문제에 수록된 문제들은 모두 전산회계 2급 시험에 다수 출제되었던 내용입니다.

01 다음 중 계정잔액의 표시가 잘못된 것은?

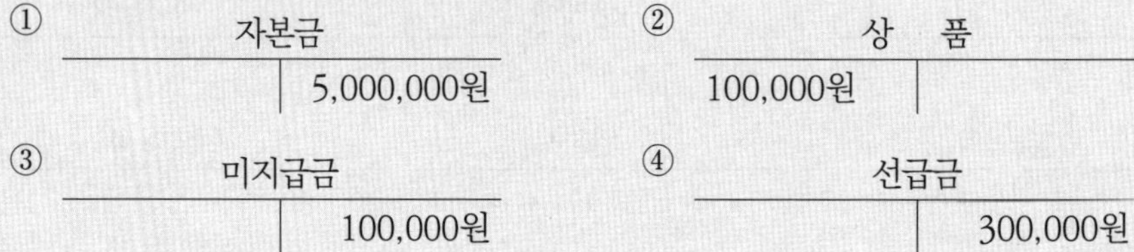

① 자본금

	5,000,000원

② 상 품

100,000원	

③ 미지급금

	100,000원

④ 선급금

	300,000원

02 다음 계정 잔액을 확인하고 계정과목으로 적절하지 않은 것을 고르시오?

( ) (단위: 원)

10/10	45,000	10/08	125,000

① 매출채권　　② 외상매입금

③ 단기차입금　　④ 이자수익

03 다음 계정기입에 대한 설명 중 잘못된 것은?

① 자산의 감소는 대변에 기록된다.

② 수익의 발생은 대변에 기록된다.

③ 자본의 감소는 차변에 기록된다.

④ 부채의 증가는 차변에 기록된다.

04 **다음 계정들의 성격이 올바르지 않은 것은?**

① 미수금계정 - 감소시 대변기록
② 선수금계정 - 증가시 대변기록
③ 미지급금계정 - 감소시 차변기록
④ 선급금계정 - 증가시 대변기록

05 **다음의 대차평균의 원리에 대한 설명중 올바르지 않는 것은?**

① 복식부기의 특징 중 하나이다.
② 기록계산의 정확성 여부를 확인할 수 있다.
③ 대차평균의 원리는 거래의 이중성과 관계가 없다.
④ 계정전체를 통해서 보면 차변합계 금액과 대변의 합계금액이 일치하는 원리이다.

I can 계정과목 분류

다음 내용을 확인하고 계정과목명과 과복구분을 표기하시오.

구분	내 용	계정과목	과목구분
1	한국은행에서 발행하는 지폐와 주화, 통화, 통화대용증권 (자기앞수표 등)	현금	자산
2	TV, 혹은 신문 등의 광고비		
3	상품 매출시 발생한 운반비, 짐꾸러기 비용 등을 지급하는 경우		
4	당좌수표를 발행할 목적으로 은행에 돈을 예입한 것		
5	단기시세차익을 목적으로 주식, 사채, 공채증서를 구입한 경우 (단기투자자산, 유가증권)		
6	판매를 목적으로 외부로부터 매입한 물품		
7	영업용으로 사용하는 책상, 의자, 금고, 응접세트. 컴퓨터 등을 구입한 경우		
8	상품을 매출하고, 대금을 외상으로 한 경우		
9	상품을 매출하고, 대금을 약속어음으로 받은 경우		
10	전화요금, 우편요금, 통신요금 등을 지출하는 경우		
11	수도, 가스, 사무실 난방비 등을 지급하는 경우		
12	사무용 장부 및 볼펜등의 소모성 물품을 구입하고 비용으로 처리하면		
13	외상매출금과 받을어음을 합한것		
14	상품이 아닌 물건(토지, 비품 등)을 매각처분하고 대금을 나중에 받기로 한 경우		
15	금전을 타인에게 빌려주고, 차용증서를 받은 경우		
16	상품을 매입하기로 하고, 계약금조로 상품대금의 일부를 미리 지급한 경우		
17	유형자산을 장부금액 미만으로 처분하여 발생하는 손실		
18	영업활동에 관계없는 손실(현금도난 등)		
19	자사 직원들의 회식, 식사대접, 선물, 축의금, 유니폼 등		
20	영업용으로 사용하는 사무실, 창고, 기숙사, 점포 등을 구입한 경우		
21	영업용으로 사용하는 땅을 구입한 경우(운동장, 주차장)		
22	상품을 매입하고 대금은 외상으로 한 경우		
23	입금 혹은 출금을 자유로이 할수 있는 통장예금		
24	현금과 당좌예금, 보통예금 등을 합한 것		
25	상품을 매출하기로 하고, 계약금조로 상품대금의 일부를 미리 받은 금액		
26	상품을 매출하였을 때 발생하는 수익계정		

구분	내 용	계정과목	과목구분
27	영업용으로 사용하는 트럭, 승용차, 오토바이 등을 구입한 경우		
28	사무용 장부 및 볼펜 등 소모성이 있는 물품을 구입하고 자산으로 처리한 경우		
29	단기대여금 또는 은행의 예.적금 등에서 발생하는 이익을 받으면		
30	주식에 대한 배당금을 받으면		
31	단기매매증권을 장부금액을 초과하여 처분하고 발생하는 이익		
32	건물, 비품, 토지 등의 유형자산을 장부금액을 초과하여 처분하였을 때 발생하는 이익		
33	영업활동 이외에서 생기는 작은이익 (폐품 및 박스의 처분이익)		
34	수입이나 재고자산의 매입과정에서 대금결제는 하였으나 아직 도착하지 않은 물품		
35	단기차입금에 대한 이자를 지급하면		
36	건물, 토지 등을 빌리고 집세 및 지대(토지 사용료)를 지급하면		
37	용역을 제공받고 수수료를 지급하는 경우		
38	종업원에게 월급을 지급하는 경우		
39	택시요금, 버스요금, 시내출장비등을 지급하는 경우		
40	만기가 1년 이내의 정기예금, 정기적금을 가입한 경우(단기예금)		
41	상품을 매입하고 대금은 약속어음으로 발행한 경우		
42	기업의 재산세, 자동차세, 상공회의소 회비, 각종 협회비 등을 지급하는 경우		
43	건물, 토지 등을 빌려주고, 집세 및 지대(토지 사용료)를 받으면		
44	용역 등을 제공하거나 상품판매 중계역할을 하고, 수수료를 받으면		
45	외상매입금과 지급어음을 합한 것		
46	영업용건물의 화재보험료, 영업용차량의 보험료 등		
47	건물, 기계장치 등의 수리비를 지급하는 경우		
48	신문구독료 및 도서 및 잡지 등을 지급하는 경우		
49	단기매매증권을 장부금액 미만으로 처분하여 발생하는 손실		
50	거래처 직원들에게 식사대접, 선물, 회식 등을 지급하는 경우		
51	상품이 아닌 물건(토지, 건물 등)을 구입하고 대금은 나중에 주기로 한 경우		
52	타인으로부터 현금을 빌리고 차용증서를 받은 경우		
53	불우이웃돕기, 수재의연금 등의 기부금을 지출하는 경우		

I can 계정과목 분류 답안

구분 2. 광고선전비, 비용
구분 3. 운반비, 비용
구분 4. 당좌예금, 자산
구분 5. 단기매매증권, 자산
구분 6. 상품, 자산
구분 7. 비품, 자산
구분 8. 외상매출금, 자산
구분 9. 받을어음, 자산
구분 10. 통신비, 비용
구분 11. 수도광열비, 비용
구분 12. 소모품비, 비용
구분 13. 매출채권, 자산
구분 14. 미수금, 자산
구분 15. 단기대여금, 자산
구분 16. 선급금, 자산
구분 17. 유형자산처분손실, 비용
구분 18. 잡손실, 비용
구분 19. 복리후생비, 비용
구분 20. 건물, 자산
구분 21. 토지, 자산
구분 22. 외상매입금, 부채
구분 23. 보통예금, 자산
구분 24. 현금및현금성자산, 자산
구분 25. 선수금, 부채
구분 26. 상품매출, 수익
구분 27. 차량운반구, 자산
구분 28. 소모품, 자산
구분 29. 이자수익, 수익
구분 30. 배당금수익, 수익
구분 31. 단기매매증권처분이익, 수익
구분 32. 유형자산처분이익, 수익
구분 33. 잡이익, 수익
구분 34. 미착품, 자산
구분 35. 이자비용, 비용
구분 36. 임차료, 비용
구분 37. 수수료비용, 비용
구분 38. 급여, 비용
구분 39. 여비교통비, 비용
구분 40. 단기금융상품, 자산
구분 41. 지급어음, 부채
구분 42. 세금과공과, 비용
구분 43. 임대료, 수익
구분 44. 수수료수익, 수익
구분 45. 매입채무, 부채
구분 46. 보험료, 비용
구분 47. 수선비, 비용
구분 48. 도서인쇄비, 비용
구분 49. 단기매매증권처분손실, 비용
구분 50. 접대비(기업업무추진비), 비용
구분 51. 미지급금, 부채
구분 52. 단기차입금, 부채
구분 53. 기부금, 비용

06 분개와 전기

1 분개와 전기의 이해

기업의 경영활동에서 회계상 거래가 발생하면 차변계정과 대변계정에 어떤 계정과목으로 얼마의 금액을 기록할 것인지 결정하는 절차를 분개라고 하며, 분개를 기록한 장부를 분개장이라 한다.

1. 분개절차

① 어떤 '계정과목'에 기입할 것인가?

② 그 계정의 '차변', '대변' 중 어느 쪽에 기입할 것인가?

③ '금액'은 얼마를 기입할 것인가?

예제 '상품 200,000원을 현금으로 구입하였다.'라는 거래의 분개절차

① 상품과 현금 계정과목을 찾아낼 수 있다.
② 상품이라는 자산이 증가하였으며, 자산의 증가는 차변에 기입한다.
현금이라는 자산이 감소하였으며, 자산의 감소는 대변에 기입한다.
③ 상품의 금액은 200,000원이며, 현금의 금액도 200,000원이다.
따라서 분개는

차 변	상품(자산의 증가)	200,000원	대 변	현금(자산의 감소)	200,000원

분개장에 분개한 후 분개한 것을 계정과목별로 구분하여 옮겨 적는데, 이 과정을 '전기'라고 하며, 이때 옮겨 적는 장부를 총계정원장(또는 원장)이라고 한다.

분개	회계상 거래 내용을 차변과 대변으로 나누어서 기록하는 것
전기	분개장에 분개한 것을 계정과목별로 옮겨서 정리하는 것 분개 —전기→ 총계정원장
총계정원장	분개 결과를 계정과목별로 집계한 장부('원장'이라고도 한다.)

2. 전기절차

① 분개할 때 기록된 분개의 해당 계정을 찾는다.
② 차변계정에 분개된 금액을 총계정원장의 해당 계정 차변에 기입한다.
③ 대변계정에 분개된 금액을 총계정원장의 해당 계정 대변에 기입한다.
④ 금액 앞에 상대 계정과목을 기입한다.(상대 계정과목 두 개 이상 '제좌')

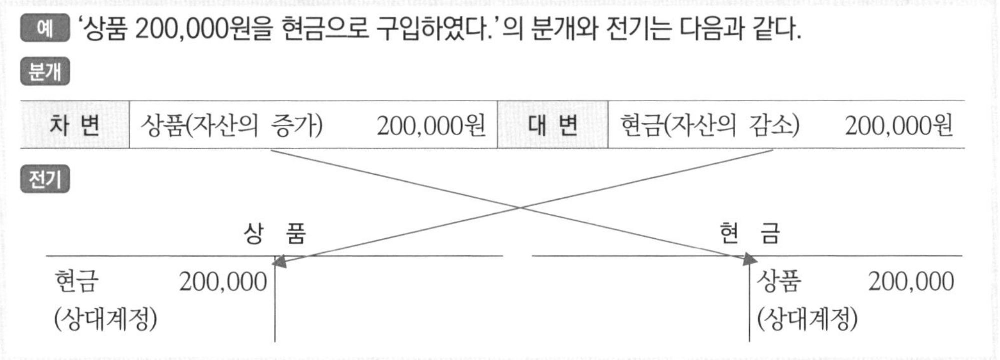

I CAN 기출문제

다음 계정 기업에 대한 설명으로 옳은 은 것은?

선 수 금		(단위: 원)
	7/15 현 금	100,000

① 원인불명의 송금수표 100,000원이 입금되었다.
② 상품을 매입하기로 하고 계약금 100,000원을 현금 지급하였다.
③ 상품을 매출하기로 하고 계약금 100,000원을 현금 수령하였다.
④ 업무용 비품을 매각하고 그 대금 100,000원을 현금으로 지급하였다.

정답풀이

③ 선수금 계정에 대한 회계처리를 추정하면 아래와 같으며, 상품매출 관련 계약금을 현금으로 수령한 거래이다.
(차) 현금 100,000원 (대) 선수금 100,000원

3. 분개장과 총계정원장

분개장은 거래를 발생한 순서에 따라 분개하여 기입하는 장부로 원시기입장이라고 하며, 분개장에 기입된 내용 즉, 거래의 발생 후 관련 내용을 해당 계정에 옮겨 기록하는 장부를 총계정원장 이라 한다. 분개장과 총계정원장은 장부의 분류 중 주요부에 해당한다.

총 계 정 원 장

차변 대변

일자	적 요	분면	금 액	일자	적 요	분면	금 액

거래의 이중성과 대차평균의 원리

거래의 이중성	회계상 거래가 발생하면 재무제표의 차변과 대변에 동시에 영향을 미치게 되는 성질
대차평균의 원리	거래가 발생하면 거래의 이중성에 의하여 차변과 대변에 동시에 영향을 미치며, 차변합계와 대변합계가 항상 일치하는 원리

거래의 이중성과 대차평균의 원리는 복식부기의 특징이며, 회계의 자기검증능력의 대표적인 특성이다.

주요부와 보조부

회계장부는 크게 주요부와 보조부로 구분되며, 그 유형은 다음과 같다.

주요부		분개장, 총계정원장(원장)
보조부	보조기입장	현금출납장, 당좌예금출납장, 소액현금출납장 등
	보조원장	매출처원장, 매입처원장, 상품재고장, 적송품원장 등

I CAN 기출문제

회계는 기록, 계산하는 방법에 따라서 단식부기와 복식부기로 나눌 수가 있다. 다음 중 복식부기의 특징과 거리가 먼 것은?

① 자기검증이 불가능하다
② 재무상태와 손익을 파악하기가 쉽다.
③ 자산, 부채, 자본 등 모든 변화를 기록할 수 있다.
④ 일정한 원리에 따라 기록한다.

 **정답풀이**

① 자기검증이 불가능한 것은 단식부기이다.

I can 분개 실무연습 1

다음의 거래 내용을 확인하고 분개하시오. (수익의 현금수령)

1) 점포에 대한 월세 150,000원을 현금으로 수령하다.
2) 대여금에 대한 이자 20,000원을 현금으로 받다.
3) 상품 매출을 알선하고, 중개수수료 50,000원을 현금으로 받다.
4) 창고에 보관 중이던 빈 박스 및 폐품을 20,000원에 처분하고, 대금은 현금으로 받다.
5) 단기대여금 500,000원에 대한 이자 10,000원을 현금으로 받다.
6) 보유중인 주식에 대한 배당금 500,000원을 현금으로 받다.

구분	차 변	대 변	구분	차 변	대 변
(1)			(2)		
(3)			(4)		
(5)			(6)		

I can 분개 실무연습 2

다음의 거래 내용을 확인하고 분개하시오. (비용의 현금지급)

1) 직원의 당월분 월급 300,000원을 현금으로 지급하다.
2) 점포에 대한 월세 120,000원을 현금으로 지급하다.
3) 전화요금 및 인터넷사용료 250,000원을 현금으로 지급하다.
4) 지역신문사에 광고료 500,000원을 현금으로 지급하다.
5) 이자 20,000원을 현금으로 지급하다.
6) 수도요금 70,000원을 현금으로 납부하다.
7) 신문구독료 12,000원을 현금으로 지급하다.
8) 현금 420,000원을 도난당하다.
9) 출장을 위한 항공료 70,000원 현금으로 결제하다.
10) 당사의 고장난 기계장치를 수리하고 수리비 250,000원을 현금으로 지급하다.
11) 영업부 직원들의 회식비 180,000원을 현금으로 지급하다.
12) 거래처 직원들의 회식비 280,000원을 현금으로 납부해주다.
13) 수해지역돕기 기부금 500,000원을 현금으로 납부하다.
14) 상품판매를 위한 물품운반비용 60,000원을 현금으로 지급하다.
15) 종업원들의 회계관련 교육비 800,000원을 현금으로 지급하다.

구분	차 변	대 변	구분	차 변	대 변
(1)			(2)		
(3)			(4)		
(5)			(6)		
(7)			(8)		
(9)			(10)		
(11)			(12)		
(13)			(14)		
(15)					

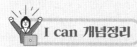

I can 개념정리

당좌수표관련 계정과목

- 우리기업(당점)이 당좌수표를 발행하여 지급하는 경우: 당좌예금(대변)
- 우리기업(당점)이 발행하여 지급한 당좌수표를 수취하는 경우: 당좌예금(차변)
- 타인(동점)이 발행한 당좌수표를 지급하는 경우: 현금(대변)
- 타인(동점)이 발행한 당좌수표를 수취하는 경우: 현금(차변)
- 당좌예금 잔액을 초과하여 당좌수표를 발행하는 경우: 당좌차월(대변) 또는 단기차입금(대변)
- 당좌거래를 위해 지급한 당좌거래개설보증금: 특정현금과예금(차변)

I can 분개 실무연습 3

다음의 거래 내용을 확인하고 분개하시오. (자기앞수표 및 당좌수표)

1) 자동차세 280,000원과 재산세 50,000원을 당점발행 당좌수표로 납부하다.
2) 건물에 대한 화재보험료 80,000원을 동점발행 당좌수표로 납부하다.
3) 상품 250,000원을 매입하고 대금은 당점발행 당좌수표를 발행하여 지급하다.
4) 상품 300,000원을 매입하고 대금은 자기앞수표로 지급하다.
5) 상품 420,000원을 매출하고 대금은 자기앞수표로 받다.
6) 상품 330,000원을 매출하고 대금은 거래처가 발행한 당좌수표로 받다.
7) 상품 230,000원을 매입하고 대금은 동점발행 당좌수표로 지급하다.

구분	차 변	대 변	구분	차 변	대 변
(1)			(2)		
(3)			(4)		
(5)			(6)		
(7)					

I can 분개 실무연습 4

다음의 거래 내용을 확인하고 분개하시오. (자산 취득 및 처분)

1) 영업용 비품 80,000원을 구입하고, 대금은 현금으로 지급하다.
2) 서울상점에 상품 200,000원을 매입하고, 대금은 현금으로 지급하다.
3) 상품 150,000원을 매출하고, 대금은 현금으로 받다.
4) 상품 350,000원을 매출하고, 대금은 외상으로 하다.
5) 사용 중이던 영업용 비품 50,000원을 매각하고, 대금은 월말에 받기로 하다.
6) 울산상점에 상품 150,000원을 매입하고, 대금은 외상으로 하다.
7) 영업용 책상, 의자 120,000원을 구입하고, 대금은 월말에 지급하기로 하다.
8) 상품 500,000원을 매입하고, 대금은 약속어음으로 지급하다.
9) 영업용 컴퓨터 800,000원을 구입하고 대금은 외상으로 하다.
10) 판매용 책상, 의자 150,000원을 구입하고, 대금은 월말에 지급하기로 하다.
11) 사무용 책상 150,000원을 구입하고, 대금은 약속어음을 발행하여 지급하다.

구분	차 변	대 변	구분	차 변	대 변
(1)			(2)		
(3)			(4)		
(5)			(6)		
(7)			(8)		
(9)			(10)		
(11)					

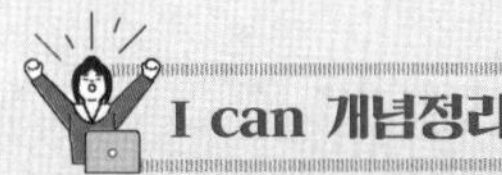

I can 개념정리

외상매출금(외상매입금)과 미수금(미지급금)

구 분	매출(매각)하고 대금 미회수	매입(구입)후 대금 미지급
상품 등 재고자산	외상매출금	외상매입금
비품 등 유형자산	미수금	미지급금

참고 매출채권(외상매출금 및 받을어음)과 매입채무(외상매입금 및 지급어음)는 재고자산인 상품 계정에만 사용할 수 있으며, 그 이외의 경우는 미수금 혹은 미지급금 계정으로 처리한다.

I can 분개 실무연습 5

다음의 거래 내용을 확인하고 분개하시오.

1) 외상매입금 200,000원을 현금으로 지급하다.
2) 상품대금으로 발행하였던 지급어음 대금 250,000원을 현금으로 지급하다.
3) 외상매입금 500,000원을 당좌수표를 발행하여 지급하다.
4) 미지급금 80,000원을 현금으로 지급하다.
5) 외상매출금 230,000원을 현금으로 회수하다.
6) 현금 48,000원을 은행에 당좌예입하다.
7) 거래처에 현금 420,000원을 대여하다. (대여기간 1년이내)
8) 현금 370,000원을 차입하였다. (차입기간 1년이내)
9) 외상매출금 430,000원을 현금으로 회수하여 보통예금 통장에 입금하다.
10) 단기차입금 400,000원과 이자 20,000원을 당좌수표를 발행하여 지급하다.
11) 단기대여금 300,000원과 이자 30,000원을 함께 현금으로 받다.
12) 상품 800,000원을 매입하고, 대금 중 500,000원은 현금으로 지급하고 잔액은 외상으로 하다.
13) 상품 600,000원을 매입하고, 대금 중 반액은 당좌수표를 발행하여 지급하고 잔액은 외상으로 하다.
14) 비품 300,000원을 구입하고, 대금 중 200,000원은 현금으로 지급하고 잔액은 월말에 지급하기로 하였다.

구분	차 변	대 변	구분	차 변	대 변
(1)			(2)		
(3)			(4)		
(5)			(6)		
(7)			(8)		
(9)			(10)		
(11)			(12)		
(13)			(14)		

I can 분개 실무연습 답안

분개 실무연습예제(수익의 현금수령) 1

(1)	현금	150,000	임대료	150,000	(2)	현금	20,000	이자수익	20,000
(3)	현금	50,000	수수료수익	50,000	(4)	현금	20,000	잡이익	20,000
(5)	현금	10,000	이자수익	10,000	(6)	현금	500,000	배당금수익	500,000

분개 실무연습예제(비용의 현금지급) 2

(1)	급여	300,000	현금	300,000	(2)	임차료	120,000	현금	120,000
(3)	통신비	250,000	현금	250,000	(4)	광고선전비	500,000	현금	500,000
(5)	이자비용	20,000	현금	20,000	(6)	수도광열비	70,000	현금	70,000
(7)	도서인쇄비	12,000	현금	12,000	(8)	잡손실	420,000	현금	420,000
(9)	여비교통비	70,000	현금	70,000	(10)	수선비	250,000	현금	250,000
(11)	복리후생비	180,000	현금	180,000	(12)	접대비(기업업무추진비)	280,000	현금	280,000
(13)	기부금	500,000	현금	500,000	(14)	운반비	60,000	현금	60,000
(15)	교육훈련비	800,000	현금	800,000					

분개 실무연습예제(자기앞수표 및 당좌수표) 3

(1)	세금과공과	330,000	당좌예금	330,000	(2)	보험료	80,000	현금	80,000
(3)	상품	250,000	당좌예금	250,000	(4)	상품	300,000	현금	300,000
(5)	현금	420,000	상품매출	420,000	(6)	현금	420,000	상품매출	420,000
(7)	상품	230,000	현금	230,000					

분개 실무연습예제(자산 취득 및 처분) 4

(1)	비품	80,000	현금	80,000	(2)	상품	200,000	현금	200,000
(3)	현금	150,000	상품매출	150,000	(4)	외상매출금	350,000	상품매출	350,000
(5)	미수금	50,000	비품	50,000	(6)	상품	150,000	외상매입금	150,000
(7)	비품	120,000	미지급금	120,000	(8)	상품	500,000	지급어음	500,000
(9)	비품	800,000	미지급금	800,000	(10)	상품	150,000	외상매입금	150,0000
(11)	비품	150,000	미지급금	150,000					

분개 실무연습예제 5

(1)	외상매입금	200,000	현금	200,000	(2)	지급어음	250,000	현금	250,000
(3)	외상매입금	500,000	당좌예금	500,000	(4)	미지급금	80,000	현금	80,000
(5)	현금	230,000	외상매출금	230,000	(6)	당좌예금	48,000	현금	48,000
(7)	단기대여금	420,000	현금	420,000	(8)	현금	370,000	단기차입금	370,000
(9)	보통예금	430,000	외상매출금	430,000	(10)	단기차입금 이자비용	400,000 20,000	당좌예금	420,000
(11)	현금	330,000	단기대여금 이자수익	300,000 30,000	(12)	상품	800,000	현금 외상매입금	500,000 300,000
(13)	상품	600,000	당좌예금 외상매입금	300,000 300,000	(14)	비품	300,000	현금 미지급금	200,000 100,000

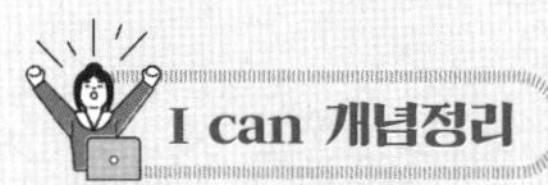

개인기업의 자본금

구분	내용
영업개시	현금, 상품, 건물 등을 출자하여 영업을 개시하는 경우 자본금 계정으로 처리한다. 예 현금 800,000원과 상품 500,000원을 출자하여 영업을 개시하다. (차) 현금 800,000원 / 상품 500,000원 (대) 자본금 1,300,000원
인출금	기업주가 현금, 상품 등을 가사비용이나 개인목적으로 사용한 경우 인출금 계정으로 처리하며, 인출금은 결산시 자본금의 감소 요인이 된다. 예 기업주가 가사비용으로 현금 400,000원을 인출해 가다. (차) 인출금 400,000원 (대) 현금 400,000원
추가출자	기업의 영업중 현금 등을 추가출자하는 경우 자본금 계정으로 처리한다. 예 기업주가 현금 600,000원을 추가 출자하다. (차) 현금 600,000원 (대) 자본금 600,000원

상품매출의 분기법 & 총기법 회계처리

- 분기법: 상품매출에 대해 원가로 기록하는 방법
- 총기법: 상품매출에 대해 매출액으로 기록하는 방법

예 원가 250,000원의 상품을 300,000원에 매출하고, 대금은 현금으로 수령하다.

구분	차/대	계정	금액	차/대	계정	금액
분기법	(차)	현금	300,000원	(대)	상품 상품매출이익	250,000원 50,000원
총기법	(차)	현금	300,000원	(대)	상품매출	300,000원

참고 총기법은 원가금액없이 매출액으로 분개하므로, 분개는 쉽고 간단하게 할 수 있으나, 원가 금액에 대한 회계처리를 하지 않으므로 매출이익을 알 수가 없다는 단점이 있다.
따라서, 결산시점에 매출이익을 반영하기 위한 매출원가계산 작업을 별도로 하여야 한다.

I can 분개 실무연습 6

다음의 거래 내용을 확인하고 분개하시오.

1) 현금 1,000,000원을 출자하여 상품매매업을 개시하다.
2) 서울상점에 상품 200,000원을 매입하고, 대금은 월말에 지급하기로 하다.
3) 사무용 책상 및 집기일체를 150,000원에 구입하고, 대금은 현금으로 지급하다.
4) 거래은행으로부터 현금 500,000원을 차입하다. (차입기간 1년이내)
5) 한양상점에서 상품 150,000원을 외상으로 매입하다.
6) 경주상점에 상품 300,000원을 외상매출하다.
7) 거래처에 현금 800,000원을 대여하다. (대여기간 1년이내)
8) 상품 350,000원을 매입하고 대금 중 200,000원은 현금으로 지급하고, 잔액은 외상으로 하다.
9) 외상매입금 100,000원을 현금으로 지급하다.
10) 현금 250,000원을 은행에 당좌예입하다.
11) 외상매출금 120,000원을 현금으로 회수하다.
12) 단기차입금 300,000원과 그에 대한 이자 5,000원을 함께 현금으로 지급하다.
13) 영업용 건물 2,000,000원을 구입하고 대금 중 절반은 현금으로 지급하고, 잔액은 외상으로 하다.
14) 현금 2,000,000원을 차입하였다. (차입기간 1년이내)

구분	차 변	대 변	구분	차 변	대 변
(1)			(2)		
(3)			(4)		
(5)			(6)		
(7)			(8)		
(9)			(10)		
(11)			(11)		
(13)			(14)		

I can 분개 실무연습 7

다음의 거래 내용을 확인하고 분개하시오.

1) 현금 1,000,000원(단기차입금 300,000 포함)으로 상품 매매업을 개시하다.
2) 외상매출금 50,000원을 현금으로 회수하는 즉시 거래은행에 당좌예입하다.
3) 상품 420,000원(원가 350,000원)을 외상으로 매출하다. (총기법으로 처리)
4) 회사 금고에 보관 중이던 현금 500,000원을 도난당하다.
5) 사무용 복사기 800,000원을 구입하고, 대금은 월말에 지급하기로 하다.
6) 상품 250,000원을 현금으로 매출하다.
7) 지난달 상품매입시에 발생한 외상대금 50,000원을 현금으로 지급하다.
8) 우리 문방구에서 장부 및 용지 80,000원을 구입하고 현금으로 지급하다. (비용으로 처리)
9) 영업용으로 사용하는 자동차 보험료 500,000원을 현금으로 납부하다.
10) 상품 400,000원을 매입하고, 대금 중 반액은 수표를 발행하여 지급하고 잔액은 외상으로 하다.
11) 거래처 손님을 식사대접하고 식대 80,000원을 신용카드로 결제하다.
12) 상품 300,000원을 매입하고, 대금 중 200,000원은 약속어음을 발행하여 지급하고, 잔액은 수표를 발행하여 지급하다.
13) 태풍 "여치"의 수해극복을 위해 성금으로 중앙일보에 현금 3,000,000원을 기탁하다.
14) 상품을 매출 하기로 하고, 발송비 10,000원을 현금으로 지급하다.

구분	차 변	대 변	구분	차 변	대 변
(1)			(2)		
(3)			(4)		
(5)			(6)		
(7)			(8)		
(9)			(10)		
(11)			(11)		
(13)			(14)		

I can 분개 실무연습 답안

분개 실무연습에제 6

	차변		대변			차변		대변	
(1)	현금	1,000,000	자본금	1,000,000	(2)	상품	200,000	외상매입금	200,000
(3)	비품	150,000	현금	150,000	(4)	현금	500,000	단기차입금	500,000
(5)	상품	150,000	외상매입금	150,000	(6)	외상매출금	300,000	상품매출	300,000
(7)	단기대여금	800,000	현금	800,000	(8)	상품	350,000	현금 외상매입금	200,000 150,000
(9)	외상매입금	100,000	현금	100,000	(10)	당좌예금	250,000	현금	250,000
(11)	현금	120,000	외상매출금	120,000	(12)	단기차입금 이자비용	300,000 5,000	현금	305,000
(13)	건물	2,000,000	현금 미지급금	1,000,000 1,000,000	(14)	현금	2,000,000	단기차입금	2,000,000

분개 실무연습에제 7

	차변		대변			차변		대변	
(1)	현금	1,000,000	단기차입금 자본금	300,000 700,000	(2)	당좌예금	50,000	외상매출금	50,000
(3)	외상매출금	420,000	상품매출	420,000	(4)	잡손실	500,000	현금	500,000
(5)	비품	800,000	미지급금	800,000	(6)	현금	250,000	상품매출	250,000
(7)	외상매입금	50,000	현금	50,000	(8)	소모품비	80,000	현금	80,000
(9)	보험료	500,000	현금	500,000	(10)	상품	400,000	당좌예금 외상매입금	200,000 200,000
(11)	접대비(기업업무추진비)	80,000	미지급금	80,000	(12)	상품	300,000	지급어음 당좌예금	200,000 100,000
(13)	기부금	3,000,000	현금	3,000,000	(14)	운반비	10,000	현금	10,000

I can 개념정리

자산의 매입제비용 회계처리

- 자산의 취득원가 = 매입원가 + 매입제비용
- 자산의 취득시 발생하는 매입제비용은 자산의 취득시 발생하는 부대비용으로 운반비 수수료, 설치비, 취득세, 등록세, 시운전비, 토지 정지비 등을 포함한다.

구 분	차 변	대 변
상품 250,000원을 외상매입하면서 운반비 5,000원을 현금으로 지급하였다.	상품 255,000원	외상매입금 250,000원 현금 5,000원
상품 200,000원을 외상매출하면서 운반비 5,000원을 현금으로 지급하였다.	외상매출금 200,000원 운반비 5,000원	상품매출 200,000원 현금 5,000원

참고 자산의 매입시 발생하는 비용은 원가에 가산하지만, 매출시 발생하는 비용은 별도 비용으로 처리한다.

I can 분개 실무연습 8

다음의 거래 내용을 확인하고 분개하시오. (매입 제비용)

1) 상품 500,000원을 외상으로 매출하고, 발송운임 3,000원을 현금으로 지급하다.
2) 상품 250,000원을 외상으로 매입하고, 인수운임 5,000원을 현금으로 지급하다.
3) 사무실 업무용 컴퓨터를 500,000원에 구입하고, 설치비 50,000원과 수수료 30,000원을 함께 현금으로 지급하다.
4) 업무용 승용차 20,000,000원을 구입하고, 취득세 및 등록세 500,000원과 함께 당좌수표를 발행하여 지급하다.
5) 토지 5,000,000원을 취득하고, 토지 정지비 500,000원과 함께 현금으로 지급하다.
6) 보유중인 화물차에 대한 자동차세 350,000원을 현금으로 지급하다.

구분	차 변	대 변	구분	차 변	대 변
(1)			(2)		
(3)			(4)		
(5)			(6)		

I can 분개 실무연습 답안

분개 실무연습에제 8

구분	차변	금액	대변	금액	구분	차변	금액	대변	금액
(1)	외상매출금 운반비	500,000 3,000	상품매출 현금	500,000 3,000	(2)	상품	255,000	외상매입금 현금	250,000 5,000
(3)	비품	580,000	현금	580,000	(4)	차량운반구	20,500,000	당좌예금	20,500,000
(5)	토지	5,500,000	현금	5,500,000	(6)	세금과공과	350,000	현금	350,000

참고 차량의 취득시 발생하는 취·등록세는 차량운반구의 취득원가에 가산하지만, 자동차세는 매입제비용과 무관한 비용이므로 세금과공과 계정으로 처리한다.

다음 거래내용을 분개하고 총계정원장에 전기 후 합계잔액시산표 작성을 통한 차변 합계와 대변합계 금액을 확인하시오.

(1일) 현금 1,000,000원을 출자하여 영업을 개시하다.
(5일) 상품 200,000원을 매입하고 대금은 외상으로 하다.
(10일) 영업용 컴퓨터 100,000원을 구입하고 대금은 현금으로 지급하다.
(15일) 상품의 외상대금 200,000원을 현금으로 상환하였다.
(20일) 종업원의 급여 50,000원을 현금으로 지급하였다.

[분개장에 분개]

구분	차 변	대 변	구분	차 변	대 변
1일			5일		
10일			15일		
20일					

[원장에 전기]

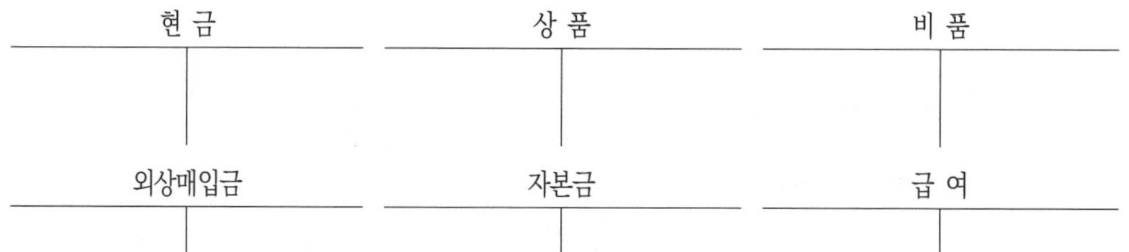

[원장을 활용해 합계잔액시산표 작성]

합 계 잔 액 시 산 표

차 변		원면 (생략)	계정과목	대 변	
잔 액	합 계			합 계	잔 액

I can 분개 & 전기 답안

분개장에 분개

1일	현금	1,000,000	자본금	1,000,000	5일	상품	200,000	외상매입금	200,000
10일	비품	100,000	현금	100,000	15일	외상매입금	200,000	현금	200,000
20일	급여	50,000	현금	50,000					

총계정원장에 전기

현 금

차변		대변	
1 자본금	1,000,000	10 비품	100,000
		15 외상매입금	200,000
		20 급여	50,000

자본금

차변		대변	
		1 현금	1,000,000

상 품

차변		대변	
5 외상매입금	200,000		

외상매입금

차변		대변	
15 현금	200,000	5 상품	200,000

비 품

차변		대변	
10 현금	100,000		

급 여

차변		대변	
20 현금	50,000		

분개장에 분개

합 계 잔 액 시 산 표

차 변		원면 (생략)	계정과목	대 변	
잔 액	합 계			합 계	잔 액
650,000	1,000,000		현 금	350,000	
200,000	200,000		상 품		
100,000	100,000		비 품		
	200,000		외상매입금	200,000	
			자 본 금	1,000,000	1,000,000
50,000	50,000		급 여		
1,000,000	1,550,000			1,550,000	1,000,000

참고 시산표의 차변합계와 대변합계는 대차평균의 원리에 의하여 일치하여야 한다.

I can 실전문제(분개와 전기)

※ I can 실전문제에 수록된 문제들은 모두 전산회계 2급 시험에 다수 출제되었던 내용입니다.

01 다음 보기의 (　　　)에 들어갈 용어는 무엇인가?

회계상 발생한 거래를 분개장에 기록하는 절차를 (　　　　)라 하고, 분개장에 기록된 내용을 총계정 원장에 옮기는 절차를 (　　　　)라 한다.

① 분개, 전기　　② 이월, 기장
③ 전기, 대체　　④ 대체, 전기

02 아래 계정내용을 통해서 ㉮거래 내용을 추정하면 무엇인가?

현　금	
㉮ 단기차입금 250,000	㉯ 이자비용 25,000

단기차입금	
	㉮ 현금 250,000

이자비용	
㉯ 현금 25,000	

① 현금 250,000원을 차입하고 이자를 현금수령하다.
② 현금 250,000원을 차입하다.
③ 이자비용 25,000원을 현금으로 지급하다.
④ 현금 250,000원과 이자 25,000원을 현금지급하다.

03 아래 거래에서 발생하지 않는 계정과목은 무엇인가?

차입기간 3년의 차입금 50,000원과 그에 대한 이자 5,000원을 현금으로 지급하다.

① 현금　　② 장기차입금
③ 이자비용　　④ 단기차입금

04 **비품 300,000원을 구입하고, 200,000원은 현금으로 지급하고 잔액은 외상으로 하였을 경우 다음중 발생하지 않는 계정과목은?**

① 비품 ② 외상매입금
③ 현금 ④ 미지급금

05 **다음의 계정에 대한 설명으로 가장 올바른 것은? (단, 반드시 아래에 표시된 계정만으로 판단할 것)**

외상매입금 (단위: 원)	
90,000	

지급어음 (단위: 원)	
	90,000

① 상품 180,000원을 매입하고 90,000원은 어음으로 지급하고, 90,000원은 외상으로 구입하다.
② 외상매입금 90,000원을 어음으로 지급하다.
③ 상품 90,000원을 외상으로 매입하다.
④ 상품 90,000원을 매입하고, 어음으로 지급하다.

06 **상품 300,000원을 매입하고 대금은 현금 100,000원과 약속어음 200,000원을 발행하여 지급한 경우 영향으로 옳은 것은?**

① 총자산과 총자본이 증가한다. ② 총자산과 총부채가 증가한다.
③ 총부채가 증가하고, 총자본은 감소한다. ④ 총자산이 감소하고, 총부채가 증가한다.

07 **다음 중 자산의 매입 부대비용으로 볼 수 없는 것은?**

① 매입수수료 ② 매입운송비 ③ 설치비 ④ 자동차세

08 **다음 거래의 결과 자본(순자산)의 변동을 초래하는 거래가 아닌 것은?**

① 사업확장을 위해 현금 5,000,000원을 은행에서 차입하다.
② 사장의 개인사용 목적으로 현금 1,000,000원을 인출하다.
③ 은행차입금에 대한 이자 10,000원이 보통예금계좌에서 인출되다.
④ 원가 40,000원의 상품을 70,000원에 외상판매하다.

07 결산과 회계의 순환과정

1 결산의 이해

회계연도 중에 발생한 모든 거래를 회계연도 말에 장부를 마감하고, 기업의 재무상태와 회계기간에 발생한 수익과 비용을 비교하여 순손익(경영성과)을 정확하게 파악하는 절차를 결산이라 한다.

2 결산의 절차

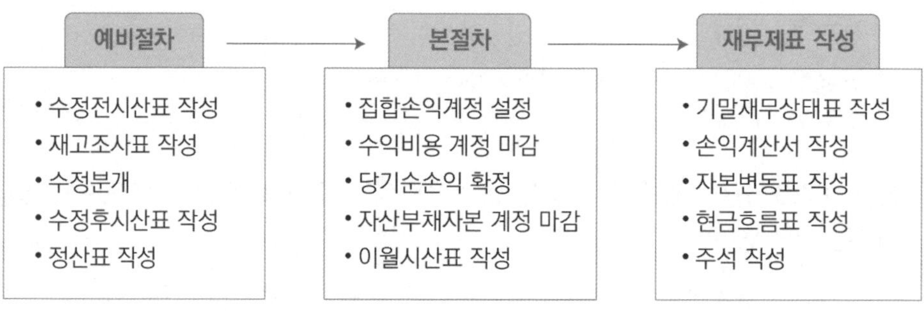

I CAN 기출문제

다음 중 밑줄 친 (가)의 결산 절차에 대한 내용으로 옳은 것은?

결산절차: (가) ➡ 본 절차 ➡ 보고서 작성

① 시산표 작성　　② 재무상태표 작성
③ 분개장 마감　　④ 총계정원장의 마감

정답풀이

① (가)는 결산절차중 예비절차를 의미하며, 결산의 예비절차는 분개장 및 총계정원장, 시산표 등의 장부 작성이 해당된다.

3 시산표의 이해

분개장에서 총계정원장에 전기가 정확하게 되었는지를 검사하기 위하여 작성하는 것으로 시산표의 차변합계와 대변합계는 대차평균의 원리에 의하여 일치하여야 하며, 시산표의 종류에는 합계시산표, 잔액시산표, 합계잔액시산표가 있다.

합계잔액시산표	잔액시산표와 합계시산표를 하나의 표로 기록한 시산표
합계시산표	계정과목별 총계정원장의 차변합계와 대변합계를 기록한 시산표
잔액시산표	계정과목별 총계정원장의 잔액만을 기록한 시산표

참고 현재 실무에서는 합계잔액시산표를 주로 사용하고 있다.

합계잔액시산표

(단위: 원)

차 변		계정과목	대 변	
잔 액	합 계		합 계	잔 액
200,000	1,400,000	현 금	1,200,000	
100,000	1,000,000	보 통 예 금	900,000	
500,000	500,000	상 품		
500,000	500,000	외상매출금		
100,000	100,000	비 품		
		자 본 금	1,000,000	1,000,000
300,000	300,000	임 차 료		
200,000	200,000	급 여		
		상 품 매 출	900,000	900,000
1,900,000	4,000,000	합 계	4,000,000	1,900,000

합계시산표

(단위: 원)

차 변	계정과목	대 변
1,400,000	현 금	1,200,000
1,000,000	보 통 예 금	900,000
500,000	상 품	
500,000	외상매출금	
100,000	비 품	
	자 본 금	1,000,000
300,000	임 차 료	
200,000	급 여	
	상 품 매 출	900,000
4,000,000	합 계	4,000,000

잔액시산표

(단위: 원)

차 변	계정과목	대 변
200,000	현 금	
100,000	보 통 예 금	
500,000	상 품	
500,000	외상매출금	
100,000	비 품	
	자 본 금	1,000,000
300,000	임 차 료	
200,000	급 여	
	상 품 매 출	900,000
1,900,000	합 계	1,900,000

참고 시산표의 차변합계와 대변합계는 대차평균의 원리에 의하여 일치하여야 한다.

I CAN 기출문제

다음 중 분개장에 분개된 거래가 총계정원장에 바르게 전기 되었는지의 정확성여부를 대차평균의 원리에 따라 검증하기 위해 작성하는 것은?

① 정산표 ② 시산표
③ 손익계산서 ④ 재무상태표

 **정답풀이**

② 분개장에서 총계정원장으로 전기가 정확하게 되었는지 검사하기 위해 작성하는 것은 시산표이다.

 **I can 개념정리**

시산표등식

기말자산 + 총비용 = 기말부채 + 기초자본 + 총수익

시산표의 또다른 이름 일계표, 월계표이다.

시산표는 회계연도 말에만 작성하는 것은 아니다. 필요할 때마다 작성할 수 있는데, 매일 작성하면 일계표, 월단위로 작성하면 월계표라고 한다.

이월시산표

재무상태표 계정에 해당하는 자산, 부채, 자본의 "차기이월 액"만을 모아 작성하는 시산표로 이월 기입의 정확성 여부를 파악할 있는 것으로 재무상태표 작성의 기초가 된다.

I CAN 기출문제

다음 중 시산표등식으로 올바른 것은?

① 기말자산 + 총비용 = 기말부채 + 기말자본 + 총수익
② 기말자산 + 총비용 = 기말부채 + 기초자본 + 총수익
③ 기말자산 + 총비용 = 기말부채 + 기초자본 + 총수익 − 순손실
④ 기말자산 + 총비용 + 순이익 = 기말부채 + 기초자본 + 총수익

② 시산표 등식은 "기말자산 + 총비용 = 기말부채 + 기초자본 + 총수익" 이다.

I CAN 기출문제

다음 중 잔액을 차기로 이월 할 수 없는 것은?

① 건물 ② 비품 ③ 받을어음 ④ 보험료

 **정답풀이**

④ 잔액을 차기로 이월 할 수 있는 것은 재무상태표 계정에 속하는 자산, 부채, 자본이 해당된다.

4 시산표의 오류수정

만약 시산표의 차변합계와 대변합계가 일치하지 않는다면 장부에 오류가 발생한 것인데, 이때는 장부 작성의 역순으로 검토하여 오류를 찾아내서 수정해야 한다. 장부 작성의 역순은 다음의 순서를 말한다.

합계잔액시산표의 오류 원인

- 거래의 누락이나 중복, 분개의 누락이나 중복, 전기의 누락이나 중복
- 전기한 금액의 잘못 기입, 다른 계정으로 잘못 전기, 서로 반대로 전기 등

시산표에서 검증할 수 있는 오류	시산표에서 검증할 수 없는 오류
• 차변과 대변의 금액이 불일치한 경우 • 차변과 대변 중 한 쪽만 전기를 누락하거나 한 쪽만 전기한 경우 • 시산표의 합계오류	• 분개누락, 이중분개 • 전기누락, 이중전기 • 차변과 대변 모두 동일하게 잘못된 금액으로 분개하거나 전기한 경우 • 계정과목을 잘못 기록한 경우

I CAN 기출문제

다음은 시산표에서 발견할 수 없는 오류를 나열한 것이다. 이에 해당하지 않는 것은?

① 동일한 금액을 차변과 대변에 반대로 전기한 경우
② 차변과 대변의 전기를 동시에 누락한 경우
③ 차변과 대변에 틀린 금액을 똑같이 전기한 경우
④ 차변만 이중으로 전기한 경우

정답풀이

④ 차변만 이중으로 전기한 경우, 차변 합계금액이 대변 합계금액 보다 커지므로 오류를 발견할 수 있다.

5 결산정리사항의 수정

기말 결산시점에서 자산, 부채, 자본의 현재액과 당기에 발생한 수익과 비용을 정확하게 파악하기 위해 자산, 부채, 자본, 수익, 비용에 대한 수정분개를 하여야 한다. 이러한 기말수정사항을 분개장에 분개하고, 그 내용을 총계정원장에 전기한 뒤 기말수정사항을 반영한 수정후시산표를 작성하게 된다.

1. 비용과 수익의 이연(선급비용 & 선수수익)

구분	내용
선급비용 (자산)	지급한 비용 중에서 당기에 귀속되는 것이 아니라 차기에 귀속되는 비용이 있는 경우에 차기에 귀속되는 부분을 선급비용으로 계상한다.
선수수익 (부채)	수취한 수익 중에서 당기에 귀속되는 것이 아니라 차기에 귀속되는 수익이 있는 경우에 차기에 귀속되는 부분을 선수수익으로 계상한다.

2. 비용과 수익의 발생(미수수익 & 미지급비용)

구분	내용
미수수익 (자산)	수익이 이미 발생 했지만 대가를 받지 못했을 때 이를 미수수익으로 인식한다.
미지급비용 (부채)	비용이 이미 발생 했지만 대가를 지급하지 않았을 때 이를 미지급비용으로 인식한다.

3. 소모품(소모품비)의 회계처리

사무용장부 및 볼펜 등 소모품을 구입한 후에 사용한 소모품은 소모품비(비용)로 계상하고, 아직 사용하지 않은 소모품은 소모품(자산)으로 구분한다. 소모품은 구입할 때 소모품(자산)으로 처리할 수도 있고, 소모품비(비용)로 처리할 수도 있다. 구입 시 어떻게 처리하는지에 따라 결산분개가 달라진다.

구분	구입 시		결산 시
구입 시 자산으로 처리	소모품으로 계상	▶	사용한 소모품을 소모품비로 대체
구입 시 비용으로 처리	소모품비로 계상	▶	소모품 미사용분을 소모품으로 대체

참고 결산시 결산정리사항의 수정 내용은 향후 결산정리사항 파트에서 살펴 보기로 한다.

6 회계의 순환과정

회계는 회계기간 내에서 다음과 같은 일정한 작업이 반복되는데 이를 회계의 순환이라 한다.

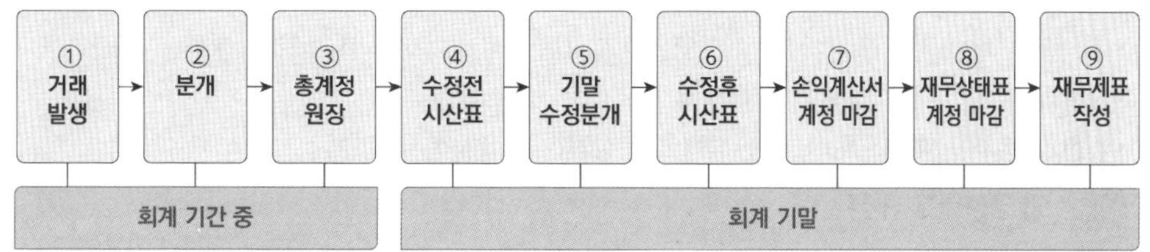

I CAN 기출문제

다음 중 이론상 회계순환과정의 순서가 가장 맞는 것은?

① 기말수정분개 → 수정후시산표 → 수익·비용계정 마감 → 자산·부채·자본계정 마감 → 재무제표 작성
② 기말수정분개 → 수정후시산표 → 자산·부채·자본계정 마감 → 수익·비용계정 마감 → 재무제표 작성
③ 수정후시산표 → 기말수정분개 → 수익·비용계정 마감 →자산·부채·자본계정 마감 → 재무제표 작성
④ 수정후시산표 → 기말수정분개 → 자산·부채·자본계정 마감 → 수익·비용계정 마감 → 재무제표 작성

정답풀이

① 거래식별 → 분개 → 전기 → 수정전시산표 작성 → 기말수정분개 → 수정후시산표 → 수익·비용계정 마감 → 집합손익계정의 마감 → 자산·부채·자본계정 마감 → 재무제표 작성

7 결산보고서 작성

결산보고서는 재무제표라고도 하며, 결산일에 기업이 일정시점의 재무상태와 일정기간 동안의 경영성과 등을 명백히 파악하기 위해서 작성하는 재무상 보고서를 말한다.

일반기업회계기준이 인정하는 결산 보고서(재무제표)는 재무상태표, 손익계산서, 현금흐름표, 자본변동표로 구성되며, 주석을 포함한다.

구분	내용
재무상태표	일정시점의 재무상태(자산·부채·자본에 대한 정보)를 표시
손익계산서	일정기간의 경영성과(수익·비용에 대한 정보)를 표시
자본변동표	자본 구성항목의 기초 및 기말잔액과 회계기간의 변화를 표시
현금흐름표	현금의 유입과 유출(영업활동, 재무활동, 투자활동)등 현금의 흐름을 표시
주 석	각 재무제표의 내용에 대한 추가적인 정보를 표시

재무상태표 작성기준

- 자산과 부채는 1년 또는 정상적인 영업주기 기준으로 유동과 비유동으로 분류
- 자산과 부채는 유동성이 큰 항목부터 배열하는 것이 원칙
- 자산과 부채는 총액으로 표시(원칙적으로 상계하여 표시하지 않는다.)

재무상태표 계정

<table>
<tr><th colspan="3">구분표시</th><th>계정과목</th></tr>
<tr><td rowspan="7">자산</td><td rowspan="2">유동자산</td><td>당좌자산</td><td>현금및현금성자산(당좌예금, 보통예금, 현금성자산), 단기금융상품(정기예금, 정기적금 등), 단기매매증권, 매출채권(외상매출금, 받을어음), 단기대여금, 미수금, 선급금, 선급비용 등</td></tr>
<tr><td>재고자산</td><td>상품, 원재료, 재공품, 반제품, 제품, 미착품, 소모품 등</td></tr>
<tr><td rowspan="4">비유동자산</td><td>투자자산</td><td>장기성예금, 장기금융상품, 특정현금과예금, 매도가능증권, 만기보유증권, 장기대여금, 투자부동산 등</td></tr>
<tr><td>유형자산</td><td>토지, 건물, 구축물, 기계장치, 차량운반구, 비품, 건설중인자산</td></tr>
<tr><td>무형자산</td><td>영업권, 산업재산권(특허권, 실용신안권, 디자인권, 상표권), 광업권, 개발비, 소프트웨어 등</td></tr>
<tr><td>기타비유동자산</td><td>임차보증금, 장기외상매출금, 장기미수금 등</td></tr>
<tr><td rowspan="2">부채</td><td colspan="2">유동부채</td><td>매입채무(외상매입금, 지급어음), 미지급금, 미지급비용, 선수금, 선수수익, 예수금, 단기차입금, 가수금, 유동성장기부채</td></tr>
<tr><td colspan="2">비유동부채</td><td>사채, 장기차입금, 임대보증금, 퇴직급여충당부채, 장기미지급금</td></tr>
<tr><td colspan="3">자 본</td><td>자본금</td></tr>
</table>

유동성 배열법

유동성 배열법이란 계정과목의 배열을 현금화가 빠른 것부터 순서대로 표시하는 것이며, 재무상태표의 자산은 유동성배열법에 따라, 유동자산(당좌자산, 재고자산), 비유동자산(투자자산, 유형자산, 무형자산, 기타비유동자산) 순으로 배열한다는 의미이다.

I CAN 기출문제

다음 중 재무상태표의 계정과목 배열 시 가장 먼저 기재되는 것은?

① 비품 ② 외상매출금 ③ 현금 ④ 외상매입금

③ 재무상태표는 유동성배열법으로 작성되며, 유동자산(당좌자산)중 현금이 가장 먼저 기재된다.

손익계산서 작성기준

- 수익과 비용은 그것이 발생한 기간에 정당하게 배분되도록 처리하여야 한다.
  (수익은 실현주의, 비용은 발생주의에 따름)
- 수익과 비용은 총액에 의해 기재됨을 원칙(총액주의)으로 한다.
- 모든 수익과 비용은 발생한 시기에 정당하게 배분되어야 하며, 미실현 수익은 당기 손익계산서에 산입하지 않아야 한다.

손익계산서 계정

구분표시	계정과목
매출액	상품매출 (상품매출의 차감계정인 매출에누리와 환입, 매출할인을 차감한 금액)
(-) 매출원가	상품매출원가 (기초상품재고액 + 당기상품매입액 - 기말상품재고액)
매출총손익	
(-) 판매비와관리비	급여, 퇴직급여, 복리후생비, 여비교통비, 접대비(기업업무추진비), 통신비, 수도광열비, 세금과공과, 감가상각비, 임차료, 수선비, 보험료, 차량유지비, 운반비, 도서인쇄비, 소모품비, 수수료비용, 광고선전비, 대손상각비 등
영업손익	
(+) 영업외수익	이자수익, 단기매매증권평가이익, 단기매매증권처분이익, 외환차익, 수수료수익, 외화환산이익, 유형자산처분이익, 투자자산처분이익, 자산수증이익, 채무면제이익, 잡이익 등
(-) 영업외비용	이자비용, 기부금, 기타의 대손상각비, 외환차손, 외화환산손실, 단기매매증권평가손실, 단기매매증권처분손실, 재해손실, 유형자산처분손실, 투자자산처분손실, 잡손실 등
소득세차감전순손익	
(-) 소득세비용	소득세등
당기순손익	

I CAN 기출문제

다음 중 현행 기업회계기준서에 의한 손익계산서 작성기준으로 올바르지 않은 것은?

① 손익계산서상 수익과 비용은 순액에 의해 기재함을 원칙으로 한다.
② 손익계산서상 영업손익은 매출총이익에서 판매관리비를 차감하여 표시한다.
③ 매출액은 총매출액에서 매출할인, 매출환입 및 매출에누리를 차감한 금액이다.
④ 손익계산서상 매출원가는 기초상품재고액에서 당기순매입액을 가산한 금액에서 기말상품 재고액을 차감한 금액이다.

정답풀이

① 수익과 비용은 순액이 아니라 총액을 기준으로 기재한다.

재무제표 작성과 표시

- 재무제표의 작성 책임은 경영자에 있다.
- 일반기업회계기준에 따라 적정하게 작성된 재무제표는 공정하게 작성된 것으로 본다.
- 재무제표의 내용 중 중요한 것은 본문이나 주석에 그 내용을 구분하여 작성한다.
- 재무제표의 내용 중 중요하지 않은 내용은 성격 및 기능이 유사한 항목과 통합하여 표시가 가능하다.
- 재무제표명칭, 기업명, 보고기간 종료일 또는 회계기간, 통화 및 금액 단위를 기재하여야 한다.

8 재무제표 작성과 표시의 일반원칙

재무제표를 작성하기 위해서는 일반적인 원칙이 있으며, '작성과 표시의 일반원칙'은 다음과 같다.

계속기업	재무제표 작성 시 계속기업으로서의 존속가능성을 평가해야 한다.
작성책임	재무제표의 작성과 표시에 대한 책임은 경영진에게 있다.
공정한 표시	일반기업회계기준에 따라 적정하게 작성된 재무제표는 공정하게 표시된 재무제표로 본다.
구분과 통합	중요한 항목은 그 내용을 가장 잘 나타낼 수 있도록 구분하여 표시하며, 중요하지 않은 항목은 유사한 항목과 통합하여 표시할 수 있다.
비교가능성	기간별 비교가능성을 제고하기 위하여 전기 재무제표의 모든 계량정보를 당기와 비교하는 형식으로 표시하며, 재무제표 항목의 표시와 분류는 매기 동일하게 적용하는 것을 원칙으로 한다.
계정과목	일반기업회계기준에 예시된 명칭보다 내용을 잘 나타내는 계정과목명이 있을 때는 그 계정과목명을 사용할 수 있다.

I CAN 기출문제

각 재무제표의 명칭과 함께 기재해야 할 사항으로 틀린 것은?

① 기업명 ② 보고기간종료일
③ 금액단위 ④ 기능통화

정답풀이

④ 재무제표는 재무상태표, 손익계산서, 현금흐름표, 자본변동표 및 주석으로 구분하여 작성하며, 다음의 사항을 각 재무제표의 명칭과 함께 기재한다.
1.기업명, 2.보고기간종료일 또는 회계기간, 3.보고통화 및 금액단위

I CAN 기출문제

다음 중 재무상태표 및 손익계산서에 대해 잘못 설명한 것은?

① 자산은 유동자산과 비유동자산으로 구분되고, 비유동자산은 투자자산, 유형자산, 무형자산 및 기타비유동자산으로 구분된다.
② 부채는 유동부채와 비유동부채로 구분되며, 사채·장기차입금·퇴직급여충당부채계정은 비유동부채에 속한다.
③ 손익계산서는 매출총손익·영업손익·경상손익·소득세차감전순손익 및 당기순손익으로 구분 표시하여야 한다.
④ 재무상태표는 유동성배열법에 따라 유동성이 큰 항목부터 먼저 나열한다.

정답풀이

③ 손익계산서는 매출총손익, 영업손익, 소득세차감전순손익, 당기순손익으로 구분 표시되는 동태적 보고서이며. 경상손익은 손익계산서의 구성항목이 아니다.

I CAN 기출문제

다음 중 결산절차를 순서대로 나열한 것은 무엇인가?

가. 장부를 마감한다.	나. 수정후 시산표를 작성한다.
다. 수정전 시산표를 작성한다.	라. 기말 수정분개를 한다.
마. 손익계산서와 재무상태표를 작성한다.	

① 다 – 라 – 나 – 가 – 마 ② 가 – 다 – 나 – 라 – 마
③ 라 – 다 – 나 – 가 – 마 ④ 라 – 다 – 가 – 나 – 마

정답풀이

① 결산순서: 수정전 시산표작성 ➜ 기말 수정분개 ➜ 수정후 시산표작성 ➜ 장부마감 ➜
결산보고서(손익계산서 & 재무상태표) 작성

I can 실전문제(결산과 회계의 순환과정)

※ I can 실전문제에 수록된 문제들은 모두 전산회계 2급 시험에 다수 출제되었던 내용입니다.

01 **분개장에 분개된 거래가 총계정원장에 바르게 전기 되었는지의 정확성 여부를 대차평균의 원리에 따라 검증하기 위해 작성하는 것은?**

① 정산표 ② 시산표
③ 손익계산서 ④ 재무상태표

02 **다음 중 시산표의 등식으로 올바른 것은?**

① 기말자산 + 총비용 = 기말부채 + 기말자본 + 총수익
② 기말자산 + 총비용 = 기말부채 + 기초자본 + 총수익
③ 기말자산 + 총비용 = 기말부채 + 기초자본 + 총수익 - 순손실
④ 기말자산 + 총비용 + 순이익 = 기말부채 + 기초자본 + 총수익

03 **다음 시산표에 대한 설명 중 올바르지 않은 것은?**

① 차변과 대변의 합계액이 일치한다면 계정기록의 오류가 전혀 없다는 것을 의미한다.
② 작성시기에 따라 수정전시산표와 수정후시산표로 구분된다.
③ 대차평균의 원리에 근거하여 분개장에서 원장으로의 전기의 정확성을 점검한다.
④ 시산표의 종류에는 잔액시산표, 합계시산표, 합계잔액시산표가 있다.

04 **다음 중 시산표에서 발견할 수 없는 오류가 아닌 것은?**

① 대차 양편에 틀린 금액을 같이 전기
② 대차 반대로 전기한 금액
③ 전기를 누락하거나 이중전기
④ 대차 어느 한 쪽의 전기를 누락

05 시산표에서 발견할 수 없는 오류는?

① 총계정원장 차변에만 이중 전기된 경우
② 분개장의 차변금액이 총계정원장에 전기누락된 경우
③ 분개장의 기록이 차변과 대변 금액이 다르게 분개된 경우
④ 분개장에서 총계정원장에 전기시 한 거래에 대한 분개내용 전체가 누락된 경우

06 다음 합계잔액시산표상 A, B, C에 들어갈 금액의 합은?

차 변		계정과목	대 변	
잔 액(원)	합 계(원)		합 계(원)	잔 액(원)
10,000	(A)	현 금	240,000	
20,000	(B)	외상매출금	310,000	
	110,000	외상매입금	(C)	10,000
		자 본 금	500,000	500,000
250,000	250,000	여비교통비		
		이 자 수 익	110,000	110,000

① 560,000원　② 620,000원
③ 680,000원　④ 700,000원

07 다음 중 일반기업회계기준에서 규정하고 있는 재무제표가 아닌 것은?

① 합계잔액시산표　② 재무상태표
③ 손익계산서　④ 주석

08 다음 중 재무상태표에 대한 설명으로 옳지 않은 것은?

① 일정한 시점의 재무상태를 나타내는 보고서이다.
② 기초자본과 기말자본을 비교하여 당기순손익을 산출한다.
③ 재무상태표 등식은 '자산 = 부채 + 자본'이다.
④ 자산과 부채는 유동성이 낮은 순서로 기록한다.

2. 유동자산

01 유동자산의 이해

자산이란 과거의 거래나 사건의 결과로서 현재 기업실체에 의해 지배되고 미래에 경제적 효익을 창출할 것으로 기대되는 자원을 말한다. 자산은 크게 유동자산과 비유동자산으로 분류하며, 각각에 속하는 항목은 다음과 같다.

유동자산	당좌자산, 재고자산
비유동자산	투자자산, 유형자산, 무형자산, 기타비유동자산

자산의 항목 중 유동자산으로 분류되는 항목은 아래와 같으며, 유동자산에 해당하지 않는 경우는 모두 비유동자산으로 분류된다.

① 사용의 제한이 없는 현금 및 현금성자산
② 정상적인 영업주기 내 실현될 것으로 예상되거나, 판매 및 소비 목적으로 보유중인 자산
③ 단기매매 목적으로 보유하는 자산
④ 보고기간 종료일로부터 1년 이내에 실현될 것으로 예상되는 자산

유동자산의 판단

정상적인 영업주기 내에 판매되거나 사용되는 재고자산과 회수되는 매출채권 등은 보고 기간종료일로부터 1년 이내에 실현되지 않더라도 유동자산으로 분류하고, 이 경우 1년 이내에 실현되지 않을 금액을 주석으로 기재한다.

유동성 배열법

자산을 재무상태표에 표시할 경우 유동성이 큰 항목부터 순서대로 배열하여야 한다는 원칙을 의미하며, 배열순서는 다음과 같다.

유동자산
- 당좌자산
- 재고자산

비유동자산
- 투자자산
- 유형자산
- 무형자산
- 기타비유동자산

I CAN 기출문제

유동성 배열법에 따라 재무상태표를 작성할 때 그 순서를 바르게 나열한 것은?

ㄱ. 유형자산	ㄴ. 투자자산	ㄷ. 당좌자산	ㄹ. 재고자산

① ㄴ → ㄷ → ㄹ → ㄱ　　② ㄴ → ㄷ → ㄱ → ㄹ
③ ㄷ → ㄹ → ㄴ → ㄱ　　④ ㄷ → ㄴ → ㄹ → ㄱ

 **정답풀이**

③ 유동성배열법따라　당좌자산 ➜ 재고자산 ➜ 투자자산 ➜ 유형자산 ➜ 무형자산 ➜ 기타비유동자산의 순서로 배열된다.

02 당좌자산

당좌자산은 유동자산 중에서 판매과정을 거치지 않고 1년 이내에 현금화가 가능한 자산을 말하며, 대표적인 항목은 다음과 같다.

현금및현금성자산	통화, 통화대용증권, 보통예금 등 현금성자산
단기매매증권	단기매매목적으로 취득한 시장성 있는 유가증권
매출채권	상거래에서 발생하는 채권(외상매출금, 받을어음)
선급비용	당기에 지급하였지만 당기의 비용이 아니라 미래의 비용
단기대여금	타인에게 빌려준 금액으로 상환 기한이 1년 내인 것

미수금	상거래 이외의 거래에서 발생하는 채권
선급금	매입계약 시 지급하는 계약금
미수수익	당기에 수취하지는 않았지만 당기에 귀속되는 금액
단기금융상품	만기가 1년 이내에 도래하는 금융상품으로 현금성자산이 아닌 것

I CAN 기출문제

다음 중 당좌자산에 해당하지 않는 것은?

① 보통예금 ② 외상매출금
③ 단기대여금 ④ 장기대여금

 **정답풀이**

④ 장기대여금은 비유동자산에 해당한다.

1 현금 및 현금성자산

통화 및 통화대용증권, 은행예금 중 요구불예금, 취득당시 만기 3개월 이내의 유가증권 및 단기금융상품을 현금 및 현금성자산으로 분류하며, 재무상태표에 '현금 및 현금성자산' 이라는 하나의 통합된 계정과목으로 표현하기도 하고, 현금, 보통예금, 당좌예금 등 세부 계정과목으로 분리해서 표현하기도 한다.

1. 현금(통화 및 통화대용증권)

현금은 재화나 용역 구입시 사용하는 가장 대표적인 수단으로, 유동성이 가장 높은 자산이다. 일상생활에서는 지폐나 동전 등 화폐성통화만을 현금으로 생각하지만, 회계에서는 통화가 아니지만 통화와 같은 효력으로 사용되는 통화대용증권을 포함한다.

통 화	지폐와 주화
통화대용증권	은행발행 자기앞수표, 타인발행 당좌수표, 송금수표, 우편환증서, 배당금 지급통지표, 만기도래한 공채 및 사채이자표 등

참고 우표 및 수입인지는 통화대용증권에 해당하지 않으므로, 통신비 혹은 세금과공과 계정으로 처리하여야 한다.

2. 보통예금

은행예금 중 만기가 정해져 있지 않고 입출금이 자유로운 요구불예금을 말한다.

3. 당좌예금과 당좌차월

기업에서는 현금거래의 번거로움과 위험을 막기 위해 거래대금을 수표를 발행하여 지급하게 되는데, 이때 발행되는 수표가 당좌수표이다.

당좌예금	기업이 은행과 당좌거래의 약정을 맺고 일정한 현금을 입금한 후 당좌수표를 통해서만 인출되는 예금
당좌차월	이미 발행한 수표와 어음에 대해 예금 잔액이 부족해도 부도처리 하지 않고 정상적으로 지급하도록 은행과 약정을 맺은 경우 처리되는 부채계정으로 일시적 가계정에 해당하며, 결산시 단기차입금으로 대체되어 유동부채로 표기

I can 분개 당좌예금과 당좌차월

다음 연속된 거래를 분개하시오. (단, 당좌예금의 기초잔액은 400,000원 이다.)

12/01 상품 300,000원을 매입하고 당좌수표를 발행하여 지급하였다.
12/05 상품 150,000원을 매출하고 거래처가 발행한 당좌수표를 수취하였다.
12/08 상품 150,000원을 매입하고 당좌수표를 발행하여 지급하였다.
12/10 상품 70,000원을 매출하고 자기앞수표를 수취하여 당좌예입 하였다.

답안

12/01	(차) 상품 300,000원 (대) 당좌예금 300,000원 ✓ 당좌수표를 발행하였으므로, 당좌예금(대변)으로 분개하고, 당좌예금 잔액은 100,000원으로 감소한다.
12/05	(차) 현금 150,000원 (대) 상품매출 150,000원 ✓ 타인발행 당좌수표를 수취하는 경우 현금 계정으로 처리한다.
12/08	(차) 상품 150,000원 (대) 당좌예금 100,000원 당좌차월 50,000원 ✓ 당좌예금 잔액을 초과하여 발행된 당좌수표는 당좌차월(단기차입금) 계정으로 처리한다.
12/10	(차) 당좌차월 50,000원 (대) 상품매출 70,000원 당좌예금 20,000원 ✓ 현금의 당좌예입시 당좌차월(단기차입금)이 있다면 상계처리 하여야 한다.

4. 현금성자산

현금성자산이란 큰 거래비용 없이 현금으로 전환이 용이하고 이자율 변동에 따른 가치변동의 위험이 경미한 금융상품으로서 취득 당시 만기일(또는 상환일)이 3개월 이내인 것을 말한다.

현금성자산(통화대용증권)에 포함되지 않는 것

- 차용증서: 단기대여금 혹은 장기대여금으로 처리
- 우표 및 엽서: 통신비(비용) 혹은 소모품(자산)으로 처리
- 수입인지: 세금과공과(비용) 혹은 소모품(자산)으로 처리
- 타인이 발행한 약속어음 & 선일자수표: 받을어음으로 처리
- 당점이 발행한 약속어음 & 선일자수표: 지급어음으로 처리
- 급여 지급시 처리되는 가불금: 임직원 등 단기채권으로 처리

선일자수표

선일자수표란 실제 발행일 이후의 날을 수표발행일로 기록하고 그 날에 지급할 것을 약정하는 수표를 말하며, 이는 사실상 채권이므로 매출채권 또는 미수금으로 분류한다.

I CAN 기출문제

다음 중 일반기업회계기준에서 현금및현금성자산에 해당하지 않는 것은?

① 취득 당시 만기가 3개월 이내에 도래하는 채권 및 단기금융상품
② 우편환증서, 전신환증서 등 통화대용증권
③ 타인이 발행한 약속어음
④ 타인이 발행한 당좌수표

③ 타인이 발행한 약속어음은 받을어음 계정으로 처리한다.

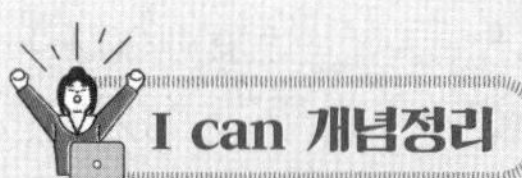

다음 자료를 토대로 기업회계기준상 현금및현금성자산을 계산하면 얼마인가?

• 지폐와 동전:	20,000원	• 당좌개설보증금:	80,000원
• 우편환증서:	50,000원	• 배당금지급통지표:	120,000원
• 자기앞수표:	150,000원	• 정기적금(만기 1년 도래):	300,000원
• 단기대여금:	150,000원	• 선일자 수표:	500,000원

- 양도성예금증서(취득당시 만기 120일): 500,000원
- 취득당시 만기일이 3개월 이내 환매채: 300,000원

640,000원(당좌거래 개설보증금, 정기적금, 단기대여금, 선일자수표, 양도성예금증서 제외)

2 현금과부족

현금과부족은 장부의 현금계정 잔액이 실제의 현금잔액과 일치하여야 하지만, 계산이나 기록상 오류, 분실, 도난 등의 이유로 일치하지 않을 수 있는데, 이러한 경우에 일시적으로 사용하는 계정이다.

구 분		분 개	
장부상 현금잔액 < 실제 현금잔액	현금 과잉 시	(차) 현금 ×××	(대) 현금과부족 ×××
	결산 시	(차) 현금과부족 ×××	(대) 잡이익 ×××
장부상 현금잔액 > 실제 현금잔액	현금 부족 시	(차) 현금과부족 ×××	(대) 현금 ×××
	결산 시	(차) 잡손실 ×××	(대) 현금과부족 ×××

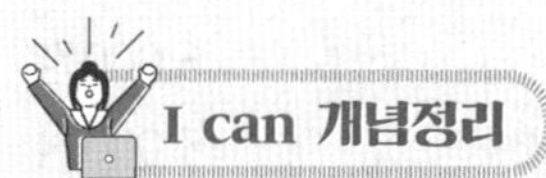

현금 보유액 부족시 회계처리

구 분	차 변		대 변	
현금의 오차발견 (장부 80,000원 / 실제 60,000원)	현금과부족	20,000원	현금	20,000원
전화요금(10,000원) 지급의 기장 누락 판명	통신비	10,000원	현금과부족	10,000원
결산일까지 원인 불명	잡손실	10,000원	현금과부족	10,000원
기간 중이 아닌 결산 당일 실제잔액 부족	잡손실	20,000원	현금	20,000원

현금 보유액 초과시 회계처리

구 분	차 변		대 변	
현금의 오차발견 (장부 70,000원 / 실제 85,000원)	현금	15,000원	현금과부족	15,000원
임대료(10,000원) 수입의 기장 누락 판명	현금과부족	10,000원	임대료	10,000원
결산일까지 원인 불명	현금과부족	5,000원	잡이익	5,000원
기간 중이 아닌 결산 당일 장부잔액 부족	현금	15,000원	잡이익	15,000원

I can 분개 현금과부족

다음의 연속된 거래를 분개하시오.

10월 10일: 현금의 실제 보유액은 50,000원인데, 장부상 잔액은 70,000원이다.
10월 15일: 현금 부족분 20,000원은 여비교통비를 지출한 것으로 밝혀졌다.
11월 12일: 현금의 실제 보유액은 68,000원인데, 장부상 잔액은 50,000원이다.
11월 20일: 현금의 차액 18,000원은 외상매출금 회수액으로 밝혀졌다.
12월 22일: 현금의 실제 보유액은 100,000원인데, 장부상 잔액은 105,000원이다.
12월 31일: 결산 시 까지 현금 부족분 5,000원의 원인이 밝혀지지 않았다.

답안

10/10	(차) 현금과부족	20,000원	(대) 현금	20,000원
10/15	(차) 여비교통비	20,000원	(대) 현금과부족	20,000원
11/12	(차) 현금	18,000원	(대) 현금과부족	18,000원
11/20	(차) 현금과부족	18,000원	(대) 외상매출금	18,000원
12/22	(차) 현금과부족	5,000원	(대) 현금	5,000원
12/31	(차) 잡손실	5,000원	(대) 현금과부족	5,000원

참고 12월 결산 시 실제 현금의 오차를 발견한 경우, 현금과부족 계정 대신 잡손실 혹은 잡이익 계정으로 처리 하여야 한다.

I CAN 기출문제

아래 현금과부족 계정에 대한 설명 중 옳은 것은?

현금과부족

10/31 현　금	100,000	11/15 통신비	30,000
		12/31 (　　)	70,000

① 현금의 시재액이 장부보다 100,000원이 많았다.
② 현금과부족 30,000원은 통신비 누락으로 판명되었다.
③ 현금과부족 100,000원을 잡손실로 회계처리 하였다.
④ 결산시 현금과부족 잔액 70,000원을 잡이익으로 회계처리 하였다.

정답풀이

② 장부상 현금 초과액 100,000원을 현금과부족으로 처리하였으며, 통신비 누락 30,000원을 제외한 잔액을 결산시 잡손실로 대체 하였다.

10/31	(차) 현금과부족	100,000원	(대) 현금	100,000원
11/15	(차) 통신비	30,000원	(대) 현금과부족	30,000원
12/31	(차) 잡손실	70,0000원	(대) 현금과부족	70,000원

I can 분개연습(당좌자산)

※ I can 분개연습에 수록된 문제들은 모두 전산회계 2급 시험에 다수 출제되었던 내용입니다.

01 한국은행 보통예금계좌에서 현금 2,000,000원을 인출하였다.

02 우리은행과 당좌거래계약을 체결하고 현금 1,000,000원을 당좌예금 하였다.

03 우리은행 당좌예금계좌에서 토스뱅크 보통예금계좌로 3,000,000원을 이체하였다.

04 상품 5,000,000원을 ㈜순양에서 구입하고 대금은 자기앞수표로 지급하였다.

05 상품 6,000,000원을 ㈜대행사에서 구입하고 대금은 당사 거래은행인 우리은행앞 당좌수표를 발행하여 지급하였다.

06 매출처 우주상사에서 외상매출금 3,000,000원 중 1,000,000원은 우주상사가 발행한 당좌수표로 받고, 나머지는 울산은행 보통예금 계좌로 송금 받았다.

07 국민은행에 현금 10,000,000원을 정기예금(6개월만기)에 가입하고 입금하였다.

08 국민은행에 가입된 정기예금 1,000,000원이 만기되어 이자 30,000원과 함께 당사 한국은행 보통예금계좌로 입금되었다.

09 7월 19일 현금 시재를 확인하던 중 실제 현금이 장부상 현금보다 20,000원 많은 것을 발견하였으나 그 원인을 파악할 수 없다.

10 12월 14일 현금 시재를 확인하던 중 실제 현금이 장부상 현금보다 10,000원 적은 것을 발견하였으나 그 원인을 파악할 수 없다.

11 결산일 현재 현금과부족 계정으로 처리되어 있는 실제현금 부족액(현금과부족 차변잔액) 60,000원에 대한 원인이 밝혀지지 않고 있다.

12 결산일 현재 현금과부족 계정으로 처리되어 있는 실제현금 과다액(현금과부족 대변잔액) 40,000원에 대한 원인이 밝혀지지 않고 있다.

13 결산일 현재 장부상 현금 잔액이 현금 실제액보다 30,000원 많은 것으로 확인되었으나, 그 원인은 밝혀지지 않았다.

정답

번호	차변	금액	대변	금액
01	(차) 현금	2,000,000원	(대) 보통예금	2,000,000원
02	(차) 당좌예금	1,000,000원	(대) 현금	1,000,000원
03	(차) 보통예금	3,000,000원	(대) 당좌예금	3,000,000원
04	(차) 상품	5,000,000원	(대) 현금	5,000,000원
05	(차) 상품	6,000,000원	(대) 당좌예금	6,000,000원
06	(차) 현금 보통예금 참고 거래처에서 발행한 당좌수표를 수령한 경우 현금으로 처리한다.	1,000,000원 2,000.000원	(대) 외상매출금	3,000,000원
07	(차) 정기예금	10,000,000원	(대) 현금	10,000,000원
08	(차) 보통예금	1,030,000원	(대) 정기예금 이자수익	1,000,000원 30,000원
09	(차) 현금	20,000원	(대) 현금과부족	20,000원
10	(차) 현금과부족	10,000원	(대) 현금	10,000원
11	(차) 잡손실	60,000원	(대) 현금과부족	60,000원
12	(차) 현금과부족	40,000원	(대) 잡이익	40,000원
13	(차) 잡손실 참고 결산일에 원인모를 현금차이가 발생하면 잡손실 또는 잡이익으로 처리한다.	30,000원	(대) 현금	30,000원

I can 실전문제(당좌자산)

※ I can 실전문제에 수록된 문제들은 모두 전산회계 2급 시험에 다수 출제되었던 내용입니다.

01 **다음 중 현금및현금성자산에 해당하지 않는 것은?**

① 우편환증서
② 배당금지급통지표
③ 타인발행약속어음
④ 만기도래한 국채이자표

02 **다음 중 재무상태표의 현금및현금성자산에 포함되지 않는 것은?**

① 통화 및 타인발행수표 등 통화대용증권
② 단기매매증권
③ 취득 당시 만기일(또는 상환일)이 3개월 이내인 금융상품
④ 당좌예금과 보통예금

03 **다음 중 현금 및 현금성자산 금액을 모두 합하면 얼마인가?**

- 취득 당시 만기가 2개월인 채권: 500,000원
- 타인발행 당좌수표: 200,000원
- 당좌개설보증금: 100,000원
- 당좌차월: 500,000원
- 보통예금: 300,000원

① 1,000,000원
② 1,100,000원
③ 500,000원
④ 900,000원

04 **다음 중 현금 및 현금성자산이 아닌 것은?**

① 우표
② 타인발행당좌수표
③ 보통예금
④ 통화대용증권

05 다음 보기의 내용이 설명하는 것은 무엇인가?

> 당좌예금 잔액을 초과하여 수표를 발행하여도 일정 한도까지는 부도처리하지 않고 정상적으로 수표가 발행되는 경우에 처리되는 계정과목

① 당좌예금　　② 부도수표
③ 당좌차월　　④ 당좌이월

06 회계기중 현금의 실제 잔액이 장부잔액보다 15,000원이 많음을 발견하고 회계처리한 내용의 대변계정과목으로 올바른 것은?

① 잡이익　　② 현금과부족
③ 현금　　④ 잡손실

07 결산시에 현금의 실제 잔액이 장부잔액 보다 15,000원이 부족함을 발견하고 회계처리한 내용의 대변계정과목으로 올바른 것은?

① 잡이익　　② 현금과부족
③ 현금　　④ 잡손실

08 다음 보기의 내용으로 추정가능한 거래에 해당하는 것은?

> (차) 현금과부족　5,000원　　(대) 잡이익　5,000원

① 총계정원장에 현금 5,000원을 이중기재 하였다.
② 결산시에 현금의 실제잔액보다 장부잔액이 5,000원 많음을 발견하다.
③ 현금 5,000원을 지출내용을 기장하지 않았다.
④ 결산시까지 현금과부족계정의 대변잔액 5,000원에 대한 내용을 확인할 수가 없다.

03 단기금융상품

단기금융상품은 기업이 보유중인 만기가 1년 이내에 도래하는 금융상품으로 현금성자산이 아닌 것을 말하며, 정기예금과 정기적금, 기타단기금융상품, 단기매매증권 등으로 분류된다.

정기예금과 정기적금	만기가 1년 이내에 도래하는 정기예금과 정기적금
기타단기금융상품	만기가 1년 이내에 도래하는 금융기관에서 판매하고 있는 기타의 금융상품으로 양도성예금증서(CD), 종합자산관리계좌(CMA), 머니마켓펀드(MMF), 환매채(RP), 기업어음(CP) 등
단기매매증권	단기간 내에 매매차익을 얻기 위한 목적으로 시장성 있는(매수와 매도가 적극적이고 빈번함) 유가증권(주식, 사채, 공채 등)을 구입하는 경우

참고 취득당시 만기 3개월 이내의 금융상품은 현금성자산으로 처리 하여야 한다.

1 단기매매증권(유가증권)

단기매매증권이란 유가증권 중에서 단기 매매차익을 목적으로 취득하는 시장성이 있는 것으로, 유가증권은 형태에 따라 지분증권과 채무증권으로 구분되며, 보유목적에 따라 단기매매증권, 만기보유증권, 매도가능증권, 지분법적용투자주식으로 구분된다.

지분증권	회사의 소유 지분을 나타내는 것으로 향후 배당금을 수령 (주식)
채무증권	발행자에 대하여 청구할 수 있는 것으로 향후 이자를 수령 (사채, 공채)

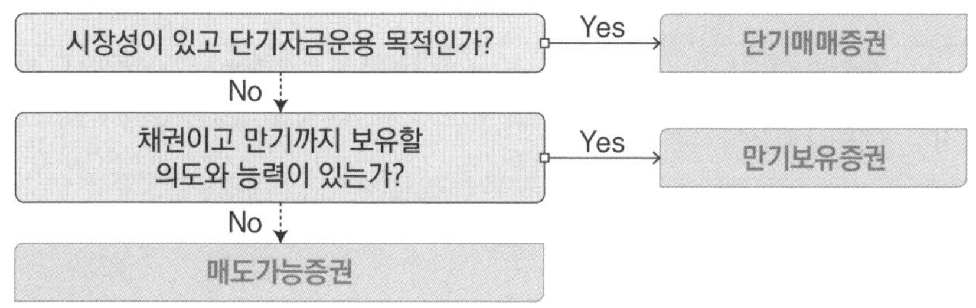

단기매매증권	단기매매차익 목적으로 취득하고, 시장성이 있는 유가증권 (유동)
만기보유증권	채무증권으로 만기까지 보유할 의사와 능력이 있는 유가증권 (유동&비유동)
매도가능증권	만기보유증권 및 단기매매증권에 해당하지 않는 유가증권 (유동&비유동)
지분법적용투자주식	타 회사에 중대한 영향력을 행사할 목적으로 취득(20% 이상)한 유가증권

참고 유가증권 취득시 지급하는 수수료는 유가증권의 취득부대비용으로 해당 유가증권의 취득원가에 가산한다. 단, 단기매매증권의 취득수수료는 취득원가에 가산하지 않고 수수료비용(영업외비용)으로 인식 하여야 한다.

I CAN 기출문제

다음 중 재무상태표에 당좌자산으로 계상되는 계정과목에 해당하는 것은?

① 단기매매증권 ② 만기 3년 이상의 매도가능증권
③ 만기 3년 이상의 만기보유증권 ④ 지분법적용투자주식

정답풀이

① 단기매매증권은 당좌자산이며, 나머지 계정과목은 투자자산으로 분류된다.

2 단기매매증권의 회계처리

1. 단기매매증권 취득시

단기매매증권의 취득원가는 해당 유가증권의 액면금액이 아니라 구입금액으로 처리하며 취득시 발생하는 매입수수료는 취득원가에 가산하지 않고 당기비용(영업외비용)으로 처리한다.

차 변	단기매매증권 수수료비용(영업외비용)	××× ×××	대 변	현금	×××

2. 결산시 단기매매증권의 평가

단기매매증권은 기말 결산시 장부금액과 공정가치를 비교하여 그 차액을 단기매매증권평가손익으로 처리하여야 한다.

• 공정가치가 장부금액을 초과하는 경우

차 변	단기매매증권	×××	대 변	단기매매증권평가이익	×××

• 공정가치가 장부금액보다 낮아진 경우

차 변	단기매매증권평가손실	×××	대 변	단기매매증권	×××

3. 단기매매증권의 처분

단기매매증권의 처분 시 장부금액과 처분금액의 차액은 단기매매증권처분손익으로 처리하며, 처분시 발생하는 수수료 등의 비용은 단기매매증권처분손익에 가(+) 감(-) 하여야 한다.

• 장부금액 보다 처분금액이 높은 경우

차 변	현금(처분금액)	×××	대 변	단기매매증권 단기매매증권처분이익	××× ×××

• 장부금액 보다 처분금액이 낮은 경우

차 변	현금(처분금액) ××× 단기매매증권처분손실 ×××	대 변	단기매매증권 ×××

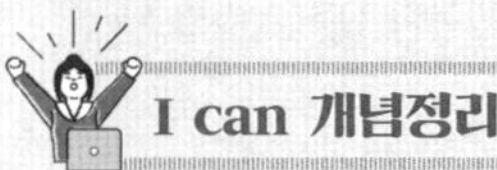

자산 취득 시 부대비용의 처리

자산을 취득하는 경우 지출 되는 수수료 등 부대비용은 원칙적으로 해당 자산의 취득원가에 가산 하여야 한다. 단, 단기매매증권을 취득하는 경우에 지출하는 수수료 등 부대비용은 취득원가에 가산하지 않고, 수수료비용(영업외비용)으로 처리한다.

예 건물 1,000,000원을 취득하고, 수수료 10,000원과 함께 현금으로 지급하다.

차 변	건물 1,010,000원	대 변	현금 1,010,000원

예 단기매매증권 1,000,000원을 취득하고, 수수료 10,000원과 함께 현금으로 지급하다.

차 변	단기매매증권 1,000,000원 수수료비용(영업외비용) 10,000원	대 변	현금 1,010,000원

다음의 연속된 거래를 분개하시오.

20×1.10.10.: 주식 100주를 주당 10,000원에 단기투자목적 으로 구입하고, 수수료 10,000원과 함께 현금으로 지급하였다.
20×1.12.31.: 결산시 위 주식의 공정가치가 주당 9,000원으로 확인되었다.
20×2.11.10.: 위 주식에 대한 배당금 100,000원이 보통예입 되었다.
20×2.11.20.: 위 주식 중 50주를 주당 11,000원에 매각하고 현금 수령하였다.
20×2.12.31.: 결산시 잔여주식의 공정가치가 주당 11,000원으로 확인되었다.

답안

20×1.10.10.	(차) 단기매매증권 1,000,000원 (대) 현금 1,010,000원 수수료비용(영업외비용) 10,000원
20×1.12.31.	(차) 단기매매증권평가손실 100,000원 (대) 단기매매증권 100,000원
20×2.11.10.	(차) 보통예금 100,000원 (대) 배당금수익 100,000원
20×2.11.20.	(차) 현금 550,000원 (대) 단기매매증권 450,000원 단기매매증권처분이익 100,000원
20×2.12.31.	(차) 단기매매증권 100,000원 (대) 단기매매증권평가이익 100,000원 ✓ 장부금액: 50주 × 9,000원 = 450,000원 ✓ 공정가치: 50주 × 11,000원 = 550,000원 (평가이익 100,000원)

I can 분개연습(단기매매증권)

※ I can 분개연습에 수록된 문제들은 모두 전산회계 2급 시험에 다수 출제되었던 내용입니다.

01 단기매매차익을 목적으로 주식 100주(1주당 액면 4,000원)를 1주당 7,000원에 구입하다. 취득 시 수수료 30,000원을 포함한 대금은 보통예금에서 지급하다.

02 단기매매차익을 목적으로 1주당 7,000원에 100주 구입했던 주식의 기말 평가액이 주당 7,500원이 되었다.

03 단기매매차익을 목적으로 1주당 7,000원에 100주 구입했던 주식의 기말 평가액이 주당 6,000원이 되었다.

04 장부금액 20,000원인 단기매매증권을 현금 18,000원에 처분하다.

05 단기매매차익 목적으로 보유하고 있는 주식 100주를 1주당 10,000원에 처분하고 대금은 수수료 등 10,000원을 차감한 금액이 보통예금계좌에 입금되었다. 단, 주식 1주당 취득원가는 8,000원 이다.

정답

01	(차) 단기매매증권 700,000원 (대) 보통예금 730,000원 수수료비용(영업외비용) 30,000원 ✓ 단기매매증권 취득시 지급하는 수수료는 수수료비용(영업외비용)으로 처리한다.
02	(차) 단기매매증권 50,000원 (대) 단기매매증권평가이익 50,000원 ✓ (7,500원 − 7,000원) × 100주 = 50,000원
03	(차) 단기매매증권평가손실 100,000원 (대) 단기매매증권 100,000원 ✓ (7,000원 − 6,000원) × 100주 = 100,000원
04	(차) 현금 18,000원 (대) 단기매매증권 20,000원 단기매매증권처분손실 2,000원
05	(차) 보통예금 990,000원 (대) 단기매매증권 800,000원 단기매매증권처분이익 190,000원 ✓ 단기매매증권: 100주 × 8,000원 = 800,000원(공정가치) ✓ 보통예금: 100주 × 10,000원 − 10,000원(수수료) = 990,000원(처분금액)

I can 실전문제(단기매매증권)

※ I can 실전문제에 수록된 문제들은 모두 전산회계 2급 시험에 다수 출제되었던 내용입니다.

01 **기업회계기준상 단기시세차익 목적으로 시장성있는 주식, 사채, 공채를 취득하는 경우 가장 적합한 계정과목은 무엇인가?**

① 만기보유증권　② 매도가능증권
③ 단기매매증권　④ 지분법적용투자주식

02 **다음은 ㈜나라가 당기에 구입하여 보유하고 있는 단기매매증권이다. 기말 단기매매증권 평가시 올바른 손익은 얼마인가?**

종 류	액면금액	취득금액	공정가치
㈜순양	50,000원	100,000원	80,000원
㈜대행사	30,000원	20,000원	35,000원

① 단기매매증권평가손익 없음
② 단기매매증권평가손실 5,000원
③ 단기매매증권평가이익 5,000원
④ 단기매매증권평가이익 35,000원

03 **다음 유가증권 거래로 인하여 20×1년 당기손익에 미치는 영향을 바르게 설명한 것은?**

- 20×1년 3월 1일 단기시세차익을 얻을 목적으로 ㈜고려의 주식 1,000주를 주당 10,000원(액면금액 5,000원)에 취득하였다.
- 20×1년 6월 30일 ㈜고려의 주식 300주를 주당 9,000원에 처분하였다.

① 당기순이익이 1,200,000원 감소한다.
② 당기순이익이 300,000원 감소한다.
③ 당기순이익이 1,350,000원 감소한다.
④ 당기순이익이 1,050,000원 감소한다.

04 **시장성 있는 ㈜A의 주식 10주를 단기매매차익 목적으로 1주당 56,000원에 구입하고, 거래수수료 5,600원을 포함하여 보통예금계좌에서 결제하였다. 일반기업회계기준에 따라 회계처리하는 경우 발생하는 계정과목으로 적절하지 않은 것은?**

① 단기매매증권 ② 만기보유증권
③ 수수료비용 ④ 보통예금

05 **다음 중 단기매매증권에 관한 설명으로 옳지 않은 것은?**

① 단기매매차익 목적으로 보유하는 유가증권이다.
② 단기매매증권은 투자자산으로 분류된다.
③ 기말에 공정가치로 평가한다.
④ 기말에 발생하는 평가이익 또는 평가손실은 당기손익에 반영한다.

06 **다음 중 계정과목의 분류가 다른 것은?**

① 단기매매증권
② 만기가 3년 후에 도래하는 만기보유증권
③ 3년 후 매도 예정인 매도가능증권
④ 지분법적용투자주식

04 매출채권과 대손

기업의 정상적인 주된 영업활동에서 발생하는 받을 권리를 말하며, 외상매출금과 받을어음을 합해서 매출채권이라고 한다.

1 외상매출금

상품을 외상으로 매출하고 대금을 나중에 받기로 하면 외상매출금으로 처리한다.

구분	내용			
외상매출금 발생 시	• 상품을 외상으로 매출하면 외상매출금계정 차변으로 회계처리			
	(차) 외상매출금	×××	(대) 상품매출	×××
외상매출금 회수 시	• 외상매출금을 회수하게 되면 외상매출금계정 대변으로 회계처리			
	(차) 현금	×××	(대) 외상매출금	×××

2 받을어음

약속어음은 발행인(채무자)이 수취인(채권자)에게 자기의 채무를 갚기 위하여 일정한 금액(외상대금)을 약정기일(만기일)에 약정한 장소(은행)에서 지급할 것을 약속한 증권이다. 상품을 매출하고 대금을 약속어음으로 받으면 받을어음으로 처리한다.

구분	내용			
보관	• 상품을 매출하고 약속어음을 수령하면 받을어음계정 차변으로 회계처리			
	(차) 받을어음	×××	(대) 상품매출	×××
만기(추심)	• 받을어음의 만기가 도래하면 거래은행에 어음대금을 받아 줄 것을 의뢰(추심의뢰) • 어음대금을 받게 되면(추심) 받을어음계정 대변으로 회계처리 • 추심관련 수수료는 당기비용(판매비와관리비)으로 처리			
	(차) 당좌예금	×××	(대) 받을어음	×××
	수수료비용(판관비)	×××		
배서양도	• 받을어음 뒷면에 배서하고 양도하면 받을어음계정 대변으로 회계처리			
	(차) 외상매입금	×××	(대) 받을어음	×××
할인(매각거래)	• 받을어음의 만기가 되기 전에 은행에 배서양도하고 자금을 조달하는 것 • 할인료는 매출채권처분손실로 처리하고 받을어음계정 대변으로 회계처리			
	(차) 당좌예금	×××	(대) 받을어음	×××
	매출채권처분손실	×××		
부도	• 받을어음의 만기가 되기 전에 거래처의 부도가 확정된 경우			
	(차) 부도어음과수표	×××	(대) 받을어음	×××

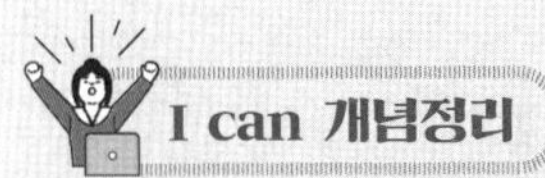

받을어음 회계처리

<table>
<tr><th colspan="2">거래내용</th><th>차 변</th><th>대 변</th></tr>
<tr><td colspan="2">거래처로부터 물품대금으로 받은 약속어음 1,000,000원을 만기일에 은행에 추심의뢰하고, 추심수수료 20,000원을 현금으로 지급하다.</td><td>수수료비용 20,000원</td><td>현금 20,000원</td></tr>
<tr><td colspan="2">거래처로부터 물품대금으로 받은 약속어음 1,000,000원을 만기일에 은행에 추심의뢰하여, 추심수수료 20,000원 제외한 금액이 보통예금 통장에 입금되었다.</td><td>수수료비용 20,000원
보통예금 980,000원</td><td>받을어음 1,000,000원</td></tr>
<tr><td colspan="2">울산상사에 상품 800,000원을 매입하고 대금은 부산상사로부터 받은 약속어음을 배서양도하였다.</td><td>상품 800,000원</td><td>받을어음 800,000원</td></tr>
<tr><td rowspan="2">물품대금으로 받은 약속어음(2,000,000)을 만기일 전에 거래은행에서 할인받고, 할인료 100,000원을 제외한 금액이 보통예금 통장으로 이체되었다.</td><td>매각
거래</td><td>매출채권처분손실 100,000원
보통예금 1,900,000원</td><td>받을어음 2,000,000원</td></tr>
<tr><td>차입
거래</td><td>이자비용 100,000원
보통예금 1,900,000원</td><td>단기차입금 2,000,000원</td></tr>
<tr><td colspan="2">소유중인 받을어음 800,000원이 만기되어 은행에 추심의뢰 하였으나 지급거절로 인해 부도처리되어, 발행인에게 상환청구 하였으며, 지급거절증서 작성비용 30,000원을 현금으로 지급하였다.</td><td>부도어음 830,000원</td><td>받을어음 800,000원
현금 30,000원</td></tr>
<tr><td colspan="2">전기에 부도처리한 약속어음에 대해 법정이자 20,000과 함께 850,000원을 보통예금 통장으로 수취하였다.</td><td>보통예금 850,000원</td><td>부도어음 830,000원
이자수익 20,000원</td></tr>
</table>

참고 일반적인 상거래 이외의 거래에서 발생하는 외상거래 혹은 약속어음 관련 거래는 외상매출금·받을어음 계정 대신 미수금 계정으로, 외상매입금·지급어음 대신 미지급금 계정으로 처리 하여야 한다.

I CAN 기출문제

다음 중 재무상태표에 당좌자산으로 계상되는 항목이 아닌 것은?

① 현금및현금성자산 ② 매출채권
③ 보통예금 ④ 지분법적용투자주식

정답풀이

④ 지분법적용투자주식은 투자자산이며, 당좌자산으로 분류될 수 없다.

I can 분개연습(매출채권)

※ I can 분개연습에 수록된 문제들은 모두 전산회계 2급 시험에 다수 출제되었던 내용입니다.

01 상품 2,000,000원을 외상으로 매출하다.

02 외상으로 매출한 상품매출대금 중 1,000,000원을 보통예금으로 회수하다.

03 외상으로 매출한 상품매출대금 중 1,000,000원을 거래처 발행 어음으로 회수하다.

04 토지를 800,000원에 매각하고, 대금은 1개월 후에 받기로 하다.

05 업무용 PC를 400,000원에 매입하고, 대금은 1개월 후에 지급하기로 하다.

06 외상매출금 중 1,500,000원은 약속어음으로 받고, 500,000원은 당사 보통예금계좌로 입금 받다.

07 외상매입금 5,000,000원을 결제하기 위해 매출거래처로부터 받아서 보관 중인 약속어음 5,000,000원을 배서양도 하였다.

08 상품을 3,500,000원에 판매하고 대금은 6개월 만기의 약속어음으로 받았다.

09 거래처로부터 받은 받을어음 9,000,000원이 만기가 도래하여 은행에 추심의뢰 하고, 수수료 30,000원을 차감한 잔액이 보통예금계좌에 입금되었음을 통보받다.

10 보유 중인 받을어음 600,000원을 은행에 할인하고, 할인료 및 수수료 40,000원을 차감한 후 잔액을 당좌예금에 입금하다. 본 할인거래는 매각거래로 본다.

11 상품매출 대금으로 수취한 소문상사의 받을어음 5,000,000원을 만기일에 추심의뢰 하고, 수수료 50,000원을 현금으로 지급하였다.

12 부족한 자금을 조달하기 위하여 순양상사에서 수취하였던 약속어음을 만기일 전에 은행에서 할인 받고 할인료와 수수료 150,000원을 제외한 1,850,000원이 보통예금 통장으로 입금되었다.

정답

번호	차변	금액	대변	금액
01	(차) 외상매출금	2,000,000원	(대) 상품매출	2,000,000원
02	(차) 보통예금	1,000,000원	(대) 외상매출금	1,000,000원
03	(차) 받을어음	1,000,000원	(대) 외상매출금	1,000,000원
04	(차) 미수금	800,000원	(대) 토지	800,000원
	✓ 상거래가 아니므로 미수금 계정으로 처리한다.			
05	(차) 비품	400,000원	(대) 미지급금	400,000원
06	(차) 받을어음	1,500,000원	(대) 외상매출금	2,000,000원
	보통예금	500,000원		
07	(차) 외상매입금	5,000,000원	(대) 받을어음	5,000,000원
08	(차) 받을어음	3,500,000원	(대) 상품매출	3,500,000원
09	(차) 보통예금	8,970,000원	(대) 받을어음	9,000,000원
	수수료비용	30,000원		
10	(차) 당좌예금	560,000원	(대) 받을어음	600,000원
	매출채권처분손실	40,000원		
	✓ 받을어음의 할인거래(매각거래)시 발생하는 수수료와 할인료는 매출채권처분손실로 처리한다.			
11	(차) 수수료비용	50,000원	(대) 현금	50,000원
	✓ 받을어음의 만기일에 대금수령없이 추심의뢰만 하는 경우 수수료에 대해서만 회계처리 한다.			
12	(차) 보통예금	1,850,000원	(대) 받을어음	2,000,000원
	매출채권처분손실	150,000원		

3 매출채권의 대손

대손이란 외상매출금, 받을어음 등의 채권을 거래처의 파산 등의 이유로 인해 채권을 회수 못하게 되는 상황을 의미한다. 기업이 채권의 가치를 정확하게 인식하기 위해서는 대손예상금액을 채권에서 차감하는 절차가 필요하며 대손상각비라는 계정을 통해 비용처리 하고, 대손충당금 계정으로 채권에서 차감하는 형식으로 표시한다.

- 매출채권(외상매출금 및 받을어음)이 대손되는 경우: 대손상각비(판매관리비)
- 매출채권 이외의 채권(대여금, 미수금, 선급금 등)이 대손되는 경우: 기타의 대손상각비(영업외비용)

대손충당금은 채권의 차감적 평가계정으로 재무상태표에 표시되며, 외상매출금이 40,000,000원이고 외상매출금 중 회수하지 못할 것으로 예상되는 대손충당금이 400,000원인 경우 외상매출금의 실질적인 회수가능액은 39,600,000원이다.

재 무 상 태 표

I can 상사 (단위: 원)

과 목	제 XX 기 (20XX.12.31)	
자 산		
⋮		
외상매출금	40,000,000	
대손충당금	400,000	39,600,000

I CAN 기출문제

다음 중 대손충당금을 설정할 수 없는 것은?

① 외상매출금 ② 단기대여금
③ 받을어음 ④ 장기차입금

④ 대손이라함은 매출채권 등이 회수가 불가능한 것으로 외상매출금, 받을어음, 미수금, 대여금 등에 발생하는 것이며, 장기차입금에는 발생하지 않는다.

1. 결산시 대손충당금 설정

대손충당금은 일반적으로 채권 잔액비율법(보충법)을 주로 사용하며, 기말 결산시 재무상태표의 채권 잔액에 대손추정률을 곱하여 산출하고, 대손충당금 잔액을 차감후 처리한다.

대손충당금 설정액 = 대손추산액(기말채권잔액 × 대손추정률) - 대손충당금잔액

• 대손추산액이 대손충당금 잔액보다 큰 경우 (대손추산액 〉 결산시 대손충당금잔액)

차 변	대손상각비	×××	대 변	대손충당금	×××

• 대손추산액이 대손충당금 잔액보다 작은 경우 (대손추산액 〈 결산시 대손충당금잔액)

차 변	대손충당금	×××	대 변	대손충당금환입	×××

참고 대손충당금환입 계정은 판매비와관리비의 부(-)의 금액으로 표시한다.

I CAN 기출문제

결산분개전 외상매출금 잔액이 5,000,000원인 기업의 결산 대손추정률이 1%인 경우 결산시 반영되는 대손상각비 금액은 얼마인가?(단, 합계잔액시산표상 대손충당금 잔액은 20,000원 이다.)

① 0원　② 20,000원
③ 30,000원　④ 50,000원

정답풀이

③ • 대손추산액: 외상매출금(5,000,000원) × 대손율(1%) = 50,000원
• 대손추가설정액: 대손추산액(50,000원) - 결산시 대손충당금잔액(20,000원) = 30,000원
• 결산시 회계처리: (차) 대손상각비 30,000원 (대) 대손충당금 30,000원

2. 매출채권의 대손발생시

기업이 채권을 회수하기 위한 노력을 게을리 하지 않았음에도 불구하고 거래처의 파산 등의 이유로 인해 채권이 회수할 수 없는 상황을 대손의 확정이라고 하며, 대손이 확정되면 기업은 결산시 설정해놓은 대손충당금을 우선 상계시키고 부족한 금액은 대손상각비 계정을 통해 비용으로 처리한다.

• 매출채권 500,000원이 대손발생 (대손충당금 잔액 200,000원이 있는 경우)

차 변	대손충당금 대손상각비	200,000원 300,000원	대 변	매출채권	500,000원

• 매출채권 500,000원이 대손발생 (대손충당금 잔액이 없는 경우)

차 변	대손상각비	500,000원	대 변	매출채권	500,000원

I CAN 기출문제

거래처의 파산으로 외상매출금 500,000원이 회수불능되어 대손처리한 경우의 적절한 회계처리는? (단, 합계잔액시산표상 대손충당금 잔액은 200,000원 이다.)

①	(차)	대손상각비	500,000원	(대)	외상매출금	500,000원
②	(차)	대손충당금	500,000원	(대)	외상매출금	500,000원
③	(차)	대손상각비 대손충당금	200,000원 300,000원	(대)	외상매출금	500,000원
④	(차)	대손충당금 대손상각비	200,000원 300,000원	(대)	외상매출금	500,000원

④ 매출채권의 대손발생시 대손충당금을 우선 상계후 부족액은 대손상각비로 처리한다.

3. 대손이 확정된 채권의 회수

기업이 채권을 회수할 수 없다고 판단하여 대손을 확정하는 회계처리를 하였으나, 향후 해당 채권이 회수되는 경우가 있다. 이 경우 대손처리 하였던 거래를 취소시키기 위한 분개가 필요하며, 당기에 발생하였던 대손금을 회수하는 경우에는 당기 대손발생 분개의 취소분개를 하여야 하지만, 전기 이전에 대손처리 하였던 대손금을 회수하는 경우에는 대손발생시의 분개와는 무관하게 대손충당금을 증가시키는 회계처리를 하여야 한다.

• 매출채권 500,000원이 대손발생 (대손충당금 잔액 300,000원이 있는 경우)

차 변			대 변		
	대손충당금 대손상각비	300,000원 200,000원		매출채권	500,000원

• 당기에 대손처리한 상기 대손금 중 400,000원을 전액 현금으로 회수

차 변			대 변		
	현금	400,000원		대손상각비 대손충당금	200,000원 200,000원

• 전기에 대손처리한 대손금 400,000원을 전액 현금으로 회수

차 변	현금	400,000원	대 변	대손충당금	400,000원

참고 당기에 대손처리한 대손금을 회수하는 경우는 대손발생 분개의 역순으로 처리하며, 전기 이전에 대손처리한 대손금을 회수하는 경우는 대손충당금으로 처리하여야 한다.

I can 분개 채권의 대손

다음의 연속된 거래를 분개하시오. 단, 매년 결산시 대손 추정률은 1% 이다.

20×1.12.31. 외상매출금 잔액은 10,000,000원이고, 외상매출금에 대한 대손충당금 잔액은 50,000원이다. 받을어음 잔액은 20,000,000원이고, 받을어음에 대한 대손충당금 잔액은 300,000원이다.
20×2.05.10. 외상매출금 150,000원이 대손 확정되었다.
20×2.06.10. 받을어음 150,000원이 대손 확정되었다.
20×2.12.31. 외상매출금과 받을어음 잔액은 15,000,000원, 18,000,000원이다.
20×3.03.10. 전기에 대손 처리한 외상매출금 5,000원이 현금으로 회수되었다.

답안

20×1.12.31.	• 외상매출금 대손설정(10,000,000원 × 1% - 결산전 충당금잔액 50,000원) (차) 대손상각비 50,000원 (대) 대손충당금(외상) 50,000원 • 받을어음 대손설정(20,000,000원 × 1% - 결산전 충당금잔액 300,000원) (차) 대손충당금(받을) 100,000원 (대) 대손충당금환입 100,000원 참고 결산후 외상매출금의 대손충당금 잔액: 100,000원 결산후 받을어음의 대손충당금 잔액: 200,000원
20×2.05.10.	(차) 대손충당금(외상) 100,000원 (대) 외상매출금 150,000원 대손상각비 50,000원
20×2.06.10.	(차) 대손충당금(받을) 150,000원 (대) 받을어음 150,000원
20×2.12.31.	• 외상매출금 대손설정(15,000,000원 × 1% - 결산전 충당금잔액 0원) (차) 대손상각비 150,000원 (대) 대손충당금(외상) 150,000원 • 받을어음 대손설정(18,000,000원 × 1% - 결산전 충당금잔액 50,000원) (차) 대손상각비 130,000원 (대) 대손충당금(받을) 130,000원
20×3.03.10.	(차) 현금 5,000원 (대) 대손충당금(외상) 5,000원

I CAN 기출문제

전기에 거래처의 부도로 대손처리한 외상매출금 250,000원을 현금으로 회수한 경우의 회계처리는?

① (차) 현금 250,000원 (대) 대손상각비 250,000원
② (차) 현금 250,000원 (대) 대손충당금 250,000원
③ (차) 현금 250,000원 (대) 외상매출금 250,000원
④ (차) 대손상각비 250,000원 (대) 대손충당금 250,000원

정답풀이

② 전기 이전에 대손처리한 대손금을 회수한 금액은 대손충당금 계정으로 처리하여야 한다.

기말잔액비율법에 의한 대손충당금 설정

기말잔액비율법(보충법)은 매출채권의 잔액에 대하여 대손률을 적용하여 대손추산액을 계산하는 방법이다. 결산일의 합계잔액시산표가 아래와 같고, 당기말 매출채권(외상매출금, 받을어음)의 잔액에 대하여 1%를 보충법으로 설정하는 경우의 회계처리는 다음과 같다.

차 변		계정과목	대 변	
잔액	합계		합계	잔액
33,400,000	611,150,000	외 상 매 출 금	577,750,000	
		대 손 충 당 금	126,000	126,000
10,100,000	40,600,000	받 을 어 음	30,500,000	
		대 손 충 당 금	30,000	30,000

※ 외상매출금의 대손충당금: 33,400,000원 × 1% - 126,000원 = 208,000원
※ 받을어음의 대손충당금: 10,100,000원 × 1% - 30,000원 = 71,000원
※ 결산시 회계처리

차 변	대손상각비 279,000원	대 변	대손충당금(외상매출금) 208,000원 대손충당금(받을어음) 71,000원

I can 분개연습(매출채권과 대손)

※ I can 분개연습에 수록된 문제들은 모두 전산회계 2급 시험에 다수 출제되었던 내용입니다.

01 거래처의 파산으로 외상매출금 100,000원이 회수불가능하게 되어 대손처리 하다. 단, 대손충당금 잔액 150,000원이 있다.

02 거래처의 파산으로 외상매출금 700,000원이 회수불가능하게 되어 대손처리 하다. 단, 대손충당금 잔액은 525,000원이다.

03 전기에 거래처의 파산으로 대손처리 하였던 외상매출금 300,000원을 보통예금으로 회수하였다.

04 대손충당금은 기말 매출채권(외상매출금, 받을어음) 잔액의 1%를 보충법으로 설정한다. 단. 외상매출금 잔액은 68,560,000원, 받을어음 잔액은 38,800,000원이며, 외상매출금에 대한 대손충당금 잔액은 485,000원, 받을어음에 대한 대손충당금 잔액은 318,000원이 있다.

05 기말 매출채권(외상매출금, 받을어음) 잔액의 1%를 대손충당금으로 설정하다. 단, 외상매출금 잔액은 65,470,000원, 받을어음 잔액은 30,700,000원이며, 외상매출금에 대한 대손충당금 잔액은 없고, 받을어음에 대한 대손충당금 잔액은 110,000원이 있다.

정답

01	(차) 대손충당금(외상매출금)	100,000원	(대) 외상매출금	100,000원
02	(차) 대손충당금(외상매출금) 대손상각비	525,000원 175,000원	(대) 외상매출금	700,000원
03	(차) 보통예금	300,000원	(대) 대손충당금(외상매출금)	300,000원
04	(차) 대손상각비 ✓ 외상매출금: (68,560,000원 × 1%) - 485,000원 = 200,600원 ✓ 받을어음: (38,800,000원 × 1%) - 318,000원 = 70,000원	270,600원	(대) 대손충당금(외상매출금) 대손충당금(받을어음)	200,600원 70,000원
05	(차) 대손상각비 ✓ 외상매출금: (65,470,000원 × 1%) - 0원 = 654,700원 ✓ 받을어음: (30,700,000원 × 1%) - 110,000원 = 197,000원	851,700원	(대) 대손충당금(외상매출금) 대손충당금(받을어음)	654,700원 197,000원

I can 실전문제(매출채권과 대손)

※ I can 실전문제에 수록된 문제들은 모두 전산회계 2급 시험에 다수 출제되었던 내용입니다.

01 다음 중 매출채권에 해당하는 것은?

① 받을어음과 미수금
② 외상매출금과 미수금
③ 외상매출금과 받을어음
④ 대여금과 미수금

02 다음 중 매입채무에 해당하는 것은?

① 지급어음과 미지급금
② 외상매입금과 미지급금
③ 외상매입금과 지급어음
④ 차입금과 미지급금

03 다음 중 받을어음 계정의 대변에 올 수 없는 거래는?

① 어음 대금의 회수
② 약속어음의 수취
③ 어음의 만기전 할인
④ 약속어음의 배서양도

04 다음 중 어음의 소지인이 만기일 이전에 어음을 타인에게 양도하는 것을 무엇이라 하는가?

① 인수
② 할인
③ 부도
④ 배서

05 다음 중에서 대손충당금 설정대상자산으로 적합한 것은?

① 미지급금
② 미수금
③ 선수금
④ 예수금

06 다음의 거래에 대한 분개로 맞는 것은?

> 8월 31일 거래처의 파산으로 외상매출금 100,000원이 회수불능이 되다.(단, 8월 31일 이전에 설정된 대손충당금 잔액은 40,000원이 있다)

① (차) 대손상각비 100,000원 (대) 외상매출금 100,000원

② (차) 대손충당금 40,000원 (대) 외상매출금 100,000원
대손상각비 60,000원

③ (차) 대손충당금 60,000원 (대) 외상매출금 100,000원
대손상각비 40,000원

④ (차) 대손충당금환입 40,000원 (대) 외상매출금 100,000원
대손상각비 60,000원

07 삼일상사는 유형자산 처분에 따른 미수금 기말잔액 45,000,000원에 대하여 2%의 대손충당금을 설정하려 한다. 기초 대손충당금 400,000원이 있었고 당기 중 320,000원 대손이 발생되었다면 보충법에 의하여 기말 대손충당금 설정 분개로 올바른 것은?

① (차) 대손상각비 820,000원 (대) 대손충당금 820,000원

② (차) 기타의 대손상각비 820,000원 (대) 대손충당금 820,000원

③ (차) 대손상각비 900,000원 (대) 대손충당금 900,000원

④ (차) 기타의 대손상각비 900,000원 (대) 대손충당금 900,000원

08 다음 중 대손에 대한 설명으로 옳지 않은 것은?

① 기말에 대손추산액에서 대손충당금잔액을 차감한 금액을 대손상각비로 계상한다.

② 기말에 대손상각비를 설정하는 경우 모든 대손상각비는 판매비와 관리비로만 처리한다.

③ 회수가 불가능한 채권은 대손충당금과 상계하고, 대손충당금이 부족한 경우에는 그 부족액을 대손상각비로 처리한다.

④ 회수가 불확실한 금융자산은 합리적인 기준에 따라 산출한 대손추산액을 대손충당금으로 설정한다.

09 **다음 결산 시 매출채권에 대한 대손충당금을 계산하는 예로 틀린 것은?**

	결산전 대손충당금잔액	기말 매출채권잔액 (대손율 1%)	회계처리의 일부
①	10,000원	100,000원	(대) 대손충당금환입 9,000원
②	10,000원	1,000,000원	회계처리 없음
③	10,000원	1,100,000원	(차) 대손상각비 1,000원
④	10,000원	1,100,000원	(차) 기타의대손상각비 1,000원

10 **나영상사는 대손충당금을 보충법에 의해 설정하고 있으며, 매출채권 잔액의 1%로 설정하고 있다. 매출채권 관련 자료가 아래와 같을 경우 손익계산서에 반영되는 대손상각비는 얼마인가?**

매출채권 (단위: 원)

기초	50,000	회수 등	200,000
발생	500,000		

대손충당금 (단위: 원)

대손	8,000	기초	10,000

① 5,500원
② 3,500원
③ 1,500원
④ 1,000원

4 기타의 당좌자산

유동자산에 포함되는 당좌자산은 앞에서 살펴본 자산 이외에 단기대여금, 임직원 등 단기채권, 미수금, 선급금, 가지급금, 선급비용, 미수수익 등이 있다.

1. 단기대여금

자금을 대여하고 그 회수기간이 1년 이내인 대여금을 말한다.

참고 회수기간이 1년 이상인 대여금은 장기대여금으로 처리한다.

• 매출상사에 6개월 후 상환조건으로 2,000,000원을 대여하기로 하고 보통예금계좌에서 이체 하였다.

차 변	단기대여금	2,000,000원	대 변	보통예금	2,000,000원

I CAN 기출문제

거래처인 전자산업에 현금 2,000,000원을 3년간 빌려주고 차용증서를 수령하였을 경우, 차변에 들어갈 계정과목으로 옳은 것은?

① 현금　　② 단기차입금
③ 단기대여금　　④ 장기대여금

정답풀이

④ 현금을 3년간 대여 하였으므로, 장기대여금 계정을 사용하여야 한다.
(차) 장기대여금 2,000,000원　　(대) 현금 2,000,000원

2. 미수금

주요 상거래인 상품매출 이외의 외상거래(비품, 기계장치 등의 매각)에서 대금을 나중에 받기로 하면 미수금으로 기입한다.

참고 상품 등 재고자산을 외상으로 매출하는 경우는 외상매출금으로 처리한다.

• 사용중이던 비품 500,000원을 매각하고 대금은 1개월 후에 받기로 하였다.

차 변	미수금	500,000원	대 변	비품	500,000원

• 상기 비품의 매각대금 500,000원을 현금으로 수령하였다.

차 변	현금	500,000원	대 변	미수금	500,000원

I CAN 기출문제

가구회사가 판매용가구를 매출하고, 대금은 1개월 후에 수령하기로 한 경우 차변의 계정과목으로 옳은 것은?

① 비품 ② 상품매출
③ 미수금 ④ 외상매출금

정답풀이

④ 가구회사의 판매용가구는 상품에 해당하므로, 외상매출금 계정으로 처리하여야 한다.
(차) 외상매출금 xxx (대) 상품매출 xxx

3. 선급금

선급금은 계약금 성격으로 대금의 일부를 미리 지급하는 경우에 처리하며, 지급한 대금만큼 자산을 청구할 권리가 발생하므로 자산계정에 해당한다.

• 상품 5,000,000원을 주문하고, 계약금 10%를 현금으로 지급하였다.

차 변	선급금	500,000원	대 변	현금	500,000원

• 주문한 상품 5,000,000원을 납품받고, 계약금 10%를 제외한 잔액을 외상으로 하였다.

차 변	상품	5,000,000원	대 변	선급금 외상매입금	500,000원 4,500,000원

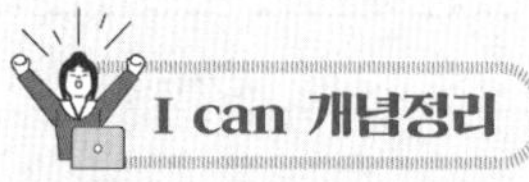

선급금과 선수금

매입거래시에 계약금을 먼저 지급하는 경우 선급금 계정을 사용하며, 매출거래시에 계약금을 먼저 수령하는 경우 선수금 계정을 사용한다.

구 분	매입할 때 지급하는 계약금	매출할 때 받는 계약금
계약 시	선급금(자산)	선수금(부채)
거래 시	상품 등 자산 매입 계정에 대체	상품매출 등 자산 매출 계정에 대체

※ 선급금은 지급시 추후 자산 등을 받을 권리가 발생하므로 자산계정에 해당한다.
※ 선수금은 수령시 추후 자산 등을 지급할 의무가 발생하므로 부채계정에 해당한다.

4. 가지급금

가지급금은 출장비 지급 등으로 인하여 현금 등이 지급되었으나, 구체적인 사용내역을 모르는 경우에 사용하며, 가지급금은 임시 계정이므로 재무제표에 표시될 수 없는 가계정이다.

• 종업원의 출장을 명하고 출장여비 500,000원을 현금으로 지급하였다.

차 변	가지급금	500,000원	대 변	현금	500,000원

• 출장간 사원이 귀사하여 출장여비 450,000원을 정산하고, 잔액을 현금으로 수령하였다.

차 변	여비교통비 현금	450,000원 50,000원	대 변	가지급금	500,000원

참고 출장으로 발생된 교통비, 숙박비 등 경비는 여비교통비로 처리한다.

• 출장간 사원이 귀사하여 출장여비 540,000원을 정산하고, 초과액을 현금으로 지급하였다.

차 변	여비교통비	540,000원	대 변	가지급금 현금	500,000원 40,000원

5. 선급비용

선급비용은 당기에 이미 지급한 비용 중에서 차기에 속하는 부분을 계산하여 차기로 이연시키기 위하여 처리하는 자산계정이며, 차변에는 '선급비용(자산)'으로, 대변에는 당기의 비용에서 차감하는 비용계정과목으로 처리한다.

• 1년분 임차료(기간: x1.10.01, ~ x2.09.30,) 1,200,000원을 현금으로 지급하였다.

차 변	임차료	1,200,000원	대 변	현금	1,200,000원

• 결산시(12/31) 임차료 선급분을 정리하다.

차 변	선급비용	900,000원	대 변	임차료	900,000원

※ 차기분 임차료 9개월분: 1,200,000원 × (9/12) = 900,000원

6. 미수수익

미수수익은 당기에 속하는 수익이지만 결산시 까지 수령하지 못한 금액을 의미하는 자산 계정이며, 차변에는 '미수수익(자산)'으로, 대변에는 당기에 인식할 수익계정과목으로 처리한다.

• 결산 시 단기대여금에 대한 당기 귀속분 미수이자 50,000원을 계상하였다.

차 변	미수수익	50,000원	대 변	이자수익	50,000원

• 단기대여금에 대한 이자 100,000원(전기 미수분 50,000원 포함)을 현금으로 수령하다.

차 변	현금	100,000원	대 변	미수수익 이자수익	50,000원 50,000원

I can 분개 선급비용 & 미수수익

다음의 거래에 관하여 분개를 하시오.

20×1.07.01. 보험료 1년분 240,000원을 현금으로 지급하였다.
20×1.12.31. 결산시 상기 보험료에 대한 선급분을 계상하다.
20×1.12.31. 결산시 정기예금에 대한 이자 미수분 80,000원을 계상하다.

답안

날짜	차변	금액	대변	금액
20×1.07.01	(차) 보험료	240,000원	(대) 현금	240,000원
20×1.12.31	(차) 선급비용	120,000원	(대) 보험료	120,000원
	✓ 보험료 선급분: 240,000원 × 6/12 = 120,000원 ✓ 보험료 지급액 중 당기분을 제외한 차기분 120,000원은 결산시 선급비용으로 계상되어야 한다.			
20×1.12.31	(차) 미수수익	80,000원	(대) 이자수익	80,000원

I can 분개연습(기타의 당좌자산)

※ I can 분개연습에 수록된 문제들은 모두 전산회계 2급 시험에 다수 출제되었던 내용입니다.

01 거래처인 매출상사에 6개월 후 상환조건으로 3,000,000원을 대여하기로 하고, 보통예금 통장에서 이체하다.

02 거래처 매출상사의 단기대여금 3,000,000원과 이자 50,000원을 현금으로 회수하다.

03 거래처 조은상회의 외상매출금 5,000,000원을 8개월 후 상환조건으로 대여금으로 전환하다.

04 거래처인 희망상사에 24개월 후 상환조건으로 4,000,000원을 대여하기로 하고, 보통예금 통장에서 이체하다.

05 총무부 사원의 지방 출장 시 경비에 사용하기 위해 500,000원을 현금으로 지급하다.

06 영업부 사원이 12월 5일부터 12월 7일까지 부산 출장 시 지급받은 가지급금 400,000원에 대해 아래와 같이 사용하고 잔액은 현금으로 정산하다.

왕복교통비 150,000원 및 숙박비 200,000원

07 회계팀 사원의 지방 출장을 위해 항공권을 예매하고, 관련비용 150,000원을 현금으로 지급하다.

08 기말 합계잔액시산표의 가지급금 잔액 710,000원은 거래처 보석상사에 이자를 지급한 것으로 판명되다.

09 상품을 6,000,000원에 매입하기로 계약하고, 계약금(판매액의 10%)을 현금으로 지급하다.

10 매입계약이 해지되어 지급하였던 계약금 600,000원이 당사 보통예금계좌에 입금되었다.

11 상품을 6,000,000원에 매입하다. 단, 한달 전에 계약금 600,000원을 지급하였고, 잔금은 보통예금에서 지급하다.

정답

01	(차) 단기대여금	3,000,000원	(대) 보통예금	3,000,000원
02	(차) 현금	3,050,000원	(대) 단기대여금 이자수익	3,000,000원 50,000원
03	(차) 단기대여금	5,000,000원	(대) 외상매출금	5,000,000원
04	(차) 장기대여금	4,000,000원	(대) 보통예금	4,000,000원
05	(차) 가지급금	500,000원	(대) 현금	500,000원
06	(차) 여비교통비 현금	350,000원 50,000원	(대) 가지급금	400,000원
07	(차) 여비교통비	150,000원	(대) 현금	150,000원
08	(차) 이자비용	710,000원	(대) 가지급금	710,000원
09	(차) 선급금	600,000원	(대) 현금	600,000원
10	(차) 보통예금	600,000원	(대) 선급금	600,000원
11	(차) 상품	6,000,000원	(대) 보통예금 선급금	5,400,000원 600,000원

05 재고자산

1 재고자산의 이해

재고자산은 정상적인 영업활동 과정에서 판매를 위하여 보유하거나 생산 중에 있는 자산 및 생산 또는 서비스 제공 과정에 투입될 원재료나 소모품 등을 의미하며, 재고자산의 종류는 다음과 같다.

상 품	완성품을 외부에서 구입하여 추가 가공 없이 재판매하는 것
제 품	판매를 목적으로 원재료, 노무비, 경비를 투입하여 완성된 것
반제품	현재 상태로 판매 가능한 미완성제품
재공품	제품이 완성되기 전의 상태인 제조과정 중에 있는 재고자산
원재료	제품 생산과정이나 서비스를 제공하는데 투입되는 원료 및 재료
미착품	상품이나 원재료 등을 주문하였으나 아직 회사에 입고되지 않은 것
소모품	소모성 물품 중 아직 사용하지 않은 자산상태의 물품

참고 상품매매기업은 상품, 미착상품이 주요 재고자산이며, 제조기업은 원재료, 미착원재료, 재공품, 반제품, 제품이 주요재고자산이다. 부동산매매업을 주업으로 하는 기업이 보유하고 있는 부동산은 판매를 목적으로 하므로 재고자산으로 분류된다.

I CAN 기출문제

다음 중 재고자산에 해당하지 않는 것은?

① 상품 ② 비품
③ 미착품 ④ 소모품

 **정답풀이**

② 비품은 영업에 장기간 사용하기 위한 자산으로 토지, 건물, 차량운반구 등과 함께 유형자산에 해당한다.

건물 구입시 발생할 수 있는 계정과목의 종류

- 기업이 영업에 사용할 목적으로 구입한 건물 ⇨ 건물(유형자산)
- 일반기업이 투자를 목적으로 구입한 건물 ⇨ 투자부동산(투자자산)
- 업종코드가 부동산매매업인 기업이 판매를 목적으로 구입한 건물 ⇨ 상품(재고자산)

2 재고자산의 취득원가

재고자산의 취득원가는 매입금액에 매입부대비용을 합한 총매입액에서 매입할인·매입에누리·매입환출을 차감한 잔액을 의미하며, 순매입액 이라고도 한다.

취득원가 = 매입금액 + 매입부대비용 - 매입할인 - 매입에누리 - 매입환출

참고 매입부대비용 = 매입수수료, 운반비, 하역비, 운송보험료 등

I CAN 기출문제

다음 중 자산의 매입원가를 구성하는 항목에 해당하지 않는 것은?

① 운반비 ② 매입할인
③ 수수료 ④ 운송보험료

 **정답풀이**

② 재고자산의 매입원가는 매입금액에 매입운임, 하역료 및 보험료 등 취득과정에서 정상적으로 발생한 부대원가를 가산한 금액이며, 매입과 관련된 할인, 에누리 등의 항목은 매입원가에서 차감한다.

I CAN 기출문제

다음 자료에 기초하여 상품의 취득원가를 계산하면 얼마인가?

- 상품 매입수량: 120개
- 매입단가: 3,000원
- 매입수수료: 2,000원
- 매입운반비: 8,000원
- 매입후 판매시까지 창고 보관료: 5,000원

① 360,000원 ② 362,000원
③ 370,000원 ④ 375,000원

 **정답풀이**

③ 매입시 발생하는 수수료와 운반비는 매입제비용에 해당하지만, 매입후 판매까지 발생한 창고보관료는 매입제비용이 아니라 판매비와관리비에 해당한다.

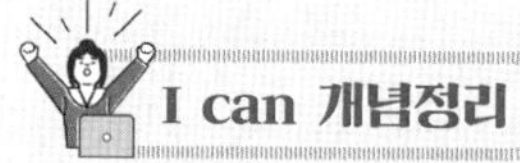

상품의 매출원가

상품매출원가 = 기초상품재고액 + 당기상품(순)매입액 - 기말상품재고액

- 당기상품(순)매입액 = 당기상품(총)매입액 - 매입에누리 및 환출 - 매입할인
- 상품판매가능액 = 기초상품재고액 + 당기상품(순)매입액

1. 재고자산의 매입

재고자산 매입대금 및 매입과 관련하여 지불한 운반비, 매입수수료, 하역비, 보험료, 취득세, 등록세 등의 구입 부대비용을 취득원가에 포함한다.

차 변	상품	×××	대 변	외상매입금	×××

참고 재고자산 구입 시 발생하는 운반비 등은 재고자산의 취득원가에 가산하지만, 재고자산의 매출 시 발생하는 운반비 등은 별도 비용계정으로 처리한다.

2. 매입에누리와 환출

매입에누리는 매입한 재고자산 중 파손이나 이상이 있는 자산에 대해 가격을 인하받는 것을 말하며, 매입환출은 매입한 재고자산 중 파손이나 이상이 있는 자산을 반품하는 것을 말한다.

차 변	외상매입금	×××	대 변	매입환출및에누리 (자산 차감계정)	×××

참고 매입한 상품의 반품시 금액앞에 (-)를 표기하여 직접 차감하기도 한다.

3. 매입할인

재고자산의 구매자가 판매대금을 정해진 일자보다 조기에 지급하는 경우, 약정에 의해 일정 금액을 할인받는 것을 말한다.

차 변	외상매입금	×××	대 변	매입할인(자산 차감계정)	×××

I CAN 기출문제

다음 중 자료에 의해 상품의 총매입액을 계산하면 얼마인가?

• 매입에누리:	60,000원	• 상품매출원가:	150,000원
• 기초상품재고액:	100,000원	• 기말상품재고액:	250,000원

① 350,000원
② 360,000원
③ 370,000원
④ 380,000원

정답풀이

② 상품매출원가(150,000원) = 기초상품(100,000원) + 순매입(XXX) - 기말상품(250,000원)
순매입(300,000원) = 총매입(XXX) - 매입에누리(60,000원)
∴ 총매입액 = 360,000원

3분법에 의한 상품계정의 분할

3분법이란, 단일 상품계정에 대해 이월상품, 매입, 매출로 분할하여 처리하는 방법이며, 3분법에서 매출원가는 매입계정에서 계산된다.

이월상품(자산)	
기초상품재고액	
	기말상품재고액

매입	
이월상품(기초) 순매입액	이월상품(기말)
	매출원가

매출	
환입,에누리,할인	총매출액
순매출액	

I CAN 기출문제

다음 중 3분법에서 매출원가를 계산하는 계정으로 옳은 것은?

① 상품 ② 매입
③ 매출 ④ 이월상품

② 3분법에서 매출원가는 매입 계정에서 계산된다.

3 재고자산의 포함여부 판단

기말 결산시점에 기업의 재고자산 포함여부를 판단하여 금액을 보고하여야 한다.

1. 미착품(미착상품)

매입하였으나 운송 중에 있어 아직 도착하지 않은 자산으로, 판매조건에 따라 재고자산의 귀속 시점이 달라질 수 있다.

선적지 인도조건	선적하는 시점에 매입자의 재고자산이므로, 기말 결산시점에 선적이 완료되었으면 매입자의 재고자산으로 본다.
도착지 인도조건	도착하는 시점에 매입자의 재고자산이므로 기말 결산시점에 도착이 완료되었으면 매입자의 재고자산으로, 아직 운송 중이라면 판매자의 재고자산으로 본다.

운반 중(미착상품)

선적지 인도조건: 구매자의 재고자산
도착지 인도조건: 판매자의 재고자산

2. 위탁상품(적송품)

판매를 위탁하여 수탁자에게 적송한 재고자산으로 수탁자가 판매하기 전까지는 위탁자의 재고자산으로 보며, 수탁자의 판매시 위탁자의 수익으로 인식하게 된다.

3. 시송품

시용매출로 매입자에게 인도한 재고자산으로, 매입자가 구입의사 표시를 하기 전까지는 판매자의 재고자산으로 본다.

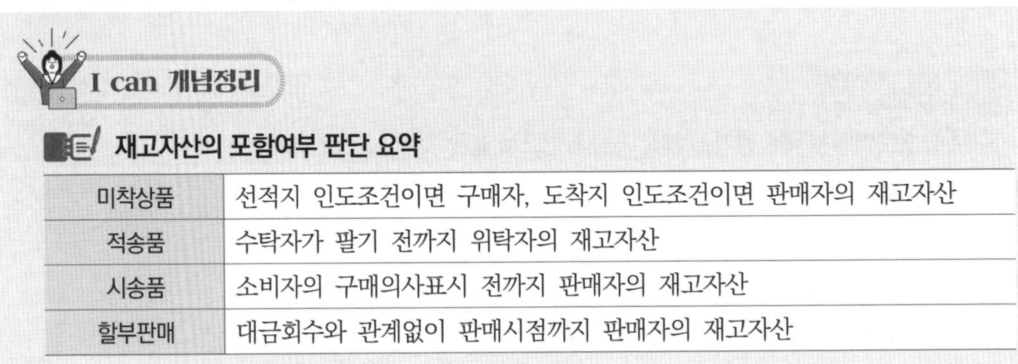

재고자산의 포함여부 판단 요약

미착상품	선적지 인도조건이면 구매자, 도착지 인도조건이면 판매자의 재고자산
적송품	수탁자가 팔기 전까지 위탁자의 재고자산
시송품	소비자의 구매의사표시 전까지 판매자의 재고자산
할부판매	대금회수와 관계없이 판매시점까지 판매자의 재고자산

4 기말 재고자산의 평가

1. 수량결정방법

상품이나 제품 등 재고자산은 판매 또는 매입 등이 빈번하게 발생하므로 정확한 재고를 파악하기 어렵다. 따라서 입고와 출고를 계속 기록할 것인지, 아니면 기말에 실사를 할 것인지에 따라서 계속기록법·실지재고조사법·혼합법에 의해서 수량을 파악한다.

계속기록법	• 상품의 입고, 출고를 모두 기록하여 장부에 의하여 수량을 파악한다.
실지재고조사법	• 상품의 입고만 기록하고 출고는 기록하지 않는다. • 입고란에 기록된 수량에서 직접 조사한 상품의 실제 수량을 차감하여 판매된 수량을 파악한다.
혼합법	• 계속기록법과 실지재고조사법을 병행하여 파악한다. • 장부상 수량과 실제 수량의 차이인 감모손실을 파악할 수 있다.

계속기록법과 실지재고조사법의 비교

구 분	계속기록법	실지재고조사법
장 점	• 장부상 재고수량 파악 용이	• 실제 재고수량을 알 수 있음
단 점	• 실제 재고수량 파악 불가 • 감모수량이 기말재고에 포함됨	• 기중에 재고수량 파악 불가 • 감모수량이 매출원가에 포함됨

I CAN 기출문제

다음 중 재고자산의 단가결정방법에 해당하지 않는 것은?

① 선입선출법 ② 후입선출법
③ 계속기록법 ④ 이동평균법

③ • 재고자산의 수량 결정방법: 계속기록법, 실지재고조사법, 혼합법
• 재고자산의 단가 결정방법: 개별법, 선입선출법, 후입선출법, 이동평균법, 총평균법

2. 단가결정방법

상품을 매입할 때마다 단가가 계속하여 변동하는 경우가 대부분이므로, 판매되는 재고자산의 단가흐름을 어떻게 가정할 것인지를 결정하여야 하며, 재고자산의 성격에 따라 개별법, 선입선출법, 후입선출법, 평균법 등을 적용하게 되는데, 현재의 재고수량과 금액을 장부상으로 항상 확인할 수 있도록 상품을 매입매출할 때마다 종류별로 기입하는 보조원장을 상품재고장이라 한다.

개별법	• 개별 상품 각각에 단가표를 붙여서 개별적 단가를 결정 ✓ 장점: 실제 물량의 흐름과 동일하여 가장 정확 수익비용대응의 원칙에 가장 가까운 방법 ✓ 단점: 거래가 많을 경우 적용하기 어려움
선입선출법 (FIFO)	• 먼저 입고된 상품을 먼저 출고한다는 가정 하에 출고단가를 결정 ✓ 장점: 실제 물량의 흐름과 일치 재고자산금액이 현재의 공정가치를 나타냄 ✓ 단점: 현재 수익과 과거 원가가 대응하여 수익비용대응의 원칙에 부적합 물가상승 시 이익이 과대가 되어 소득세(법인세) 부담이 큼

후입선출법 (LIFO)	• 나중에 입고된 상품을 먼저 출고한다는 가정 하에 출고단가를 결정 ✓ 장점: 현재 수익에 현재 원가가 대응되어 수익비용대응의 원칙에 부합 ✓ 단점: 실제 물량의 흐름과 동일하지 않음 재고자산금액이 현재의 공정가치를 나타내지 못함
이동평균법	• 매입할 때마다 이동평균단가를 구하여 이동평균단가로 출고 단가를 결정 ✓ 장점: 변동하는 화폐가치를 단가에 반영함 ✓ 단점: 매입이 자주 발생하는 경우 매번 새로운 단가를 계산해야 함 • 이동평균단가 $= \frac{\text{재고액 + 매입액}}{\text{재고수량 + 매입수량}}$
총평균법	• 기말에 총 입고금액을 총 입고수량으로 나누어 총 평균단가로 출고단가 결정 ✓ 장점: 가장 간편하고 이익조작의 가능성이 낮음 ✓ 단점: 기초재고가 기말재고의 단가에 영향을 줌 • 총평균단가 $= \frac{\text{기초재고액 + 당기총매입액}}{\text{기초재고수량 + 당기총매입수량}}$

참고 이동평균법과 총평균법을 가중평균법이라고도 한다.

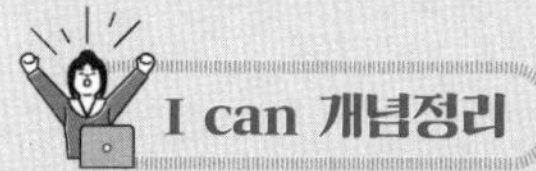

기말 재고자산의 평가 중 인플레이션(물가상승)시 인식되는 금액비교

- 기말재고액: 선입선출법 > 이동평균법 ≥ 총평균법 > 후입선출법
- 매출원가: 선입선출법 < 이동평균법 ≤ 총평균법 < 후입선출법
- 매출총이익: 선입선출법 > 이동평균법 ≥ 총평균법 > 후입선출법

※ 기말재고액이 과다계상될 경우 매출원가가 과소계상되어 매출총이익이 과다계상 된다.
※ 기말재고액이 과소계상될 경우 매출원가가 과다계상되어 매출총이익이 과소계상 된다.

I CAN 기출문제

다음 중 회계담당자의 실수로 결산작업시 기말재고액을 과소계상한 경우 회계정보에 미치는 영향으로 올바른 것은?

	(매출원가)	(매출총이익)	(당기순이익)
①	과다계상	과소계상	과소계상
②	과소계상	과다계상	과다계상
③	과다계상	과다계상	과다계상
④	과소계상	과소계상	과소계상

정답풀이

① 기말재고액이 과소계상될 경우 매출원가가 과다계상되어 매출총이익이 과소계상 된다.

I CAN 기출문제

다음 중 재고자산의 평가시 인플레이션하에서 재고자산의 수량도 계속 증가할 경우 손익계산서에 반영되는 매출원가의 크기를 정확하게 표시하는 것은 어느 것인가?

① 선입선출법 < 이동평균법 ≤ 총평균법 < 후입선출법
② 선입선출법 < 이동평균법 = 총평균법 < 후입선출법
③ 선입선출법 > 이동평균법 ≥ 총평균법 > 후입선출법
④ 선입선출법 > 이동평균법 = 총평균법 > 후입선출법

정답풀이

① 매입가격 상승(인플레이션) 시 매출원가 크기는 다음과 같다.
선입선출법 < 이동평균법 ≤ 총평균법 < 후입선출법

I can 재고자산 단가결정

상품의 매입매출 내역이 다음과 같은 경우에 계속기록법 하에서 선입선출법과 후입선출법에 의한 매출원가와 기말재고액을 구하시오.

- 기초재고: 상품 500개 보유하고 있으며 개당 원가는 1,000원이다.
- 03월 08일: 상품 600개를 개당 1,100원에 매입하였다.
- 06월 10일: 상품 400개를 개당 1,400원에 매출하였다.
- 08월 20일: 상품 300개를 개당 1,400원에 매출하였다.
- 10월 20일: 상품 100개를 개당 1,200원에 매입하였다.
- 12월 10일: 상품 300개를 개당 1,400원에 매출하였다.

답안

상 품

기초재고	500개	매출(06/10)	400개
매입(03/08)	600개	매출(08/20)	300개
매입(10/20)	100개	매출(12/10)	300개
		기말재고	200개
합계: 1,200개		합계: 1,200개	

※ 기초재고와 매입액을 합해서 판매가능재고라 한다.(판매가능재고는 1,200개)

상품(선입선출법)

기초재고	500,000	매출원가	1,050,000
매　입	780,000	기말재고	230,000
합　계	1,280,000	합　계	1,280,000

상품(후입선출법)

기초재고	500,000	매출원가	1,080,000
매　입	780,000	기말재고	200,000
합　계	1,280,000	합　계	1,280,000

선입선출법	기말재고	100개 × 1,100원 + 100개 × 1,200원 = 230,000원
	매출원가	1,280,000원 − 230,000원 = 1,050,000원
후입선출법	기말재고	200개 × 1,000원 = 200,000원
	매출원가	1,280,000원 − 200,000원 = 1,080,000원

I can 재고자산 단가결정

상품의 매입매출 내역이 다음과 같은 경우에 계속기록법 하에서 이동평균법에 의한 매출원가와 기말재고액, 매출총이익을 계산하시오.

- 기초재고: 상품 100개 보유하고 있으며 개당 원가는 1,000원이다.
- 12월 10일: 상품 150개를 개당 1,100원에 매입하였다.
- 12월 18일: 상품 200개를 개당 2,500원에 매출하였다.

답안

상 품

기초재고	100개	매출(12/18)	200개
매입(12/10)	150개	기말재고	50개
합계:	250개	합계:	250개

※ 기초재고와 매입액을 합해서 판매가능재고라 한다.(판매가능재고는 250개)

매출액	매출수량(200개) × 2,500원 = 500,000원
매출원가	매출수량(200개) × 평균단가(1,060원) = 212,000원 ※ 평균단가: 기초재고액(100개×1,000원) + 매입금액(150개×1,100원) / 250개 = 1,060원
기말재고	기말수량(50개) × 평균단가(1,060원) = 53,000원
매출총이익	매출액(500,000원) - 매출원가(212,000원) = 288,000원

I CAN 기출문제

다음은 당사의 당기 재고자산과 관련된 자료이다. 원가흐름의 가정을 선입선출법을 적용한 경우와 총평균법을 적용한 경우의 기말재고자산 금액의 차이는 얼마인가?

	수량	단가	비고
기초재고(1월 1일)	10개	100원	
매입(3월 10일)	20개	200원	
매입(7월 25일)	30개	300원	
매입(8월 20일)	40개	400원	
매출(9월 15일)	30개	700원	

① 3,000원 ② 4,000원 ③ 5,000원 ④ 6,000원

정답풀이

②

상 품

기초재고	10개	매출(9/15)	30개
매입(3/10)	20개	기말재고	70개
매입(7/25)	30개		
매입(8/20)	40개		
합계:	100개	합계:	100개

- 선입선출법 기말재고: (30개 × 300원) + (40개×400원) = 25,000원
- 평균법 기말재고: 총평균단가 30,000원 / 100개 = 300원, 300원 × 70개 = 21,000원

∴ 25,000원 - 21,000원 = 4,000원

5 재고자산의 감모손실

재고자산의 감모손실은 상품을 보관하는 과정에서 파산, 마모, 도난, 분실 등으로 인하여 재고자산의 장부상 재고수량과 실제의 재고수량과의 차이에서 발생하는 것으로, 정상적인 조업 과정에서 발생한 감모손실은 매출원가에 가산하고 비정상적으로 발생한 감모손실은 영업외비용으로 처리한다.

정상적 감모	(차) 매출원가	×××	(대) 재고자산	×××
비정상적 감모	(차) 재고자산감모손실 (영업외비용)	×××	(대) 재고자산	×××

참고 재고자산 감모손실은 재고자산의 수량결정 방법에서 계속기록법과 실지재고조사법을 혼용하여 사용하는 경우에만 확인이 가능하다.

I CAN 기출문제

상품을 보관하는 과정에서 파손, 마모, 도난, 분실 등으로 인하여 실제재고수량이 장부상의 재고수량보다 적은 경우에 발생하는 손실을 처리하기 위한 계정과목으로 적절한 것은?

① 대손상각비
② 잡손실
③ 재해손실
④ 재고자산감모손실

정답풀이

④ 재고자산감모손실에 대한 설명이며, 재고자산감모손실이 정상적 감모는 원가에 산입하고 비정상적 감모는 영업외비용으로 처리한다.

6 소모품의 정리

소모성 물품은 구입 시 자산(소모품)으로 처리할 수도 있고 비용(소모품비)으로 처리할 수도 있는데, 결산시 소모품의 당기 사용분을 비용으로 처리하여야 한다.

1. 자산처리법

소모성 물품의 구입 시 자산계정인 '소모품'으로 처리하며, 기말에 당기 사용분을 비용으로 처리하기 위하여 차변에는 '소모품비' 계정으로 대변에는 '소모품' 계정으로 처리한다.

구분	내용			
구입시	• 소모성 물품 100,000원을 현금으로 구입히다.			
	(차) 소모품	100,000원	(대) 현금	100,000원
결산시	• 결산시 소모품 미사용은 30,000원으로 확인 되었다.			
	(차) 소모품비	70,000원	(대) 소모품	70,000원

참고 구입 시 자산처리한 소모성 물품은 결산시 사용액을 비용(소모품비)으로 처리한다.

2. 비용처리법

소모성 물품 구입 시 비용계정인 '소모품비'로 처리하며, 기말에 당기 미사용분을 자산으로 처리하기 위하여 차변에는 '소모품' 계정으로 대변에는 '소모품비' 계정으로 분개한다.

구분	내용			
구입시	• 소모성 물품 100,000원을 현금으로 구입히다.			
	(차) 소모품비	100,000원	(대) 현금	100,000원
결산시	• 결산시 소모품 사용은 70,000원으로 확인되었다.			
	(차) 소모품	30,000원	(대) 소모품비	30,000원

참고 구입 시 비용처리한 소모성 물품은 결산시 미사용액을 자산(소모품)으로 처리한다.

I can 분개연습(재고자산)

※ I can 분개연습에 수록된 문제들은 모두 전산회계 2급 시험에 다수 출제되었던 내용입니다.

01 상품을 100,000원에 외상매출하면서 운반비 10,000원을 현금으로 지급하다.

02 외상매입금 100,000원을 조기에 현금으로 상환하여 약정에 따라 5%를 할인받았다.

03 외상매입한 상품 중 일부가 불량으로 판명되어 대금 중 10,000원을 할인하기로 하였다.

04 단가 1,000원인 상품 200개를 매입하면서 대금은 1개월 후에 지급하기로 하였다. 매입 시 운반비 5,000원은 현금으로 지급하다.

05 외상매출금중 1,000,000원을 조기에 회수하여 약정에 의해 5% 할인된 금액이 보통예입 되었다.

06 외상매출한 상품 100,000원 중 하자가 발생하여 상품 2,000원을 반품 처리 후 5,000원은 에누리 받고, 잔액은 현금으로 회수하였다.

07 사무용 소모성 물품 120,000원을 구입하고 대금은 현금으로 지급하다.
(단, 자산계정으로 처리할 것)

08 사무용 소모성 물품 150,000원을 구입하고 대금은 현금으로 지급하다.
(단, 비용계정으로 처리할 것)

정답

01	(차) 외상매출금	100,000원	(대) 상품매출	100,000원
	운반비	10,000원	현금	10,000원
02	(차) 외상매입금	100,000원	(대) 현금	95,000원
			매입할인	5,000원
	✓ 매입할인액; 100,000원 × 5% = 5,000원			
03	(차) 외상매입금	10,000원	(대) 매입환출및에누리	10,000원
04	(차) 상품	205,000원	(대) 외상매입금	200,000원
			현금	5,000원
	✓ 상품매입액: 1,000원 × 200개 + 5,000원 = 205,000원			
05	(차) 매출할인	50,000원	(대) 외상매출금	1,000,000원
	보통예금	950,000원		
	✓ 매출할인액: 1,000,000원 × 5% = 50,000원			
06	(차) 매출환입및에누리	7,000원	(대) 외상매출금	100,000원
	현금	93,000원		
07	(차) 소모품	120,000원	(대) 현금	120,000원
08	(차) 소모품비	150,000원	(대) 현금	150,000원

I can 실전문제(재고자산)

※ I can 실전문제에 수록된 문제들은 모두 전산회계 2급 시험에 다수 출제되었던 내용입니다.

01 **다음 중 재고자산의 취득원가에 포함시켜야 하는 항목으로 가장 맞는 것은?**

① 판매수수료
② 판매시의 운송비용
③ 재고자산 매입시 수입관세
④ 인수 후 판매까지의 보관료

02 **다음 중 재고자산 평가방법이 아닌 것은?**

① 실지재고조사법
② 후입선출법
③ 가중평균법
④ 선입선출법

03 **다음 주어진 재고자산 자료를 가지고 매출원가를 계산하면 얼마인가?**

• 기초재고액:	300,000원	• 당기총매입액:	1,200,000원
• 기말재고액:	200,000원	• 매출환입:	50,000원
• 매입환출:	80,000원	• 매입에누리:	100,000원

① 1,070,000원
② 1,120,000원
③ 1,200,000원
④ 1,300,000원

04 **다음 주어진 자료로 매출원가를 계산하면 얼마인가?**

• 기초상품재고액:	100,000원
• 기말상품재고액:	150,000원
• 판매가능상품액:	530,000원

① 580,000원
② 480,000원
③ 380,000원
④ 280,000원

05 **다음은 재고자산의 원가배분에 관한 내용이다. 선입선출법의 특징이 아닌 것은?**

① 일반적인 물량흐름은 먼저 매입한 것이 먼저 판매되므로 물량흐름과 원가흐름이 일치한다.

② 기말재고는 최근에 구입한 것이므로 기말재고자산은 공정가치에 가깝게 보고된다.

③ 물가상승시 현재의 매출수익에 오래된 원가가 대응되므로 수익·비용대응이 잘 이루어지지 않는다.

④ 물가상승시 이익을 가장 적게 계상하므로 가장 보수적인 평가방법이다.

06 **다음 (가), (나)의 거래를 분개할 때 대변에 기입되는 계정과목으로 바르게 짝지은 것은?**

(가) 신제품을 생산하기 위하여 기계를 1,000,000원에 구입하고, 대금은 1개월 후에 지급하기로 한다.
(나) 신제품을 공급해 주기로 하고 계약금 100,000원을 현금으로 받다.

① (가) 미지급금 (나) 선급금　② (가) 미지급금 (나) 선수금
③ (가) 외상매입금 (나) 선수금　④ (가) 외상매입금 (나) 선급금

07 **다음 중 재고자산으로 분류되는 경우는?**

① 제조업을 운영하는 회사가 공장이전으로 보유 중인 토지

② 도매업을 운영하는 회사가 단기 시세차익을 목적으로 보유하는 유가증권

③ 서비스업을 운영하는 회사가 사용목적으로 구입한 컴퓨터

④ 부동산매매업을 운영하는 회사가 판매를 목적으로 보유하는 건물

08 **다음은 청솔상회의 재고자산과 관련된 문제이다. 선입선출법에 의하여 평가할 경우 매출총이익은 얼마인가?(다른 원가는 없다고 가정한다.)**

일 자	매입매출구분	수 량	단 가
10월 1일	기초재고	10개	개당 100원
10월 8일	매 입	30개	개당 110원
10월 15일	매 출	25개	개당 140원
10월 30일	매 입	15개	개당 120원

① 850원　② 2,650원　③ 3,500원　④ 6,100원

09 **기말재고자산금액을 실제보다 높게 계상한 경우 재무제표에 미치는 영향으로 잘못된 것은?**

① 매출원가가 실제보다 감소한다.
② 매출총이익이 실제보다 증가한다.
③ 당기순이익이 실제보다 증가한다.
④ 자본총계가 실제보다 감소한다.

10 **기초재고와 기말재고가 동일하다는 가정하에 물가가 상승하고 있다면 다음 중 어떤 재고평가방법이 가장 높은 순이익과 가장 높은 매출원가를 기록하게 하는가?**

	가장 높은 순이익	가장 높은 매출원가
①	선입선출법	후입선출법
②	선입선출법	선입선출법
③	후입선출법	선입선출법
④	후입선출법	후입선출법

11 **우리회계는 상품매출원가에 30%의 이익을 가산하여 판매하고 있다. 기말상품재고액이 기초상품재고액보다 500,000원 증가되었고, 상품매출액은 5,200,000원으로 나타났다. 당기상품순매입액은?**

① 3,000,000원
② 3,500,000원
③ 4,000,000원
④ 4,500,000원

12 **상품매출에 의한 매출에누리와 매출환입에 대한 올바른 회계처리방법은?**

① 매출에누리와 매출환입 모두 총매출액에서 차감한다.
② 매출에누리는 수익처리하고, 매출환입은 외상매출금에서 차감한다.
③ 매출에누리는 총매출액에서 차감하고 매출환입은 수익처리한다.
④ 매출에누리와 매출환입 모두 수익처리한다.

13 **다음은 회계상사의 재고자산 관련 자료이다. 총평균법에 의한 기말재고자산 단가는 얼마인가?**

일 자	적 요	수 량	단 가
1월 1일	기초재고	10개	100원
1월 14일	매입	30개	120원
9월 29일	매출	20개	140원
10월 17일	매입	10개	110원

① 125원
② 120원
③ 114원
④ 110원

3. 투자자산 및 유형자산

01 투자자산의 이해

투자자산이란 비유동자산 중에서 기업의 판매활동 이외의 장기간에 걸쳐 투자이익을 얻을 목적으로 보유하고 있는 자산을 말한다. 건물이나 토지를 사업에 사용할 목적으로 매입하면 유형자산으로 분류하고, 투자목적으로 매입하면 투자자산으로 분류하여야 하며, 그 종류는 다음과 같다.

장기금융상품	결산일부터 만기가 1년 후에 도래하는 금융상품(장기성예금 등)
투자부동산	투자목적으로 소유하는 토지 및 건물 등 부동산 참고 부동산매매업인 기업에서 구입한 판매용 토지, 건물 등은 상품으로 처리한다.
만기보유증권	유가증권 중 만기까지 보유할 의사가 분명한 채무증권
매도가능증권	유가증권 중 단기매매증권 혹은 만기보유증권에 해당하지 않는 채무증권 및 지분증권
장기대여금	대여금 중 만기가 1년 이내에 도래하지 않는 것
특정현금과예금	만기가 1년 이후에 도래하는 사용이 제한된 금융상품으로 당좌거래 체결시 예치하는 당좌거래개설보증금

I CAN 기출문제

다음 중 사무용품을 판매하는 회계상사에서 판매를 목적으로 토지를 취득한 경우 처리되는 계정과목에 해당하는 것은?

① 토지 ② 건물
③ 구축물 ④ 투자부동산

정답풀이

④ 일반기업에서 판매를 위해 구입한 토지는 투자부동산으로 회계처리 한다.

02 유형자산의 이해

유형자산이란 판매를 목적으로 하지 않고, 1년이상 장기간에 걸쳐 영업활동에 사용되는 토지, 건물, 비품, 차량운반구, 기계장치, 건설중인 자산, 구축물 등 물리적 형태가 있는 자산이 해당 되며 비유동자산으로 분류된다. 유형자산의 종류는 다음과 같다.

토 지	대지, 임야, 전답 등
건 물	공장, 사무실, 창고 등
구축물	건물 이외의 교량, 도로포장, 부속설비 등
차량운반구	승용차, 화물차, 버스, 오토바이 등
기계장치	제조설비, 운송설비, 기계설비 등
비 품	사무 집기비품으로 컴퓨터, 복사기, 책상, 에어컨, 냉장고 등
건설중인자산	유형자산의 건설을 위해 지출한 금액(완성되면 건물 등으로 대체)

영업활동에 사용하지 않는 자산 즉, 투자를 목적으로 취득한 비영업용 토지와 건물 등은 투자자산(투자부동산)으로 분류되므로, 토지와 건물이라는 유형자산 계정을 사용 할 수 없으며, 부동산업자나 건설업자가 판매용으로 취득한 부동산 역시 유형자산계정이 아니라 재고자산(상품)계정으로 처리하여야 한다.

I CAN 기출문제

다음 중 유형자산에 해당하지 않는 것은?

① 비품　　② 소모품
③ 구축물　　④ 건설중인자산

 **정답풀이**

② 소모품은 재고자산에 해당한다.

03 유형자산의 취득원가

유형자산은 최초 취득시 취득원가로 측정한다. 단, 유형자산을 현물출자, 증여, 기타 무상으로 취득하는 경우 그 공정가치를 취득원가로 하며, 취득원가는 구입원가 또는 제작원가 및 경영진이 의도하는 방식으로, 자산을 가동하는데 필요한 장소와 상태에 이르게 하는데 직접 관련되는 원가 등으로 구성된다.

유형자산의 취득원가 = 매입금액 + 구입 시 취득원가에 가산하는 지출(취득 부대비용)

1 외부에서 구입하는 경우의 취득원가

외부에서 구입하는 자산의 취득원가는 매입금액에 취득 부대비용을 합한 금액으로 계산한다. 취득 부대비용의 유형은 다음과 같다.

- 설치장소 준비를 위한 지출, 운송비, 취급비, 설치비
- 취득 및 설치관련 수수료, 시운전비
- 자본화대상 차입원가, 취득세 등 취득과 관련된 제세공과금
- 취득 시 매입해야 하는 국·공채 등의 매입금액과 공정가치의 차액

1. 취득세 등의 처리

세금 중에서 재산세 및 자동차는 세금과공과(비용)로 처리하지만, 취득세 및 등록세는 자산의 매입 부대비용으로 해당 자산의 취득원가에 가산한다.

- 건물을 5,000,000원에 취득 후 대금을 익월에 지급하기로 하고, 취득세 150,000원과 중개수수료 100,000원을 현금으로 지급 하였다.

차 변	건물	5,250,000원	대 변	미지급금 현금	5,000,000원 250,000원

- 건물의 재산세 80,000원을 현금으로 지급하였다.

차 변	세금과공과	80,000원	대 변	현금	80,000원

2. 토지와 건물의 일괄취득 후 철거

토지만 사용할 목적으로 토지와 건물을 일괄취득한 후 건물을 철거하는 경우에는 건물 가격과 철거비용 모두 토지의 취득원가에 산입한다.

- 건물 신축을 위하여 건물이 있는 토지를 취득하면서 건물과 토지의 일괄취득 대가로 5,000,000원을 보통예금에서 이체하여 지급하고, 건물의 철거비용 200,000원을 현금으로 지급하다.

차 변	토지	5,200,000원	대 변	보통예금 현금	5,000,000원 200,000원

I CAN 기출문제

영업용 건물을 구입하고 해당건물에 대한 취득세를 납부한 경우 차변에 기입할 계정과목으로 올바른 것은?

① 건물　　② 재산세
③ 세금과공과　　④ 건설중인자산

 **정답풀이**

① 자산의 취득시 발생하는 취득세 등은 자산의 취득원가에 가산한다.

I CAN 기출문제

다음 중 유형자산에 대한 설명으로 올바르지 않는 것은?

① 토지, 건물, 차량운반구, 구축물 등은 회계상 유형자산에 해당한다.
② 판매목적으로 구입한 자산은 해당되지 않는다.
③ 1년 이상 장기에 걸쳐 사용되는 자산으로 물리적인 형태가 있는 자산이다.
④ 유형자산을 취득할 때 소요된 취득부대비용은 당기비용으로 처리한다.

정답풀이

④ 유형자산을 취득할 때 소요된 취득부대비용은 자산의 취득원가에 가산한다.

2 증여(무상취득)로 자산을 취득하는 경우의 취득원가

유형자산을 증여에 의하여 무상으로 취득하는 경우에는 유형자산의 공정가치에 취득 부대비용을 가산한 금액을 취득원가로 하고, 자산의 공정가치를 자산수증이익으로 처리한다.

- 대주주로부터 공정가치 20,000,000원의 건물을 증여받고 건물 취득에 따른 취득세 400,000원을 현금으로 납부하였다.

차 변	건물	20,400,000원	대 변	자산수증이익 현금	20,000,000원 400,000원

3 자가 건설하는 경우의 취득원가

유형자산을 자가 건설하는 경우에는 건설과 관련된 지출을 집계하여 우선 건설중인자산으로 계상한 후 건설이 완료되면 건물, 기계장치 등 해당 유형자산으로 처리한다.

• 창고건물을 신축하기로 하고 계약금 5,000,000원을 현금으로 지급하였다.

차 변	건설중인자산	5,000,000원	대 변	현금	5,000,000원

• 신축중인 창고의 건설관련 중도금 3,000,000원을 현금으로 지급하였다.

차 변	건설중인자산	3,000,000원	대 변	현금	3,000,000원

• 신축중인 창고의 건설이 완료되어 잔금 12,000,000원을 현금으로 지급하였다.

차 변	건물	20,000,000원	대 변	건설중인자산 현금	8,000,000원 12,000,000원

참고 건설공사관련 계약금 및 중도금은 건설중인자산 계정으로 처리하였다가, 공사 완료시 건물 계정으로 대체하여야 한다.

4 사용 중인 건물을 철거하는 경우

기존에 사용하던 건물을 철거하는 경우에는 장부금액과 관련비용을 유형자산처분손실로 계상한다.

• 건물을 신축하기 위하여 사용하던 건물(취득금액 3,000,000원, 감가상각누계액 1,800,000원)을 철거하고 철거비용 100,000원은 현금으로 지급하였다.

차 변	감가상각누계액 유형자산처분손실	1,800,000원 1,300,000원	대 변	건물 현금	3,000,000원 100,000원

04 유형자산 취득 후의 지출

유형자산을 취득한 이후에 수선 및 증설 등과 같이 추가로 지출이 발생할 수 있는데, 지출의 성격에 따라 자본적지출과 수익적지출로 구분하며, 자본적지출은 해당 자산의 원가에 포함되고, 수익적지출은 당기 비용(수선비)으로 처리하여야 한다.

1. 자본적 지출

유형자산을 취득한 후에 발생하는 지출이 내용연수의 증가, 생산능력의 증대, 원가절감, 품질향상, 엘리베이터 및 냉난방기설치 등의 경우로 미래의 경제적 효익을 증가시키면 해당자산으로 처리한다.

• 본사 건물의 가치증진 및 내용연수 연장을 위한 증설비용 5,000,000원을 보통예금에서 이체하여 지급하였다.

차 변	건물	5,000,000원	대 변	보통예금	5,000,000원

2. 수익적 지출

유형자산을 취득한 후에 발생하는 지출이 해당 자산의 원상회복, 능률유지 등 수선유지를 위한 것으로, 수선유지, 외벽도색, 파손된 유리교체 등의 경우로 비용(수선비 등)으로 처리한다.

• 건물 외벽의 도장비용 2,000,000원을 현금으로 지급하였다.

차 변	수선비	2,000,000원	대 변	현금	2,000,000원

I CAN 기출문제

다음 보기의 유형자산관련 지출 내역중 자본적지출에 해당하는 것은?

① 건물의 도색작업 ② 건물 내 엘리베이터 설치
③ 자동차의 타이어 교체 ④ 건물 내 형광등 교체

 **정답풀이**

② 냉난방장치 및 엘리베이터 설치 등은 자산의 가치를 증가시키는 자본적지출에 해당하며, 나머지는 자산의 능률유지 및 원상회복과 관련된 수익적지출에 해당한다.

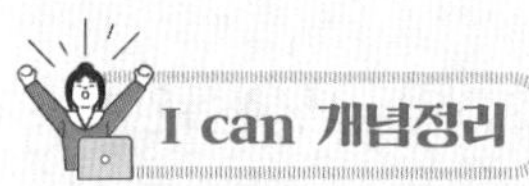

자본적지출과 수익적지출 구분

어떤 특정한 지출을 수익적 지출로 처리하느냐, 아니면 자본적 지출로 처리하느냐에 따라 기업의 재무상태와 경영성과가 크게 달라질 수 있다.

즉, 수익적 지출로 처리하여야 할 것을 자본적 지출로 처리하게 되면 그 사업연도의 이익이 과대계상(비용의 과소계상)될 분만 아니라 유형자산이 과대계상된 부분이 발생하게 되며, 반대로 자본적 지출로 처리하여야 할 것을 수익적 지출로 처리하게 되면 이익의 과소계상(비용의 과대계상)과 유형자산이 과소평가되는 결과를 초래하게 된다.

오류의 유형	자 산	비 용	당기순이익
수익적 지출을 자본적 지출로 잘못 처리한 경우	과대계상	과소계상	과대계상
자본적 지출을 수익적 지출로 잘못 처리한 경우	과소계상	과대계상	과소계상

I CAN 기출문제

자본적 지출 1,500,000원을 수익적 지출로 회계처리한 경우, 재무상태 또는 경영성과에 미치는 영향은 무엇인가?

① 자산은 증가하고 비용은 감소하게 된다.
② 자산은 감소하고 이익도 감소하게 된다.
③ 자산은 감소하고 이익은 증가하게 된다.
④ 자산은 변화가 없으나 비용은 증가하게 된다.

정답풀이

② 자산으로 처리해야 하는 것을 비용으로 계상하였으므로, 자산과 이익은 모두 감소한다.

05 유형자산의 감가상각

유형자산은 사용하거나 시간의 경과에 따라 물리적 혹은 경제적으로 그 가치가 점차 감소되는데 이를 감가라고 하며, 이러한 현상을 측정하여 유형자산의 사용기간 동안 비용으로 배분하는 절차를 감가상각이라고 한다. 감가상각누계액은 해당 자산의 차감적 평가계정으로, 건물의 취득원가가 10,000,000원이고 감가상각누계액이 3,000,000원일 경우 장부금액(취득원가 - 감가상각누계액)은 7,000,000원이다.

재 무 상 태 표

I can 상사 (단위: 원)

과 목	제 XX 기 (20XX.12.31.)	
자 산		
⋮		
건 물	10,000,000	
감가상각누계액	3,000,000	7,000,000

참고 토지와 건설중인자산은 감가상각을 하지 않는다.

I CAN 기출문제

유형자산 중 감가상각을 하지 않아도 되는 것으로 옳은 것은?

① 토지, 차량운반구
② 구축물, 건설중인자산
③ 기계장치, 건설중인자산
④ 토지, 건설중인자산

정답풀이

④ 유형자산 종류 중 토지와 건설중인자산은 감가상각을 하지 않는다.

1 감가상각의 3요소

취득원가	매입금액에 취득부대비용을 더한 것(자본적지출액 포함)
잔존가치	내용연수 종료시점에 기대되는 가치(처분금액에서 처분비용을 차감)
내용연수	영업활동에 사용될 것으로 기대되는 예상 사용기간

I CAN 기출문제

다음 중 감가상각의 3요소에 해당하지 않는 것은?

① 취득원가　② 내용연수　③ 잔존가치　④ 감가상각누계액

정답풀이

④ 감가상각의 3요소에는 취득원가, 잔존가치, 내용연수가 해당된다.

2 감가상각 방법

감가상각 방법으로 정액법과 정률법을 많이 사용하며, 업종에 따라서는 연수합계법과 생산량비례법 등의 방법을 사용하기도 한다.

1. 정액법

정액법은 감가상각대상금액을 매년 동일한 금액으로 배분하여 감가상각비로 인식한다.
(정액상각, 균등상각)

정액법 감가상각비 = (취득원가 – 잔존가치) ÷ 내용연수

2. 정률법

정률법은 미상각잔액(취득원가–감가상각누계액)에 정률을 곱한 금액을 감가상각비로 인식한다. 정률법은 내용연수 초기에 감가상각비가 많이 계상되고 갈수록 적어지므로 가속상각방법의 일종이다.

정률법 감가상각비 = (취득원가 – 감가상각누계액) × 감가상각률

3. 연수합계법

연수합계법은 감가상각대상금액에 잔여내용연수를 곱하고 내용연수의 합계를 나눈 금액을 감가상각비로 인식한다. 내용연수 초기에 감가상각비가 많이 계상되고 갈수록 적어지므로 가속상각방법의 일종이다.

$$\text{연수합계법 감가상각비} = (\text{취득원가} - \text{잔존가치}) \times \frac{\text{잔여 내용연수}}{\text{내용연수의 합계}}$$

4. 생산량 비례법

생산량비례법은 감가상각대상금액에 총생산가능량에 대한 실제 생산량의 비율을 곱한 금액을 감가상각비로 인식한다.

$$\text{생산량비례법 감가상각비} = (\text{취득원가} - \text{잔존가치}) \times \frac{\text{당기 실제 생산량}}{\text{추정 총생산량}}$$

I CAN 기출문제

다음은 유형자산의 감가상각방법을 나타낸 것이다. A와 B에 해당하는 것은?

• 정액법 = (취득원가 – A) ÷ 내용연수　　• 정률법 = (취득원가 – B) × 감가상각률

	A	B
①	잔존가치	감가상각누계액
②	잔존가치	내용연수
③	감가상각누계액	잔존가치
④	내용연수	잔존가치

 **정답풀이**

① 정액법: (취득원가 – 잔존가치) ÷ 내용연수
정률법: 미상각잔액(취득원가 – 감가상각누계액) × 감가상각률

3 감가상각비 회계처리(간접법)

회계기말에 감가상각비를 계산한 후 다음과 같이 차변에 감가상각비, 대변에 감가상각누계액으로 회계처리 한다. 유형자산의 감가상각비는 일반적으로 판매비와관리비로 분류되지만, 제조공정에서 사용되는 유형자산의 감가상각비는 제조원가로 분류된다.

차 변	감가상각비 ×××	대 변	감가상각누계액 ××× (유형자산의 차감계정)

참고 유형자산의 감가상각은 간접법으로 처리하지만, 무형자산은 직접법과 간접법 중에서 선택할 수 있다.

I can 분개 감가상각

다음은 기계장치에 대한 내용이다. 정액법, 정률법, 연수합계법, 생산량비례법을 이용하여 20×1년부터 20×3까지의 감가상각비를 계산하여 회계처리 하고, 20×3년말 기계장치의 장부금액을 계산하시오.

1. 취득금액: 1,000,000원(잔존가치 200,000원, 내용연수 5년)
2. 취득일: 20×1년 1월 1일
3. 정률법 사용 시 적용되는 상각률: 40%
4. 총예정생산량은 100톤이며, 20×1년 20톤, 20×2년 40톤, 20×3년 25톤을 생산한다고 가정한다.

해설

㉠ 정액법

구분	내용
감가상각비	(1,000,000원 − 200,000원) ÷ 5년 = 160,000원
회계처리	(차) 감가상각비 160,000원 (대) 감가상각누계액 160,000원 참고 정액법은 매년 감가상각비가 동일하므로 회계처리도 매년 동일함
장부금액	20×3년말 감가상각누계액: 160,000원 × 3년(×1, ×2, ×3) = 480,000원 20×3년말 장부금액: 1,000,000원 − 480,000원 = 520,000원

㉡ 정률법

구분	내용
감가상각비	20×1년: 1,000,000원 × 0.4 = 400,000원 20×2년: (1,000,000원 − 400,000원) × 0.4 = 240,000원 20×3년: (1,000,000원 − 400,000원 − 240,000원) × 0.4 = 144,000원
회계처리	20×1년: (차) 감가상각비 400,000원 (대) 감가상각누계액 400,000원 20×2년: (차) 감가상각비 240,000원 (대) 감가상각누계액 240,000원 20×3년: (차) 감가상각비 144,000원 (대) 감가상각누계액 144,000원
장부금액	20×3년말 감가상각누계액: 400,000원 + 240,000원 + 144,000원 = 784,000원 20×3년말 장부금액: 1,000,000원 − 784,000원 = 216,000원

ⓒ 연수합계법

구분	내용
감가상각비	20×1년: (1,000,000원 - 200,000원) × $\frac{5}{1+2+3+4+5}$ = 266,667원 20×2년: (1,000,000원 - 200,000원) × $\frac{4}{1+2+3+4+5}$ = 213,333원 20×3년: (1,000,000원 - 200,000원) × $\frac{3}{1+2+3+4+5}$ = 160,000원
회계처리	20×1년: (차) 감가상각비 266,667원 (대) 감가상각누계액 266,667원 20×2년: (차) 감가상각비 213,333원 (대) 감가상각누계액 213,333원 20×3년: (차) 감가상각비 160,000원 (대) 감가상각누계액 160,000원
장부금액	20×3년말 감가상각누계액: 266,667원 + 213,333원 + 160,000원 = 640,000원 20×3년말 장부금액: 1,000,000원 − 640,000원 = 360,000원

ⓔ 생산량비례법

구분	내용
감가상각비	20×1년: (1,000,000원 - 200,000원) × $\frac{20}{100}$ = 160,000원 20×2년: (1,000,000원 - 200,000원) × $\frac{40}{100}$ = 320,000원 20×3년: (1,000,000원 - 200,000원) × $\frac{25}{100}$ = 200,000원
회계처리	20×1년: (차) 감가상각비 160,000원 (대) 감가상각누계액 160,000원 20×2년: (차) 감가상각비 320,000원 (대) 감가상각누계액 320,000원 20×3년: (차) 감가상각비 200,000원 (대) 감가상각누계액 200,000원
장부금액	20×3년말 감가상각누계액: 160,000원 + 320,000원 + 200,000원 = 680,000원 20×3년말 장부금액: 1,000,000원 − 680,000원 = 320,000원

I CAN 기출문제

20X1년 1월 1일에 건물 5,000,000원을 구입하고, 취득세 500,000원을 현금으로 지급하였다. 20X1년 12월 31일 결산시 정액법에 의한 감가상각비는 얼마인가?
(단, 내용연수 10년, 잔존가치 0원, 결산 연 1회)

① 50,000원 ② 450,000원 ③ 500,000원 ④ 550,000원

정답풀이

④ 건물의 취득원가: 취득원가(5,000,000원) + 취득세(500,000원) = 5,500,000원
정액법 상각비: (취득원가 5,500,000원 − 잔존가치 0원) / 내용연수(10년) = 550,000원

4 연도 중에 취득한 자산의 감가상각

현실적으로 유형자산을 연초에 취득하는 경우 보다는 연중에 취득하는 경우가 많으며, 유형자산을 연중에 취득하는 경우에는 월 단위로 감가상각하는데 이를 월할상각이라 한다.

• 취득금액 1,000,000원(잔존가치 100,000원, 내용연수 5년, 취득일 20×1.09.01.)인 기계장치의 20×1년 감가상각비를 정액법과 정률법(정률 0.3)으로 계산하면 다음과 같다.

구분	계산
정액법 감가상각비	(1,000,000원 - 100,000원) ÷ 5년 × $\frac{4개월}{12개월}$ = 60,000원
정률법 감가상각비	1,000,000원 × 0.3 × $\frac{4개월}{12개월}$ = 100,000원

I CAN 기출문제

20X1년 7월 1일 1,000,000원에 취득한 비품을 정액법으로 감가상각할 경우 재무상태표에 표시되는 순장부금액(취득원가 - 감가상각누계액)은 얼마인가?
(단, 내용연수 10년, 잔존가치는 취득원가의 10%, 결산 연 1회)

① 45,000원 ② 90,000원 ③ 955,000원 ④ 910,000원

정답풀이

③ 감가상각액: (취득원가 1,000,000원 - 잔존가치 100,000원) ÷ 10년 X 6/12 = 45,000원
순장부금액: 취득원가 1,000,000원 - 감가상각누계액 45,000원 = 955,000원
참고 7월 1일 취득하였으므로 감가상각시 6개월분만 반영

06 유형자산의 처분

유형자산을 외부에 매각하거나 폐기하는 등 처분하는 경우에는 유형자산의 취득원가와 감가상각누계액을 제거하고 처분손익을 인식한다.

1. 장부금액 〈 처분금액

• 취득금액 1,000,000원(감가상각누계액 800,000원)인 비품을 현금 300,000원에 매각하였다.

차 변	계정	금액	대 변	계정	금액
차 변	감가상각누계액	800,000원	대 변	비품	1,000,000원
	현금	300,000원		유형자산처분이익	100,000원

2. 장부금액 〉 처분금액

• 취득금액 1,000,000원(감가상각누계액 800,000원)인 비품을 현금 50,000원에 매각하였다.

차 변	계정	금액	대 변	계정	금액
차 변	감가상각누계액	800,000원	대 변	비품	1,000,000원
	현금	50,000원			
	유형자산처분손실	150,000원			

I CAN 기출문제

20X1년 1월 1일 구입한 차량을 20X3년 1월 1일에 5,000,000원에 처분한 경우 유형자산처분손익은 얼마인가? (단, 상각방법은 정액법이다)

• 취득원가: 10,000,000원 • 내용연수: 5년 • 잔존가치: 1,000,000원

① 유형자산처분이익 1,000,000원
② 유형자산처분손실 1,000,000원
③ 유형자산처분이익 1,400,000원
④ 유형자산처분손실 1,400,000원

정답풀이

④ 20X1년 감가상각비 (10,000,000원 - 1,000,000원) ÷ 5년 = 1,800,000원
20X2년 감가상각비 (10,000,000원 - 1,000,000원) ÷ 5년 = 1,800,000원
20X3년 1월 1일 기준 차량의 장부금액 6,400,000원(10,000,000원 - 3,600,000원)
∴ 순장부금액 6,400,000원인 차량을 5,000,000원에 매각하였으므로,
유형자산처분손실 1,400,000원이 발생한다.

I can 분개연습(유형자산)

※ I can 분개연습에 수록된 문제들은 모두 전산회계 2급 시험에 다수 출제되었던 내용입니다.

01 하나가구로부터 사무실 책상(내용연수 5년)을 2,000,000원에 구입하고 대금은 월말에 지급하기로 하였다.

02 업무용 컴퓨터를 1,500,000원에 구입하고, 대금은 운임 30,000원과 함께 현금으로 지급하였다.

03 회사의 업무용 건물을 15,000,000원에 구입후 대금은 3개월 후 지급하기로 하고, 취득세 500,000원은 현금으로 지급하였다.

04 매장 건물을 신축하기 위하여 토지를 취득하고 그 대금 50,000,000원을 우리은행 앞 당좌수표를 발행하여 지급하였다. 또한 부동산 중개수수료 500,000원과 취득세 600,000원은 현금으로 지급하였다.

05 현대자동차에서 업무용승용차 1대(20,000,000원)를 24개월 할부로 구입하고 차량구입에 따른 취득세 등 1,100,000원은 현금으로 지급하였다.

06 본사 건물에 엘리베이터를 설치하고 대금 10,000,000원은 월말에 지급하기로 하였다.

07 당사 영업부 건물을 수리하고 수선비 5,000,000원을 보통예금 통장에서 이체하였다. 수선비 중 4,000,000원은 냉난방장치 설치와 관련된 것이고, 잔액은 외벽도색과 관련된 지출이다.

08 사용중인 상품 배달용 화물차(취득금액 6,000,000원, 감가상각누계액 4,200,000원)를 서울중고상사에 1,500,000원에 매각하고 대금은 월말에 받기로 하였다.

09 사용중인 에어컨(취득금액 2,000,000원, 감가상각누계액 1,200,000원)을 제일중고상사에 1,000,000원에 매각하고, 매각대금은 1개월 후에 받기로 하였다.

10 결산시 차량(800,000원)과 비품(300,000원)에 대한 감가상각을 계상하다.

정답

번호	차변	금액	대변	금액
01	(차) 비품	2,000,000원	(대) 미지급금	2,000,000원
02	(차) 비품	1,530,000원	(대) 현금	1,530,000원
03	(차) 건물	15,500,000원	(대) 미지급금 현금	15,000,000원 500,000원
04	(차) 토지	51,100,000원	(대) 당좌예금 현금	50,000,000원 1,100,000원
05	(차) 차량운반구	21,100,000원	(대) 미지급금 현금	20,000,000원 1,100,000원
06	(차) 건물	10,000,000원	(대) 미지급금	10,000,000원
07	(차) 건물 수선비 ✓ 건물의 냉난방장치는 자본적지출(건물)이고, 외벽도색은 수익적지출(수선비)에 해당한다.	4,000,000원 1,000,000원	(대) 보통예금	5,000,000원
08	(차) 감가상각누계액 미수금 유형자산처분손실	4,200,000원 1,500,000원 300,000원	(대) 차량운반구	6,000,000원
09	(차) 감가상각누계액 미수금	1,200,000원 1,000,000원	(대) 비품 유형자산처분이익	2,000,000원 200,000원
10	(차) 감가상각비	1,100,000원	(대) 감가상각누계액(차량) 감가상각누계액(비품)	800,000원 300,000원

I can 실전문제(유형자산)

※ I can 실전문제에 수록된 문제들은 모두 전산회계 2급 시험에 다수 출제되었던 내용입니다.

01 다음 중 유형자산으로 분류하기 위한 조건으로서 가장 부적합한 것은?

① 영업활동에 사용할 목적으로 취득하여야 한다.
② 물리적인 실체가 있어야 한다.
③ 사업에 장기간 사용할 목적으로 보유하여야 한다.
④ 생산 및 판매목적으로 보유하고 있어야 한다.

02 다음 중 차량운반구의 취득원가에 해당하는 것은?

① 취득세 ② 자동차 보험료
③ 유류대 ④ 자동차세

03 다음 중 유형자산의 취득원가에 해당하지 않는 것은?

① 유형자산의 매입 또는 건설과 직접적으로 관련되어 발생한 비용
② 유형자산의 취득과 직접 관련된 제세공과금
③ 유형자산의 설치장소 준비를 위한 지출
④ 유형자산 취득 후 발생한 이자비용

04 사용 중인 유형자산에 대한 수익적 지출을 자본적 지출로 회계처리한 경우, 재무제표에 미치는 영향으로 올바른 것은?

① 자산의 과소계상 ② 당기순이익의 과대계상
③ 부채의 과소계상 ④ 비용의 과대계상

05 **다음 중 유형자산에 대한 차감적 평가 계정에 해당하는 계정과목은?**

① 인출금
② 대손충당금
③ 감가상각누계액
④ 유형자산처분손실

06 **유형자산에 대한 감가상각을 하는 가장 중요한 목적으로 맞는 것은?**

① 유형자산의 정확한 가치평가 목적
② 사용가능한 연수를 매년마다 확인하기 위해서
③ 현재 판매할 경우 예상되는 현금흐름을 측정할 목적으로
④ 자산의 취득원가를 체계적인 방법으로 기간배분하기 위해서

07 **다음은 감가상각에 대한 설명이다. 옳지 않은 것은?**

① 유형자산의 감가상각은 자산이 사용가능한 때부터 시작한다.
② 토지와 건물을 동시에 취득하는 경우에는 토지 구입액도 감가상각 대상이 된다.
③ 유형자산의 감가상각방법에는 정액법, 정률법, 연수합계법, 생산량비례법 등이 있다.
④ 감가상각방법은 자산의 성격에 따라 선택 가능하고, 매기 계속 적용한다.

08 **유형자산과 관련한 다음의 지출 중 발생기간의 비용으로 처리해야 하는 것은?**

① 원상회복을 위한 수선유지 지출
② 상당한 원가절감 또는 품질향상을 가져오는 경우의 지출
③ 생산능력 증대를 위한 지출
④ 내용연수 연장을 위한 지출

09 **다음의 거래로 인한 설명 중 맞는 것은?**

보유중인 기계장치를 장부금액보다 낮은 금액을 받고 처분하였다.

① 자산의 감소와 부채의 감소
② 자산의 감소와 자본의 증가
③ 자산의 감소와 부채의 증가
④ 자산의 감소와 자본의 감소

10 **당기에 취득한 유형 자산의 감가상각을 정률법이 아닌 정액법으로 회계 처리한 경우 당기 재무제표에 상대적으로 미치는 영향으로 올바른 것은?**

① 자산의 과소계상
② 당기순이익의 과대계상
③ 부채의 과소계상
④ 비용의 과대계상

11 **정률법으로 감가상각할 경우 2차 회계연도에 계상될 감가상각비로 맞는 것은?**

• 취득원가: 10,000,000원
• 잔존가치: 1,000,000원
• 내용연수: 5년
• 상각율: 0.45

① 1,800,000원
② 2,227,500원
③ 2,475,000원
④ 2,677,500원

12 **유형자산의 감가상각방법 중 정액법, 정률법 및 연수합계법 각각에 의한 1차년도말 계상된 감가상각비가 큰 금액부터 나열한 것은?**

• 기계장치 취득원가: 1,000,000원(1월 1일 취득)
• 잔존가치: 취득원가의 10%
• 내용연수: 5년
• 정률법 상각률: 0.4

① 정률법 〉 정액법 〉 연수합계법
② 정률법 〉 연수합계법 〉 정액법
③ 연수합계법 〉 정률법 〉 정액법
④ 연수합계법 〉 정액법 〉 정률법

13 **연초에 취득하여 영업부서에 사용한 소형승용차(내용연수 5년, 잔존가치 0원)를 정률법으로 감가상각 할 경우, 정액법과 비교하여 1차년도의 당기순이익 및 1차년도 말 유형자산(차량운반구)의 순액에 미치는 영향으로 올바른 것은?**

① 당기순이익은 과대계상 되고, 유형자산은 과대계상 된다.
② 당기순이익은 과대계상 되고, 유형자산은 과소계상 된다.
③ 당기순이익은 과소계상 되고, 유형자산은 과대계상 된다.
④ 당기순이익은 과소계상 되고, 유형자산은 과소계상 된다.

14 ㈜세원은 20×1. 7. 18. 구입하여 사용 중인 기계장치를 20×2. 6. 1. 37,000,000원에 처분하였다. 당기분에 대한 감가상각 후 처분시점의 감가상각누계액은 8,000,000원이며, 처분이익 5,000,000원이 발생하였다. 내용연수 5년, 정액법으로 월할상각한다. 기계장치의 취득원가는?

① 32,000,000원
② 40,000,000원
③ 45,000,000원
④ 50,000,000원

15 다음 자료를 이용하여 유형자산에 대한 감가상각을 실시하는 경우 연수합계법에 의한 3차년도말 현재의 장부금액으로 맞는 것은?

- 기계장치 취득원가: 50,000,000원(1월 1일 취득)
- 잔존가치: 취득원가의 10%
- 내용연수: 5년
- 정률법 상각률: 0.45

① 8,318,750원
② 10,000,000원
③ 14,000,000원
④ 23,000,000원

4. 무형자산 및 기타비유동자산

01 무형자산의 이해

기업의 영업활동과정에서 장기간에 걸쳐 사용되어 미래의 경제적 효익이 기대되는 자산으로 물리적 실체가 없으며, 법률적으로 권리가 인정된 것 뿐만 아니라 영업권, 산업재산권 등과 같이 법률적 권리가 관계되는 것도 포함된다. 다만, 무형자산은 물리적 형태가 없으므로, 재무상태표에 기록되기 위해서는 재화의 생산이나 용역의 제공, 타인에 대한 임대 또는 관리에 사용할 목적으로 기업이 보유하고 있으며, 개별적으로 식별가능하고, 미래에 경제적 효익이 있어야 한다.

참고 물리적 형태가 없는 판매용 자산은 재고자산인 상품 계정으로 처리하여야 한다.

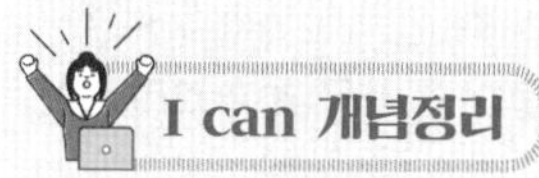

무형자산의 인식 요건

• 물리적 실체가 없지만 식별가능	• 기업이 통제	• 미래 경제적 효익

02 무형자산의 종류

1. 영업권

영업권이란 기업의 우수한 경영진, 숙련된 기술, 특유의 제조기법, 탁월한 입지조건 등으로 인하여 나타나는 장점 또는 초과수익력을 말하며, 영업권은 외부에서 구입한 경우(합병 등)에만 인정된다. 즉, 내부적으로 창출한 영업권(자가창설영업권)은 인정되지 않는다.

참고 내부적으로 창출된 영업권은 무형자산으로 인식되지 않는다.

2. 개발비

개발비란 신제품, 신기술 등의 개발과 관련하여 발생한 지출을 말하며, 내부적으로 창출된 무형자산에 해당되며, 연구개발과 관련된 지출은 연구단계와 개발단계로 구분해야 하여야 하는데, 연구단계와 개발단계 중 어느 단계에서 지출하는지에 따라 다음과 같이 회계 상 취급이 달라진다.

연구단계 지출	• 연구비(판매비와관리비)
개발단계 지출	• 무형자산 인식요건 충족: 개발비(무형자산) • 무형자산 인식요건 미충족: 경상개발비(판매비와관리비)

참고 연구단계 지출인지 개발단계 지출인지 명확하지 않는 경우는 연구비(판매비와관리비)로 처리한다.

I CAN 기출문제

다음 중 소프트웨어 개발을 위한 연구단계에서 현금 1억 원을 지출한 경우의 올바른 회계처리는?

① (차) 연구비(무형자산) 1억 원 (대) 현금 1억 원
② (차) 연구비(판매비와관리비) 1억 원 (대) 현금 1억 원
③ (차) 개발비(무형자산) 1억 원 (대) 현금 1억 원
④ (차) 개발비(기타비유동자산) 1억 원 (대) 현금 1억 원

정답풀이

② 연구단계에서 지출한 비용은 연구비(판매비와관리비) 계정으로 처리한다.

3. 기타무형자산

산업재산권	• 일정기간 동안 독점적, 배타적으로 이용할 수 있는 권리 • 특허권, 실용신안권, 의장권, 상표권, 상호권, 상품명 등
기 타	• 라이선스, 프랜차이즈, 저작권, 소프트웨어, 임차권리금, 어업권 등

I CAN 기출문제

다음 중 무형자산에 해당하는 것의 개수로 올바른 것은?

• 상표권	• 내부적으로 창출된 영업권	• 컴퓨터소프트웨어
• 장기미수금	• 임차권리금	• 경상개발비

① 1개 ② 2개
③ 3개 ④ 4개

정답풀이

③ 상표권, 컴퓨터소프트웨어, 임차권리금이 무형자산에 해당된다. 내부적으로 창출된 영업권은 인정되지 않으며, 경상개발비는 당기비용(판매비와 관리비)으로 처리한다.

03 무형자산의 감가상각

무형자산의 잔존가치는 원칙적으로 없는 것으로 보며, 법령이나 계약에서 정한 경우를 제외하고는 20년을 초과할 수 없으며, 사용가능한 시점부터 매기말에 직접법 또는 간접법으로 상각한다.

1 감가상각 방법

무형자산은 정액법, 정률법, 연수합계법, 생산량비례법 등 합리적인 방법을 사용할 수 있는데, 합리적인 상각방법을 정할 수 없는 경우에는 정액법을 사용한다.

I CAN 기출문제

무형자산의 합리적인 상각방법을 정할 수 없는 경우에는 어떤 상각방법을 사용하는가?

① 정액법 ② 체감잔액법
③ 연수합계법 ④ 생산량비례법

정답풀이

① 합리적인 상각방법을 정할 수 없는 경우에는 정액법을 사용한다.

2 감가상각 회계처리

직접법과 간접법 중에 유형자산은 간접법(감가상각누계액)을 사용하며, 무형자산은 직접법과 간접법을 모두 사용가능하지만 일반적으로는 직접법을 사용한다.

1. 직접법

차 변	무형자산상각비	×××	대 변	개발비	×××

참고 감가상각액을 해당 자산에서 직접 차감하는 방법

2. 간접법

차 변	무형자산상각비	×××	대 변	무형자산상각누계액	×××

참고 무형자산상각누계액 계정을 사용하여 간접적으로 자산에서 차감하는 방법

04 기타비유동자산

기타 비유동자산에 해당하는 항목은 다음과 같다.

임차보증금	월세를 지급하는 조건으로 타인의 부동산 등을 사용하기 위하여 임차인이 지급하는 보증금
전세권	월세를 지급하지 않고 타인의 부동산 등을 사용하기 위하여 임차인이 지급하는 보증금
장기매출채권	외상매출금 또는 받을어음의 만기가 결산일로부터 1년 이후에 도래하는 매출채권(장기외상매출금 또는 장기받을어음)
장기미수금	만기가 1년 이후에 도래하는 미수금
부도어음과 수표	부도어음이란 어음의 만기가 도래하여 어음금액의 지급을 청구할 때 지급이 거절된 어음을 말하며, 부도 발생 시 받을어음을 부도어음과수표로 대체함 (차) 부도어음과수표 ××× (대) 받을어음 ×××

I CAN 기출문제

다음 항목 중 재무상태표상 기타비유동자산에 해당하는 계정과목은?

① 만기보유증권 ② 투자부동산
③ 임차보증금 ④ 지분법적용투자주식

정답풀이

③ 임차보증금은 기타비유동자산에 해당한다.

I can 분개연습(무형자산&기타비유동자산)

※ I can 분개연습에 수록된 문제들은 모두 전산회계 2급 시험에 다수 출제되었던 내용입니다.

01 판매관리프로그램을 구입하고 3,000,000원을 한국은행 보통예금계좌에서 이체하여 지급하였다.

02 한국대학교에 의뢰한 신제품 개발에 따른 연구용역비 20,000,000원을 한국은행 보통예금계좌에서 이체하여 지급하였다.(자산으로 회계처리 할 것)

03 사무실을 임차하고 보증금 30,000,000원을 우리은행 당좌예금 계좌에서 이체하여 지급하였다.

04 상품보관을 위해 임차하고 있던 창고를 임대인에게 돌려주고 임차보증금 10,000,000원을 한국은행 당좌예금계좌로 돌려받았다.

정답

01	(차) 소프트웨어	3,000,000원	(대) 보통예금	3,000,000원
02	(차) 개발비	20,000,000원	(대) 보통예금	20,000,000원
03	(차) 임차보증금	30,000,000원	(대) 당좌예금	30,000,000원
04	(차) 당좌예금	10,000,000원	(대) 임차보증금	10,000,000원

I can 실전문제(무형자산 및 기타비유동자산)

※ I can 실전문제에 수록된 문제들은 모두 전산회계 2급 시험에 다수 출제되었던 내용입니다.

01 **다음 계정과목 중 분류가 다른 것은?**

① 소프트웨어　　② 개발비
③ 상표권　　④ 임차보증금

02 **다음 무형자산에 대한 설명 중 그 내용이 올바르지 않은 것은?**

① 법률상의 권리 또는 경제적 권리를 나타내는 자산이다.
② 물리적인 형태가 없는 자산이 해당된다.
③ 무형자산의 종류에는 영업권, 산업재산권, 연구비 등이 있다.
④ 미래에 걸쳐 기업의 수익 창출에 기여할 것으로 예상되는 자산이다.

03 **다음 무형자산 항목 중 산업재산권에 해당하지 않는 것은?**

① 특허권　　② 실용신안권
③ 상품권　　④ 의장권

04 **다음 중 무형자산에 해당하는 것의 개수는?**

• 특허권	• 내부적으로 창출된 영업권	• 소프트웨어
• 상표권	• 임차권리금	• 경상개발비

① 3개　　② 4개　　③ 5개　　④ 6개

05 **유형자산과 무형자산에 대한 설명으로 틀린 것은?**

① 유형자산과 무형자산 모두 업무용으로 사용하기 위하여 보유하고 있는 자산이다.
② 유형자산과 무형자산 모두 비용인식방법으로 감가상각방법을 이용한다.
③ 유형자산과 무형자산 모두 자본적 지출을 인식할 수 있다.
④ 유형자산과 무형자산 모두 합리적인 상각방법을 정할 수 없을 때는 정액법을 사용한다.

06 **무형자산에 대한 설명으로 옳지 않은 것은?**

① 내부적으로 창출한 무형자산의 창출과정은 연구단계와 개발단계로 구분한다.
② 무형자산을 창출하기 위한 과정을 연구단계와 개발단계로 구분할 수 없는 경우에는 모두 개발단계에서 발생한 것으로 본다.
③ 상각대상금액은 추정내용연수 동안 체계적인 방법에 의하여 비용으로 배분한다.
④ 무형자산의 상각기간은 독점적, 배타적인 권리를 부여하고 있는 관계 법령이나 계약에 정해진 경우를 제외하고는 20년을 초과할 수 없다.

07 **희망상사는 20x1년 7월 1일 1,800,000원에 특허권을 매입하면서 특허등록비 200,000원을 지급하였다. 내용연수 5년, 정액법으로 직접 상각할 경우 20x1년 재무상태표에 계상되는 특허권의 금액은 얼마인가?**

① 1,600,000원　　② 1,640,000원
③ 1,800,000원　　④ 1,820,000원

08 **다음 중 비유동자산으로 볼 수 없는 것은?**

① 단기대여금　　② 장기매출채권
③ 건물　　④ 기계장치

5. 부채

부채는 과거의 거래나 사건의 결과로서 현재 기업실체가 부담하고 그 이행에 자원의 유출이 예상되는 현재시점의 의무이다. 부채는 크게 유동부채와 비유동부채로 분류하며, 각각에 속하는 항목은 다음과 같다.

유동부채	외상매입금, 지급어음, 미지급금, 미지급비용, 선수금, 선수수익, 예수금, 단기차입금, 가수금, 유동성 장기부채, 미지급세금, 미지급배당금
비유동부채	사채, 퇴직급여충당부채, 장기차입금, 임대보증금, 장기미지급금

I can 개념정리

유동부채와 비유동부채의 구분

유동부채	• 상환기간이 결산일로부터 1년 이내인 부채 • 정상적인 영업주기 내에 소멸될 것으로 예상되는 매입채무 및 미지급비용은 1년의 기준을 적용하지 않는다.
비유동부채	• 유동부채에 해당하지 않는 모든 부채

01 유동부채

1 매입채무(외상매입금 및 지급어음)

매입채무는 매매거래가 성립되어 상품의 인수, 서비스 등을 제공받았으나 대금을 일정기간 후에 결제하는 거래로 인해 발생하는 향후 자원이 유출되리라고 예상되는 부채이다. 매입채무는 매출채권(외상매출금 및 받을어음)의 상대적인 계정이라고 볼 수 있다.

1. 외상매입금

상품 혹은 원재료 등의 재고자산을 매입하고 대금을 나중에 지급하기로 하면 외상매입금으로 처리한다.

• 상품 200,000원을 구입하고, 160,000원은 현금으로 지급 후 잔액은 외상으로 하였다.

차 변	상품	200,000원	대 변	현금 외상매입금	160,000원 40,000원

• 외상매입금 40,000원을 보통예금에서 이체하여 결제하다.

차 변	외상매입금	40,000원	대 변	보통예금	40,000원

2. 지급어음

약속어음은 발행인(채무자)이 수취인(채권자)에게 자기의 채무를 갚기 위하여 일정한 금액(외상대금)을 약정기일(만기일)에 약정한 장소(은행)에서 지급할 것을 약속한 증권이다. 상품 혹은 원재료 등의 재고자산을 매입하고 대금을 약속어음으로 발행하여 지급하였을 경우 지급어음으로 처리한다.

• 상품 200,000원을 구입하고, 대금은 약속어음으로 지급 하였다.

차 변	상품	200,000원	대 변	지급어음	200,000원

• 지급어음 200,000원의 만기가 도래하여 보통예금계좌에서 이체 하였다.

차 변	지급어음	200,000원	대 변	보통예금	200,000원

채권과 채무의 회계처리

[매출] • 재고자산 매출시 외상거래 ➜ 외상매출금
• 재고자산 매출시 어음수령 ➜ 받을어음
[매입] • 재고자산 매입시 외상거래 ➜ 외상매입금
• 재고자산 매입시 어음지급 ➜ 지급어음

• 재고자산외 자산 매각시 외상거래 ➜ 미수금
• 재고자산외 자산 매각시 어음수령 ➜ 미수금
• 재고자산외 자산 구입시 외상거래 ➜ 미지급금
• 재고자산외 자산 구입시 어음지급 ➜ 미지급금

2 미지급금과 미지급비용

1. 미지급금

주요 상거래인 상품매입 이외의 외상거래(비품, 기계장치 등의 구입과 복리후생비 등의 지급)에서 대금을 1년 이내의 기간에 지급하기로 하면 미지급금으로 처리한다.

참고 상품을 외상으로 매입하는 경우는 외상매입금으로 처리한다.

• 업무용 에어컨을 2,000,000원에 외상구입(또는 어음으로 지급) 하였다.

차 변	비품	2,000,000원	대 변	미지급금	2,000,000원

• 외상으로 구입한 업무용 에어컨 대금 2,000,000원을 현금으로 지급하였다.

차 변	미지급금	2,000,000원	대 변	현금	2,000,000원

I CAN 기출문제

가구판매회사가 판매용가구를 구입하고, 대금은 1개월 후에 지급하기로 한 거래의 대변 계정과목으로 올바른 것은?

① 미수금 ② 선수금
③ 미지급금 ④ 외상매입금

④ 가구회사의 판매용가구는 상품(재고자산)이며, 외상구입시 외상매입금 계정으로 처리한다.

2. 미지급비용

미지급비용은 일정한 계약에 따라 계속적으로 용역의 제공을 받는 경우, 이미 제공된 용역에 대하여 아직 그 대가를 지급하지 못하고 있는 비용이다. 특정계약에 의해 채무가 확정되었지만 미지급 상태인 경우에 처리하는 미지급금과 달리 미지급비용은 채무가 확정되지 않은 상태로 계속적으로 용역의 제공을 받고 있는 것이며, 결산시에 발생한다.

• 결산 시 단기차입금에 대한 당기 귀속분 미지급이자 50,000원을 계상하였다.

차 변	이자비용	50,000원	대 변	미지급비용	50,000원

• 단기차입금에 대한 이자 1000,000원(전기 미지급분 50,000원 포함)을 현금으로 지급하다.

차 변	미지급비용 이자비용	50,000원 50,000원	대 변	현금	100,000원

 선수금과 선수수익

1. 선수금

상품을 판매함에 있어서 이를 판매하기 이전에 계약금 성격으로 그 대금의 일부 또는 전부를 미리 수취한 금액은 당해 상품이나 제품을 판매할 때까지는 선수금으로 처리한다.

• 상품 500,000원의 주문을 받으면서 계약금 10%를 현금으로 받았다.

차 변	현금	50,000원	대 변	선수금	50,000원

• 주문받은 상품 500,000원을 납품하면서 선수금 10%를 제외한 잔액을 외상으로 하였다.

차 변	선수금 외상매출금	50,000원 450,000원	대 변	상품매출	500,000원

I CAN 기출문제

민재상점이 상품을 주문하고 계약금을 받은 경우 대변에 기입되는 계정과목으로 옳은 것은?

① 선수금　② 선급금
③ 가수금　④ 가지급금

 **정답풀이**

① 상품을 주문하고 계약금을 수령한 경우 선수금 계정으로 처리한다.

2. 선수수익

당기에 이미 받은 수익 중에서 차기에 속하는 부분을 차기로 이연시킨다. 차변에는 당기의 수익에서 차감하는 수익계정과목으로, 대변에는 '선수수익(부채)'으로 처리한다.

• 1년분 임대료(기간: 20×1.10.01, ~ 20×2.09.30,) 1,200,000원을 현금으로 수령하였다.

차 변	현금	1,200,000원	대 변	임대료	1,200,000원

• 결산시(12/31) 임대료 선수분을 정리하다.

차 변	임대료	900,000원	대 변	선수수익	900,000원

※ 차기분 임대료 9개월분: 1,200,000원 × 9/12 = 900,000원

I can 분개 선수수익 & 미지급비용

다음의 거래에 관하여 분개를 하시오.

20×1.07.01. 임대료 1년분 2,400,000원을 현금으로 수령하였다.
20×1.12.31. 결산시 상기 임대료에 대한 선수분을 계상하다.
20×1.12.31. 결산시 차입금에 대한 이자 80,000원이 미계상 되어있다.

해설

일자	차변	금액	대변	금액
20×1.07.01.	(차) 현금	2,400,000원	(대) 임대료	2,400,000원
20×1.12.31.	(차) 임대료	1,200,000원	(대) 선수수익	1,200,000원
	✓ 임대료 선수분: 2,400,000원 x 6/12 = 1,200,000원 ✓ 임대료 금액 중 당기분을 제외한 차기분 1,200,000원은 결산시 선수수익으로 계상되어야 한다.			
20×1.12.31.	(차) 이자비용	80,000원	(대) 미지급비용	80,000원

4 예수금

일시적으로 잠시 보관하고 있는 성격으로 급여 지급 시 원천징수한 소득세와 지방소득세 및 사회보험의 근로자부담금 등의 금액을 말한다.

- 급여 1,000,000원을 지급하면서 소득세 등 120,000원을 원천징수하고 나머지 금액을 보통예금에서 이체하여 지급하였다.

차 변	급여	1,000,000원	대 변	예수금 보통예금	120,000원 880,000원

- 급여지급시 원천징수한 소득세 등 120,000원을 보통예금에서 이체하여 납부하였다.

차 변	예수금	120,000원	대 변	보통예금	120,000원

I CAN 기출문제

소득세, 건강보험료 등과 같이 제3자에게 지급할 금액을 기업이 거래처나 종업원으로부터 받아 일시적으로 보관하는 유동부채를 무엇이라고 하는가?

① 가수금 ② 선수금
③ 미수금 ④ 예수금

정답풀이

④ 예수금에 대한 설명이다.

I can 분개 급여관련 처리

다음의 연속된 거래를 분개하시오.

1) 영업부 사원의 당월분 급여를 보통예금 통장에서 지급하였다.

성 명	총급여	국민연금	건강보험	소득세	지방소득세	차감지급액
김나영	1,500,000원	130,000원	60,000원	20,000원	2,000원	1,288,000원

2) 급여 지급시 원천징수한 소득세와 지방소득세를 현금으로 납부하였다.
3) 건강보험료 120,000원을 현금으로 납부하였다. 건강보험료 금액의 50%는 급여지급시 원천징수한 금액이며, 50%는 회사부담분이다. 당사는 건강보험료 회사부담분에 대해 복리후생비 계정으로 처리하고 있다.
4) 국민연금 260,000원을 현금으로 납부하였다. 국민연금 금액의 50%는 급여지급시 원천징수한 금액이며, 50%는 회사부담분이다. 당사는 국민연금 회사부담분에 대해 세금과공과 계정으로 처리하고 있다.

답안

1) 급여지급	(차) 급여 1,500,000원 (대) 예수금 212,000원 보통예금 1,288,000원
2) 소득세 납부	(차) 예수금 22,000원 (대) 현금 22,000원
3) 건강보험료 납부	(차) 예수금 60,000원 (대) 현금 120,000원 복리후생비 60,000원 ✓ 직원부담분 건강보험료: 예수금, 회사부담분 건강보험료: 복리후생비
4) 국민연금 납부	(차) 예수금 130,000원 (대) 현금 260,000원 세금과공과 130,000원 ✓ 직원부담분 국민연금: 예수금, 회사부담분 국민연금: 세금과공과

5 단기차입금

단기차입금이란 금융기관에서 발생한 당좌차월과 1년 이내에 상환하여야 하는 차입금을 말하며, 보고기간 종료일부터 1년 이후에 상환하여야 하는 차입금은 장기차입금으로 처리한다.

• 200,000원을 10개월 만기로 차입하여 보통예금에 입금하였다.

차 변	보통예금	200,000원	대 변	단기차입금	200,000원

• 단기차입금 200,000원을 이자 10,000원과 함께 보통예금에서 이체하여 상환하였다.

차 변	단기차입금 이자비용	200,000원 10,000원	대 변	보통예금	210,000원

자금 대여시 선이자 회계처리

• 거래처에 현금 500,000원을 2년간 대여하기로 하고, 선이자 2,000원을 공제한 금액을 보통예금 통장에서 이체하였다.

차 변	장기대여금	500,000원	대 변	이자수익 보통예금	2,000원 498,000원

자금 차입시 선이자 회계처리

• 거래처에서 현금 500,000원을 2년간 차입하기로 하고, 선이자 2,000원을 공제한 금액이 보통예금 통장에 입금하였다.

차 변	이자비용 보통예금	2,000원 498,000원	대 변	장기차입금	500,000원

6 가수금

가수금이란 금전 등을 수취하였으나 수취한 원인이 확인되지 않아서 특정 계정과목을 사용하기 어려울 때 사용하는 가계정이며, 원인이 확인되면 해당 계정과목으로 대체하여야 한다.

• 보통예금 계좌에 500,000원이 입금되었으나, 그 원인을 알 수 없다.

차 변	보통예금	500,000원	대 변	가수금	500,000원

• 가수금으로 처리하였던 500,000은 외상매출금 회수액으로 밝혀졌다.

차 변	가수금	500,000원	대 변	외상매출금	500,000원

참고 가수금, 인출금, 현금과부족 등의 가계정은 결산시에 재무제표에 나타날 수 없는 임시계정에 해당된다.

I CAN 기출문제

내용 불명의 송금액 150,000원이 상품 매출에 대한 주문 대금으로 밝혀진 경우 대변의 계정과목으로 옳은 것은?

① 가수금 ② 선수금
③ 선급금 ④ 미수금

정답풀이

② • 내용 불명의 송금액이 입금된 경우의 회계처리:
(차) 현금 ××× (대) 가수금 ×××
• 내용 불명의 송금액이 상품 매출에 대한 주문 대금으로 밝혀진 경우의 회계처리:
(차) 가수금 ××× (대) 선수금 ×××

7 유동성장기부채

장기차입금 중에서 상환기간이 결산일로부터 1년 이내에 도래하는 것은 이를 유동성장기부채로 대체한다.

• 20×1.11.20. 36개월 후 상환조건으로 2,000,000원을 차입하여 보통예금통장에 입금하였다.

차 변	보통예금	2,000,000원	대 변	장기차입금	2,000,000원

• 20×3년 결산시 장기차입금 2,000,000원의 상환기일이 내년으로 도래하여 유동성대체하다.

차 변	장기차입금	2,000,000원	대 변	유동성장기부채	2,000,000원

• 유동성대체한 장기차입금 2,000,000원의 상환기일이 도래하여 현금으로 상환하였다.

차 변	유동성장기부채	2,000,000원	대 변	현금	2,000,000원

I CAN 기출문제

다음 중 유동부채의 계정과목별 설명으로 틀린 것은?

① 매입채무는 일반적 상거래에서 발생한 외상매입금과 지급어음으로 한다.
② 선수금은 수주공사 및 기타 일반적 상거래에서 발생한 선수액으로 한다.
③ 단기차입금은 금융기관으로부터의 당좌차월과 1년 이내에 상환될 차입금으로 한다.
④ 미지급금은 일반적 상거래에서 발생한 지급기일이 도래한 확정채무를 말한다.

정답풀이

④ 미지급금은 일반적 상거래 이외에서 발생한 확정채무를 말한다.

02 비유동부채

부채는 유동부채와 비유동부채로 분류하며, 비유동부채는 부채 중에서 유동부채에 해당하지 않는 것으로 일반적으로 결산일로부터 상환기한이 1년 이후에 도래하는 장기부채를 말한다.

1 사채

사채는 주식회사가 거액의 장기자금을 조달하기 위하여 이사회의 결의를 거쳐 발행하고, 일반인들로부터 자금을 차입하는 것으로 정해진 기간후에 원금을 상환하며, 정기적으로 액면이자율에 따라 이자를 지급하기로 약정한 증서이다.

• 액면 500,000원인 사채(액면이자율 8%, 시장이자율 10%)를 400,000원에 할인발행 하면서 보통예금에 입금하다.

차 변	보통예금 사채할인발행차금	400,000원 100,000원	대 변	사채	500,000원

2 퇴직급여 충당부채

매년 말 퇴직금추계액과 퇴직급여충당금잔액을 비교하여 부족분을 퇴직급여충당부채로 추가 설정한다.

퇴직급여충당부채 계상액 = 퇴직금추계액 - 퇴직급여충당부채 잔액

구 분	차 변		대 변	
퇴직급여충당부채 설정시	퇴직급여	×××	퇴직급여충당부채	×××
퇴사로 인한 퇴직금 지급시	퇴직급여충당부채 (충당부채 부족시 퇴직급여)	×××	보통예금	×××

• 결산일 현재 종업원들의 퇴직급여추계액은 5,000,000원이다.
(퇴직급여충당부채 잔액은 700,000원이다.)

차 변	퇴직급여	4,300,000원	대 변	퇴직급여충당부채	4,300,000원

참고 결산시 퇴직급여 추가계상액 = 퇴직급여추계액 - 퇴직급여충당부채 잔액

• 종업원이 퇴사하여 퇴직금 5,500,000원을 보통예금에서 이체하여 지급하였으며, 소득세 등 원천징수액은 없다고 가정한다.(퇴직급여충당부채 잔액은 5,000,000원이다.)

차 변	퇴직급여충당부채 퇴직급여	5,000,000원 500,000원	대 변	보통예금	5,500,000원

참고 퇴직급여 지급시 퇴직급여충당부채 잔액을 우선 처리하여야 하며, 소득세 등을 원천징수 할 경우 예수금(부채계정)으로 처리한다.

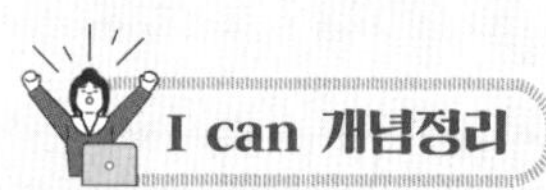

충당부채와 우발부채

충당부채	• 발생가능성이 매우 높고, 금액을 신뢰성 있게 추정할 수 있음 • 재무제표에 부채로 인식함
우발부채	• 어느 정도 발생가능성이 있으나, 금액을 신뢰성 있게 추정할 수 없음 • 재무제표 본문에 인식하지 않고, 주석으로 공시하고, 발생가능성이 거의 없는 경우에는 주석으로도 공시하지 않음

3 기타 비유동부채

장기차입금	보고기간말에 만기가 1년 이후이면 장기차입금으로, 만기가 1년 이내이면 유동성장기부채로 분류한다.
임대보증금	임대보증금은 임대인(건물주)이 임차인(세입자)으로부터 받는 보증금을 말한다. 추후 돌려줘야 하는 금액이고, 일반적으로 계약기간이 1년 이상이므로 비유동부채에 해당된다.
장기미지급금	장기미지급금은 상거래 이외의 거래에서 발생한 채무 중 상환일이 보고기간 종료일부터 1년 이후에 도래하는 채무를 말한다.

I can 개념정리

퇴직연금제도

퇴직연금제도는 사용자가 근로자의 노후소득보장과 생활안정을 위해 근로자 재직기간 중 퇴직금 지급재원을 외부의 금융기관에 적립, 운용하게 함으로써, 근로자 퇴직 시 연금 또는 일시금으로 지급한다. 퇴직연금제도는 확정급여형(DB)과 확정기여형(DC)이 있다.

구 분	확정급여형 퇴직연금(DB형)	확정기여형 퇴직연금(DC형)
의 미	퇴직연금 적립금 운용의 책임과 권한이 모두 회사에게 있음	퇴직연금 적립금 운용의 책임과 권한이 모두 종업원에게 있음
납입시	(차) 퇴직연금운용자산 ××× (대) 현금 ×××	(차) 퇴직급여 ××× (대) 현금 ×××
지급시	(차) 퇴직급여 ××× (대) 퇴직연금운용자산 ×××	회계처리 없음

I CAN 기출문제

다음 중 재무상태표의 비유동부채에 해당하지 않는 것은?

① 사채 ② 장기차입금
③ 유동성장기부채 ④ 퇴직급여충당부채

정답풀이

③ 유동성장기부채는 유동부채에 해당한다.

I can 분개연습(부채)

※ I can 분개연습에 수록된 문제들은 모두 전산회계 2급 시험에 다수 출제되었던 내용입니다.

01 민재상사의 외상매입금 2,000,000원을 한국은행 보통예금계좌에서 이체하여 지급하였다.

02 나영상사의 외상매입금 5,000,000원을 약속어음을 발행하여 지급하였다.

03 달동상회의 외상매입금 1,000,000원을 당좌수표를 발행하여 지급하였다.

04 승리상사에 상품매입 대금으로 발행해 준 약속어음 6,000,000원이 만기가 되어 우리은행 당좌예금 계좌에서 지급되었다.

05 왕건상사의 외상매입금 3,000,000원을 결제하기 위하여 당사가 상품매출대금으로 받아 보유하고 있던 서울상사 발행의 약속어음 2,000,000원을 배서양도하고, 잔액은 당사가 약속어음을 발행하여 지급하였다.

06 카드사의 청구에 의해 미지급금 계정으로 처리된 삼성카드 사용액 1,000,000원이 한국은행 보통예금 계좌에서 자동이체 되었다.

07 종업원 급여 지급 시 원천징수한 근로소득세(소득분 지방소득세 포함) 99,000원을 현금으로 납부하였다.

08 대구상사에 상품 7,000,000원을 판매하기로 하고, 10%의 계약금을 한국은행 보통예금 계좌로 받았다.

09 국민은행에서 6개월 만기상환으로 8,000,000원을 차입하여 한국은행 보통예금 계좌에 입금하였다.

10 한국은행 보통예금계좌에 2,000,000원이 입금되어 있으나 원인을 알 수 없다.

11 보통예금 통장으로 입금된 2,000,000원은 울산상사의 외상매출금으로 확인되었다.

정답

01	(차) 외상매입금	2,000,000원	(대) 보통예금	2,000,000원
02	(차) 외상매입금	5,000,000원	(대) 지급어음	5,000,000원
03	(차) 외상매입금	1,000,000원	(대) 당좌예금	1,000,000원
04	(차) 지급어음	6,000,000원	(대) 당좌예금	6,000,000원
05	(차) 외상매입금	3,000,000원	(대) 받을어음 지급어음	2,000,000원 1,000,000원
06	(차) 미지급금	1,000,000원	(대) 보통예금	1,000,000원
07	(차) 예수금	99,000원	(대) 현금	99,000원
08	(차) 보통예금	700,000원	(대) 선수금	700,000원
09	(차) 보통예금	8,000,000원	(대) 단기차입금	8,000,000원
10	(차) 보통예금	2,000,000원	(대) 가수금	2,000,000원
11	(대) 가수금	2,000,000원	(대) 외상매출금	2,000,000원

I can 실전문제(부채)

※ I can 실전문제에 수록된 문제들은 모두 전산회계 2급 시험에 다수 출제되었던 내용입니다.

01 **재무상태표상 자산, 부채 계정에 대한 분류가 잘못 연결된 것은?**

① 미수수익: 당좌자산 ② 퇴직급여충당부채: 유동부채
③ 임차보증금: 기타비유동자산 ④ 장기차입금: 비유동부채

02 **상품 300,000원을 매입하고 대금은 현금 100,000원과 약속어음 200,000원을 발행하여 지급한 경우 영향으로 옳은 것은?**

① 총자산과 총자본이 증가한다.
② 총자산과 총부채가 증가한다.
③ 총부채가 증가하고, 총자본은 감소한다.
④ 총자산이 감소하고, 총부채가 증가한다.

03 **다음 계정 기입에 대한 설명으로 옳은 것은?**

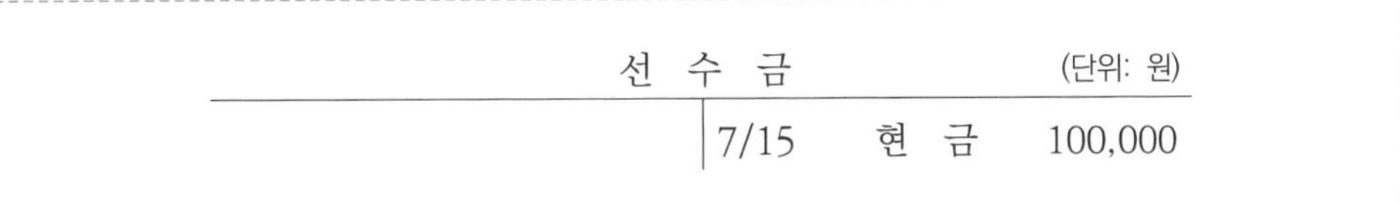

선 수 금 (단위: 원)

차변	대변
	7/15 현 금 100,000

① 원인 불명의 송금수표 100,000원이 송금되어 오다.
② 상품을 매입하기로 하고 계약금 100,000을 현금 지급하다.
③ 상품을 매출하기로 하고 현금 100,000원을 계약금으로 받다.
④ 업무용 비품을 매각하고 그 대금 100,000을 현금으로 받다.

04 다음 중 부채에 대한 설명으로 가장 옳지 않은 것은?

① 부채는 과거의 거래나 사건의 결과로 현재 기업실체가 부담하고 있고 미래에 자원의 유출 또는 사용이 예상되는 의무이다.
② 유동성장기부채는 유동부채로 분류한다.
③ 부채는 1년을 기준으로 유동부채와 비유동부채로 분류한다.
④ 정상적인 영업주기 내에 소멸할 것으로 예상되는 매입채무와 미지급비용 등이 보고기간 종료일로부터 1년 이내에 결제되지 않으면 비유동부채로 분류한다.

05 다음 중 유동부채에 해당하는 금액을 모두 합하면 얼마인가?

• 외상매입금: 50,000원 • 퇴직급여충당부채: 80,000원
• 단기차입금: 200,000원 • 미지급비용: 70,000원
• 선수금: 90,000원 • 장기차입금: 1,000,000원(유동성장기부채 200,000원 포함)

① 410,000원 ② 520,000원
③ 530,000원 ④ 610,000원

06 다음 자료는 기말자산과 기말부채의 일부분이다. 기말재무상태표에 표시될 항목과 금액이 올바른 것은?

• 받을어음: 100,000원 • 미 수 금: 160,000원
• 외상매출금: 130,000원 • 지급어음: 150,000원
• 보통예금: 170,000원 • 외상매입금: 180,000원
• 자기앞수표: 110,000원 • 정기예금: 190,000원
• 미지급금: 120,000원

① 현금및현금성자산 470,000원 ② 매출채권 330,000원
③ 매입채무 230,000원 ④ 유동부채 450,000원

6. 자본금

01 자본금과 인출금

1 자본금

개인기업의 자본금은 기업이 소유하고 있는 자산 총액에서 갚아야 하는 부채 총액을 차감한 순자산을 의미하며, 기업주의 원시출자액, 추가출자액 및 인출액, 당기순손익이 반영되며 자본금 계정의 대변에 기입된다.

• 현금 1,000,000원과 건물 2,500,000원을 출자하여 상품매매업을 개시하다.

차 변	현금 건물	1,000,000원 2,500,000원	대 변	자본금	3,500,000원

• 기업주가 영업중에 현금 500,000원을 추가 출자하다.

차 변	현금	500,000원	대 변	자본금	500,000원

2 인출금

기업주의 자본금 인출이 빈번할 경우 이를 인출금계정 차변에 기입하였다가 기말 결산시 자본금 계정으로 대체되어 자본금 감소로 처리한다.

• 기업주가 가사용으로 현금 400,000원을 인출해 가다.

차 변	인출금	400,000원	대 변	현금	400,000원

• 기말 결산시 인출금을 자본금으로 대체하여 정리하다.

차 변	자본금	400,000원	대 변	인출금	400,000원

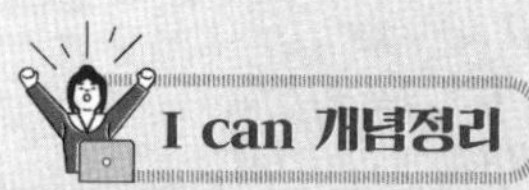

당기순손익의 자본금 대체

손익

차변	대변
자본금 300,000원	

↑

(차) 손익 300,000원 (대) 자본금 300,000원

↑

당기순이익이 발생하여 자본금이 증가함

손익

차변	대변
	자본금 200,000원

↑

(차) 자본금 200,000원 (대) 손익 200,000원

↑

당기순손실이 발생하여 자본금이 감소함

자본금 계정의 이해

자본금

차변		대변	
인 출 금	×××	기초자본금	×××
당기순손실	×××	추가출자액	×××
기말자본금	×××	당기순이익	×××

참고 기말자본금 = 기초자본금 + 추가출자 - 인출액 + 당기순이익

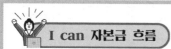

개인기업의 자본금 흐름을 나타낸 다음 자료의 괄호에 들어갈 금액을 계산하시오.

	기초자본금	추가출자액	인 출 액	당기순손익	기말자본금
1	2,000,000원	120,000원	300,000원	680,000원	(①)
2	3,600,000원	(②)	200,000원	400,000원	4,800,000원
3	4,600,000원	0원	(③)	-500,000원	3,800,000원
4	(④)	320,000원	0원	500,000원	3,400,000원
5	1,600,000원	200,000원	100,000원	(⑤)	2,300,000원

답안

① 2,500,000원 ② 1,000,000원 ③ 300,000원 ④ 2,580,000원 ⑤ 600,000원

I can 분개연습(자본금)

※ I can 분개연습에 수록된 문제들은 모두 전산회계 2급 시험에 다수 출제되었던 문제입니다.

01 현금 1,500,000원(단기차입금 300,000원 포함), 건물 2,000,000원을 출자하여 상품매매업을 개시하다.

02 기업주의 종합소득세 800,000원을 보통예금계좌에서 이체하여 납부하였다.

03 기업의 보유 자금 부족으로 기업주가 보통예금 계좌에 30,000,000원을 추가출자 하였다.

04 판매용으로 구입한 상품 원가 500,000원을 기업주 개인용도로 사용하였다.

05 영업용 화물차의 자동차세 90,000원과 기업주 개인 승용차의 자동차세 80,000원을 현금으로 납부하다.

06 결산시 인출금 잔액 1,390,000원을 정리하다.

정답

01	(차) 현금 건물	1,500,000원 2,000,000원	(대) 단기차입금 자본금	300,000원 3,200,000원
02	(차) 인출금	800,000원	(대) 보통예금	800,000원
03	(차) 보통예금	30,000,000원	(대) 자본금	30,000,000원
04	(차) 인출금	500,000원	(대) 상품	500,000원
05	(차) 세금과공과 인출금	90,000원 80,000원	(대) 현금	170,000원
06	(차) 자본금	1,390,000원	(대) 인출금	1,390,000원

I can 실전문제(자본금)

※ I can 실전문제에 수록된 문제들은 모두 전산회계 2급 시험에 다수 출제되었던 내용입니다.

01 **다음 중 자본금 계정의 대변에 기록될 수 없는 것은?**

① 기초자본금　② 당기순이익
③ 추가출자　④ 인출금

02 **결산일 현재 인출금 계정의 차변잔액 70,000의 대체분개로 옳은 것은?**

① (차) 현금 70,000원　(대) 인출금 70,000원
② (차) 인출금 70,000원　(대) 현금 70,000원
③ (차) 인출금 70,000원　(대) 자본금 70,000원
④ (차) 자본금 70,000원　(대) 인출금 70,000원

03 **아래 손익계정에 대한 올바른 설명은?**

손　익 (단위: 원)

자본금	250,000		

① 자본금 250,000원을 손익계정에 대체하다
② 당기순이익 250,000원을 자본금에 대체하다
③ 당기순손실 250,000원을 자본금에 대체하다
④ 당기순이익에 의해 자본금이 감소하였다.

04 **다음 자료에 의거 기초자본금을 계산하면 얼마인가?**

• 점주인출액: 85,000원　• 추가출자액: 200,000원
• 총수익: 780,000원　• 총비용: 820,000원
• 기말자본금: 1,250,000원

① 1,175,000원　② 1,210,000원
③ 1,095,000원　④ 1,240,000원

7. 수익과 비용

기업의 주요 영업활동인 상품 및 제품매출 활동과 관련된 수익을 영업수익이라 하고, 그 외의 수익을 영업외수익이라 한다. 영업수익인 매출액에 대응하는 비용을 매출원가라 하고 판매와 관리활동에 관련된 비용을 판매비와관리비라고 하며, 그 외의 비용을 영업외비용이라 한다. 수익과 비용은 손익계산서에 표시되며, 손익계산서의 구성은 다음과 같다.

	Ⅰ. 매출액	(총매출액 - 매출할인, 매출환입, 매출에누리)
-	Ⅱ. 매출원가	(기초재고 + 당기매입 또는 제조 - 기말재고)
=	Ⅲ. 매출총손익	(매출액 - 매출원가)
-	Ⅳ. 판매비와관리비	(매출원가 외에 판매관리활동에서 발생하는 비용)
=	Ⅴ. 영업손익	(매출총손익 - 판매비와관리비)
+	Ⅵ. 영업외수익	
-	Ⅶ. 영업외비용	
=	Ⅷ. 소득세차감전순손익	(영업손익 + 영업외수익 - 영업외비용)
-	Ⅸ. 소득세	
=	Ⅹ. 당기순손익	(소득세차감전순이익 - 소득세)

I CAN 기출문제

다음 중 손익계산서의 구성항목이 아닌 것은?

① 매출액 ② 매출총이익
③ 판매관리비 ④ 자본금

 **정답풀이**

④ 자본금은 자산, 부채와 함께 재무상태표의 구성항목에 해당한다.

01 수익

수익은 기업의 경영활동에서 재화의 판매 또는 용역의 제공 과정으로 획득된 경제적 가치로서 자산의 증가 또는 부채의 감소에 따라 자본의 증가를 초래하는 경제적 효익의 총유입을 의미하며, 매출액과 영업외수익이 해당된다.

I CAN 기출문제

주요 경영활동의 결과로 재화의 생산, 판매, 용역의 제공 등에 따른 경제적 효익의 유입으로서, 자산의 증가 또는 부채의 감소 및 그 결과에 따른 자본의 증가를 나타내는 용어는 무엇인가?

① 자산　　② 비용
③ 자본　　④ 수익

정답풀이

④ 경제적 효익의 유입으로 자산의 증가 또는 부채의 감소 및 자본의 증가를 가져오는 것은 수익에 대한 설명이다.

1 매출액(영업수익)

1. 상품매출

기업의 경영활동에서 판매를 목적으로 외부에서 구입한 재화인 상품을 일정한 이익을 가산하여 매출하게 되는데, 상품의 매출이 발생하면 상품매출 계정 대변에 기입한다.
매출액은 기업의 주된 영업활동에서 발생하는 수익을 말하며, 총매출액에서 매출환입, 매출에누리, 매출할인을 차감한 금액을 순매출액이라 한다.

매출액(순매출액) = 총매출액 - 매출환입 - 매출에누리 - 매출할인

2. 매출에누리와 매출환입

매출에누리는 매출한 상품 중 하자나 파손이 있는 상품에 대해 값을 깎아 주는 것을 말하고, 매출환입은 매출한 상품 중 하자나 파손이 있는 상품에 대해 반품받는 것을 말하며, 매출액에서 차감한다.

• 매출한 상품 중 일부 제품에 불량이 발생하여 외상매출금 중 200,000원과 상계시켰다.

차 변	매출환입및에누리	200,000원	대 변	외상매출금	200,000원

3. 매출할인

매출할인은 외상매출금을 조기에 회수하는 경우 약정에 의해 할인해주는 금액을 말하며, 매출액에서 차감한다.

• 외상매출금 2,000,000원을 조기상환하여 약정에 따라 외상매출금 중 200,000원을 할인해 주고 나머지는 현금으로 수령 하였다.

차 변	매출할인 현금	200,000원 1,800,000원	대 변	외상매출금	2,000,000원

I CAN 기출문제

매출할인은 손익계산서에서 어떻게 처리되는가?

① 매출액에 가산한다.
② 매출액에서 차감한다.
③ 판매관리비 계정으로 처리힌다.
④ 영업외비용 계정으로 처리한다.

② 매출에누리와 매출환입, 매출할인은 매출액에서 차감하여 순매출액을 계산한다.

I CAN 기출문제

다음 자료를 이용하여 순매출액을 계산하면 얼마인가?

• 매출액: 100,000원	• 매출할인: 5,000원	• 매입할인: 3,000원
• 매출환입: 7,000원	• 매출에누리: 3,000원	• 매입에누리: 5,000원

① 92,000원　② 88,000원
③ 85,000원　④ 78,000원

정답풀이

③ 순매출: 매출액(100,000원) - 매출에누리(3,000원) - 매출환입(7,000원) - 매출할인(5,000원) = 85,000원

2 영업외수익

영업외수익이란 주된 영업활동 이외의 활동에서 발생한 수익을 말하며, 대표적인 예는 다음과 같다.

이자수익	금융기관 등에 대한 예금이나 대여금 등에 대하여 받은 이자
단기매매증권평가이익	결산 시 단기매매증권을 공정가치로 평가할 때 장부금액보다 공정가치가 높은 경우 그 차액
단기매매증권처분이익	단기매매증권을 처분할 때 장부금액보다 처분금액이 높은 경우 그 차액
외환차익	외화자산 회수와 외화부채 상환 시 환율의 차이 때문에 발생하는 이익
수수료수익	용역을 제공하고 그 대가를 받은 경우
외화환산이익	결산 시 외화 자산과 외화 부채를 결산일 환율로 평가할 때 발생하는 이익
유형자산처분이익	유형자산을 장부금액(취득원가 - 감가상각누계액)보다 높은 금액으로 처분할 때 발생하는 이익
투자자산처분이익	투자자산을 장부금액보다 높은 금액으로 처분할 때 발생하는 이익
자산수증이익	타인으로부터 자산을 무상으로 증여받게 되는 경우 그 금액
채무면제이익	채무를 면제받는 경우의 그 금액
잡이익	영업활동 이외의 활동에서 발생한 금액이 적은 이익이나 빈번하지 않은 이익

수익의 인식

일반적으로 수익은 판매시점에 인식하는데, 재화의 판매로 인한 수익은 다음 조건이 모두 충족될 때 인식한다.

1. 재화의 소유에 따른 유의적인 위험과 보상이 구매자에게 이전된다.
2. 판매자는 판매한 재화에 대하여 소유권이 있을 때 통상적으로 행사하는 정도의 관리나 효과적인 통제를 할 수 없다.
3. 수익금액을 신뢰성 있게 측정할 수 있다.
4. 경제적 효익의 유입 가능성이 매우 높다.
5. 거래와 관련하여 발생했거나 발생할 원가를 신뢰성 있게 측정할 수 있다.

수익은 원칙적으로 실현주의에 의해 인식하고, 판매유형별로 수익을 인식하는 시점이 다를 수 있으며 관련내용은 다음과 같다.

일반매출	할부매출을 포함한 일반적인 매출은 상품을 인도하는 때
시용판매	구매자가 구매의사를 표시한 때
위탁판매	수탁자가 판매한 때
상품권	상품권이 회수되고 상품을 인도하는 때 (상품권 판매한 때에 발생하는 상품권 판매대금은 선수금으로 부채에 해당한다.)

참고 일반할부매출은 상품을 인도하는 때 수익을 인식하지만, 1년 이상의 장기할부매출은 상품의 대가를 받기로 한 때 수익을 인식한다.

I CAN 기출문제

다음 중 일반기업회계기준에 의한 수익의 인식시점이 올바르지 않은 것은?

① 위탁매출은 수탁자가 상품을 판매한 시점
② 상품권매출은 상품권이 고객으로부터 회수된 시점
③ 할부매출은 할부금이 회수된 시점
④ 시용매출은 매입자의 의사표시가 있는 시점

 **정답풀이**

③ 일반할부매출은 할부금 회수 시가 아닌, 판매(인도)시에 수익을 인식한다.

02 비용

비용이란 재화의 판매 또는 용역의 제공 등에 따라 발생하는 자산의 유출이나 사용 또는 부채의 증가를 말하며, 비용에는 매출원가, 판매비와관리비, 영업외비용 등이 해당된다.

I CAN 기출문제

주요 경영활동의 결과로 재화의 생산, 판매, 용역의 제공 등에 따른 경제적 효익의 유출로서, 자산의 감소 또는 부채의 증가 및 그 결과에 따른 자본의 감소를 나타내는 용어는 무엇인가?

① 자산
② 비용
③ 자본
④ 수익

 **정답풀이**

② 경제적 효익의 유출로 자산의 감소 또는 부채의 증가 및 자본의 감소를 가져오는 것은 비용에 대한 설명이다.

1 매출원가

매출원가란 매출에 직접 대응되는 비용을 말하며, 다음과 같이 계산한다.

- **매출원가 = 기초재고액 + 당기상품매입액 − 기말재고액**
- **당기상품매입액 = 총매입액 + 매입부대비용 − 매입할인·매입환출및에누리**

기말재고액이 결정되면 기초재고와 당기매입액을 더한 금액에서 기말재고를 차감한 금액을 상품매출원가로 처리한다.

• 상품의 기초재고액은 1,000,000원, 당기상품매입액은 10,000,000원, 기말재고는 800,000원이다.

차 변	상품매출원가	10,200,000원	대 변	상품	10,200,000원

참고 상품매출원가 = 판매가능한 상품(기초재고 + 상품매입) − 기말상품재고액

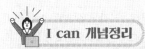

도·소매업과 제조업의 매출원가

매출총이익은 매출액에서 매출원가를 차감해서 계산한다. 여기서 업종에 따라 재고자산의 당기증가액을 다르게 표시하는데, 재고자산의 당기 증가액으로 도소매업에서는 당기상품매입액을, 제조업에서는 당기제품제조원가를 사용한다.

도소매업 손익계산서			제조업 손익계산서		
Ⅰ. 매출액		×××	Ⅰ. 매출액		×××
Ⅱ. 매출원가		×××	Ⅱ. 매출원가		×××
1. 기초상품재고액	×××		1. 기초제품재고액	×××	
2. 당기상품매입액	×××		**2. 당기제품제조원가**	×××	
3. 기말상품재고액	(×××)		3. 기말제품재고액	(×××)	
Ⅲ. 매출총손익		×××	Ⅲ. 매출총손익		×××

I CAN 기출문제

다음 자료를 이용하여 당기에 영업을 시작한 당사의 매출총이익을 계산하면 얼마인가?

- 매출액: 250,000원
- 매출할인: 20,000원
- 매입할인: 10,000원
- 기말재고액: 7,000원
- 매출에누리: 10,000원
- 매입액: 190,000원
- 매입환출: 15,000원

① 42,000원 ② 52,000원
③ 62,000원 ④ 72,000원

정답풀이

③ • 매출총이익 = 순매출(XXX) − 매출원가(XXX)
• 순매출: 매출액(250,000원) − 매출할인(20,000원) − 매출에누리(10,000원) = 220,000원
• 순매입: 매입액(190,000원) − 매입할인(10,000원) − 매입환출(15,000원) = 165,000원
• 매출원가: 기초상품(0원) + 순매입(165,000원) − 기말상품(7,000원) = 158,000원
• 매출총이익: 순매출(220,000원) − 매출원가(158,000원) = 62,000원

2 판매관리비

판매비와관리비는 제품, 상품 등의 판매활동과 기업의 관리활동에서 발생하는 비용으로서 매출원가에 속하지 않는 모든 영업비용을 포함하며, 대표적인 예는 다음과 같다.

구분	내용
급 여	종업원에 대한 급여와 제수당 등(급여, 잡급, 상여금 등으로 구분) 참고 일용직사원의 급여는 잡급으로 처리하여야 한다.
퇴직급여	종업원이 퇴직을 할 경우 발생하는 퇴직금이나 결산 시 퇴직급여충당부채를 설정할 경우의 퇴직금 등
복리후생비	종업원의 복리와 후생을 위한 비용으로 식대, 경조사비, 직장체육대회, 야유회비 등을 말하며, 또한 종업원을 위해 회사가 부담하는 건강보험료, 고용보험료 등
여비교통비	종업원의 업무와 관련한 교통비와 출장 여비 등
접대비 (기업업무추진비)	업무와 관련하여 거래처를 접대한 비용으로 식대, 경조사비, 선물대금 등
통신비	업무와 관련하여 발생한 전화, 핸드폰, 팩스, 인터넷 등의 요금 등
수도광열비	업무와 관련하여 발생한 수도, 가스, 난방 등의 요금 등
전력비	업무와 관련해서 발생한 전기요금 등
세금과공과	업무와 관련하여 발생한 세금인 재산세, 자동차세 등과 공과금인 대한상공회의소 회비, 조합회비, 협회비 등
감가상각비	업무와 관련된 유형자산인 건물, 기계장치, 차량운반구 등의 감가상각금액
임차료	업무와 관련하여 발생한 토지, 건물, 기계장치, 차량운반구 등의 임차비용 등
건물관리비	상가 등 건물의 공동전기료, 건물 유지 보수료 등 임차료 이외에 지급되는 비용
수선비	업무와 관련하여 발생한 건물, 기계장치 등의 현상유지를 위한 수리비용을 말한다.(단, 차량운반구에 관련된 현상유지를 위한 수리비용은 차량유지비로 처리)
보험료	업무와 관련된 유형자산(건물, 기계장치 등)과 재고자산 등에 대한 보험료
차량유지비	업무와 관련된 차량운반구의 유지, 수선(유류대, 오일교체비 등)을 위한 비용
운반비	상품을 매출하고 지출한 운송료
도서인쇄비	업무와 관련된 도서구입비, 신문과 잡지구독료, 인쇄비 등
소모품비	업무와 관련된 복사용지, 문구류 등 소모성 물품비 등
수수료비용	업무와 관련된 용역을 제공받고 그에 대한 대가를 지불한 것으로 은행의 송금수수료, 어음의 추심수수료, 청소와 경비용역비 등
광고선전비	업무와 관련하여 광고목적으로 신문, 방송, 잡지 등에 지출한 광고비용
대손상각비	상품매출과 관련된 매출채권(외상매출금, 받을어음)이 회수 불능되었을 때 또는 결산 시 대손에 대비하여 대손충당금을 설정하는 경우

I CAN 기출문제

다음 중 판매관리비에 해당하는 계정은 모두 몇 개인가?

ⓐ 선급비용 ⓑ 미지급비용 ⓒ 개발비 ⓓ 기부금 ⓔ 이자비용 ⓕ 접대비(기업업무추진비) ⓖ 보험료 ⓗ 세금과공과

① 3개 ② 4개
③ 5개 ④ 6개

정답풀이

① 판매관리비에 해당하는 것은 접대비(기업업무추진비), 보험료, 세금과공과 3가지 이다.

- 선급비용(자산)
- 미지급비용(부채)
- 개발비(무형자산)
- 기부금(영업외비용)
- 이자비용(영업외비용)

3 영업외비용

이자비용	금융기관에 대한 차입금, 당좌차월 등 자금의 차입대가로 지불하는 이자
외환차손	외화자산의 회수와 외화부채의 상환시 환율의 차이 때문에 발생하는 손실
기부금	업무와 무관하게 무상으로 금전이나 물건 등을 기증한 경우
외화환산손실	결산 시 외화 자산과 외화 부채를 결산일 환율로 평가할 때 발생하는 손실
매출채권 처분손실	받을어음의 만기가 되기 전에 은행에 어음을 할인할 경우 그 할인료 등
단기매매증권 평가손실	단기매매증권을 결산 시 공정가치로 평가할 때 장부금액보다 공정가치가 낮은 경우 그 차액
단기매매증권 처분손실	단기매매증권을 처분할 때 장부금액보다 처분금액이 낮은 경우 그 차액
재해손실	천재지변이나 도난 등의 예측치 못한 상황으로 발생한 손실
유형자산처분 손실	유형자산을 장부금액(취득원가 - 감가상각누계액)보다 낮은 금액으로 처분할 때 발생하는 손실
투자자산처분 손실	투자자산을 장부금액보다 낮은 금액으로 처분할 때 발생하는 손실
잡손실	영업활동 이외 활동에서 금액이 적은 비용이나 빈번하지 않은 지출
기타의 대손상각비	상품매출과 관련없는 채권(대여금, 미수금, 선급금 등)이 회수 불능되었을 때 또는 결산 시 대손에 대비하여 대손충당금을 설정할 경우

참고 판매관리비는 영업이익에 영향을 주지만, 영업외비용은 영업이익에 영향을 주지 않는다.

I CAN 기출문제

다음 중 손익계산서상 구분표시가 다른 것은?

① 복리후생비
② 유형자산처분손실
③ 기부금
④ 이자비용

정답풀이

① 복리후생비는 판매관리비이며, 그 이외에는 모두 영업외비용이다.

I can 개념정리

비용의 인식

비용은 원칙적으로 관련 수익이 인식되는 회계기간에 인식하는데, 이를 수익·비용 대응원칙이라 한다. 여기에는 직접대응과 간접대응이 있다.

구분		내용
직접대응		• 비용이 수익과 직접적인 인과관계가 있는 경우에 그 인과관계에 따라 수익과 같이 비용을 인식하는 것 • 매출원가, 판매수수료, 매출운임 등
간접대응	체계적이고 합리적인 배분	• 수익과 직접적인 관계는 없지만 해당 자산이 수익창출에 기여하는 기간 동안 비용을 배분하는 것 • 감가상각비, 무형자산상각비
	기간비용	• 수익과 직접적인 관계가 없고, 미래의 경제적 효익의 가능성이 불확실한 경우에 비용으로 인식하는 것 • 광고선전비, 도서인쇄비, 소모품비 등

1. 이자수익 & 이자비용

• 대여금의 이자 10,000원이 보통예금 통장으로 이체되었다.

차 변	보통예금	10,000원	대 변	이자수익	10,000원

• 차입금의 이자 10,000원이 보통예금 통장에서 이체되었다.

차 변	이자비용	10,000원	대 변	보통예금	10,000원

2. 자산수증이익 & 채무면제이익

• 대주주로부터 공정가치 7,000,000원인 토지를 무상 증여받았다.

차 변	토지	7,000,000원	대 변	자산수증이익	7,000,000원

• 거래처로부터 외상매입금 500,000원의 상환을 면제받았다.

차 변	외상매입금	500,000원	대 변	채무면제이익	500,000원

3. 재해손실 & 보험금수익

• 화재가 발생하여 건물 2,000,000원이 소실되었고, 이에 관련된 보험금을 청구하였다.

차 변	재해손실	2,000,000원	대 변	건물	2,000,000원

• 보험회사는 화재에 대하여 보험금 1,800,000을 지급하기로 결정하였다.

차 변	미수금	1,800,000원	대 변	보험금수익	1,800,000원

• 보험회사로부터 보험금 1,800,000을 보통예금으로 수령하였다.

차 변	보통예금	1,800,000원	대 변	미수금	1,800,000원

4. 단기매매증권 평가 및 처분손익

• 단기시세차익 목적으로 시장성 있는 주식 500주(액면금액 10,000원)를 주당 12,000원에 취득하면서 대가는 보통예금으로 이체하였다.

차 변	단기매매증권	6,000,000원	대 변	보통예금	6,000,000원

• 결산일에 상기주식의 공정가치가 주당 13,000원으로 평가되었다.

차 변	단기매매증권	500,000원	대 변	단기매매증권평가이익	500,000원

• 보유중인 주식 500주 중에서 200주를 주당 14,000원에 현금을 받고 처분하였다.

차 변	현금	2,800,000원	대 변	단기매매증권	2,600,000원
				단기매매증권처분이익	200,000원

5. 외화환산이익 & 외화환산손실 & 외환차익 & 외환차손

외화자산 또는 외화부채가 발생할 때는 발생일의 환율로 평가하고, 결산시에는 결산일의 환율로 환산하고, 회수 또는 상환시에는 회수일 또는 상환일의 환율을 적용한다.

발생시	거래 발생일의 기준환율로 계상
기말결산시	결산일의 기준환율로 평가 ➜ 외화환산이익, 외화환산손실
회수(상환)	회수(상환)시 환율로 평가 ➜ 외환차익, 외환차손

I can 분개 외화평가 1

다음의 거래에 관하여 각 일자별로 분개를 하시오.

20×1.10.01. 상품을 수출하고 대금 1,000달러를 20×2. 1. 31. 받기로 하였다.
20×2.01.31. 외상매출금 1,000달러를 회수하여 원화로 환전하였다.
각 일자별 적용환율은 다음과 같다. 결산일은 12월 31일이다.

20×1.10.01. 적용환율: 1,000원/$
20×1.12.31. 적용환율: 1,100원/$
20×2.01.31. 적용환율: 1,200원/$

해설

20×1.10.01.	(차) 외상매출금	1,000,000원	(대) 상품매출	1,000,000원
20×1.12.31.	(차) 외상매출금	100,000원	(대) 외화환산이익	100,000원
	✓ 외상매출금 장부금액 = 1,000,000원 ✓ 외상매출금 공정가치: 1,000달러 × 1,100원 = 1,100,000원 ✓ 외화환산이익: 100,000원(장부금액 〈 공정가치)			
20×2.01.31.	(차) 현금	1,200,000원	(대) 외상매출금 외환차익	1,100,000원 100,000원

I can 분개 외화평가 2

다음의 거래에 관하여 각 일자별로 분개를 하시오.

20×1. 10. 1. 상품을 수입하고 대금 1,000달러를 20×2. 1. 31. 지급하기로 하였다. 20×2. 1. 31. 외상매입금 1,000달러를 현금으로 지급하였다. 각 날짜별 적용환율은 다음과 같다. 결산일은 12월 31일이다.

20×1.10.01. 적용환율: 1,000원/$
20×1.12.31. 적용환율: 1,100원/$
20×2.01.31. 적용환율: 1,200원/$

해설

20×1.10.01.	(차) 상품 1,000,000원 (대) 외상매입금 1,000,000원
20×1.12.31.	(차) 외화환산손실 100,000원 (대) 외상매입금 100,000원 ✓ 외상매입금 장부금액 = 1,000,000원 ✓ 외상매입금 공정가치: 1,000달러 × 1,100원 = 1,100,000원 ✓ 외화환산손실: 100,000원(장부금액 〈 공정가치)
20×2.12.31.	(차) 외상매입금 1,100,000원 (대) 현금 1,200,000원 외환차손 100,000원

I can 분개연습(수익과 비용)

※ I can 분개연습에 수록된 문제들은 모두 전산회계 2급 시험에 다수 출제되었던 내용입니다.

01 상품 7,000,000원을 판매하고, 대금 중 3,000,000원은 약속어음으로 받고 잔액은 외상으로 하였다.

02 회계상사에 판매하기로 계약하였던 상품 3,000,000원을 인도하고, 계약금 300,000원을 제외한 나머지 금액은 외상으로 하였다.

03 거래처의 외상매출금 5,000,000원 중 약정에 의해 2% 할인해 주고 잔액은 보통예금통장으로 수취하였다.

04 매장의 일부를 빌려주고 3개월분 사용료 300,000원을 현금으로 받았다.

05 대한상사에 대여한 단기대여금 5,000,000원과 이자 250,000원을 울산은행 보통예금계좌로 회수하였다.

06 직원급여 3,000,000원 중에서 소득세 및 지방소득세 88,000원 제외한 2,912,000원을 현금으로 지급하였다.

07 마케팅부서에서 근무한 일용직사원의 일급 150,000원을 현금으로 지급하였다.

08 영업부 과장의 퇴직으로 퇴직금 9,000,000원 중 소득세 및 지방소득세로 230,000원을 원천징수한 후 차인지급액을 전액 한국은행 보통예금 계좌에서 이체하여 지급하였다.(퇴직 직전 퇴직급여충당부채잔액은 없었다)

09 직원들에게 지급할 선물세트를 다있소마트에서 구입하고 대금 1,000,000원은 현금으로 지급하였다.

10 거래처 직원의 결혼식 청첩장을 수취하고 결혼축의금 500,000원을 현금으로 지급하였다

11 한국일식에서 영업부 직원 회식을 하고 식사대금 300,000원은 삼성카드로 결제하였다.

12 급여 지급시 공제한 건강보험료 180,000원(직원부담 50%, 회사부담 50%)을 현금으로 납부하였다. 당사는 건강보험료 회사부담분에 대해 복리후생비로 처리하고 있다.

13 영업부 사원 국외출장 왕복항공료 2,000,000원을 토스카드로 결제하였다.

14 매출처 선물용 한우세트 700,000원을 구입하고 카카오카드로 결제하였다.

15 매출처에 할인판매 안내장을 우체국에서 우편 발송하고 등기요금 50,000원은 현금으로 지급하였다.

16 영업부 사무실의 인터넷요금 50,000원과 전화요금 120,000원이 보통예금 통장에서 자동이체 되었다.

17 난방용 유류 200,000원을 서울주유소에서 구입하고 대금은 현금으로 지급하였다.

18 전기요금 230,000원이 한국은행 보통예금 계좌에서 결제되었다.

19 전자출판협의회 협회비 500,000원을 현금으로 납부하였다.

20 영업부에서 사용중인 상품 운송용 트럭에 대한 자동차세 80,000원을 현금으로 납부하였다.

21 상공회의소회비 50,000원을 현금으로 납부하였다.

22 금성빌딩에 보증금 30,000,000원과 1개월분 임차료 1,500,000원을 한국은행 보통예금 계좌에서 이체하여 지급하였다.

23 본사 건물의 유리를 교체하고 200,000원을 현금으로 지급하다.
(수익적지출로 회계처리)

24 영업부 승용차의 엔진오일을 보충하고 카센터에 현금 80,000원을 지급하였다.

25 영업부 승용차의 월 주차료 50,000원을 현금으로 지급하였다.

26 부산상사에 판매상품 샘플을 발송하면서 운반비 20,000원을 현금으로 지급하였다.

27 재경아카데미에서 회계부서 담당직원을 대상으로 지출증빙교육을 실시하고 대금 200,000원은 현금으로 지급하였다.

28 재경팀에서 사용할 회계 관련 서적을 교보문고에서 구입하고 대금 30,000원은 현금으로 지급하였다.

29 본사 영업사원의 명함을 인쇄하고 대금 90,000원은 현금으로 지급하였다

30 사무실에서 사용할 사무용 소모품 100,000원을 현대문구에서 구입하고 대금은 현금으로 지급하였다.(비용으로 회계처리)

31 세무회계사무소에 장부기장 수수료 500,000원을 한국은행 보통예금계좌에서 이체하여 지급하였다.

32 광고용 전단지를 제작하고 대금 100,000원은 현금으로 지급하였다.

33 국제구호단체에 현금 300,000원을 기부하였다.

34 외상매입금 5,000,000원 중 4,800,000원은 당좌수표를 발행하여 지급하고, 잔액은 거래처로부터 상환을 면제받았다.

35 화재가 발생하여 창고에 보관 중이던 상품 2,500,000원이 화재로 소실되었다.

36 영업부가 사용하는 본사 사무실의 관리비 300,000원을 보통예금에서 이체하였다.

37 수출시 발생한 외상매출금 10,000,000원($10,000)을 현금으로 회수하였다.
회수일의 적용환율은 1$당 1,100원 이다.

38 수입시 발생한 외상매입금 10,000,000원($10,000)을 현금으로 상환하였다.
상환일의 적용환율은 1$당 1,100원 이다.

정답

번호	차변	금액	대변	금액
01	(차) 받을어음 외상매출금	3,000,000원 4,000,000원	(대) 상품매출	7,000,000원
02	(차) 선수금 외상매출금	300,000원 2,700,000원	(대) 상품매출	3,000,000원
03	(차) 매출할인 보통예금	100,000원 4,900,000원	(대) 외상매출금	5,000,000원
04	(차) 현금	300,000원	(대) 임대료	300,000원
05	(차) 보통예금	5,250,000원	(대) 단기대여금 이자수익	5,000,000원 250,000원
06	(차) 급여	3,000,000원	(대) 예수금 현금	88,000원 2,912,000원
07	(차) 잡급	150,000원	(대) 현금	150,000원
08	(차) 퇴직급여	9,000,000원	(대) 예수금 보통예금	230,000원 8,770,000원
09	(차) 복리후생비	1,000,000원	(대) 현금	1,000,000원
10	(차) 접대비	500,000원	(대) 현금	500,000원
11	(차) 복리후생비	300,000원	(대) 미지급금	300,000원
12	(차) 예수금 복리후생비	90,000원 90,000원	(대) 현금	180,000원
13	(차) 여비교통비	2,000,000원	(대) 미지급금	2,000,000원
14	(차) 접대비	700,000원	(대) 미지급금	700,000원
15	(차) 통신비	50,000원	(대) 현금	50,000원
16	(차) 통신비	170,000원	(대) 보통예금	170,000원
17	(차) 수도광열비	200,000원	(대) 현금	200,000원
18	(차) 전력비	230,000원	(대) 보통예금	230,000원
19	(차) 세금과공과	500,000원	(대) 현금	500,000원
20	(차) 세금과공과	80,000원	(대) 현금	80,000원
21	(차) 세금과공과	50,000원	(대) 현금	50,000원
22	(차) 임차보증금 임차료	30,000,000원 1,500,000원	(대) 보통예금	31,500,000원
23	(차) 수선비	200,000원	(대) 현금	200,000원
24	(차) 차량유지비	80,000원	(대) 현금	80,000원
25	(차) 차량유지비	50,000원	(대) 현금	50,000원

번호	차변	금액	대변	금액
26	(차) 운반비	20,000원	(대) 현금	20,000원
27	(차) 교육훈련비	200,000원	(대) 현금	200,000원
28	(차) 도서인쇄비	30,000원	(대) 현금	30,000원
29	(차) 도서인쇄비	90,000원	(대) 현금	90,000원
30	(차) 소모품비	100,000원	(대) 현금	100,000원
31	(차) 수수료비용	500,000원	(대) 보통예금	500,000원
32	(차) 광고선전비	100,000원	(대) 현금	100,000원
33	(차) 기부금	300,000원	(대) 현금	300,000원
34	(차) 외상매입금	5,000,000원	(대) 당좌예금 채무면제이익	4,800,000원 200,000원
35	(차) 재해손실	2,500,000원	(대) 상품	2,500,000원
36	(차) 건물관리비	300,000원	(대) 보통예금	300,000원
37	(차) 현금	11,000,000원	(대) 외상매출금 외환차익	10,000,000원 1,000,000원
38	(차) 외상매입금 외환차손	10,000,000원 1,000,000원	(대) 현금	11,000,000원

03 기말수정분개

기말 결산시점에서 자산, 부채, 자본의 현재액과 당기에 발생한 수익과 비용을 정확하게 파악하기 위해 자산, 부채, 자본, 수익, 비용에 대한 수정분개를 하여야 한다. 이러한 기말수정사항을 분개장에 분개하고, 그 내용을 총계정원장에 전기한 뒤 기말수정사항을 반영한 수정후시산표를 작성하게 된다.

1. 비용과 수익의 이연(선급비용 & 선수수익)

선급비용 (자산)	지급한 비용 중에서 당기에 귀속되는 것이 아니라 차기에 귀속되는 비용이 있는 경우에 차기에 귀속되는 부분을 선급비용으로 계상한다.
선수수익 (부채)	수취한 수익 중에서 당기에 귀속되는 것이 아니라 차기에 귀속되는 수익이 있는 경우에 차기에 귀속되는 부분을 선수수익으로 계상한다.

I can 분개 선급비용

다음의 거래 내용에 대하여 10월 1일과 12월 31일의 분개를 하시오.

매장을 4개월간(10월 1일 ~ 1월 31일) 임차하고 10월 1일에 4개월분 임차료 4,000,000원을 현금으로 지급하면서 전액 비용으로 회계처리 하였다.

답안

10월 1일 지출한 4개월분 임차료 4,000,000원 중 3개월분(10월~12월) 3,000,000원만 당기에 귀속되는 비용이다. 따라서 나머지 1개월분(1,000,000원)은 결산수정분개시 선급비용으로 계상해서 차기의 비용으로 인식해야 한다.

10/01	(차) 임 차 료	4,000,000원	(대) 현 금	4,000,000원
12/31	(차) 선급비용	1,000,000원	(대) 임 차 료	1,000,000원

- 결과적으로 당기의 임차료는 3,000,000원으로 인식되며, 차기 귀속분 1,000,000원은 선급비용으로 인식된다.
- 차기에 반대분개[(차) 임차료 1,000,000원 (대) 선급비용 1,000,000원]를 통해 임차료로 인식된다.

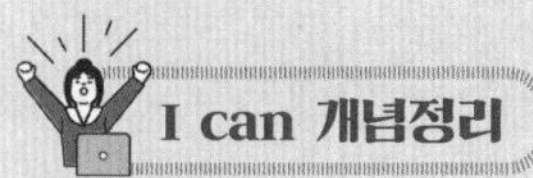

임차료 지급시 자산으로 처리하는 경우의 회계처리

10/01	(차) 선급비용	4,000,000원	(대) 현 금	4,000,000원
12/31	(차) 임 차 료	3,000,000원	(대) 선급비용	3,000,000원

- 전체 금액을 선급비용(자산)으로 처리하고, 기말수정분개시 당기 귀속분만큼 선급비용을 감소시켜 당기의 임차료(비용)으로 인식하는 방법이다.
- 당기 임차료는 3,000,000원으로 인식되고, 선급비용은 1,000,000원으로 인식되므로, 결과적으로는 비용으로 처리하는 경우와 동일한 결과를 가져온다.

I can 분개 선수수익

다음의 거래 내용에 대하여 11월 1일과 12월 31일의 분개를 하시오.

> 매장을 3개월간(11월초~1월말) 임대하고 11월 1일에 3개월분 임대료 3,000,000원을 현금으로 수취하면서 전액 수익으로 회계처리 하였다.

답안

11월 1일 지출한 3개월분 임대료 3,000,000원 중 2개월분(11월~12월) 2,000,000원만 당기에 귀속되는 수익이다. 따라서 나머지 1개월분(1,000,000원)은 결산수정분개 시 선수수익으로 계상해서 차기의 수익으로 인식해야 한다.

11/01	(차) 현 금	3,000,000원	(대) 임 대 료	3,000,000원
12/31	(차) 임 대 료	1,000,000원	(대) 선수수익	1,000,000원

- 결과적으로 당기의 임대료는 2,000,000원으로 인식되며, 차기 귀속분 1,000,000원은 선수수익으로 인식된다.
- 차기에 반대분개 [(차) 선수수익 1,000,000원 (대) 임대료 1,000,000원]를 통해 임대료로 인식된다.

임대료 수령시 부채로 처리하는 경우의 회계처리

11/01	(차) 현 금	3,000,000원	(대) 선수수익	3,000,000원
12/31	(차) 선수수익	2,000,000원	(대) 임 대 료	2,000,000원

- 현금 수취 시 전액을 선수수익(부채)으로 처리하고, 기말수정분개시 당기 귀속분 만큼 선수수익을 감소시켜 당기의 수익으로 인식하는 방법이다.
- 당기 임대료는 2,000,000원으로 인식되고, 선수임대료는 1,000,000원으로 인식되므로, 결과적으로 수익으로 처리하는 경우와 동일한 결과를 가져온다.

2. 비용과 수익의 발생(미수수익 & 미지급비용)

미수수익 (자산)	수익이 이미 발생 했지만 대가를 받지 못했을 때 이를 미수수익으로 인식한다.
미지급비용 (부채)	비용이 이미 발생 했지만 대가를 지급하지 않았을 때 이를 미지급비용으로 인식한다.

I can 분개 미수수익

다음의 거래 내용에 대하여 10월 1일과 12월 31일의 분개를 하시오.

10월 1일 거래처에 현금 1,000,000원을 10개월 뒤 상환받는 조건으로 대여하고, 연 10%의 이자를 원금 상환일에 수취하기로 약정하였다.

답안

10월 1일에 자금을 대여하였고, 12월 31일에는 당기에 귀속되는 3개월분 이자(10월~12월)가 발생하여 미수수익을 인식한다. 대여기간이 1년 이내이므로 단기대여금 계정을 사용한다.

10/01	(차) 단기대여금	1,000,000원	(대) 현　　금	1,000,000원
12/31	(차) 미수수익	25,000원	(대) 이자수익	25,000원

당기 발생이자: 1,000,000원 × 10% × 3/12 = 25,000원

I can 분개 미지급비용

다음의 거래 내용에 대하여 10월 1일과 12월 31일의 분개를 하시오.

10월 1일 은행으로부터 1,000,000원을 10개월 뒤 상환하는 조건으로 차입하고, 연 12%의 이자를 원금 상환일에 지급하기로 하였다.

답안

10월 1일에 차입하였고, 12월 31일에 당기에 귀속되는 3개월분 이자(10월~12월)가 발생하여 미지급비용을 인식한다. 차입기간이 1년 이내이므로 단기차입금 계정을 사용한다.

10/01	(차) 현　　금	1,000,000원	(대) 단기차입금	1,000,000원
12/31	(차) 이자비용	30,000원	(대) 미지급비용	30,000원

당기 발생이자: 1,000,000원 × 12% × 3/12 = 30,000원

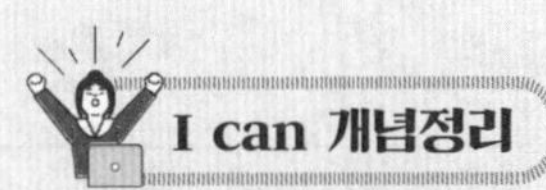

손익의 이연 & 손익의 발생

- 선급비용: 당기 지급한 비용 중 차기에 속하는 금액이 포함 (비용의 이연)
- 선수수익: 당기에 받은 수익 중 차기에 속하는 금액이 포함 (수익의 이연)
- 미수수익: 당기에 속하는 수익이지만 결산시 까지 받지 못한 금액 (수익의 발생)
- 미지급비용: 당기에 발생한 비용이지만 결산시 까지 지급하지 못한 금액 (비용의 발생)

구 분	차 변		대 변		결산조정결과
비용의 이연	선급비용	×××	이자비용	×××	비용의 감소 → 이익의 증가
수익의 이연	이자수익	×××	선수수익	×××	수익의 감소 → 이익의 감소
수익의 발생	미수수익	×××	이자수익	×××	수익의 증가 → 이익의 증가
비용의 발생	이자비용	×××	미지급비용	×××	비용의 증가 → 이익의 감소

손익계정에 대해 결산수정을 해야하는 이유

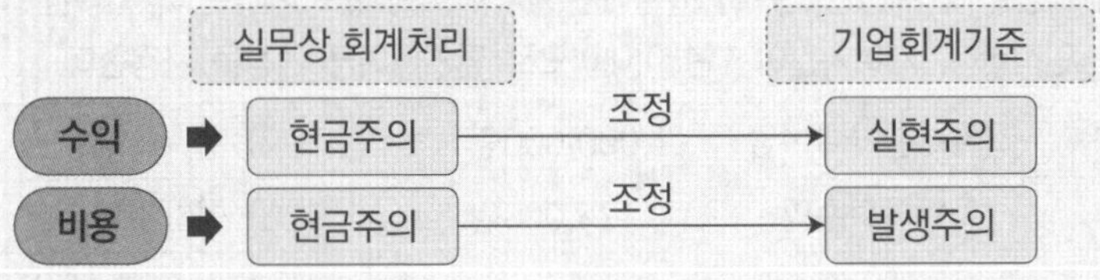

3. 소모품(소모품비)의 회계처리

사무용장부 및 볼펜 등 소모품을 구입한 후에 사용한 소모품은 소모품비(비용)로 계상하고, 아직 사용하지 않은 소모품은 소모품(자산)으로 구분한다. 소모품은 구입할 때 소모품(자산)으로 처리할 수도 있고, 소모품비(비용)로 처리할 수도 있다. 구입 시 어떻게 처리하는지에 따라 결산분개가 달라진다.

	구입 시		결산 시
구입 시 자산으로 처리	소모품으로 계상	➔	소모품 사용분을 소모품비로 대체
구입 시 비용으로 처리	소모품비로 계상	➔	소모품 미사용분을 소모품으로 대체

I can 분개 취득시 자산으로 처리

다음 거래에 대하여 소모품 취득 시와 기말결산 시 분개를 하시오.

소모품 1,000,000원을 현금으로 구입하였으며, 기말에 사용되지 않고 남아있는 소모품은 200,000원이다.(취득 시 자산으로 처리)

답안

구분	내용
취득시	취득 시 자산으로 처리하는 경우 소모품 계정으로 처리한다. (차) 소모품 1,000,000원 (대) 현금 1,000,000원
결산시	미사용분이 200,000원 이므로 사용된 소모품은 800,000원 이며, 소모품 사용액을 소모품비로 대체한다. (차) 소모품비 800,000원 (대) 소모품 800,000원

결산분개로 인하여 당기순이익이 800,000원(비용의 발생) 감소한다.

I can 분개 취득시 비용으로 처리

다음 거래에 대하여 소모품 취득 시와 기말결산 시 분개를 하시오.

소모품 1,000,000을 현금으로 구입하였으며, 기말에 사용되지 않고 남아있는 소모품은 200,000원이다.(취득 시 비용으로 처리)

답안

구분	내용
취득시	취득 시 비용으로 처리하는 경우 소모품비 계정으로 처리한다. (차) 소모품비 1,000,000원 (대) 현금 1,000,000원
결산시	미사용분이 200,000원 당기의 비용이 아니라, 소모품이라는 자산으로 남아있기 때문에 미사용분을 소모품비에서 소모품으로 대체한다. (차) 소모품 200,000원 (대) 소모품비 200,000원

결산분개로 인하여 당기순이익이 200,000원(비용의 소멸) 증가한다.

4. 가수금과 가지급금

가수금은 입금된 금액 중 그 원인을 모르는 금액을 말하며, 가지급금은 원인을 모르는 지급액을 말한다. 가지급금은 주로 출장비 등의 분개에 사용된다.

구 분	개 념	사후관리
가수금	원인을 모르는 입금액 (원인모를 보통예금 입금액 등)	추후 원인을 판명하여 해당 계정과목으로 대체
가지급금	원인을 모르는 지급액 (출장 시 출장비 지급 등)	사용된 후에 사용 계정과목으로 대체하고 정산

I can 분개 가수금과 가지급금

다음 거래를 분개하시오.

(1) 보통예금에 50,000원이 입금되었는데, 입금된 이유를 알지 못한다.
(2) 가수금 50,000원은 거래처에 대한 외상매출금액으로 판명되었다.
(3) 직원에게 지방출장을 명하고 출장비 100,000원을 현금으로 가지급하다.
(4) 출장에서 식대 50,000원과 교통비 40,000원을 사용하고 잔액은 반납하다.

답안

(1)	(차) 보통예금 50,000원 (대) 가수금 50,000원 ✓ 원인 모를 입금액은 가수금 계정으로 처리한다.
(2)	(차) 가수금 50,000원 (대) 외상매출금 50,000원 ✓ 가수금은 원인이 판명되면 해당 계정과목으로 대체한다.
(3)	(차) 가지급금 100,000원 (대) 현금 100,000원 ✓ 출장비를 지급할 때는 가지급금 계정으로 처리한다.
(4)	(차) 여비교통비 90,000원 (대) 가지급금 100,000원 현금 10,000원 ✓ 식대와 교통비를 합해서 여비교통비로 처리하고, 미사용액은 회사에 입금된다.

5. 결산수정분개 유형

기업은 인위적인 회계기간에 대하여 경영성과를 보고하게 된다. 당기의 경영성과를 정확하게 측정 하기 위해서는 발생기준에 의해서 당기에 실현된 수익과 발생된 비용이 정확하게 반영되어야 하지만, 실무상 회계처리는 현금의 수입 혹은 지출시에 처리하는 현금주의 기준에 의해서 수익과 비용을 기록하기 때문에 발생기준과의 차이가 생기게 된다. 따라서 현금주의에 의해서 처리된 수익과 비용을 실현주의(수익)와 발생주의(비용)에 의하여 정확하게 조정하기 위해 수정분개를 하여야 한다.

이러한 수정분개에는 앞서 학습한 손익의 이연과 발생 이외에도 자산의 평가와 관련된 것과 결산시에 재무제표에 있을 수 있는 임시계정의 정리 분개가 있으며, 그 예는 다음과 같다.

구 분		차 변		대 변	
①	비용이 이연	선급비용	×××	비 용	×××
②	비용의 발생	비 용	×××	미지급비용	×××
③	수익의 이연	수 익	×××	선수수익	×××
④	수익의 발생	미수수익	×××	수 익	×××
⑤	소모품의 사용액 혹은 미사용액정리	소모품비	×××	소 모 품	×××
		소 모 품	×××	소모품비	×××
⑥	현금과부족 잔액의 정리	잡 손 실	×××	현금과부족	×××
		현금과부족	×××	잡 이 익	×××
⑦	단기매매증권의 평가	단기매매증권	×××	단기매매증권평가이익	×××
		단기매매증권평가손실	×××	단기매매증권	×××
⑧	외화금액의 환율평가	외화자산&부채	×××	외화환산이익	×××
		외화환산손실	×××	외화부채&자산	×××
⑨	인출금의 정리(개인기업)	자본금	×××	인출금	×××
⑩	유형자산의 감가상각 반영	감가상각비	×××	감가상각누계액	×××
⑪	매출채권의 대손충당금 설정	대손상각비	×××	대손충당금	×××
⑫	기말재고자산의 이용한 매출원가 처리	상품매출원가	×××	상 품	×××
⑬	퇴직급여충당부채 설정	퇴직급여	×××	퇴직급여충당부채	×××

I can 분개연습(결산정리사항)

※ I can 분개연습에 수록된 문제들은 모두 전산회계 2급 시험에 다수 출제되었던 내용입니다.

01 5월에 납부한 보험료 2,400,000원중 당기분은 1,800,000원 이다.

02 4월에 납부한 건물의 임차료 중 기간미경과액이 900,000원이 포함되어 있다.

03 3월에 수취하고 임대료 계정으로 처리한 3,600,000원은 당해 4월부터 내년 3월까지에 대한 내용이다.(월할계산하시오)

04 대여금에 대한 이자 48,000원이 아직 미계상되었다.

05 당월분 급여 2,500,000원이 발생하였으나 아직 미지급 상태이다.(급여지급일은 매월 말일)

06 12월 16일~12월 31일까지의 급여 2,500,000원이 발생하였으나 아직 미지급 상태이다. (급여지급일은 다음달 15일)

07 7월 1일에 공장에서 사용중인 화물차의 자동차 보험료 1년분 720,000원을 현금으로 납부하면서 모두 자산계정으로 처리하였다. 보험료를 월할계산하여 결산에 반영하시오.

08 7월 1일에 사무실을 1년간 임대하기로 하고 1년분 임대로 1,200,000원을 자기앞수표로 수령하고 전액 선수수익으로 회계처리 하였다. 기말결산시에 수정분개를 하시오.

09 거래은행에 예금된 정기예금에 대하여 당기분 경과이자를 계상하다.

• 정기예금 금액: 40,000,000원	• 예금기간: 2025.06.01. ~ 2027.05.31.
• 이율: 3%	• 이자지급일: 연 1회(매년 5월 31일)

10 사무용 장부 900,000원을 구입하고 자산처리한 내역을 확인한 결과 현재 200,000원이 미사용 상태이다.

11 지난 6월에 구입한 소모품 중 당기 사용액은 800,000원 이다. (구입액은 1,000,000원 이며 구입시 비용처리 하였다.)

12 현금과부족 차변잔액 120,000원의 내용을 결산일까지 확인되지 않았다.

13 결산일 현재 현금출납장의 잔액보다 실제 현금잔액이 50,000원 많음을 발견하였다.

14 당사가 보유중인 유형자산에 대해 다음과 같이 감가상각비를 계상하다.
(차량운반구 800,000원, 비품 400,000원)

15 외상매출금 잔액 33,400,000원에 대해 대손충당금을 보충법으로 설정한다.
(결산시 합계잔액시산표상 대손충당금은 134,000원이며, 대손률은 1%라 가정한다.)

16 받을어음 잔액 10,100,000원에 대해 대손충당금을 보충법으로 설정한다.
(결산시 합계잔액시산표상 대손충당금은 31,000원이며, 대손률은 1%라 가정한다.)

17 수출시 발생한 외상매출금 10,000,000원($10,000)의 결산일 현재 적용환율은 1$당 1,100원 이다.

18 수입시 발생한 외상매입금 10,000,000원($10,000)의 결산일 현재 적용환율은 1$당 1,100원 이다.

19 거래은행의 장가차입금 중 10,000,000원의 만기 상환일이 내년으로 도래하였다.

정답

01	(차) 선급비용	600,000원	(대) 보험료	600,000원
02	(차) 선급비용	900,000원	(대) 임차료	900,000원
03	(차) 임대료	900,000원	(대) 선수수익	900,000원
	✓ 1년분 임대료중 3개월(1월~3월)분에 대한 선급분(차기분)을 선수수익으로 처리한다. (3,600,000원 × 3/12)			
04	(차) 미수수익	48,000원	(대) 이자수익	48,000원
05	(차) 급여	2,500,000원	(대) 미지급금	2,500,000원
	✓ 급여에 대한 채무가 확정되었으므로 미지급금 계정으로 처리한다.			
06	(차) 급여	2,500,000원	(대) 미지급비용	2,500,000원
	✓ 급여에 대한 채무가 확정되지 않았으므로 미지급비용 계정으로 처리한다.			
07	(차) 보험료	360,000원	(대) 선급비용	360,000원
	✓ 보험료 지급시 선급비용(자산)으로 회계처리 하였으므로, 결산시 당기분을 보험료(비용)로 처리한다.			
08	(차) 선수수익	600,000원	(대) 임대료	600,000원
	✓ 임대료 수령시 선수수익(부채)으로 회계처리 하였으므로, 결산시 당기분을 임대료(수익)로 처리한다.			
09	(차) 미수수익	700,000원	(대) 이자수익	700,000원
	✓ 예금에 대한 1년분 이자중 7개월(6월~12월)분에 대한 이자를 미수수익으로 처리한다. (40,000,000원 × 3% × 7/12)			
10	(차) 소모품비	700,000원	(대) 소모품	700,000원
11	(차) 소모품	200,000원	(대) 소모품비	200,000원
12	(차) 잡손실	120,000원	(대) 현금과부족	120,000원
13	(차) 현금	50,000원	(대) 잡이익	50,000원
14	(차) 감가상각비	1,200,000원	(대) 감가상각누계액(차량)	800,000원
			감가상각누계액(비품)	400,000원
15	(차) 대손상각비	200,000원	(대) 대손충당금(외상)	200,000원
	✓ 외상매출금 잔액(30,400,000원) × 1% = 대손추산액(334,000원) 대손추산액(334,000원) - 대손충당금 잔액(134,000원) = 대손 추가설정액(200,000원)			
16	(차) 대손상각비	70,000원	(대) 대손충당금(받을)	70,000원
	✓ 받을어음 잔액(10.100,000원) × 1% = 대손추산액(101,000원) 대손추산액(101,000원) - 대손충당금 잔액(31,000원) = 대손 추가설정액(70,000원)			
17	(차) 외상매출금	1,000,000원	(대) 외화환산이익	1,000,000원
	✓ 외상매출금 장부금액(10,000,000원) 〈 결산시 공정가치(11,000,000원)			
18	(차) 외화환산손실	1,000,000원	(대) 외상매입금	1,000,000원
	✓ 외상매입금 장부금액(10,000,000원) 〈 결산시 공정가치(11,000,000원)			
19	(차) 장기차입금	10,000,000원	(대) 유동성장기부채	10,000,000원

I can 실전문제(수익과 비용 & 결산정리사항)

※ I can 실전문제에 수록된 문제들은 모두 전산회계 2급 시험에 다수 출제되었던 내용입니다.

01 다음 중 판매비와관리비 계정에 속하지 않는 계정과목은?

① 기타의 대손상각비
② 접대비(기업업무추진비)
③ 복리후생비
④ 여비교통비

02 다음 발생하는 비용 중 영업비용에 해당하지 않는 것은?

① 거래처 사장인 김수현에게 줄 선물을 구입하고 50,000원을 현금 지급하다.
② 회사 상품 홍보에 50,000원을 현금 지급하다.
③ 외상매출금에 대해 50,000원의 대손이 발생하다.
④ 회사에서 국제구호단체에 현금 50,000원을 기부하다.

03 다음 중 손익계산서상 영업이익에 영향을 주는 거래는 어느 것인가?

① 매출한 상품의 일부가 환입되었다.
② 단기매매증권평가손실을 인식하였다.
③ 보험차익을 계상하였다.
④ 기부금을 지출하였다.

04 다음 설명의 괄호 안에 들어갈 것으로 옳은 것은?

이연이란 (   )과 같이 미래에 수익을 인식하기 위해 현재의 현금유입액을 부채로 인식하거나, (   )과 같이 미래에 비용을 인식하기 위해 현재의 현금유출액을 자산으로 인식하는 회계과정을 의미한다.

① 미수수익, 선급비용
② 선수수익, 선급비용
③ 미수수익, 미지급비용
④ 선수수익, 미지급비용

05 **다음 자료를 토대로 발생하는 재무정보에 대한 설명으로 옳지 않는 것은?**

> 선급보험료(당초 지급시 선급비용 처리함)의 기간 경과분을 인식하는 결산수정분개를 누락하였다.

① 자산이 과대계상된다.
② 자본이 과대계상된다.
③ 당기순이익이 과소계상된다.
④ 기말 총부채에는 영향을 미치지 않는다.

06 **다음 중 결산시 미수이자를 계상하지 않은 경우 당기 재무제표에 미치는 영향으로 올바른 것은?**

> 가. 자산의 과소계상　　다. 수익의 과소계상
> 나. 자산의 과대계상　　라. 수익의 과대계상

① 가, 다　② 가, 라　③ 나, 다　④ 나, 라

07 **결산시 미지급 이자비용을 계상하지 않을 경우 당기 재무제표에 미치는 영향으로 틀린 것은?**

① 부채가 과소계상　② 순이익이 과대계상
③ 비용이 과소계상　④ 자본이 과소계상

08 **㈜진우의 결산 결과 손익계산서에 당기순이익이 100,000원으로 계상되어 있으나, 다음 사항들을 발견하고 수정하였다. 수정 후의 당기순이익으로 옳은 것은?**

> • 손익계산서에 계상된 보험료 중 5,000원은 차기 비용이다.
> • 손익계산서에 계상된 이자수익 중 4,000원은 차기 수익이다.

① 99,000원　② 100,000원　③ 101,000원　④ 109,000원

09 **20×1년에 자동차 보험료 24개월분(20×1. 3. ~ 20×3. 2.) 480,000원을 현금으로 지급하고 미경과분을 선급비용처리 한 경우 20×2년 비용으로 인식할 보험료는?**

① 200,000원　② 220,000원
③ 240,000원　④ 260,000원

10 **결산후 당기순이익이 5,000,000원으로 산출되었으나 다음 사항이 누락되었다. 수정후 당기순이익은 얼마인가?**

• 보험료 선급분: 800,000원	• 선수임대료: 500,000원
• 이자 미지급분: 500,000원	

① 3,200,000원　　② 3,700,000원
③ 4,200,000원　　④ 4,800,000원

11 **다음 중 기말 결산시 행해야하는 결산정리사항에 해당하지 않는 것은?**

① 단기매매증권의 처분　　② 채권에 대한 대손의 추산
③ 유형자산의 감가상각　　④ 인출금의 자본금 대체

12 **기초상품재고자산 65,000원, 기말상품재고자산 100,000원이며, 판매가능상품액 250,000원이라면 매출원가는 얼마인가?**

① 150,000원　　② 165,000원
③ 285,000원　　④ 350,000원

13 **다음 자료에 의한 매출총이익은 얼마인가?**

• 총매출액:	35,000,000원	• 총매입액:	18,000,000원
• 매입할인:	300,000원	• 이자비용:	200,000원
• 매입에누리와환출:	250,000원	• 복리후생비:	1,000,000원
• 매출에누리와환입:	200,000원	• 매출할인:	200,000원
• 기초상품재고액:	500,000원	• 기말상품재고액:	450,000원

① 17,500,000원　　② 17,450,000원
③ 17,100,000원　　④ 17,000,000원

14 다음의 자료로 매출총이익, 영업이익과 당기순이익을 계산하면 얼마인가?

- 매출액: 1,000,000원
- 급여: 100,000원
- 매출원가: 600,000원
- 기부금: 20,000원
- 이자비용: 50,000원
- 접대비(기업업무추진비): 30,000원

	매출총이익	영업이익	당기순이익
①	1,000,000원	220,000원	200,000원
②	400,000원	220,000원	200,000원
③	400,000원	270,000원	200,000원
④	1,000,000원	270,000원	220,000원

15 다음은 좋은제과점의 당월 자료이다. 아래 자료를 토대로 영업이익을 계산하면 얼마인가?

- 빵 판매 대금: 500,000원
- 케익 판매 대금: 300,000원
- 빵/케익 구입 대: 250,000원
- 종업원 급여: 100,000원
- 은행 차입금의 이자: 10,000원
- 매장 임차료: 20,000원

① 120,000원 ② 420,000원
③ 430,000원 ④ 450,000원

8. 장부의 이해

01 장부의 분류

1 장부의 이해

기업의 경영활동에서 발생하는 모든 거래를 기록 · 계산 · 정리하여 영업활동 전반에 관련된 내용을 명확히 기록하기 위한 것을 장부라고 하며, 장부의 분류는 크게 주요부와 보조부로 분류된다.

2 장부의 분류

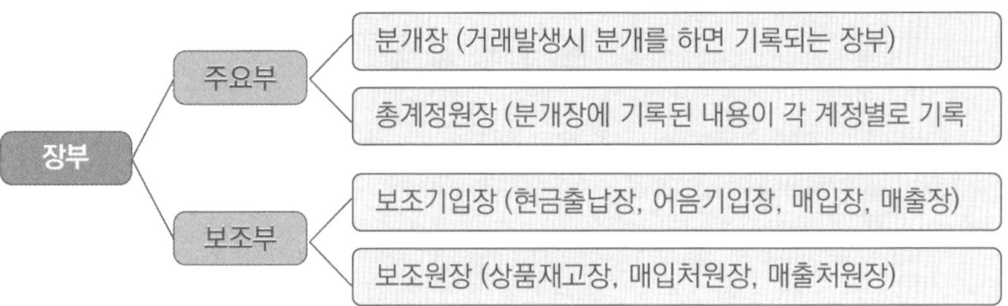

I CAN 기출문제

다음 중 장부의 분류가 다른 것은 무엇인가?

① 총계정원장　　② 현금출납장
③ 매출처원장　　④ 매입처원장

정답풀이

① 총계정원장은 분개장과 함께 주요부에 해당하며, 나머지는 보조부에 해당한다.

3 주요부

1. 분개장

거래를 발생한 순서에 따라 분개하여 기입하는 장부로, 원시기입장이라고 하며 총계정원장과 함께 주요장부에 해당한다.

• 병렬식 분개장

월	일	적 요	원면	차 변	대 변
9	16	(상품)	5	700,000	
		(현금)	1		700,000

• 분할식 분개장

차 변	원면	적 요		원면	대 변
		9/16			
700,000	1	(현금)	(상품)	5	700,000

2. 총계정원장

원장은 거래가 발생한후 분개된 것을 해당 계정에 옮겨 적는 곳이며, 이러한 계정들이 모여있는 장부를 총계정원장이라고 한다.

총 계 정 원 장

차변 대변

일자	적 요	분면	금 액	일자	적 요	분면	금 액

4 보조기입장

보조기입장은 주요부에 해당하는 분개장을 보조하기 위한 장부로 특정거래의 명세를 발생순서에 따라 상세히 기록하는 장부이다

1. 현금출납장

현금 출납장은 현금의 수입과 지출을 상세하게 기록하는 보조기입장이다.

현 금 출 납 장

20XX 년		적 요	수 입	지 출	잔 액

참고 현금의 잔액 = 현금의 전기이월액 + 수입액 - 지출액

2. 당좌예금출납장

당좌예금 출납장은 당좌예금의 예입과 인출을 상세히 기록하는 보조기입장이다.

당 좌 예 금 출 납 장

20XX 년		적 요	예 입	인 출	차대	잔 액

참고 차대: 차대란 잔액이 차변잔액인지 대변잔액인지를 표기한다.
("차"는 당좌예금의 잔액을 의미하며, "대"는 당좌차월의 잔액을 의미한다)

3. 소액현금출납장

일상적인 소액의 비용은 수표를 사용하는 것보다 현금을 사용하는 것이 편리하다. 따라서 일정기간의 소액경비에 필요한 예상금액을 회계과로부터 용도계에 전도하여 비용을 지출하도록 하는데 이 전도금을 소액현금이라고 하며, 매월 일정액을 보급하는 정액자금 선급법과 필요시 그 자금을 보급하는 수시자금 선급법이 있다.

소 액 현 금 출 납 장

수입액	날짜		적 요	지급액	지 급 명 세			
					소모품비	통신비	수도광열비	잡손실
30,000	4	1	자금보급액					
~	~	~	~	~	~	~	~	~
		30	지급액합계	27,000	2,000	13,000	3,000	9,000
		30	차기이월	3,000				
30,000				30,000				
3,000	5	1	전기이월					
27,000			자금보급액					

참고 소액현금출납장은 필요 자금을 월초에 보급하는 월초보급법과 월말에 보급하는 월말보급법이 있다.

4. 받을어음 기입장

거래처로부터 어음을 받을 때 그 어음에 대한 명세를 기입하는 장부로서, 받을어음 계정의 보조기입장이다. 어음상의 채권이 발생하면 그 어음에 대한 내용을 상세 기록하고, 어음상의 채권이 소멸되면 그내용을 간단히 전말란에 기입한다. 따라서 전말란에 기입되지 않은 금액의 합계액은 받을어음 계정의 차변잔액과 일치한다.

받 을 어 음 기 입 장

월일		적요	금액	어음 종류	어음 번호	지급인	발행 배서	발행 일자	만기 일자	지급 장소	전말		
											월일		적요

받을어음

전기이월(기초금액)	어음대금추심(회수)액
약속어음 수취 환어음의 수취	어음의 배서양도 어음의 할인 어음의 부도 및 대손
	차기이월(기말금액)

I CAN 기출문제

다음 중 받을어음 계정의 대변에 올 수 없는 거래는?

① 어음 대금의 회수　　② 약속어음의 수취
③ 어음의 만기전 할인　　④ 어음의 배서양도

 **정답풀이**

② 약속어음의 수취는 받을어음의 증가에 해당하므로, 차변에 기록된다.

5. 지급어음 기입장

거래처에 발행해준 약속어음인 지급어음의 보조기입장이다. 어음상의 채무가 발생하면 그 어음에 대한 상세한 내용을 지급어음 기입장에 기록하고, 어음상의 채무가 소멸되면 그 내용을 간단히 전말란에 기입한다.

지 급 어 음 기 입 장

월일	적요	금액	어음종류	어음번호	지급인	발행배서	발행일자	만기일자	지급장소	전말	
										월일	적요

지급어음

차변	대변
어음대금의 지급	전기이월(기초금액)
	약속어음의 발행
차기이월(기말금액)	환어음의 인수

6. 매입장

매입장은 상품을 매입한 때의 일자, 거래처명, 품목명, 수량, 단가 등 매입에 대한 사항을 일자순으로 상세하게 기입하는 매입에 대한 보조기입장이다.

매 입 장

20XX년		적 요		금 액
		(마포상점)　　외상		
5	3	갑상품 100개 @₩100	10,000	
		인수운임 현금지급	1,000	11,000
	31	총 매 입 액		505,000
	31	매입에누리, 할인, 환출액		50,000
	31	순 매 입 액		451,000

참고 매입장 작성시 인수운임 등 매입제비용은 원가에 가산하여야 하며, 매입장에서는 순매입액이 계산된다.

7. 매출장

매출장은 상품을 매출한 때의 일자, 거래처명, 품목명, 수량, 단가 등 매출에 대한 사항을 일자순으로 상세하게 기입하는 매출에 대한 보조기입장이다.

매 출 장

20XX년		적 요		금 액
5	3	(마포상점) 외상 갑상품 100개 @₩100	10,000	10,000
	31	총 매 출 액		500,000
	31	매출에누리,할인,환입액		50,000
	31	순 매 출 액		450,000

참고 매출장 작성시 인수운임 등은 별도 비용으로 처리되어 작성되지 않으며, 매출장에서는 순매출액이 계산된다.

5 보조원장

보조원장은 주요부에 해당하는 총계장원장을 보조하기 위한 장부로 특정계정의 내용을 계산 단위별로 그 명세를 발생순서에 따라 상세히 기록하는 장부이다

1. 상품재고장

상품의 매입(인수)과 매출(인도)을 상품 종류별로 기록하여 현재 창고에 보관중인 상품의 재고 수량과 금액을 장부상으로 확인할 수 있도록 하는 보조원장이다.

상 품 재 고 장

품명: 갑상품

20XX년		적요	인 수			인 도			잔 액		
			수량	단가	금액	수량	단가	금액	수량	단가	금액

참고 상품재고장의 모든 금액은 원가로 기록하며, 원가금액에 영향을 주지 않는 매출운임, 매출에누리, 매출할인 등은 상품재고장에 기록하지 않는다.

I CAN 기출문제

다음 중 상품재고장에 기록되지 않는 것은?

① 매입운임 ② 매입할인
③ 매입환출 ④ 매출에누리

정답풀이

④ 원가금액에 영향을 주지 않는 매출운임, 매출할인, 매출에누리 등은 상품재고장에 기입하지 않는다.

2. 매출처원장

매출처원장은 외상매출금에 대한 내용을 거래처별로 관리하는 보조원장이며, 기말 잔액은 외상매출금 미회수액을 나타낸다.

매 출 처 원 장

차변	대변
전기이월(기초금액)	외상매출금 회수액 (기타감소)
외상매출금 발생액	차기이월(기말금액)

I CAN 기출문제

다음 매출채권 관련 자료를 이용하여 매출채권의 기말잔액을 계산하면 얼마인가?

- 기초잔액: 20,000원
- 당기 외상매출액: 100,000원
- 매출채권 현금회수액: 40,000원
- 매출채권 회수불능액: 30,000원

① 20,000원 ② 50,000원
③ 80,000원 ④ 120,000원

정답풀이

② 매출채권 기말잔액: 기초잔액(20,000원) + 당기 외상매출액(100,000원) – 현금회수액(40,000원) – 회수불능액(30,000원) = 50,000원

3. 매입처원장

매입처원장은 외상매입금에 대한 내용을 거래처별로 관리하는 보조원장으로, 기말 잔액은 외상매입금 미지급액을 나타낸다.

매 입 처 원 장

차변	대변
외상매입금 지급액 (기타감소)	전기이월(기초금액)
차기이월(기말금액)	외상매입금 발생액

I CAN 기출문제

다음 매입채무 관련 자료를 이용하여 매입채무의 지급액을 계산하면 얼마인가?

- 기초잔액: 100,000원
- 당기 외상매입액: 150,000원
- 매입채무 기말잔액: 110,000원

① 110,000원 ② 120,000원
③ 140,000원 ④ 160,000원

정답풀이

③ 매입채무 기말잔액(110,000원) = 기초잔액(100,000원) + 당기 외상매입액(150,000원) − 매입채무 지급액(XXX)

∴ 매입채무 지급액 = 140,000원

02 전표

1 전표의 이해

전표란, 거래의 내용을 최초로 기록하기 위한 일정한 양식을 갖춘 용지를 말하며, 입금전표, 출금전표 대체전표 등이 있다.

1전표제	3전표제	5전표제		전표집계표
분개전표	입금전표 출금전표 대체전표	입금전표 출금전표 대체전표 매입전표 매출전표	➡	일계표 월계표

2 전표의 종류

입금전표	현금의 입금을 수반하는 거래만을 기록하는 전표 ✓ (차) 현금 ××× (대) 이자수익 ×××
출금전표	현금의 지출을 수반하는 거래만을 기록하는 전표 ✓ (차) 이자비용 ××× (대) 현금 ×××
대체전표	현금의 수입과 지출을 수반하지 않는 거래를 기록하는 전표 ✓ (차) 상품 ××× (대) 외상매입금 ×××

3 일계표와 월계표

일계표	하루 동안 발생한 거래의 내용을 각 계정과목별로 분류·집계하는 표
월계표	한달 동안 발생한 거래의 내용을 각 계정과목별로 분류·집계하는 표

4 전표작성에 따른 기타장부

계정별원장	각 계정의 거래 내역을 일자별로 기록한 장부
거래처원장	거래처의 채권 및 채무 관리를 위한 장부로 등록된 거래처들의 각 계정 과목의 총액 및 잔액을 확인할 수 있는 장부
총계정원장	결산의 기초가 되는 주요 장부로서 기업에서 사용하는 모든 계정 과목에 대한 증감변화가 기록되는 장부
매입매출장	부가가치세와 관련된 제반 거래 내역을 상세히 기록 계산한 보조장부

I can 실전문제(장부의 이해)

※ I can 실전문제에 수록된 문제들은 모두 전산회계 2급 시험에 다수 출제되었던 내용입니다.

01 다음 중 거래에 대한 분개가 기록되는 주요부는?

① 분개장　② 총계정원장
③ 일계표　④ 월계표

02 다음 중 상품의 재고관리를 위하여 상품의 종류별로 상품의 입고, 출고 및 잔액을 기록하는 보조부에 해당하는 장부는?

① 매출장　② 상품재고장
③ 매출처원장　④ 매입처원장

03 다음 중 상품을 외상으로 매출한 경우 작성되는 장부가 아닌 것은?

① 매출장　② 상품재고장
③ 매출처원장　④ 매입처원장

04 다음 중 외상매입금 계정의 대변에 기입되는 거래에 해당되는 것은?

① 외상매입대금을 현금으로 지급했을 때
② 외상으로 매입한 상품을 반품했을 때
③ 상품을 외상으로 매입했을 때
④ 외상매입대금을 당좌수표 발행하여 지급했을 때

05 다음 외상매입금 관련 자료를 이용하여 당월의 외상매입금 지급액을 계산하면 얼마인가?

- 월초잔액: 20,000원
- 외상매입액: 250,000원
- 월말잔액: 160,000원
- 외상매입액 중 환출액: 10,000원

① 100,000원 ② 110,000원
③ 120,000원 ④ 130,000원

06 다음 계정 기입에서 확인되는 당기 지급어음 발행액은 얼마인가?

지급어음

3/ 5	제 좌	30,000원	1/ 1	전기이월	200,000원
6/10	보통예금	100,000원	2/22	상 품	150,000원
12/31	차기이월	220,000원			

① 100,000원 ② 130,000원
③ 150,000원 ④ 220,000원

I Can!

전산회계 2급

2부

케이렙[KcLep] 실무 따라하기

I Can!

전산회계 2급

I CAN 케이렙[KcLep] 프로그램 설치

1 케이렙[KcLep] 프로그램 설치

(1) '한국세무사회 국가공인자격시험' 홈페이지(https://license.kacpta.or.kr) 왼쪽 하단의 '케이렙(수험용)' 프로그램을 다운받아 설치를 진행한다.

(2) 설치가 종료되면 바탕화면에 'KcLep교육용 세무사랑Pro' 바로가기 아이콘( )이 생성되며, 아이콘을 더블클릭하면 프로그램이 실행된다.

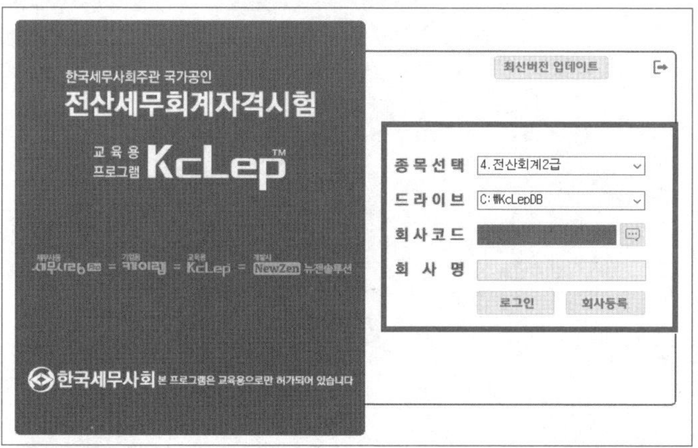

종목선택	시험응시 종목(급수)을 선택한다.(응시급수에 따라 메뉴가 다름)
드라이브	'C:₩KcLepDB'를 선택한다.(다른 드라이브를 선택하면 오류발생)
회사코드	클릭 후 등록된 회사명을 더블클릭 또는 Enter↵를 이용하여 선택한다. (최초의 회사는 회사등록 을 클릭하여 등록)

I CAN 전산회계 2급 실무 운용 흐름

1 기초정보관리

회사등록	사업자등록증에 의해 회사명, 기수, 회계연도, 사업자등록번호, 대표자명, 사업장 주소 등의 회사정보를 등록
거래처등록	상품의 매입처와 상품의 매출처 등의 일반거래처, 은행 등의 금융기관, 신용카드와 가맹점 등의 신용카드 거래처 정보를 등록
계정과목 및 적요등록	기본적인 계정과목은 이미 등록되어 있으며, 회사의 특성에 따른 계정과목과 적요의 추가 및 수정 사항을 등록

2 전기분 재무제표의 이월

전기분재무상태표	전기분 재무상태표의 이월자료 등록
전기분손익계산서	전기분 손익계산서의 이월자료 등록
거래처별초기이월	전기분 재무상태표의 채권, 채무 등 관리계정의 거래처잔액 이월자료 등록

3 당기분 거래자료의 입력 및 조회

일반전표입력	거래자료 입력
장부작성 및 조회	거래처원장, 계정별원장, 현금출납장, 일/월계표, 분개장, 총계정원장, 전표, 합계잔액시산표 등의 장부작성 및 조회

4 결산 및 재무제표의 작성

수동결산	결산정리사항 중 수동결산사항을 일반전표입력에 입력
자동결산	결산정리사항 중 자동결산사항을 결산자료입력에 입력 후 전표추가
재무제표의 작성	손익계산서, 재무상태표 작성 및 조회
마감후이월	당기 자료를 차기로 이월

1. 기초정보관리

01 기초정보관리

기초정보관리에서는 회계처리 하려고 하는 회사의 기본정보 등록작업을 할 수 있다.

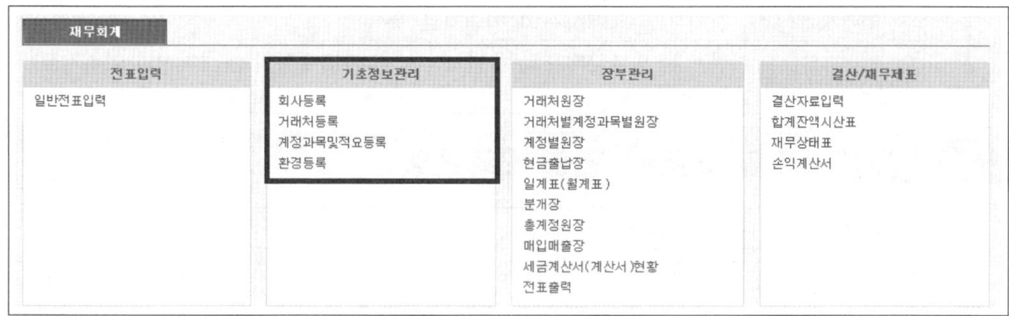

회사등록	• 사업자등록번호 등 회사의 기본적인 정보를 입력한다.
거래처등록	• 일반거래처: 매출거래처와 매입거래처의 정보를 입력한다. • 금융기관: 은행 등 금융기관 거래처를 정보를 입력한다. • 신용카드: 사업용 신용카드, 신용카드 가맹점 정보를 입력한다.
계정과목 및 적요등록	• 기본적으로 등록된 계정과목과 적요를 확인하고, 새로 입력하거나 수정 할 계정과목과 적요(현금적요, 대체적요)를 입력한다.
환경등록	• 케이렙[KcLep] 운용에 대한 기본적인 사항을 등록한다.(시험에 출제되지 않음)

1 회사등록

회사등록은 회계처리를 하려고 하는 회사를 등록하는 작업으로 가장 기본적이고 우선되는 작업이다. 회사의 사업자등록증을 토대로 작성하며 등록된 내용이 각종 출력물의 회사 기본사항에 자동 표시되므로 정확히 입력한다.

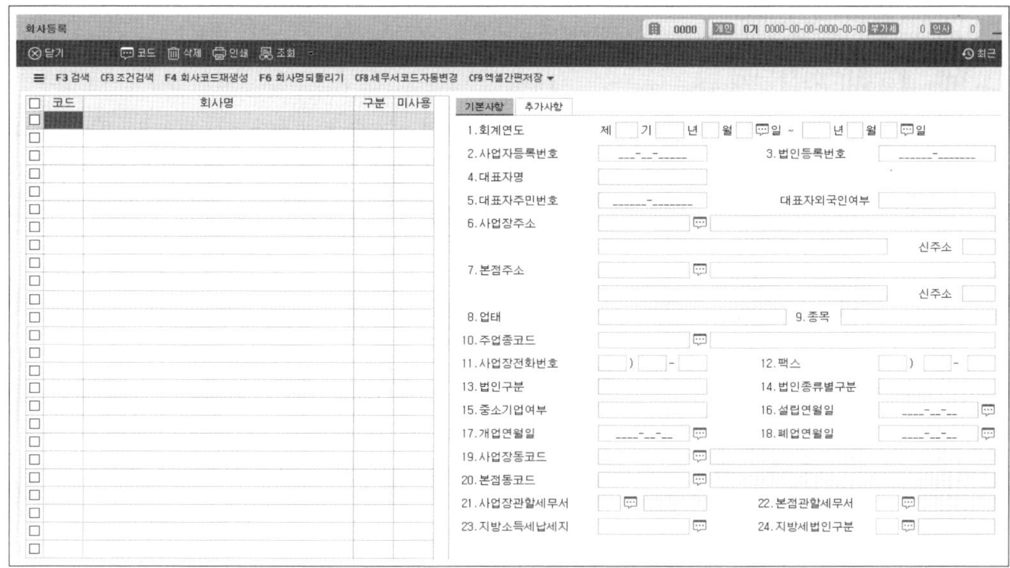

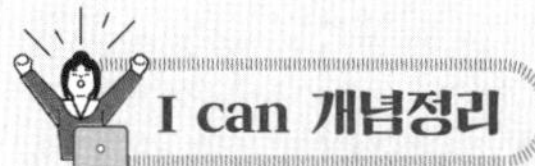

- 코드: 등록할 회사에 대한 코드를 부여하며, 101 ~ 9999까지 사용 가능하다.
- 회사명: 사업자등록증에 기재된 상호명을 입력한다.
- 구분: 사업자등록증상 법인과 개인을 구분하여 입력한다.(1.법인, 2.개인)
- 회계연도: 해당연도의 사업년도를 의미하며 개업일로부터 해당연도까지의 사업년도에 대한 기수를 선택하고 회계기간을 입력한다.
- 사업자등록번호, 대표자명, 대표자주민번호, 사업장주소, 업태, 종목 등을 사업자등록증에 의하여 정확히 입력한다.
- 사업장관할세무서: 사업자등록증상의 사업장주소를 우편번호를 검색하여 입력하면 관할세무서가 자동으로 등록된다.
- 도움창을 불러오는 (또는 F2)를 클릭하면 관련 내용을 검색할 수 있다.

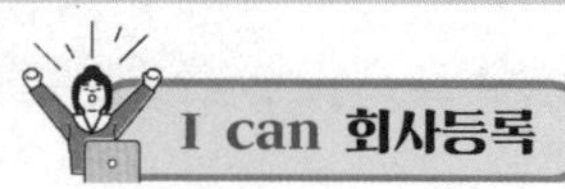

드림패션은 의류를 도소매하는 개인기업이다. 사업자등록증을 참고하여 회사등록을 입력하시오. (회사코드는 [0401]로 등록하며, 회계기간은 제8기(2025.1.1.~ 2025.12.31.), 대표자 주민번호는 741117-2222222, 설립연월일과 개업연월일은 2018.11.17.이다.)

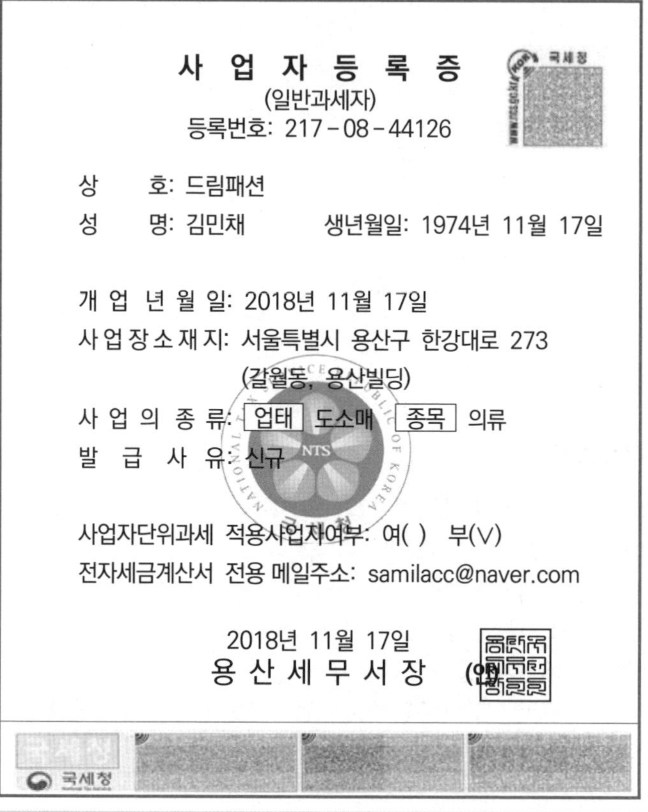

사 업 자 등 록 증
(일반과세자)
등록번호: 217-08-44126

상 호: 드림패션
성 명: 김민채 생년월일: 1974년 11월 17일

개 업 년 월 일: 2018년 11월 17일
사업장소재지: 서울특별시 용산구 한강대로 273
(갈월동, 용산빌딩)
사 업 의 종 류: 업태 도소매 종목 의류
발 급 사 유: 신규

사업자단위과세 적용사업자여부: 여( ) 부(∨)
전자세금계산서 전용 메일주소: samilacc@naver.com

2018년 11월 17일
용 산 세 무 서 장 (인)

회사등록 따라하기

교육용프로그램 KcLep을 실행 후 오른쪽 하단 '회사등록'을 클릭하여 사업자등록증의 회사정보를 입력한다.

기본사항

코드	회사명	구분	미사용
0401	드림패션	개인	사용

기본사항 | 추가사항

- 1.회계연도: 제 8 기 2025 년 01 월 01 일 ~ 2025 년 12 월 31 일
- 2.사업자등록번호: 217-08-44126 / 3.과세유형: 일반과세 / 과세유형전환일: ____-__-__
- 4.대표자명: 김민채 / 대표자거주구분: 거주자
- 5.대표자주민번호: ______-_______ / 주민번호 구분:
- 6.사업장주소: 04321 서울특별시 용산구 한강대로 273 (갈월동, 용산빌딩) / 신주소: 여
- 7.자택주소: / 신주소: 여
- 8.업태: 도소매 / 9.종목: 의류
- 10.주업종코드:
- 11.사업장전화번호:) - / 12.팩스번호:) -
- 13.자 택 전 화 번 호:) - / 14.공동사업장여부: 부
- 15.소득구분: / 16.중소기업여부: 여
- 17.개업연월일: 2018-11-17 / 18.폐업연월일: ____-__-__
- 19.사업장동코드: 1117010400 서울특별시 용산구 갈월동
- 20.주소지동코드:
- 21.사업장관할세무서: 106 용산 / 22.주소지관할세무서:
- 23.지방소득세납세지: 용산구 / 24.주소지지방소득세납세지:

참고 회사등록을 마친 후 교육용프로그램 KcLep 화면의 '회사코드' 란에 '0401'을 입력하여 '드림패션'으로 로그인한다.

2 거래처등록

관리하려고 하는 거래처의 기본정보를 등록하는 메뉴로 일반·금융·카드거래처로 구분되어 있다. 외상 거래로 채권·채무가 발생했을 경우 거래처별로 보조장부를 작성해야 하는데 이러한 거래처원장을 작성하기 위해서는 거래처정보가 등록되어 있어야 한다.

일반거래처

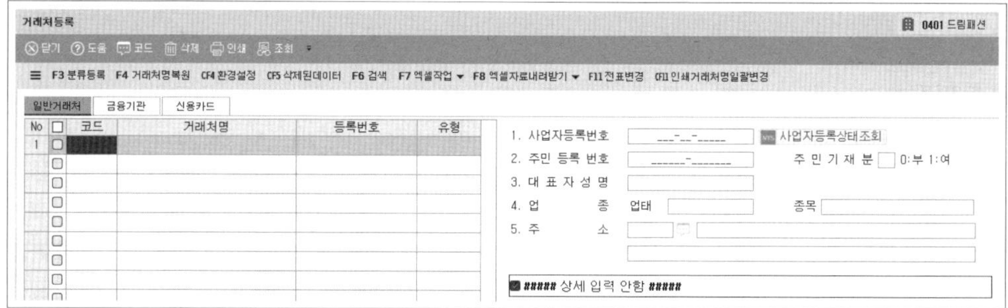

거래처등록 | 0401 드림패션

닫기 도움 코드 삭제 인쇄 조회

F3 분류등록 F4 거래처명복원 CF4 환경설정 CF5 삭제된데이터 F6 검색 F7 엑셀작업 F8 엑셀자료내려받기 F11 전표변경 CF11 인쇄거래처명일괄변경

일반거래처 | 금융기관 | 신용카드

No		코드	거래처명	등록번호	유형
1					

- 1. 사업자등록번호: ___-__-_____ 사업자등록상태조회
- 2. 주민 등록 번호: ______-_______ / 주 민 기 재 분: 0:부 1:여
- 3. 대 표 자 성 명
- 4. 업 종: 업태 / 종목
- 5. 주 소

상세 입력 안함

금융거래처

일반거래처 | 금융기관 | 신용카드

No	□	코드	거래처명	계좌번호	유형
1	□				

1. 계 좌 번 호
2. 계좌개설은행/지점
3. 계 좌 개 설 일
4. 예금 종류 / 만기 예금종류 만기
5. 이자율/매월납입액 이자율 % 매월납입액
6. 당 좌 한 도 액
7. 은행 사업자 번호 8.사업용 계좌 0:부 1:여
9. 전화번호 / 팩스 TEL) - FAX) -
10. 거 래 처 분류명
11. 주 소
12. 비 고
13. 지방소득세납세지
14. 사 용 여 부 0:부 1:여

신용카드

일반거래처 | 금융기관 | 신용카드

No	□	코드	거래처명	가맹점(카드)번호	유형
1	□				

1. 사업자등록번호
2. 가 맹 점 번 호 직불, 기명식 선불전자지급수단
3. 카드번호(매입)
4. 카드종류(매입)
5. 카드 소유 담당 + 키 입력시 신규등록가능
6. 전 화 번 호) -
7. 결 제 계 좌 은행명
계좌번호
8. 신용카드사
9. 수 수 료 %
10. 결 제 일 일
11. 담 당 자
12. 홈 페 이 지
13. 거래처 분류명
14. 사 용 한 도
15. 비 고
16. 사 용 여 부 0:부 1:여

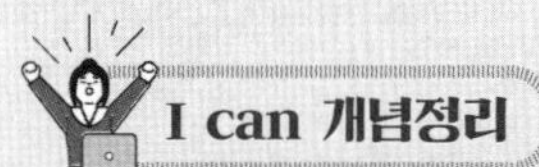

- 일반거래처: 일반거래처 코드(00101 ~ 97999), 거래처명, 사업자등록번호, 유형(1.매출, 2.매입. 3.동시), 대표자성명, 업태 및 종목, 주소 등 거래처 사업자등록증의 기본내용을 입력한다.
- 금융거래처: 금융거래처 코드(98000 ~ 99599), 거래처명, 계좌번호, 유형(1.보통예금, 2.당좌예금, 3.정기적금, 4.정기예금, 5.기타)등을 입력한다.
- 신용카드: 카드거래처 코드(99600 ~ 99999), 거래처명, 가맹점(카드)번호, 유형(1.매출, 2.매입)을 입력한다. 유형이 1.매출인 경우는 가맹점번호를, 2.매입인 경우는 카드번호(매입)를 입력한다.

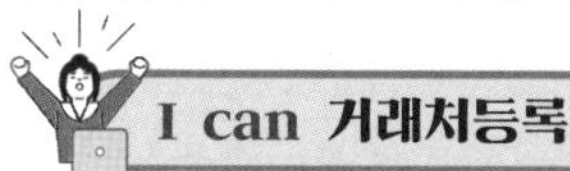

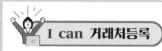

I can 거래처등록

드림패션의 거래처 관련 정보를 입력하시오.(일반거래처 유형: 3.동시)

구분	코드	거래처명	대표자명	사업자등록번호	업태	종 목	주 소
일반	1001	비비안	김나리	211 - 75 - 24158	도소매	의류	서울 강남구 가로수길 5 (신사동)
	1002	데일리룩	강현영	123 - 05 - 66300	도소매	의류	경기도 안양시 동안구 갈산로 6 (호계동)
	1003	멋쟁이	최도연	127 - 40 - 91758	도소매	의류	경기도 의정부시 거북로 4 (금오동)
	1004	LG전자(주)	유민준	109 - 81 - 12345	제조	전자제품	서울 강서구 강서로 375 (마곡동)
	1005	(주)유전기차	박영진	235 - 81 - 32145	제조	자동차	경기도 광명시 충현로 1 (소하동)
	1006	오피스(주)	추종호	106 - 81 - 19636	도소매	사무용품	서울 용산구 한강대로 23 (한강로 3가)
	2001	이우주	• 주민번호: 721108-1874465				
금융	98001	국민은행(보통)	• 계좌번호: 264502-01-041613, 유형: 1.보통예금				
	98002	우리은행(차입)	• 계좌번호: 450-201-273128, 유형: 5.기타				
신용	99601	삼성카드사	• 가맹점번호: 12379021983, 유형: 1.매출				
	99602	국민카드(법인)	• 카드번호: 9409-1510-7223-1052 • 유형: 2.매입 • 종류: 3.사업용카드				

거래처등록 따라하기

'회계관리 ➜ 재무회계 ➜ 기초정보관리 ➜ 거래처등록' 메뉴에 [일반거래처], [금융기관], [신용카드] 내용을 입력한다.

일반거래처

일반거래처 금융기관 신용카드

No	□	코드	거래처명	등록번호	유형
1	□	01001	비비안	211-75-24158	동시
2	□	01002	데일리룩	123-05-66300	동시
3	□	01003	멋쟁이	127-40-91758	동시
4	□	01004	LG전자(주)	109-81-12345	동시
5	□	01005	(주)유전기차	235-81-32145	동시
6	□	01006	오피스(주)	106-81-19636	동시
7	□	02001	이우주	721108-1874465	동시

1. 사업자등록번호 211-75-24158 사업자등록상태조회
2. 주민 등록 번호 ______-_______ 주 민 기 재 분 부 0:부 1:여
3. 대 표 자 성 명 김나리
4. 업 종 업태 도소매 종목 의류
5. 주 소 06035 서울특별시 강남구 가로수길 5 (신사동)

금융기관

일반거래처 | 금융기관 | 신용카드

No	□	코드	거래처명	계좌번호	유형
1	□	98001	국민은행(보통)	264502-01-041613	보통예금
2	□	98002	우리은행(차입)	450-201-273128	기 타

1. 계 좌 번 호 264502-01-041613
2. 계좌개설은행/지점

신용카드

일반거래처 | 금융기관 | 신용카드

No	□	코드	거래처명	가맹점(카드)번호	유형
1	□	99601	삼성카드사	12379021983	매출
2	□	99602	국민카드(법인)	9409-1510-7223-1052	매입

1. 사업자등록번호 ___-__-_____
2. 가 맹 점 번 호 12379021983 직불, 기명식 선불전자지급수단 부

No	□	코드	거래처명	가맹점(카드)번호	유형
1	□	99601	삼성카드사	12379021983	매출
2	□	99602	국민카드(법인)	9409-1510-7223-1052	매입
3	□				

1. 사업자등록번호 ___-__-_____
2. 가 맹 점 번 호
3. 카드번호(매입) 9409-1510-7223-1052
4. 카드종류(매입) 3 3.사업용카드

3 계정과목 및 적요등록

거래가 발생하여 전표를 작성할 때 해당 계정과목을 선택하여 입력하게 되는데 이렇게 전표를 입력하기 위한 계정과목을 등록시켜놓은 메뉴이다.

I can 계정과목 및 적요등록

드림패션의 계정과목 및 적요등록 메뉴에서 다음 자료를 수정 또는 추가 등록하시오.

1. '851.인적용역비'(판매관리비) 계정과 적요를 추가 등록하시오.
   - 성격: 3.경비
   - 대체적요: 1.사업소득자 용역비 보통예금 지급
2. '222.의장권'(무형자산) 계정을 '222.디자인권' 계정으로 수정 등록하시오.

계정과목 및 적요등록 따라하기

'회계관리 ➜ 재무회계 ➜ 기초정보관리 ➜ 계정과목 및 적요등록' 메뉴에 계정과목과 적요를 추가, 수정 입력한다.

851. 인적용역비

코드	계정과목	성격	관계
0851	인 적 용 역 비	3.경 비	
0852	사 용 자 설 정 계 정 과 목		
0853	사 용 자 설 정 계 정 과 목		
0854	사 용 자 설 정 계 정 과 목		
0855	사 용 자 설 정 계 정 과 목		
0856	사 용 자 설 정 계 정 과 목		
0857	사 용 자 설 정 계 정 과 목		
0858	사 용 자 설 정 계 정 과 목		
0859	사 용 자 설 정 계 정 과 목		
0860	사 용 자 설 정 계 정 과 목		
0861	사 용 자 설 정 계 정 과 목		
0862	사 용 자 설 정 계 정 과 목		
0863	사 용 자 설 정 계 정 과 목		
0864	사 용 자 설 정 계 정 과 목		
0865	사 용 자 설 정 계 정 과 목		

계정코드(명)	0851 인적용역비
성격	3.경 비
관계코드(명)	
영문명	User setup accounts
과목코드	0851 인적용역비
계정사용여부	1 (1:여/2:부)
계정수정구분	계정과목명, 성격 입력/수정 가능
표준재무제표	58 ①
외화	0.부
업무용차 여부	2 (1:여/2:부)

적요NO	현금적요

적요NO	대체적요
1	사업소득자 용역비 보통예금 지급

222. 의장권

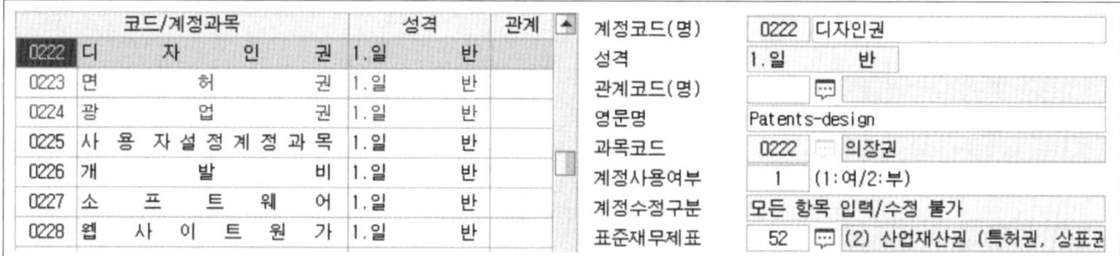

코드	계정과목	성격	관계
0222	디 자 인 권	1.일 반	
0223	면 허 권	1.일 반	
0224	광 업 권	1.일 반	
0225	사 용 자 설 정 계 정 과 목	1.일 반	
0226	개 발 비	1.일 반	
0227	소 프 트 웨 어	1.일 반	
0228	웹 사 이 트 원 가	1.일 반	

계정코드(명)	0222 디자인권
성격	1.일 반
관계코드(명)	
영문명	Patents-design
과목코드	0222 의장권
계정사용여부	1 (1:여/2:부)
계정수정구분	모든 항목 입력/수정 불가
표준재무제표	52 (2) 산업재산권 (특허권, 상표권

참고 붉은색 계정이므로 Ctrl+F2을 누른 후 오른쪽 상단의 계정코드(명)을 수정한다.

4 환경등록

환경등록은 시스템환경을 설정하기 위한 메뉴이며, 회사의 특성에 맞춰 입력방법을 선택할 수 있다.

02 전기분재무제표

계속기업의 경우 전년도의 결산시 작성된 재무제표를 당기에 이월받아 비교식 재무제표를 제공한다.

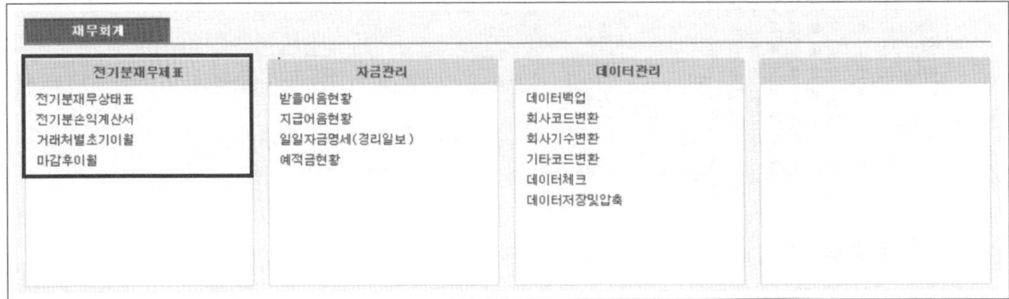

전기분 재무제표	• 전기분재무상태표: 전기분 자료를 입력하여 자료를 이월받고, 비교식 재무상태표를 제공한다. • 전기분손익계산서: 전기분 자료를 입력하여 비교식 손익계산서를 제공한다.
거래처별 초기이월	• 거래처별 관리가 필요한 계정과목의 초기이월 자료를 입력한다.

1 전기분재무상태표

전기분재무상태표의 자산, 부채, 자본 계정과목과 금액을 입력하여 이월받는다.

I can 전기분재무상태표

드림패션의 전기분재무상태표를 입력하시오.

재 무 상 태 표

제7기 2024. 12. 31.현재

드림패션 (단위: 원)

과 목	금 액		과 목	금 액	
자 산			**부 채**		
유 동 자 산		**155,000,000**	**유 동 부 채**		**44,000,000**
당 좌 자 산		**125,000,000**	외 상 매 입 금		38,000,000
현 금		15,000,000	미 지 급 금		6,000,000
보 통 예 금		35,500,000	**비 유 동 부 채**		**20,000,000**
단기매매증권		5,000,000	장 기 차 입 금		20,000,000
외상매출금	50,000,000		**부 채 총 계**		**64,000,000**
대손충당금	500,000	49,500,000			
받 을 어 음		20,000,000	**자 본**		
재 고 자 산		**30,000,000**	자 본 금		257,000,000
상 품		30,000,000	**자 본 총 계**		**257,000,000**
비 유 동 자 산		**166,000,000**			
투 자 자 산		**0**			
유 형 자 산		**166,000,000**			
건 물	160,000,000				
감가상각누계액	30,000,000	130,000,000			
차량운반구		20,000,000			
비 품	18,400,000				
감가상각누계액	2,400,000	16,000,000			
무 형 자 산		**0**			
기타비유동자산		0			
자 산 총 계		321,000,000	**부채 및 자본총계**		321,000,000

전기분재무상태표 따라하기

- '회계관리 ➜ 재무회계 ➜ 전기분재무제표 ➜ 전기분재무상태표' 메뉴에 각 계정과목의 금액을 정확하게 입력하면 대차차액이 '0'이 되며, 대차차액이 양수(+) 금액이면 대변금액이 부족한 경우이고, 음수(-) 금액이면 차변금액이 부족한 경우이다.

• 코드 란에서 두 글자를 입력하여 검색하거나 F2를 눌러 도움창을 이용하여 입력한다.

자산		
코드	계정과목	금액
0101	현금	15,000,000
0103	보통예금	35,500,000
0107	단기매매증권	5,000,000
0108	외상매출금	50,000,000
0109	대손충당금	500,000
0110	받을어음	20,000,000
0146	상품	30,000,000
0202	건물	160,000,000
0203	감가상각누계액	30,000,000
0208	차량운반구	20,000,000
0212	비품	18,400,000
0213	감가상각누계액	2,400,000
차 변 합 계		321,000,000

부채 및 자본		
코드	계정과목	금액
0251	외상매입금	38,000,000
0253	미지급금	6,000,000
0293	장기차입금	20,000,000
0331	자본금	257,000,000
대 변 합 계		321,000,000

계정별 합계	
1. 유동자산	155,000,000
①당좌자산	125,000,000
②재고자산	30,000,000
2. 비유동자산	166,000,000
①투자자산	
②유형자산	166,000,000
③무형자산	
④기타비유동자산	
자산총계(1+2)	321,000,000
3. 유동부채	44,000,000
4. 비유동부채	20,000,000
부채총계(3+4)	64,000,000
5. 자본금	257,000,000
6. 자본잉여금	
7. 자본조정	
8. 기타포괄손익누계액	
9. 이익잉여금	
자본총계(5+6+7+8+9)	257,000,000
부채 및 자본 총계	321,000,000
대 차 차 액	

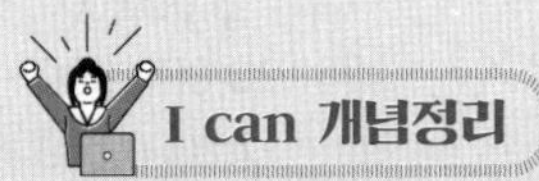

• 자산의 차감계정은 해당계정 아래의 코드번호로 입력한다.

108.외상매출금	202.건물	212.비품
109.대손충당금	203.감가상각누계액	213.감가상각누계액

• 상품(기말상품재고액)은 전기분손익계산서의 매출원가에 반영된다.

2 전기분손익계산서

전기분손익계산서의 비용, 수익 계정과목과 금액을 입력한다.

드림패션의 전기분손익계산서를 입력하시오.

손 익 계 산 서

제7기 2024.1.1.~2024.12.31.

드림패션 (단위: 원)

과 목	금 액	
매 출 액		243,500,000
상 품 매 출		243,500,000
매 출 원 가		141,000,000
상 품 매 출 원 가		141,000,000
기 초 상 품 재 고 액	25,000,000	
당 기 상 품 매 입 액	146,000,000	
기 말 상 품 재 고 액	30,000,000	
매 출 총 이 익		102,500,000
판 매 비 와 관 리 비		43,380,000
급 여	18,200,000	
복 리 후 생 비	6,700,000	
여 비 교 통 비	2,300,000	
기 업 업 무 추 진 비	1,500,000	
통 신 비	1,100,000	
세 금 과 공 과	500,000	
감 가 상 각 비	9,860,000	
임 차 료	2,400,000	
소 모 품 비	820,000	
영 업 이 익		59,120,000
영 업 외 수 익		0
영 업 외 비 용		4,120,000
이 자 비 용	4,120,000	
소 득 세 차 감 전 이 익		55,000,000
소 득 세 등	0	0
당 기 순 이 익		55,000,000

전기분손익계산서 따라하기

- '회계관리 ➜ 재무회계 ➜ 전기분재무제표 ➜ 전기분손익계산서' 메뉴에 각 계정과목의 금액을 정확하게 입력하면 당기순이익 55,000,000원이 확인된다.
- 코드 란에서 두 글자를 입력하여 검색하거나 F2를 눌러 도움창을 이용하여 입력한다.
- 기말상품 금액은 전기분재무상태표의 재고자산 금액을 반영받아 자동입력 된다.

코드	계정과목	금액
0401	상품매출	243,500,000
0451	상품매출원가	141,000,000
0801	급여	18,200,000
0811	복리후생비	6,700,000
0812	여비교통비	2,300,000
0813	기업업무추진비	1,500,000
0814	통신비	1,100,000
0817	세금과공과	500,000
0818	감가상각비	9,860,000
0819	임차료	2,400,000
0830	소모품비	820,000
0951	이자비용	4,120,000

매출원가

기초상품재고액		25,000,000
당기상품매입액	+	146,000,000
매입환출및에누리	-	
매입할인	-	
타계정에서대체액	+	
타계정으로대체액	-	
관세환급금	-	
상품평가손실	+	
상품평가손실환입	-	
기말상품재고액	-	30,000,000
매출원가	=	141,000,000

확인(Tab)

계정별합계

1.매출	243,500,000
2.매출원가	141,000,000
3.매출총이익(1-2)	102,500,000
4.판매비와관리비	43,380,000
5.영업이익(3-4)	59,120,000
6.영업외수익	
7.영업외비용	4,120,000
8.소득세비용차감전순이익(5+6-7)	55,000,000
9.소득세비용	
10.당기순이익(8-9)	55,000,000
11.주당이익(10/주식수)	

참고
- 매출원가의 기말상품재고액 30,000,000원은 전기분재무상태표에 입력된 상품 금액이 자동 반영된다.
- 당기순이익 55,000,000원이 일치하여야 한다.

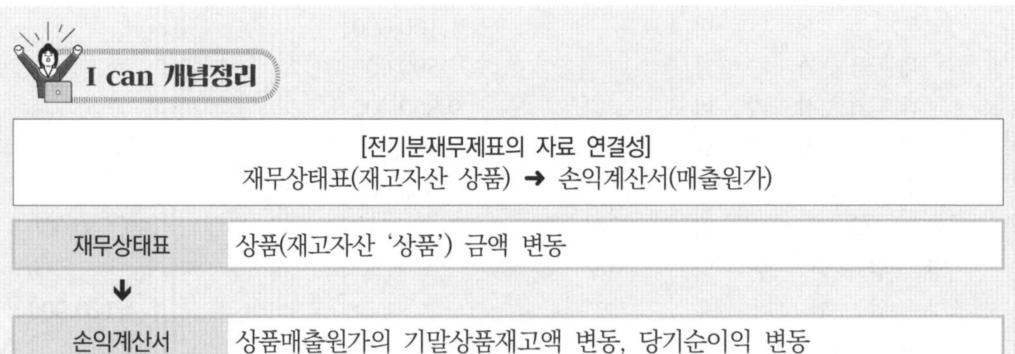

I can 개념정리

[전기분재무제표의 자료 연결성]
재무상태표(재고자산 상품) ➜ 손익계산서(매출원가)

재무상태표	상품(재고자산 '상품') 금액 변동
↓	
손익계산서	상품매출원가의 기말상품재고액 변동, 당기순이익 변동

3 거래처별초기이월

채권·채무 등 거래처별 관리가 필요한 재무상태표 항목에 대해 [거래처원장]에 '전기이월'로 표기하면서 거래처별 전년도 데이터를 이월받기 위해 작성한다.

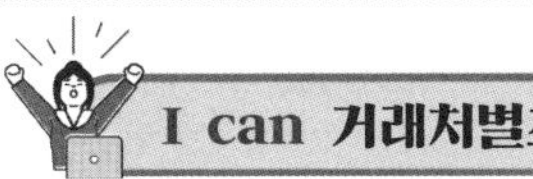

I can 거래처별초기이월

드림패션의 거래처별 채권채무 잔액에 대한 초기이월 금액을 입력하시오.

계 정 과 목	거 래 처 명	금 액(원)
외 상 매 출 금	비비안	30,000,000
	데일리룩	20,000,000
받 을 어 음	비비안	20,000,000
외 상 매 입 금	멋쟁이	38,000,000
미 지 급 금	LG전자(주)	6,000,000
장 기 차 입 금	우리은행(차입)	20,000,000

거래처별초기이월 따라하기

- '회계관리 ➜ 재무회계 ➜ 전기분재무제표 ➜ 거래처별초기이월' 메뉴에서 상단부 F4 불러오기를 클릭하여 불러온 후 계정과목의 거래처별 금액을 입력하면 차액이 '0'원이 된다.
- 거래처 코드 란에서 F2를 눌러 도움창을 이용하여 거래처코드를 선택하고, 금액을 입력한다.

외상매출금

≡ F4 불러오기 F8 어음책

코드	계정과목	재무상태표금액
0108	외상매출금	50,000,000
0109	대손충당금	500,000

코드	거래처	금액
01001	비비안	30,000,000
01002	데일리룩	20,000,000

받을어음

코드	계정과목	재무상태표금액
0110	받을어음	20,000,000
0146	상품	30,000,000

코드	거래처	금액
01001	비비안	20,000,000

외상매입금

코드	계정과목	재무상태표금액
0251	외상매입금	38,000,000
0253	미지급금	6,000,000

코드	거래처	금액
01003	멋쟁이	38,000,000

미지급금

코드	계정과목	재무상태표금액
0253	미지급금	6,000,000
0293	장기차입금	20,000,000

코드	거래처	금액
01004	LG전자(주)	6,000,000

장기차입금

코드	계정과목	재무상태표금액
0293	장기차입금	20,000,000
0331	자본금	257,000,000

코드	거래처	금액
98002	우리은행(차입)	20,000,000

4 마감후이월

재무상태표계정인 자산, 부채, 자본계정은 당기의 재무상태가 보고된 이후에도 잔액이 이월되어 차기의 재무상태에 영향을 미치게된다. 이러한 재무상태표의 각 계정들을 마감하여 다음 회계기간으로 이월시키기 위한 메뉴이다.

2. 일반전표입력

01 일반전표입력

기업에서 거래인 자산, 부채, 자본의 증감변동이 발생하면 일반전표입력에 입력하며 입력된 자료는 전표, 분개장 및 총계정원장 등 장부와 관련 자료에 자동 반영된다.

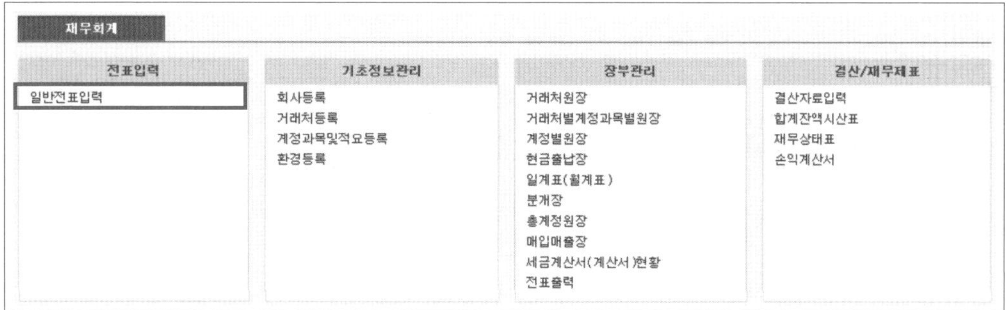

1 일반전표입력 시 유의사항

전산회계 2급 시험에서 요구하는 일반전표입력 시 유의사항은 다음과 같다.

〈입력 시 유의사항〉

- 적요의 입력은 생략한다.
- 부가가치세는 고려하지 않는다.
- 채권·채무와 관련된 거래는 별도의 요구가 없는 한 반드시 기 등록되어 있는 거래처코드를 선택하는 방법으로 거래처명을 입력한다.
- 회계처리시 계정과목은 별도의 제시가 없는 한 등록된 계정과목 중 가장 적절한 과목으로 한다.

2 채권과 채무 계정과목

채권	외상매출금, 받을어음, 단기대여금, 장기대여금, 선급금, 가지급금 등
채무	외상매입금, 지급어음, 단기차입금, 장기차입금, 선수금, 미지급금, 유동성장기부채 등

참고 채권·채무와 관련된 계정과목은 반드시 거래처코드를 입력하여야 한다.

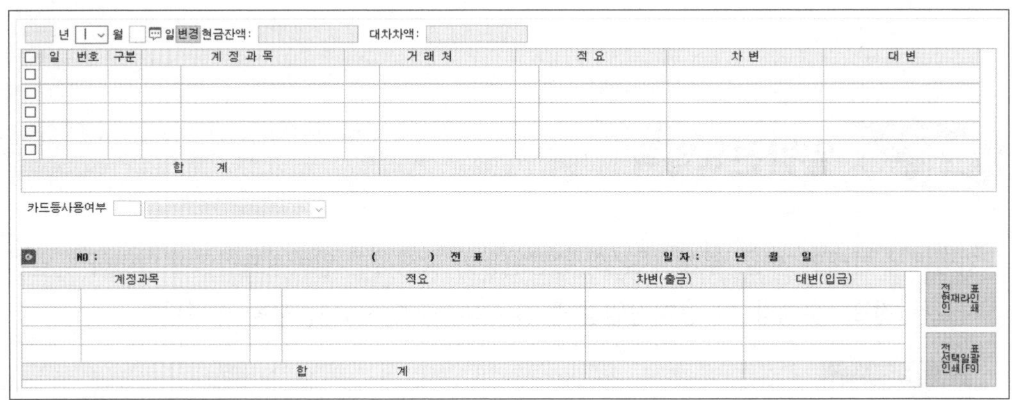

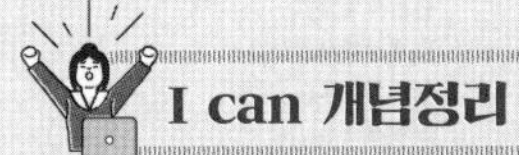

- 월: 입력하려고 하는 전표의 해당 월을 2자리 숫자로 입력하거나, 해당 월을 선택한다.
- 일: 거래 일자를 입력하며, 입력없이 엔터치면 선택일자만 입력하는 월 단위 입력이 가능하다.
- 번호: 전표번호는 일자별로 자동부여 되며, 상단 SF2.번호수정 메뉴를 통해 수정 가능하다.
- 구분: 거래의 전표유형을 입력할 수 있다.(1.출금, 2.입금, 3.차변, 4.대변, 5.결산차변, 6.결산대변))
- 계정과목: 계정과목의 코드 3자리를 직접 입력하거나 계정과목의 두글자 혹은 F2(조회) 기능 통해 계정과목을 입력할 수 있다.
- 거래처: 채권·채무를 거래처별로 관리하기 위해 코드를 입력하며, 거래처명을 직접 입력하거나 F2(조회) 기능을 통해 거래처를 입력할 수 있다. "+"혹은 "0000"을 입력하여 신규거래처에 대한 정보를 간편등록 할 수 있다.
- 금액: 거래금액을 입력하며, 금액란에서 "+"를 입력할 경우 천단위 "000"금액이 자동입력 된다.
- 적요: 거래에 대한 적요내용을 직접 입력하거나 F2(조회) 기능을 통해 입력할 수 있다.
- 전표삽입: 전표입력이 누락되어 전표라인을 추가하려고 할 경우, 상단 메뉴의 CF9.전표삽입 메뉴를 통해 전표의 삽입이 가능하다.

02 출금전표, 입금전표, 대체전표

1 출금전표

현금 총액으로 지출된 거래는 출금전표로 작성한다. 구분 란에 '1'을 입력하면 대변에 '현금'이 자동으로 입력되며, 차변 계정과목만 입력하면 된다.

I can 출금전표입력

드림패션의 현금출금 거래자료를 일반전표입력 메뉴에 입력하시오.

[1] 1월 2일: 관리팀 직원의 야간 근무시 식사대금 30,000원을 현금으로 지급하였다.

[2] 1월 3일: LG전자㈜에 지급할 미지급금 중 3,000,000원을 현금으로 지급하였다.

출금전표입력 따라하기

- '회계관리 ➜ 재무회계 ➜ 전표입력 ➜ 일반전표입력' 메뉴의 구분 란에 '1'을 입력하여 출금전표를 입력한다.
- 거래처코드는 두 글자를 입력하여 검색하거나 F2를 눌러 도움창을 이용하여 입력한다.

[1]	1월 2일	(차) 복리후생비	30,000원	(대) 현금	30,000원
[2]	1월 3일	(차) 미지급금(LG전자㈜)	3,000,000원	(대) 현금	3,000,000원

□	일	번호	구분	계정과목		거래처		적요		차변	대변
□	2	00001	출금	0811	복리후생비					30,000	(현금)
□	3	00001	출금	0253	미지급금	01004	LG전자(주)			3,000,000	(현금)

2 입금전표

현금 총액으로 입금된 거래는 입금전표로 작성한다. 구분 란에 '2'를 입력하면 차변에 '현금'이 자동으로 입력되며, 대변 계정과목만 입력하면 된다.

드림패션의 현금입금 거래자료를 일반전표입력 메뉴에 입력하시오.

[1] 1월 4일: 데일리룩의 외상매출금 중 5,000,000원을 현금으로 받았다.

[2] 1월 5일: 비비안과 상품매출 계약을 체결하고, 계약금 1,000,000원을 현금으로 받았다.

입금전표입력 따라하기

- '회계관리 ➜ 재무회계 ➜ 전표입력 ➜ 일반전표입력' 메뉴의 구분 란에 '2'를 입력하여 입금전표를 입력한다.
- 거래처코드는 두 글자를 입력하여 검색하거나 F2를 눌러 도움창을 이용하여 입력한다.

[1]	1월 4일	(차) 현금	5,000,000원	(대) 외상매출금(데일리룩)	5,000,000원
[2]	1월 5일	(차) 현금	1,000,000원	(대) 선수금(비비안)	1,000,000원

□	일	번호	구분	계정과목		거래처		적요	차변	대변
□	4	00001	입금	0108	외상매출금	01002	데일리룩		(현금)	5,000,000
□	5	00001	입금	0259	선수금	01001	비비안		(현금)	1,000,000

3 대체전표

거래 총액 중 현금이 일부 있거나, 현금 이외의 거래인 경우 대체전표로 작성한다. 구분 란에 차변은 '3'을 대변은 '4'를 입력하면 된다.

드림패션의 대체 거래자료를 일반전표입력 메뉴에 입력하시오.

[1] 1월 6일: 영업팀 업무용승용차에 주유를 하고 50,000원 주유대금은 국민카드(법인)로 결제하였다.

[2] 1월 7일: 멋쟁이의 외상매입금 2,000,000원을 국민은행 보통예금 계좌에서 지급하였다.

대체전표입력 따라하기

- '회계관리 ➔ 재무회계 ➔ 전표입력 ➔ 일반전표입력' 메뉴의 구분 란에 차변은 '3', 대변은 '4'를 입력하여 대체전표를 입력한다.
- 거래처코드는 두 글자를 검색하거나 F2를 눌러 도움창을 이용하여 입력한다.

[1]	1월 6일	(차)	차량유지비	50,000원	(대)	미지급금(국민카드(법인))	50,000원
[2]	1월 7일	(차)	외상매입금(멋쟁이)	2,000,000원	(대)	보통예금	2,000,000원

□	일	번호	구분	계정과목		거래처		적요	차변	대변
□	6	00001	차변	0822	차량유지비				50,000	
□	6	00001	대변	0253	미지급금	99602	국민카드(법인)			50,000
□	7	00001	차변	0251	외상매입금	01003	멋쟁이		2,000,000	
□	7	00001	대변	0103	보통예금					2,000,000

참고 출금과 입금전표의 입력방식은 차변이나 대변 한 곳만 입력하면 되므로 입력시간이 단축되며, 자격시험에서는 출금, 입금, 대체전표 형식과 관계없이 차변과 대변의 회계처리만 정확히 입력하면 된다.

03 계정별 일반전표

일반거래자료를 일반전표입력 메뉴에서 입력한다.

I can 계정별 일반전표입력

드림패션의 일반거래자료를 일반전표입력 메뉴에 입력하시오.

[2월 거래자료]

[1] 2월 5일: 상품매출과 관련된 서류를 우편으로 발송하고 등기요금 5,000원을 현금으로 지급하였다.

[2] 2월 10일: 영업팀의 업무용승용차 자동차세 160,000원을 현금으로 납부하였다.

[3] 2월 17일: 매출처 영업사원의 결혼축의금 100,000원을 현금으로 지급하였다. ('기업업무추진비'로 회계처리할 것)

[4] 2월 20일: 관리팀 신입사원의 사회보험실무 업무에 참고하기 위한 도서를 구입하고 60,000원을 국민은행 보통예금 계좌에서 지급하였다.

[5] 2월 26일: 용산구청에 불우이웃돕기 성금 200,000원을 현금으로 지급하였다.

[3월 거래자료]

[6] 3월 5일: 국민은행 당좌예금 계좌를 개설하고 국민은행 보통예금 계좌에서 6,000,000원을 인출하여 당좌예금 계좌에 입금하였다.

[7] 3월 8일: 거래처 데일리룩에 5,000,000원을 대여(대여기간 1년)하기로 하고 국민은행 보통예금 계좌에서 지급하였다.

[8] 3월 12일: ㈜삼성의 주식 50주(액면금액 1주당 5,000원)를 단기투자목적으로 1주당 8,000원에 구입하고 증권사 수수료 10,000원과 함께 국민은행 보통예금 계좌에서 지급하였다.

[9] 3월 20일: 멋쟁이의 상품을 매입하기로 계약하고 계약금 1,000,000원을 당좌 수표를 발행하여 지급하였다.

[10] 3월 30일: 영업팀 과장 이우주의 출장여비 300,000원을 국민은행 보통예금 계좌에서 지급하였다.

[4월 거래자료]

[11] 4월 1일: 영업팀 업무용승용차보험(2025.4.1. ~ 2026.3.31.)을 삼성화재보험에 가입하고, 보험료 720,000원을 국민은행 보통예금 계좌에서 납부하였다.(비용으로 처리할 것)

[12] 4월 3일: 출장을 마친 영업팀 과장 이우주의 출장관련 지출내역을 확인하고 출장여비 차액 50,000원을 현금으로 지급하였다.

(단위: 원)

출장비 지출 내역	금 액
교통비	100,000
숙박비	200,000
식대	50,000
지출합계	**350,000**

[13] 4월 12일: 오피스(주)에서 복합기를 렌트하고 렌트비 140,000원은 외상으로 하였다.

[14] 4월 24일: 우리은행 장기차입금에 대한 이자비용 260,000원을 현금으로 지급하였다.

[15] 4월 30일: 4월분 급여를 국민은행 보통예금 계좌에서 지급하였다.

(단위: 원)

부 서	급 여	건강보험료	소득세	지방소득세	공제계	차감지급액
관리팀	3,000,000	106,350	74,350	7,430	188,130	2,811,870
영업팀	3,500,000	124,070	127,220	12,720	264,010	3,235,990
계	**6,500,000**	**230,420**	**201,570**	**20,150**	**452,140**	**6,047,860**

[5월 거래자료]

[16] 5월 10일: 4월분 급여에 대한 소득세와 지방소득세를 국민은행 보통예금 계좌에서 납부하였다.(하나의 전표로 입력할 것)

[17] 5월 10일: 4월분 건강보험료 460,840원(회사부담분 230,420원, 본인부담금 230,420원)을 국민은행 보통예금 계좌에서 납부하였다.(회사부담분 건강보험료는 '복리후생비'로 회계처리할 것)

[18] 5월 19일: 오피스(주)에서 A4용지 5Box(1Box @50,000원)를 구입하고 국민카드(법인)로 결제하였다.

[19] 5월 21일: ㈜유전기차에서 업무용 승용차를 41,000,000원에 외상으로 구입하고 취득세 1,470,000원은 현금으로 지급하였다.(고정자산 간편등록은 생략할 것)

[20] 5월 30일: 국민카드(법인) 결제대금 300,000원이 국민은행 보통예금 계좌에서 자동결제되었다.

[6월 거래자료]

[21] 6월 10일: 비비안에 상품 80,000,000원을 매출하고 1월 5일에 받은 계약금을 제외한 나머지 금액은 외상으로 하였다.

[22] 6월 15일: 데일리룩에 상품 100,000,000원을 매출하고 데일리룩(동점)이 발행한 어음(만기 2025.9.15.)을 받았다.

[23] 6월 22일: 상품매출 대금으로 받아 보관중인 비비안의 어음 20,000,000원이 만기가 되어 국민은행 당좌예금 계좌로 입금되었다.

[24] 6월 27일: 신규거래처 코코패션으로부터 상품 40,000,000원을 외상으로 매입하였다.(신규거래처를 '거래처명: 코코패션, 코드: 1007, 사업자등록번호: 318-12-37852, 대표자성명: 박은서, 업태: 도소매, 종목: 의류'로 등록할 것)

[25] 6월 30일: 멋쟁이로부터 상품 10,000,000원을 매입하고, 3월 20일에 지급한 계약금을 제외한 나머지 금액은 어음(만기 2025.9.30.)으로 발행하여 지급하였다.

계정별 일반전표입력 따라하기

- '회계관리 ➜ 재무회계 ➜ 전표입력 ➜ 일반전표입력' 메뉴에 출금, 입금, 대체전표를 입력한다.
- 거래처코드는 두 글자를 검색하거나 F2를 눌러 도움창을 이용하여 입력한다.

2월 거래

[1]	2월 5일	(차) 통신비	5,000원	(대)	현금	5,000원
[2]	2월 10일	(차) 세금과공과	160,000원	(대)	현금	160,000원
[3]	2월 17일	(차) 기업업무추진비	100,000원	(대)	현금	100,000원
[4]	2월 20일	(차) 도서인쇄비	60,000원	(대)	보통예금	60,000원
[5]	2월 26일	(차) 기부금	200,000원	(대)	현금	200,000원

2025 년 02 월 일 변경 현금잔액: 17,505,000 대차차액:

일	번호	구분	계정과목	거래처	적요	차변	대변
5	00001	출금	0814 통신비			5,000	(현금)
10	00001	출금	0817 세금과공과			160,000	(현금)
17	00001	출금	0813 기업업무추진비			100,000	(현금)
20	00001	차변	0826 도서인쇄비			60,000	
20	00001	대변	0103 보통예금				60,000
26	00001	출금	0953 기부금			200,000	(현금)
			합 계			525,000	525,000

3월 거래

[6]	3월 5일	(차) 당좌예금	6,000,000원	(대)	보통예금	6,000,000원
[7]	3월 8일	(차) 단기대여금(데일리룩)	5,000,000원	(대)	보통예금	5,000,000원
[8]	3월 12일	(차) 단기매매증권 수수료비용(984)	400,000원 10,000원	(대)	보통예금	410,000원
[9]	3월 20일	(차) 선급금(멋쟁이)	1,000,000원	(대)	당좌예금	1,000,000원
[10]	3월 30일	(차) 가지급금(이우주)	300,000원	(대)	보통예금	300,000원

2025 년 03 월 일 변경 현금잔액: 17,505,000 대차차액:

일	번호	구분	계정과목	거래처	적요	차변	대변
5	00001	차변	0102 당좌예금			6,000,000	
5	00001	대변	0103 보통예금				6,000,000
8	00001	차변	0114 단기대여금	01002 데일리룩		5,000,000	
8	00001	대변	0103 보통예금				5,000,000
12	00001	차변	0107 단기매매증권			400,000	
12	00001	차변	0984 수수료비용			10,000	
12	00001	대변	0103 보통예금				410,000
20	00001	차변	0131 선급금	01003 멋쟁이		1,000,000	
20	00001	대변	0102 당좌예금				1,000,000
30	00001	차변	0134 가지급금	02001 이우주		300,000	
30	00001	대변	0103 보통예금				300,000
			합 계			12,710,000	12,710,000

참고
- 단기매매증권 구입 시 수수료는 영업외비용으로 처리한다.
- 가지급금은 채권·채무에 해당하지는 않지만, 거래처(직원이름) 관리를 하여야 한다.

4월 거래

[11]	4월 1일	(차) 보험료	720,000원	(대)	보통예금	720,000원
[12]	4월 3일	(차) 여비교통비	350,000원	(대)	가지급금(이우주) 현금	300,000원 50,000원
[13]	4월 12일	(차) 임차료	140,000원	(대)	미지급금(오피스(주))	140,000원
[14]	4월 24일	(차) 이자비용	260,000원	(대)	현금	260,000원
[15]	4월 30일	(차) 급여	6,500,000원	(대)	예수금 보통예금	452,140원 6,047,860원

2025 년 04 월 일 변경 현금잔액: 17,195,000 대차차액:

일	번호	구분	계정과목		거래처		적요	차변	대변
1	00001	차변	0821	보험료				720,000	
1	00001	대변	0103	보통예금					720,000
3	00001	차변	0812	여비교통비				350,000	
3	00001	대변	0134	가지급금	02001	이우주			300,000
3	00001	대변	0101	현금					50,000
12	00001	차변	0819	임차료				140,000	
12	00001	대변	0253	미지급금	01006	오피스(주)			140,000
24	00001	출금	0951	이자비용				260,000	(현금)
30	00001	차변	0801	급여				6,500,000	
30	00001	대변	0254	예수금					452,140
30	00001	대변	0103	보통예금					6,047,860
			합 계					7,970,000	7,970,000

5월 거래

[16]	5월 10일	(차) 예수금	221,720원	(대)	보통예금	221,720원
[17]	5월 10일	(차) 예수금 복리후생비	230,420원 230,420원	(대)	보통예금	460,840원
[18]	5월 19일	(차) 소모품비	250,000원	(대)	미지급금(국민카드(법인))	250,000원
[19]	5월 21일	(차) 차량운반구	42,470,000원	(대)	미지급금((주)유전기차) 현금	41,000,000원 1,470,000원
[20]	5월 30일	(차) 미지급금(국민카드(법인))	300,000원	(대)	보통예금	300,000원

2025 년 05 월 일 변경 현금잔액: 15,725,000 대차차액:

일	번호	구분	계정과목		거래처		적요	차변	대변
10	00001	차변	0254	예수금				221,720	
10	00001	대변	0103	보통예금					221,720
10	00002	차변	0254	예수금				230,420	
10	00002	차변	0811	복리후생비				230,420	
10	00002	대변	0103	보통예금					460,840
19	00001	차변	0830	소모품비				250,000	
19	00001	대변	0253	미지급금	99602	국민카드(법인)			250,000
21	00001	차변	0208	차량운반구				42,470,000	
21	00001	대변	0253	미지급금	01005	(주)유전기차			41,000,000
21	00001	대변	0101	현금					1,470,000
30	00001	차변	0253	미지급금	99602	국민카드(법인)		300,000	
30	00001	대변	0103	보통예금					300,000
			합 계					43,702,560	43,702,560

참고 차량운반구 취득시 취득세는 구입 부대비용으로 취득원가에 가산한다.

6월 거래

[21]	6월 10일	(차) 선수금(비비안) 1,000,000원 외상매출금(비비안) 79,000,000원	(대) 상품매출 80,000,000원
[22]	6월 15일	(차) 받을어음(데일리룩) 100,000,000원	(대) 상품매출 100,000,000원
[23]	6월 22일	(차) 당좌예금 20,000,000원	(대) 받을어음(비비안) 20,000,000원
[24]	6월 27일	(차) 상품 40,000,000원	(대) 외상매입금(코코패션) 40,000,000원
[25]	6월 30일	(차) 상품 10,000,000원	(대) 선급금(멋쟁이) 1,000,000원 지급어음(멋쟁이) 9,000,000원

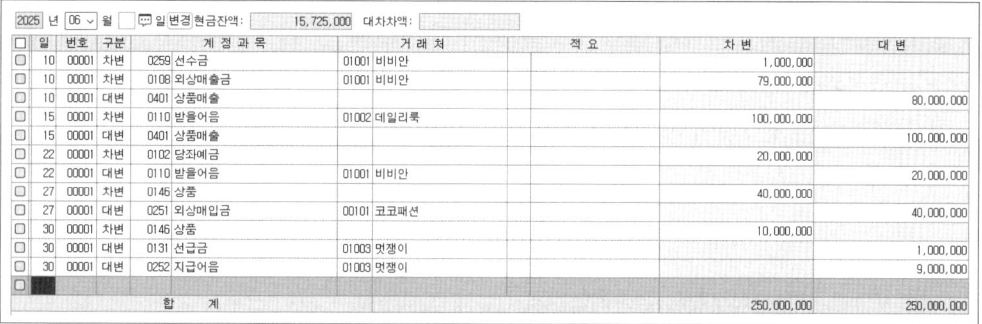

2025 년 06 월 일 변경 현금잔액: 15,725,000 대차차액:

일	번호	구분	계정과목		거래처		적요	차변	대변
10	00001	차변	0259	선수금	01001	비비안		1,000,000	
10	00001	차변	0108	외상매출금	01001	비비안		79,000,000	
10	00001	대변	0401	상품매출					80,000,000
15	00001	차변	0110	받을어음	01002	데일리룩		100,000,000	
15	00001	대변	0401	상품매출					100,000,000
22	00001	차변	0102	당좌예금				20,000,000	
22	00001	대변	0110	받을어음	01001	비비안			20,000,000
27	00001	차변	0146	상품				40,000,000	
27	00001	대변	0251	외상매입금	00101	코코패션			40,000,000
30	00001	차변	0146	상품				10,000,000	
30	00001	대변	0131	선급금	01003	멋쟁이			1,000,000
30	00001	대변	0252	지급어음	01003	멋쟁이			9,000,000
				합계				250,000,000	250,000,000

참고 신규거래처등록: 거래처코드 란에 '00000'을 입력한 후 '거래처등록'화면에서 거래처코드와 거래처명을 입력하고 '수정'을 클릭한 후, 하단 '거래처등록'에 추가내용을 입력한다.

◆ 거래처등록

거래처코드: 01007 코드조회[F2]
거래처 명: 코코패션

등록[Enter] 수정[tab] 취소[Esc]

거 래 처 등 록

거래처코드: 01007
거래처명: 코코패션
사업자등록번호: 318-12-37852 사업자등록상태조회
주민등록번호: ______-_______ 주민등록기재분: 부 0:부 1:여
대표자명: 박은서 업태: 도소매 종목: 의류
우편번호, 주소:
전화번호:) -

3. 결산과 재무제표

기업은 경영활동에서 발생한 거래를 분개장에 분개하고 총계정원장에 전기하며 기중의 거래를 기록한다. 이렇게 기록한 각종 장부를 회계 기간 말에 정리하고 마감하여 기업의 재무상태와 경영성과를 정확하게 파악하는 절차를 결산(Closing)이라고 한다.

전산세무회계프로그램에서 결산분개는 수동결산(일반전표에 분개)과 자동결산(결산자료입력에 입력)으로 구성된다.

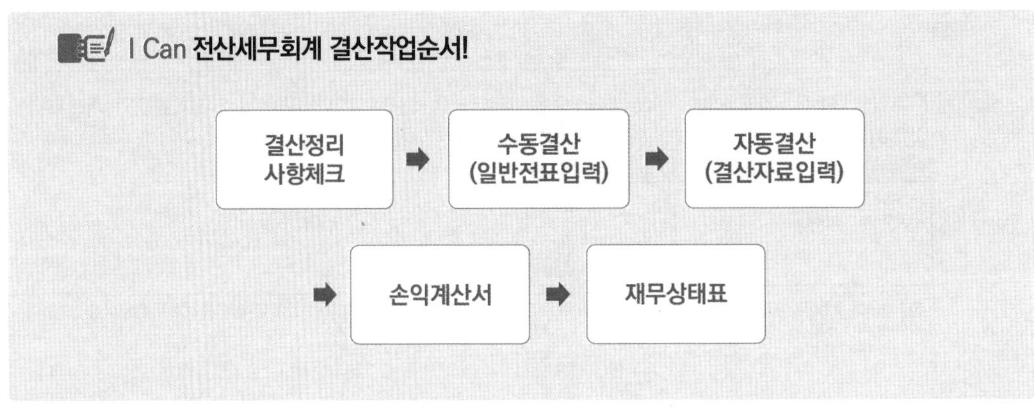

01 수동결산과 자동결산

결산은 일반전표입력메뉴에 12월 31일자로 결산대체분개를 직접 입력하는 수동결산과 결산자료입력 메뉴에 해당금액을 입력한 후 [F3.전표추가]키를 이용하여 전표를 자동생성하는 자동결산으로 나뉜다.

1 수동결산 내용

(1) 수익·비용의 이연과 발생

① 수익의 이연(선수수익)

당기중 이미 받은 수익 중 차기분에 속하는 금액은 당기의 수익에서 차감하여 선수수익계정 대변에 대체하여 차기로 이월하는 것을 '수익의 이연'이라 하며, 수익의 선수분은 선수수익계정에 표기한다. 선수수익에는 선수이자, 선수임대료, 선수수수료 등이 있다.

차 변	수익계정	×××	대 변	선수수익	×××

② 비용의 이연(선급비용)

당기중 이미 지급한 비용 중 차기에 속하는 금액은 당기 비용에서 차감하여 자산계정인 선급비용계정 차변에 대체하여 차기로 이월하여야 하는데 이것을 '비용의 이연'이라 하며, 선급비용은 차기에 해당 비용 계정 차변에 다시 대체하여야 한다.

차 변	선급비용	×××	대 변	비용계정	×××

③ 수익의 발생(미수수익)

당기에 속하는 수익이 결산일까지 아직 수입되지 아니한 금액은 수익계정 대변에 기입하여 당기의 수익에 포함시키고, 미수수익계정 차변에 기입하여 차기로 이월 하여야 하며, 이것을 '수익의 발생'이라 한다. 미수이자, 미수임대료 등이 있다.

차 변	미수수익	×××	대 변	수익계정	×××

④ 비용의 발생(미지급비용)

당기에 속하는 비용이 결산일까지 아직 지급되지 않은 금액은 해당 비용 계정의 차변에 기입하여 당기 비용으로 계상하고 동일 금액을 미지급비용계정의 대변에 기입하여 차기로 이월하여야 하며, 이것을 '비용의 발생'이라 한다. 미지급이자, 미지급임차료, 미지급수수료 계정 등이 있다.

차 변	비용계정	×××	대 변	미지급비용	×××

(2) 소모품의 정리

소모품의 당기의 사용액만큼만 당기에 비용처리되어야 하나 구입시 자산으로 처리할 수도 있고 구입시 비용처리할 수도 있다. 결산시에는 자산으로 처리된 경우는 사용액을 비용으로 처리하고, 비용으로 처리된 경우는 미사용액을 자산으로 대체하는 회계처리가 필요하다.

① 자산처리법: (차) 소모품비 (대) 소 모 품 ➜ 사용액 대체분개

• 구입시:	(차) 소 모 품	×××	(대) 현 금	×××
• 결산시:(사용액)	(차) 소모품비	×××	(대) 소 모 품	×××

② 비용처리법: (차) 소모품 (대) 소모품비 ➜ 미사용액 대체분개

• 구입시:	(차) 소모품비	×××	(대) 현 금	×××
• 결산시:(미사용액)	(차) 소 모 품	×××	(대) 소모품비	×××

(3) 현금과부족정리

장부상 현금잔액과 현금의 실제잔액이 일치하지 않을 경우 원인 판명시까지만 사용되는 임시계정을 현금과부족이라고 한다.

① 현금과부족의 정리

'현금과부족' 계정은 일종의 미결산계정이므로 과부족의 원인을 조사하여 원인이 밝혀지면 정확한 계정으로 대체하여야 한다. 따라서 결산시까지도 과부족의 원인이 밝혀지지 않으면 부족액은 현금과부족계정에서 잡손실계정에 대체하고 과잉액은 잡이익계정에 대체하여 정리한다.

• 결산정리:	부족액의 경우	(차) 잡 손 실	×××	(대) 현금과부족	×××
	과잉액의 경우	(차) 현금과부족	×××	(대) 잡 이 익	×××

② 결산일의 현금불일치

결산일에 장부상 현금잔액과 현금실제액이 불일치하는 경우에는 다음과 같이 정리한다.

• 현금부족액:	(차) 잡 손 실	×××	(대) 현 금	×××
• 현금과잉액:	(차) 현 금	×××	(대) 잡 이 익	×××

(4) 유가증권평가(단기매매증권)

결산시 유가증권은 공정가치로 평가하여야 한다.

종 류	장부금액 > 공정가치	장부금액 < 공정가치
단기매매증권	(차) 단기매매증권평가손실 (대) 단기매매증권	(차) 단기매매증권 (대) 단기매매증권평가이익

(5) 가지급금·가수금의 정리

그 성질에 맞는 과목으로 적절하게 정리분개 한다.

차 변			대 변		
	해당계정과목	×××		가지급금	×××
	가수금	×××		해당계정과목	×××

(6) 외화자산·부채의 환산

외화자산, 부채 중 화폐성외화자산, 부채는 재무상태표일 현재의 기준환율로 환산한 금액을 계상 하여야 한다. 이 경우 발생하는 외화환산손실 또는 외화환산이익은 당기손익으로 처리한다.

종 류	장부금액 > 평가액	장부금액 < 평가액
외화자산 (예금등)	(차) 외화환산손실 (대) 외화예금등	(차) 외화예금등 (대) 외화환산이익
외화부채 (차입금등)	(차) 외화차입금등 (대) 외화환산이익	(차) 외화환산손실 (대) 외화차입금등

(7) 인출금의 정리

사업주가 개인적 용도로 기업의 현금이나 상품 등을 인출하는 경우 '인출금'으로 회계처리하고, 기말에 인출금 잔액을 '자본금'으로 처리한다.

- 인출 시: (차) 인 출 금 ××× (대) 현 금 ×××
- 결산 시: (차) 자 본 금 ××× (대) 인 출 금 ×××

(8) 비유동부채의 유동성 대체

결산일 기준으로 1년 이내에 상환될 비유동부채(장기차입금 등)는 유동부채로 대체표시 하여야 한다.

차 변	장기차입금	×××	대 변	유동성장기부채	×××

2 자동결산 내용

(1) 재고자산의 기말재고액 입력

(2) 감가상각비 입력

(3) 퇴직급여전입액 입력

(4) 대손상각비의 입력(대손예상액 > 대손충당금)

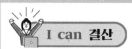

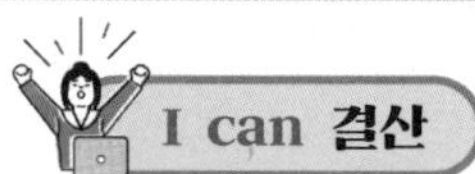

드림패션의 기말정리사항은 다음과 같다. 결산 작업을 완료 하시오.

수동결산

[1] 4월 1일 지급한 영업팀 업무용승용차보험료(2025.4.1. ~ 2026.3.31.)에 대한 기간미경과분(선급분)을 계상하시오.(월할 계산할 것)

[2] 단기대여금에 대한 기간경과분(당기분) 이자 150,000원을 계상하시오.

자동결산

[3] 재고자산 상품의 기말재고액은 38,000,000원이다.

[4] 매출채권(외상매출금, 받을어음)잔액에 대하여 1%의 대손상각비를 계상하시오.(보충법으로 하고, 매출채권 외의 채권은 대손을 설정하지 말 것)

[5] 당기 감가상각비 계상액은 다음과 같다.

건물	차량운반구	비품
2,000,000원	1,500,000원	400,000원

결산 따라하기

수동결산

'회계관리 ➜ 재무회계 ➜ 전표입력 ➜ 일반전표입력' 메뉴에 수동결산분개를 입력한다.

[1] 미경과보험료 '720,000 × 3개월/12개월 = 180,000원'에 대한 전표를 입력한다.

12월 31일	(차) 선급비용 180,000원	(대) 보험료 180,000원

일	번호	구분	계정과목	거래처	적요	차변	대변
31	00001	차변	0133 선급비용			180,000	
31	00001	대변	0821 보험료				180,000

[2] 단기대여금에 대한 '기간경과분 이자 150,000원'에 대한 전표를 입력한다.

12월 31일	(차) 미수수익 150,000원	(대) 이자수익 150,000원

일	번호	구분	계정과목	거래처	적요	차변	대변
31	00002	차변	0116 미수수익			150,000	
31	00002	대변	0901 이자수익				150,000

자동결산

'회계관리 ➜재무회계 ➜ 결산/재무제표 ➜ 결산자료입력' 메뉴의 '기간: 1월~12월'을 입력 한 후 '매출원가 및 경비선택' 화면에서 '확인'을 클릭한다. '결산반영금액' 각 란에 해당 금액 입력 후 ' F3 전표추가 '를 클릭하여 자동결산분개를 생성한다.

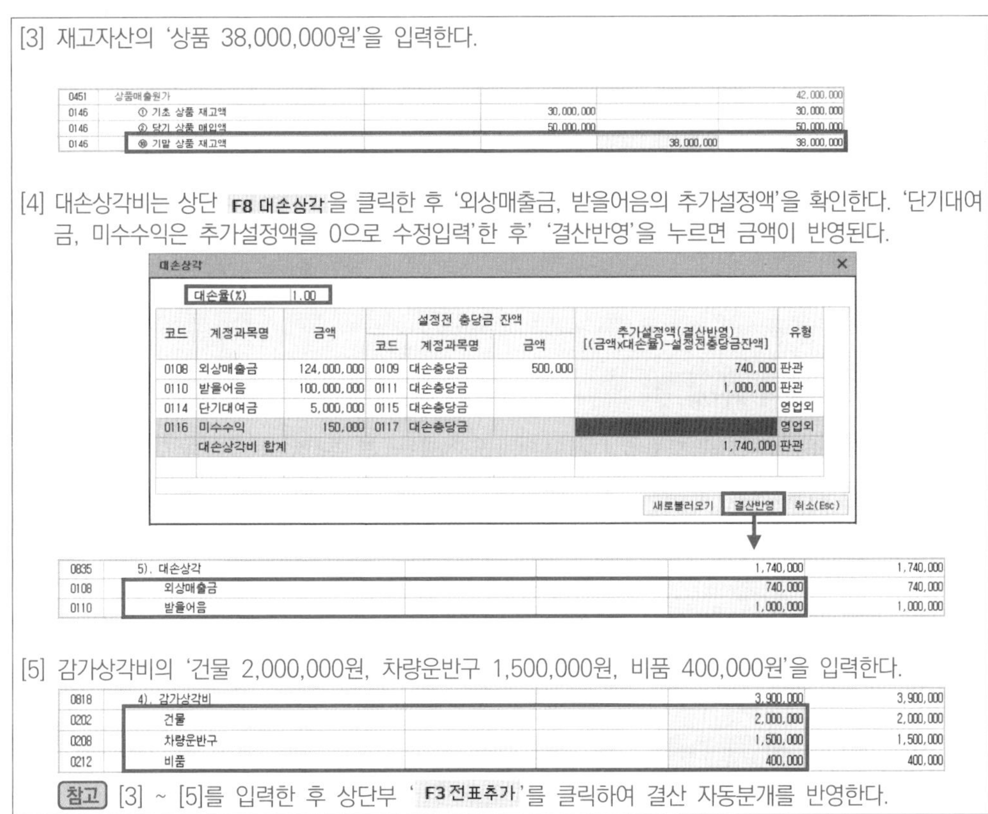

[3] 재고자산의 '상품 38,000,000원'을 입력한다.

0451	상품매출원가				42,000,000
0146	① 기초 상품 재고액		30,000,000		30,000,000
0146	② 당기 상품 매입액		50,000,000		50,000,000
0146	⑩ 기말 상품 재고액			38,000,000	38,000,000

[4] 대손상각비는 상단 F8 대손상각 을 클릭한 후 '외상매출금, 받을어음의 추가설정액'을 확인한다. '단기대여금, 미수수익은 추가설정액을 0으로 수정입력'한 후' '결산반영'을 누르면 금액이 반영된다.

대손상각

대손율(%) 1.00

코드	계정과목명	금액	설정전 충당금 잔액 코드	계정과목명	금액	추가설정액(결산반영) [(금액x대손율)-설정전충당금잔액]	유형
0108	외상매출금	124,000,000	0109	대손충당금	500,000	740,000	판관
0110	받을어음	100,000,000	0111	대손충당금		1,000,000	판관
0114	단기대여금	5,000,000	0115	대손충당금			영업외
0116	미수수익	150,000	0117	대손충당금			영업외
	대손상각비 합계					1,740,000	판관

새로불러오기 결산반영 취소(Esc)

0835	5). 대손상각			1,740,000	1,740,000
0108	외상매출금			740,000	740,000
0110	받을어음			1,000,000	1,000,000

[5] 감가상각비의 '건물 2,000,000원, 차량운반구 1,500,000원, 비품 400,000원'을 입력한다.

0818	4). 감가상각비			3,900,000	3,900,000
0202	건물			2,000,000	2,000,000
0208	차량운반구			1,500,000	1,500,000
0212	비품			400,000	400,000

참고 [3] ~ [5]를 입력한 후 상단부 ' F3 전표추가 '를 클릭하여 결산 자동분개를 반영한다.

자동결산이 반영된 전표

2025 년 12 월 31 일 변경 현금잔액: 15,725,000 대차차액:

일	번호	구분	계정과목	거래처	적요	차변	대변
31	00001	차변	0133 선급비용			180,000	
31	00001	대변	0821 보험료				180,000
31	00002	차변	0116 미수수익			150,000	
31	00002	대변	0901 이자수익				150,000
31	00003	결차	0451 상품매출원가		1 상품매출원가 대체	42,000,000	
31	00003	결대	0146 상품		2 상품 매입 부대비용		42,000,000
31	00004	결차	0818 감가상각비			3,900,000	
31	00004	결대	0203 감가상각누계액				2,000,000
31	00004	결대	0209 감가상각누계액				1,500,000
31	00004	결대	0213 감가상각누계액				400,000
31	00005	결차	0835 대손상각비			1,740,000	
31	00005	결대	0109 대손충당금				740,000
31	00005	결대	0111 대손충당금				1,000,000
31							
			합계			47,970,000	47,970,000

02 재무제표 등 작성

상기업의 일정기간동안 기업의 경영성과를 나타내는 손익계산서, 일정시점의 기업의 재무상태를 나타내는 재무상태표를 작성한다.

1 손익계산서

손익계산서는 일정기간동안 기업의 경영성과를 나타내는 결산보고서이며 상단 툴바의 CF5 전표추가를 클릭하면 수익과 비용계정의 손익대체 분개가 이루어진다. 당기순이익은 재무상태표의 자본금에 반영된다.

드림패션의 손익계산서를 작성하고, 상단 툴바 CF5 전표추가 를 클릭하여 12월 31일 기준으로 손익대체 분개를 수행하시오.

손익계산서 따라하기

'회계관리 ➜ 재무회계 ➜ 결산/재무제표 ➜ 손익계산서'를 12월로 조회하여 작성한다.

기간 2025 년 12 월

관리용 | 제출용 | 표준용

과 목	제 8(당)기 2025년1월1일 ~ 2025년12월31일 금액		제 7(전)기 2024년1월1일 ~ 2024년12월31일 금액	
Ⅰ.매출액		180,000,000		243,500,000
상품매출	180,000,000		243,500,000	
Ⅱ.매출원가		42,000,000		141,000,000
상품매출원가		42,000,000		141,000,000
기초상품재고액	30,000,000		25,000,000	
당기상품매입액	50,000,000		146,000,000	
기말상품재고액	38,000,000		30,000,000	
Ⅲ.매출총이익		138,000,000		102,500,000
Ⅳ.판매비와관리비		14,055,420		43,380,000
급여	6,500,000		18,200,000	
복리후생비	260,420		6,700,000	
여비교통비	350,000		2,300,000	
기업업무추진비	100,000		1,500,000	
통신비	5,000		1,100,000	
세금과공과	160,000		500,000	
감가상각비	3,900,000		9,860,000	
임차료	140,000		2,400,000	
보험료	540,000			
차량유지비	50,000			
도서인쇄비	60,000			
소모품비	250,000		820,000	
대손상각비	1,740,000			
Ⅴ.영업이익		123,944,580		59,120,000
Ⅵ.영업외수익		150,000		
이자수익	150,000			
Ⅶ.영업외비용		470,000		4,120,000
이자비용	260,000		4,120,000	
기부금	200,000			
수수료비용	10,000			
Ⅷ.소득세차감전이익		123,624,580		55,000,000
Ⅸ.소득세등				
Ⅹ.당기순이익		123,624,580		55,000,000

손익대체분개가 반영된 전표

□	일	번호	구분	계 정 과 목	거 래 처	적 요	차 변	대 변
□	31	00009	차변	0401 상품매출		손익계정에 대체	180,000,000	
□	31	00009	차변	0901 이자수익		손익계정에 대체	150,000	
□	31	00009	대변	0400 손익		수익에서 대체		180,150,000
□	31	00010	대변	0451 상품매출원가		손익계정에 대체		42,000,000
□	31	00010	대변	0801 급여		손익계정에 대체		6,500,000
□	31	00010	대변	0811 복리후생비		손익계정에 대체		260,420
□	31	00010	대변	0812 여비교통비		손익계정에 대체		350,000
□	31	00010	대변	0813 기업업무추진비		손익계정에 대체		100,000
□	31	00010	대변	0814 통신비		손익계정에 대체		5,000
□	31	00010	대변	0817 세금과공과		손익계정에 대체		160,000
□	31	00010	대변	0818 감가상각비		손익계정에 대체		3,900,000
□	31	00010	대변	0819 임차료		손익계정에 대체		140,000
□	31	00010	대변	0821 보험료		손익계정에 대체		540,000
□	31	00010	대변	0822 차량유지비		손익계정에 대체		50,000
□	31	00010	대변	0826 도서인쇄비		손익계정에 대체		60,000
□	31	00010	대변	0830 소모품비		손익계정에 대체		250,000
□	31	00010	대변	0835 대손상각비		손익계정에 대체		1,740,000
□	31	00010	대변	0951 이자비용		손익계정에 대체		260,000
□	31	00010	대변	0953 기부금		손익계정에 대체		200,000
□	31	00010	대변	0984 수수료비용		손익계정에 대체		10,000
□	31	00010	차변	0400 손익		비용에서 대체	56,525,420	
□	31	00011	차변	0400 손익		당기순손익 자본금에 대:	123,624,580	
□	31	00011	대변	0331 자본금		당기순손익 자본금에 대:		123,624,580
□	31							
				합 계			408,270,000	408,270,000

2 재무상태표

재무상태표는 일정시점의 기업의 재무상태를 나타내는 보고서이다.

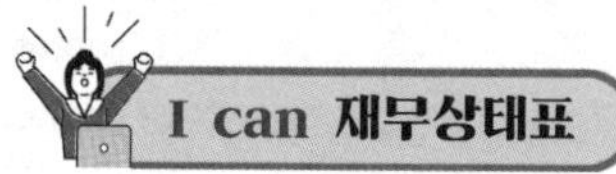

드림패션의 재무상태표를 작성하시오.

재무상태표 따라하기

'회계관리 ➜ 재무회계 ➜ 결산/재무제표 ➜ 재무상태표'를 12월로 조회하여 작성한다.

기간 2025 년 12 월

관리용 | 제출용 | 표준용

과 목	제 8(당)기 2025년1월1일 ~ 2025년12월31일		제 7(전)기 2024년1월1일 ~ 2024년12월31일	
	금액		금액	
자산				
Ⅰ.유동자산		325,194,580		155,000,000
① 당좌자산		287,194,580		125,000,000
현금		15,725,000		15,000,000
당좌예금		25,000,000		
보통예금		13,979,580		35,500,000
단기매매증권		5,400,000		5,000,000
외상매출금	124,000,000		50,000,000	
대손충당금	1,240,000	122,760,000	500,000	49,500,000
받을어음	100,000,000		20,000,000	
대손충당금	1,000,000	99,000,000		20,000,000
단기대여금		5,000,000		
미수수익		150,000		
선급비용		180,000		
② 재고자산		38,000,000		30,000,000
상품		38,000,000		30,000,000
Ⅱ.비유동자산		204,570,000		166,000,000
① 투자자산				
② 유형자산		204,570,000		166,000,000
건물	160,000,000		160,000,000	
감가상각누계액	32,000,000	128,000,000	30,000,000	130,000,000
차량운반구	62,470,000		20,000,000	
감가상각누계액	1,500,000	60,970,000		20,000,000
비품	18,400,000		18,400,000	
감가상각누계액	2,800,000	15,600,000	2,400,000	16,000,000
③ 무형자산				
④ 기타비유동자산				
자산총계		529,764,580		321,000,000
부채				
Ⅰ.유동부채		129,140,000		44,000,000
외상매입금		76,000,000		38,000,000
지급어음		9,000,000		
미지급금		44,140,000		6,000,000
Ⅱ.비유동부채		20,000,000		20,000,000
장기차입금		20,000,000		20,000,000
부채총계		149,140,000		64,000,000
자본				
Ⅰ.자본금		380,624,580		257,000,000
자본금		380,624,580		257,000,000
(당기순이익)				
당기: 123,624,580				
전기: 55,000,000				
자본총계		380,624,580		257,000,000
부채와자본총계		529,764,580		321,000,000

4. 장부조회

장부는 기업의 경영활동에서 발생하는 모든 거래를 기록·계산·정리하기 위하여 작성하며 주요부와 보조부로 구분된다. 분개장과 총계정원장은 주요부이고 그 외의 장부는 보조부에 해당한다.

01 거래처원장

기업의 영업활동 중 거래처별 관리가 필요한 채권·채무 거래가 발생한 경우 거래처별로 장부 관리가 필요한데 이러한 장부를 거래처원장이라 한다. 전표 입력 시 거래처별 관리가 필요한 계정과목에 거래처코드를 입력하면 거래처원장에서 조회가 된다.

I can 거래처원장

드림패션의 당기말 미지급금 잔액이 가장 많은 거래처는 어디인가?

[거래처원장] ➜ [잔액 탭] 기간(1월 ~ 12월), 계정과목(253.미지급금) 입력 후 모든거래처 조회

01005.㈜유전기차

잔 액 | 내 용 | 총괄잔액 | 총괄내용

기 간 2025 년 1 월 1 일 ~ 2025 년 12 월 31 일 계정과목 0253 미지급금 [잔액 0 포함] [미등록 포함]

거래처분류 ~ 거 래 처 00101 코코패션 ~ 99602 국민카드(법인)

코드	거 래 처	등록번호	대표자명	전기이월	차 변	대 변	잔 액	(담당)부서/사원
01004	LG전자(주)	109-81-12345	유민준	6,000,000	3,000,000		3,000,000	
01005	(주)유전기차	235-81-32145	박영진			41,000,000	41,000,000	
01006	오피스(주)	106-81-19636	추종호			140,000	140,000	
99602	국민카드(법인)	9409-1510-7223-1052				300,000	300,000	

02 계정별원장

각 계정과목별 거래내역을 자세히 기록한 장부로서 주요부인 총계정원장의 보조부이다. 현금은 현금출납장에서 조회가 되므로 현금을 제외한 계정에 대해 조회가 가능하다.

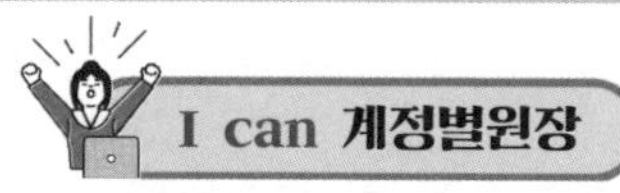

드림패션의 5월말 보통예금 잔액은 얼마인가?

[계정별원장] ➜ [계정별 탭] 기간(1월 1일 ~ 5월 31일), 계정과목(103.보통예금) 입력 후 보통예금 잔액 조회 13,979,580원

계정별 | 부서별 | 사원별 | 현장별 | 전 체

기 간 2025 년 1 월 1 일 ~ 2025 년 5 월 31 일

계정과목 0103 보통예금 ~ 0103 보통예금

□	코드	계 정 과 목
□	0103	보통예금

일자	적 요	코드	거 래 처	차 변	대 변	잔 액	번호
	[전 기 이 월]			35,500,000		35,500,000	
01-07					2,000,000	33,500,000	00001
	[월 계]				2,000,000		
	[누 계]			35,500,000	2,000,000		
02-20					60,000	33,440,000	00001
	[월 계]				60,000		
	[누 계]			35,500,000	2,060,000		
03-05					6,000,000	27,440,000	00001
03-08					5,000,000	22,440,000	00001
03-12					410,000	22,030,000	00001
03-30			이우주		300,000	21,730,000	00001
	[월 계]				11,710,000		
	[누 계]			35,500,000	13,770,000		
04-01					720,000	21,010,000	00001
04-30					6,047,860	14,962,140	00001
	[월 계]				6,767,860		
	[누 계]			35,500,000	20,537,860		
05-10					221,720	14,740,420	00001
05-10					460,840	14,279,580	00002
05-30					300,000	13,979,580	00001
	[월 계]				982,560		
	[누 계]			35,500,000	21,520,420		

03 현금출납장

기업의 영업활동 중 발생한 현금의 수입과 지출 내용을 상세히 기록한 보조장부이다.

드림패션의 1월 현금 입금액은 얼마인가?

[현금출납장] ➜ [전체 탭] 기간(1월 1일 ~ 1월 31일) 입력 후 1월의 현금 입금총액 확인

6,000,000원

전체 | 부서별 | 사원별 | 현장별 | 프로젝트별

기 간 2025 년 1 월 1 일 ~ 2025 년 1 월 31 일

일자	코드	적 요	코드	거 래 처	입 금	출 금	잔 액
		[전 기 이 월]			15,000,000		15,000,000
01-02						30,000	14,970,000
01-03			01004	LG전자(주)		3,000,000	11,970,000
01-04			01002	데일리룩	5,000,000		16,970,000
01-05			01001	비비안	1,000,000		17,970,000
		[월 계]			6,000,000	3,030,000	
		[누 계]			21,000,000	3,030,000	

04 일계표(월계표)

하루 동안 일어난 거래에 대해 분개한 내용을 계정과목별로 집계한 표가 일계표이며 일계표를 월단위로 집계한 표가 월계표이다.

① 매일 확인하는 현금시재와 차변의 금일잔고가 일치해야 한다.

② 차변 현금 란에 표시된 금액은 현금지출이며 대변 현금 란에 표시된 금액은 현금수입이다.

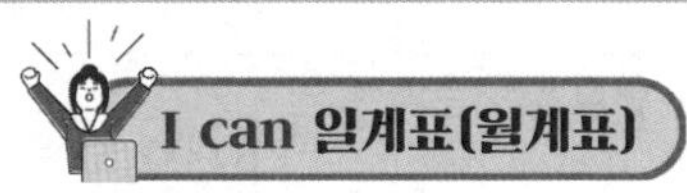

드림패션의 2월 한달 동안 판매비및일반관리비의 현금지출액은 얼마인가?

[일계표(월계표)] ➜ [월계표 탭] 조회기간(2월 ~ 2월) 입력 후 판매비및일반관리비의 차변 현금 확인

265,000원

일계표 | 월계표

조회기간 2025 년 02 월 ~ 2025 년 02 월

차변			계정과목	대변		
계	대체	현금		현금	대체	계
			1.유 동 자 산		60,000	60,000
			<당 좌 자 산>		60,000	60,000
			보 통 예 금		60,000	60,000
325,000	60,000	265,000	2.판 매 비및일반관리비			
100,000		100,000	기 업 업 무 추 진 비			
5,000		5,000	통 신 비			
160,000		160,000	세 금 과 공 과			
60,000	60,000		도 서 인 쇄 비			
200,000		200,000	3.영 업 외 비 용			
200,000		200,000	기 부 금			
525,000	60,000	465,000	금월소계		60,000	60,000
17,505,000		17,505,000	금월잔고/전월잔고	17,970,000		17,970,000
18,030,000	60,000	17,970,000	합계	17,970,000	60,000	18,030,000

05 분개장

기업의 영업활동 중 거래가 발생하면 분개를 하여 기록하는 장부를 분개장이라 한다.

06 총계정원장

기업의 영업활동 중 발생한 거래를 분개한 후 분개된 내용이 계정과목별로 월별/일별 집계되어 기록되는 주요장부이다.

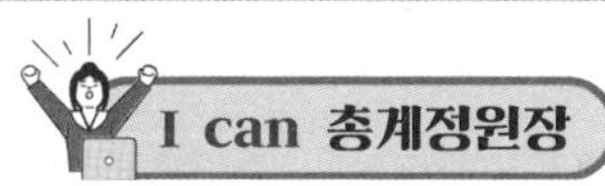

상반기(1월 ~ 6월) 중 드림패션의 보통예금 출금이 가장 많았던 월은 언제인가?

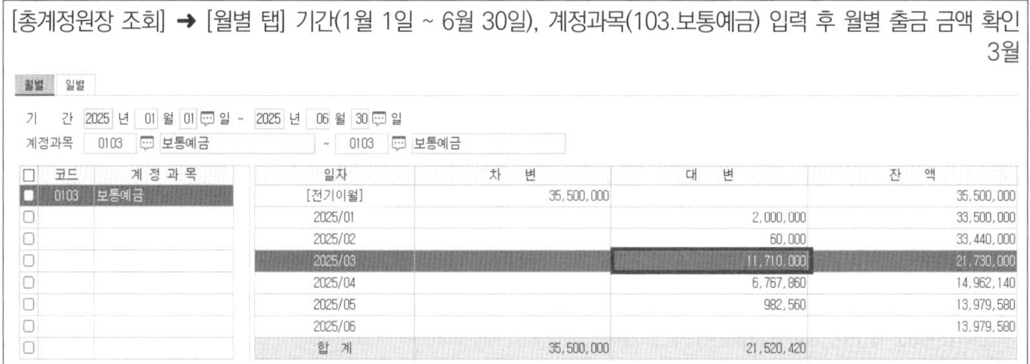

[총계정원장 조회] ➜ [월별 탭] 기간(1월 1일 ~ 6월 30일), 계정과목(103.보통예금) 입력 후 월별 출금 금액 확인

3월

월별 | 일별

기 간 2025 년 01 월 01 일 ~ 2025 년 06 월 30 일
계정과목 0103 보통예금 ~ 0103 보통예금

코드	계정과목
0103	보통예금

일자	차 변	대 변	잔 액
[전기이월]	35,500,000		35,500,000
2025/01		2,000,000	33,500,000
2025/02		60,000	33,440,000
2025/03		11,710,000	21,730,000
2025/04		6,767,860	14,962,140
2025/05		982,560	13,979,580
2025/06			13,979,580
합 계	35,500,000	21,520,420	

07 결산/재무제표

드림패션의 12월말 현재 단기매매증권 잔액은 얼마인가?

[합계잔액시산표] ➜ [관리용 탭] 기간(12월 31일) 입력 후 단기매매증권 잔액 확인

5,400,000원

기간 2025 년 12 월 31 일

관리용 | 제출용 | 표준용

차 변		계정과목	대 변	
잔액	합계		합계	잔액
327,434,580	423,530,000	1.유 동 자 산	98,335,420	2,240,000
289,434,580	343,530,000	<당 좌 자 산>	56,335,420	2,240,000
15,725,000	21,000,000	현 금	5,275,000	
25,000,000	26,000,000	당 좌 예 금	1,000,000	
13,979,580	35,500,000	보 통 예 금	21,520,420	
5,400,000	5,400,000	단 기 매 매 증 권		
124,000,000	129,000,000	외 상 매 출 금	5,000,000	
		대 손 충 당 금	1,240,000	1,240,000
100,000,000	120,000,000	받 을 어 음	20,000,000	
		대 손 충 당 금	1,000,000	1,000,000

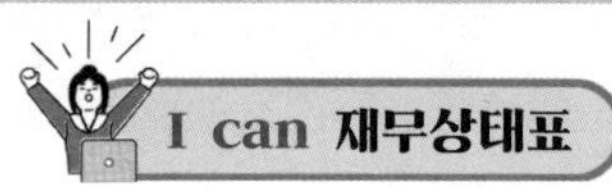

드림패션의 12월 31일 현재 현금및현금성자산의 잔액은 얼마인가?

[재무상태표] ➜ [제출용 탭] 기간(12월) 입력 후 현금및현금성자산 금액 확인

54,704,580원

기간 2025 년 12 월

관리용 | 제출용 | 표준용

과 목	제 8(당)기 2025년1월1일 ~ 2025년12월31일 금액		제 7(전)기 2024년1월1일 ~ 2024년12월31일 금액	
자산				
Ⅰ.유동자산		325,194,580		155,000,000
① 당좌자산		287,194,580		125,000,000
현금및현금성자산	54,704,580		50,500,000	
단기투자자산	10,400,000		5,000,000	
매출채권	224,000,000		70,000,000	
대손충당금	(2,240,000)		(500,000)	
미수수익	150,000			
선급비용	180,000			

드림패션의 당기(8기) 영업이익은 얼마인가?

[손익계산서] ➜ [관리용 탭] 기간(12월) 입력 후 영업이익 확인

123,944,580원

기간 2025 년 12 월

관리용 | 제출용 | 표준용

과 목	제 8(당)기 2025년1월1일 ~ 2025년12월31일 금액		제 7(전)기 2024년1월1일 ~ 2024년12월31일 금액	
Ⅰ.매출액		180,000,000		243,500,000
상품매출	180,000,000		243,500,000	
Ⅱ.매출원가		42,000,000		141,000,000
상품매출원가		42,000,000		141,000,000
기초상품재고액	30,000,000		25,000,000	
당기상품매입액	50,000,000		146,000,000	
기말상품재고액	38,000,000		30,000,000	
Ⅲ.매출총이익		138,000,000		102,500,000
Ⅳ.판매비와관리비		14,055,420		43,380,000
급여	6,500,000		18,200,000	
복리후생비	260,420		6,700,000	
여비교통비	350,000		2,300,000	
기업업무추진비	100,000		1,500,000	
통신비	5,000		1,100,000	
세금과공과	160,000		500,000	
감가상각비	3,900,000		9,860,000	
임차료	140,000		2,400,000	
보험료	540,000			
차량유지비	50,000			
도서인쇄비	60,000			
소모품비	250,000		820,000	
대손상각비	1,740,000			
Ⅴ.영업이익		123,944,580		59,120,000
Ⅵ.영업외수익		150,000		

I can 한마디

- 결산자료 입력문제는 수동결산 자료를 먼저 입력하고, 자동결산 자료를 [결산자료입력]메뉴에 입력하며, 자격시험에 자동결산 자료가 없는 경우는 수동결산 작업까지만 진행하면 된다.
- 자격시험에서 결산자료 입력 후, 문제상에 별도의 지시사항이 없다면 결산재무제표 작성을 하지 않아도 된다.
- 자격시험에 출제되는 전표의 수정 및 다양한 장부조회의 유형은 뒤편 유형별 연습문제와 기출문제에서 추가 학습 하여야 한다.

I Can!

전산회계 2급

3부 실무문제 유형별 연습

I Can!
전산회계 2급

구분	실무 문제	문항	점수	총점
문제1	기초정보관리	3문항	6점	18점
문제2	일반전표입력	8문항	3점	24점
문제3	오류수정	2문항	3점	6점
문제4	결산수정분개입력	4문항	3점	12점
문제5	장부조회	3문항	3점,4점	10점
실무 합계		-	-	70점

교재 백데이터 다운받고 설치하기

(1) '삼일아이닷컴 홈페이지(https://www.samili.com)'에 접속하여, 상단부 [제품몰]을 클릭한다.
(2) 왼쪽 메뉴 중 [전산세무회계수험서 자료실]을 클릭하여 [전산회계 2급 백데이터]를 다운받는다.
(3) 다운로드한 백데이터를 더블클릭하여 실행한다.
(4) 백데이터 설치가 완료되면 프로그램이 자동으로 실행된다.
(5) [전산회계 2급]을 선택한 후 하단 F2(회사코드도움)를 클릭한다.
(6) 문제를 풀고자 하는 회사를 선택하여 로그인 을 클릭한다.

1. 기초정보관리

01 기초정보관리

재무회계

전표입력	기초정보관리	장부관리	결산/재무제표
일반전표입력	회사등록	거래처원장	결산자료입력
	거래처등록	거래처별계정과목별원장	합계잔액시산표
	계정과목및적요등록	계정별원장	재무상태표
	환경등록	현금출납장	손익계산서
		일계표(월계표)	
		분개장	
		총계정원장	
		매입매출장	
		세금계산서(계산서)현황	
		전표출력	

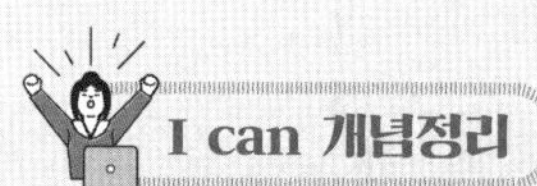

기초정보관리 항목은 회사의 기본적인 정보를 입력하고 관리하는 메뉴들로 구성되어 있으며, [회사등록], [거래처등록], [계정과목및적요등록], [회사등록] 메뉴에 신규등록 하거나 입력자료를 수정하는 문제가 출제된다.

1 회사 등록

I can 출제유형

※ 회사코드 0411 아이캔01 회사로 로그인 ※

아이캔 01은 컴퓨터부품을 판매하는 개인기업이다. 사업자등록증을 참고하여 회사등록 사항을 수정하시오.

사 업 자 등 록 증
(일반과세자)
등록번호: 101-23-33346

상 호 명: 아이캔01
대 표 자 명: 박상준
개 업 년 월 일: 2010년 1월 5일
사 업 장 소 재 지: 서울특별시 중구 남대문로 2
(남대문로 4가)

사 업 의 종 류: 업태 도소매 종목 컴퓨터부품
발 급 사 유: 정정

사업자단위과세 적용사업자여부: 여( ) 부(∨)
전자세금계산서 전용 메일 주 소: samili@naver.com

2023년 6월 30일
남 대 문 세 무 서 장 (인)

출제유형 답안

[회계관리] - [재무회계] - [기초정보관리] - [회사등록] 메뉴에서 회사정보 수정

- 업태: 제조 ➜ 도소매
- 종목: 문구 ➜ 컴퓨터부품
- 사업장관할세무서: 101.종로 ➜ 104.남대문

참고 사업자등록번호, 대표자명, 개업년월일, 사업장소재지, 업태, 종목, 관할세무서등의 수정에 대한 내용이 주로 출제된다.

2 거래처 등록

※ 회사코드 0411 아이캔 01 회사로 로그인 ※

1. 아이캔 01의 신규거래처 정보이다. 매출거래처를 추가등록 하시오.

코드	상호	사업자등록번호	대표자	업태	종목	사업장소재지
0150	㈜한국전자	133-81-26269	김재원	제조, 도매	전자부품	서울 서초구 서초대로 101

✓ 거래처유형은 '매출'로 선택하고, 주소입력시 우편번호는 생략하는 방법으로 입력한다.

2. 아이캔 01의 거래처인 대명상사(코드: 00131)의 사업장주소가 변경되었다는 통보를 받았다. 아래 내용을 확인하고 거래처 정보를 수정하시오.(단, 우편번호를 검색하는 방법으로 입력할 것)

• 주소: 서울특별시 강남구 삼성로 38(개포동, 개포빌딩)

3. 아이캔 01은 신규로 통장을 개설하였다. 다음 내용을 거래처등록 메뉴에 등록하시오.

• 코드: 98990
• 계좌번호: 356-0535-6193-83
• 거래처명: 행복은행
• 유형: 보통예금

4. 아이캔 01의 회사가 업무용으로 사용할 법인신용카드를 신규로 발급받았다. 다음의 내용을 참고하여 거래처등록메뉴에 등록하시오.

• 코드: 99802
• 카드번호: 9409-1510-7223-1052
• 유형: 매입
• 거래처명: 행복카드
• 카드종류(매입): 사업용카드

출제유형 답안

[회계관리] - [재무회계] - [기초정보관리] - [거래처등록] 메뉴에서 거래처정보 수정

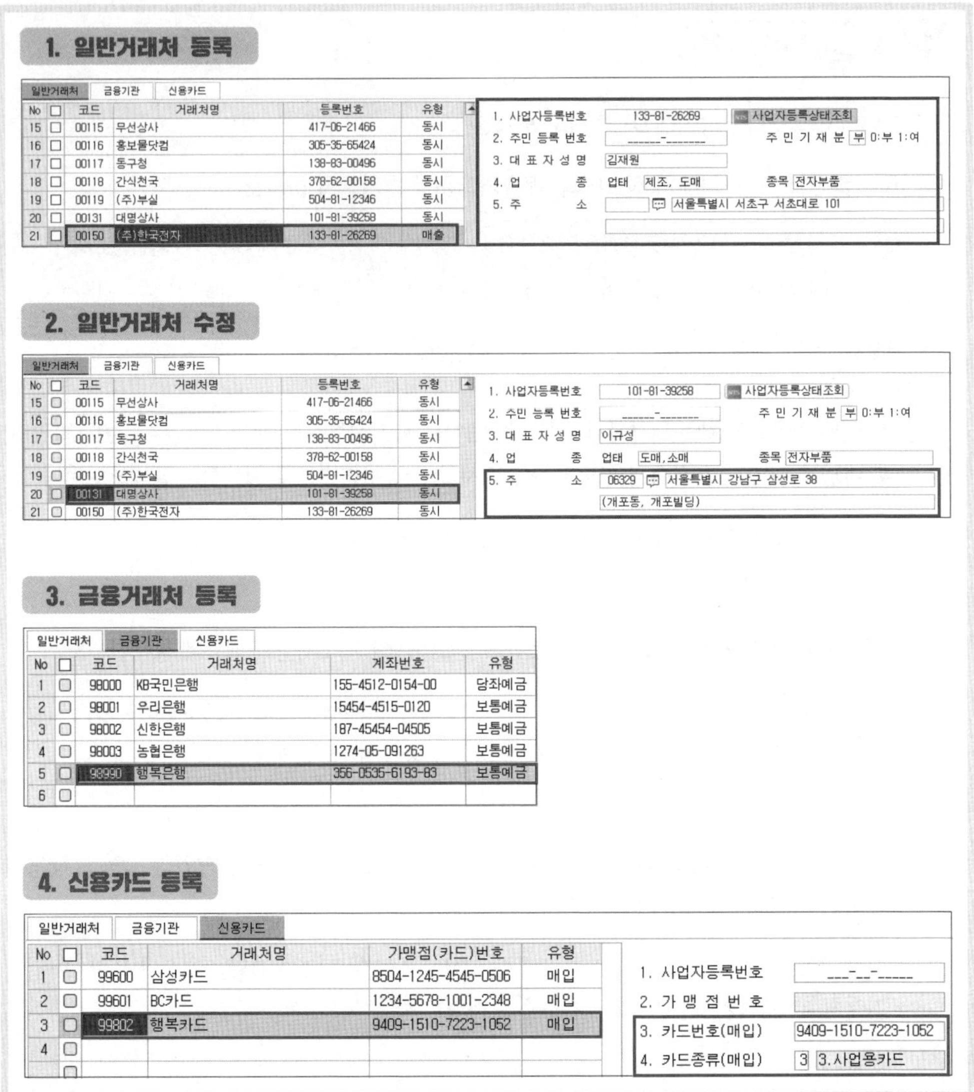

1. 일반거래처 등록

일반거래처 | 금융기관 | 신용카드

No	□	코드	거래처명	등록번호	유형
15	□	00115	무선상사	417-06-21466	동시
16	□	00116	홍보물닷컴	305-35-65424	동시
17	□	00117	동구청	138-83-00496	동시
18	□	00118	간식천국	378-62-00158	동시
19	□	00119	(주)부실	504-81-12346	동시
20	□	00131	대명상사	101-81-39258	동시
21	□	00150	(주)한국전자	133-81-26269	매출

1. 사업자등록번호 133-81-26269 사업자등록상태조회
2. 주민 등록 번호 ______-_______ 주 민 기 재 분 부 0:부 1:여
3. 대 표 자 성 명 김재원
4. 업 종 업태 제조, 도매 종목 전자부품
5. 주 소 서울특별시 서초구 서초대로 101

2. 일반거래처 수정

일반거래처 | 금융기관 | 신용카드

No	□	코드	거래처명	등록번호	유형
15	□	00115	무선상사	417-06-21466	동시
16	□	00116	홍보물닷컴	305-35-65424	동시
17	□	00117	동구청	138-83-00496	동시
18	□	00118	간식천국	378-62-00158	동시
19	□	00119	(주)부실	504-81-12346	동시
20	□	00131	대명상사	101-81-39258	동시
21	□	00150	(주)한국전자	133-81-26269	동시

1. 사업자등록번호 101-81-39258 사업자등록상태조회
2. 주민 등록 번호 ______-_______ 주 민 기 재 분 부 0:부 1:여
3. 대 표 자 성 명 이규성
4. 업 종 업태 도매,소매 종목 전자부품
5. 주 소 06329 서울특별시 강남구 삼성로 38 (개포동, 개포빌딩)

3. 금융거래처 등록

일반거래처 | 금융기관 | 신용카드

No	□	코드	거래처명	계좌번호	유형
1	□	98000	KB국민은행	155-4512-0154-00	당좌예금
2	□	98001	우리은행	15454-4515-0120	보통예금
3	□	98002	신한은행	187-45454-04505	보통예금
4	□	98003	농협은행	1274-05-091263	보통예금
5	□	98990	행복은행	356-0535-6193-83	보통예금
6	□				

4. 신용카드 등록

일반거래처 | 금융기관 | 신용카드

No	□	코드	거래처명	가맹점(카드)번호	유형
1	□	99600	삼성카드	8504-1245-4545-0506	매입
2	□	99601	BC카드	1234-5678-1001-2348	매입
3	□	99802	행복카드	9409-1510-7223-1052	매입
4	□				

1. 사업자등록번호 ___-__-_____
2. 가 맹 점 번 호
3. 카드번호(매입) 9409-1510-7223-1052
4. 카드종류(매입) 3 3.사업용카드

참고 거래처등록시 [일반거래처], [금융기관], [신용카드]의 유형 구분에 유의하여야 하며, 문제에 제시된 자료만 입력하면 된다.

3 계정과목및적요등록

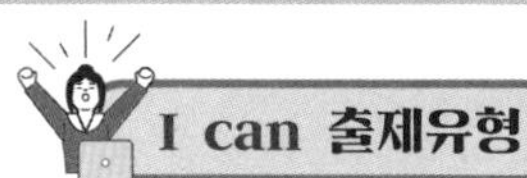

I can 출제유형

※ 회사코드 0411 아이캔 01 회사로 로그인 ※

1. 아이캔 01의 판매비와관리비 항목으로 '차량운용리스료' 계정과목을 추가 하려고 한다. 해당 항목에 아래의 내용을 추가 등록하시오.

• 코드: 860	• 계정과목: 차량운용리스료	• 구분(성격): 3.경비
• 현금적요 1번: 영업용차량의 운용리스료 현금 지급		
• 대체적요 1번: 영업용차량의 운용리스료 카드 지급		

2. 아이캔 01의 138.전도금 계정을 138.소액현금 계정으로 수정하여 사용하려고 한다.

출제유형 답안

[회계관리] - [재무회계] - [기초정보관리] - [계정과목및적요등록] 메뉴에서 관련내용 수정

1. 계정과목 등록

코드	계정과목	성격	관계
0860	차량운용리스료	3.경비	
0861	사용자설정계정과목		
0862	사용자설정계정과목		
0863	사용자설정계정과목		
0864	사용자설정계정과목		
0865	사용자설정계정과목		
0866	사용자설정계정과목		
0867	사용자설정계정과목		
0868	사용자설정계정과목		
0869	사용자설정계정과목		
0870	사용자설정계정과목		
0871	사용자설정계정과목		
[illegible]	사용자설정계정과목		
0879	사용자설정계정과목		
0880	사용자설정계정과목		
0881	사용자설정계정과목		

계정코드(명)	0860 차량운용리스료
성격	3.경비
관계코드(명)	
영문명	User setup accounts
과목코드	0860 차량운용리스료
계정사용여부	1 (1:여/2:부)
계정수정구분	계정과목명, 성격 입력/수정 가능
표준재무제표	58 ①
외화	0.부
업무용차 여부	2 (1:여/2:부)

적요NO	현금적요
1	영업용차량의 운용리스료 현금 지급

적요NO	대체적요
1	영업용차량의 운용리스료 카드 지급

2. 계정과목 수정

코드	계정과목	성격	관계
0135	부가세대급금	3.일반	
0136	선납세금	3.일반	
0137	임직원등단기채권	3.일반	
0138	소액현금	3.일반	
0139	선급공사비	3.일반	

계정코드(명)	0138 소액현금
성격	3.일반
관계코드(명)	
영문명	Advanced money
과목코드	0138 전도금
계정사용여부	1 (1:여/2:부)

참고 붉은색 계정을 수정할 경우 Ctrl+F2을 누른 후 계정과목을 수정하여야 한다.

계정과목및적요등록 메뉴에서 계정과목의 검색방법은 다음과 같다.

- Ctrl+F 메뉴를 이용한 검색
- 좌측의 계정체계에서 분류항목을 선택하고 해당 계정과목을 검색
- 당좌자산 왼쪽의 빈칸에 계정과목의 코드번호를 직접 입력하여 검색

계정체계		코드/계정과목	성격	관계
		당좌자산		
당좌자산 : 0101-0145	0101	현금	3.일반	
재고자산 : 0146-0175	0102	당좌예금	1.예금	
투자자산 : 0176-0194	0103	보통예금	1.예금	
유형자산 : 0195-0217	0104	제예금	1.예금	
무형자산 : 0218-0230	0105	정기예금	1.예금	
기타비유동자산 : 0231-0250	0106	정기적금	2.적금	
유동부채 : 0251-0290	0107	단기매매증권	5.유가증권	

계정코드(명) 당좌자산
성격 외화 0.부
관계코드(명)
영문명
과목코드
계정사용여부 (1:여/2:부) 업무용차 여부 2
계정수정구분
표준재무제표

02 전기분재무제표

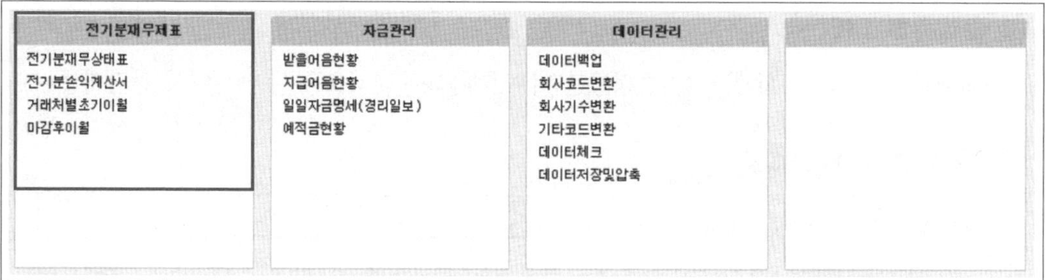

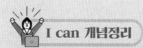

전기분재무제표 항목은 거래처별초기이월, 전기분재무상태표, 전기분손익계산서와 관련된 문제가 출제되고 있으며, 마감후이월 메뉴는 출제대상이 아니다.

1 거래처별초기이월

※ 회사코드 0411 아이캔 01 회사로 로그인 ※

아이캔 01의 거래처별초기이월 중 다음 사항을 검토하여 수정 또는 추가 입력하시오.

계정과목	거 래 처	금액(원)	합계(원)
외상매출금	믿음상사	20,000,000	35,000,000
	우진상사	10,000,000	
	㈜형제	5,000,000	
외상매입금	중소상사	12,000,000	28,000,000
	숭실상회	10,000,000	
	국보상사	6,000,000	

출제유형 답안

[회계관리] - [재무회계] - [전기분재무제표] - [거래처별초기이월] 메뉴에서 관련내용 수정

1. 외상매출금 수정

코드	계정과목	재무상태표금액
0102	당좌예금	3,000,000
0103	보통예금	10,500,000
0108	외상매출금	35,000,000

코드	거래처	금액
00112	믿음상사	20,000,000
00114	우진상사	10,000,000
00207	(주)형제	5,000,000

2. 외상매입금 수정

코드	계정과목	재무상태표금액
0102	당좌예금	3,000,000
0103	보통예금	10,500,000
0108	외상매출금	35,000,000
0110	받을어음	9,000,000
0120	미수금	4,500,000
0251	외상매입금	28,000,000
0252	지급어음	15,000,000

코드	거래처	금액
00209	중소상사	12,000,000
00214	숭실상회	10,000,000
00219	국보상사	6,000,000

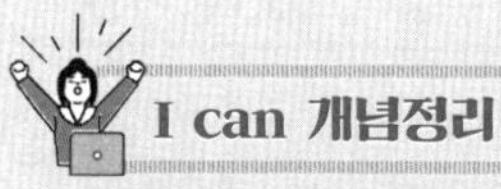

거래처별초기이월 메뉴에서 해당 항목의 거래처별 금액 작성시

- [F4.불러오기] 메뉴를 통해 재무상태표의 자료를 불러올 수 있다.
- 계정과목 선택 후 우측 거래처의 코드란에서 F2(조회)를 통해 해당 거래처를 검색한다.
- 거래처별 내용의 입력순서는 무관하며, 불필요하게 입력된 내용은 F5(삭제)를 통해 삭제할 수 있다.
- 거래처별초기이월 자료 입력 후 '차액' 란의 금액은 반드시 '0원'이어야 한다.

2 전기분 재무상태표 수정

※ 회사코드 0411 아이캔 01 회사로 로그인 ※

1. 다음은 아이캔 01의 전기분재무상태표이다. 입력되어 있는 자료를 검토하여 오류부분은 정정하고 누락된 부분은 추가 입력하시오.

재 무 상 태 표

제14기 2024.12.31. 현재.

회사명: 아이캔 01 (단위: 원)

과 목	금 액		과 목	금 액	
현 금		50,000,000	외 상 매 입 금		28,000,000
보 통 예 금		30,000,000	지 급 어 음		20,000,000
정 기 예 금		20,000,000	선 수 금		20,000,000
외 상 매 출 금	35,000,000		단 기 차 입 금		40,000,000
대 손 충 당 금	350,000	34,650,000	자 본 금		214,350,000
받 을 어 음	30,000,000		(당기순이익 : 15,000,000)		
대 손 충 당 금	300,000	29,700,000			
단 기 대 여 금		10,000,000			
미 수 금		20,000,000			
상 품		80,000,000			
차 량 운 반 구	52,000,000				
감가상각누계액	23,000,000	29,000,000			
비 품	20,000,000				
감가상각누계액	1,000,000	19,000,000			
자 산 총 계		322,350,000	부채와 자본총계		322,350,000

출제유형 답안

[회계관리] - [재무회계] - [전기분재무제표] 메뉴에서 전기분재무상태표 관련내용 수정

전기분재무상태표 수정

1. 단기대여금: 1,000,000원을 10,000,000원 으로 수정
2. 감가상각누계액(비품): 10,000,000원을 1,000,000원 으로 수정
3. 단기차입금: 40,000,000원 추가입력 후 대차차액 0원 확인

3 전기분 손익계산서 수정

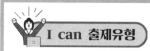

※ 회사코드 0412 아이캔 02 회사로 로그인 ※

1. 다음은 아이캔 02의 전기분 손익계산서이다. 입력되어 있는 자료를 검토하여 오류부분은 정정하고 누락된 부분은 추가 입력하시오.

손 익 계 산 서

제14기 2024.1.1. ~ 2024.12.31.

회사명: 아이캔 02 (단위: 원)

과 목	금 액	과 목	금 액
Ⅰ **매 출 액**	200,000,000	Ⅴ **영 업 이 익**	14,350,000
상 품 매 출	200,000,000	Ⅵ **영 업 외 수 익**	3,550,000
Ⅱ **매 출 원 가**	160,000,000	이 자 수 익	1,100,000
상 품 매 출 원 가	160,000,000	임 대 료	2,450,000
기 초 상 품 재 고 액	11,000,000	Ⅶ **영 업 외 비 용**	1,100,000
당 기 상 품 매 입 액	170,000,000	이 자 비 용	1,100,000
기 말 상 품 재 고 액	21,000,000	Ⅷ **소득세차감전순이익**	
Ⅲ **매 출 총 이 익**	40,000,000	Ⅸ **소 득 세 등**	0
Ⅳ **판매비와관리비**	25,650,000	Ⅹ **당 기 순 이 익**	16,800,000
급 여	13,200,000		
복 리 후 생 비	1,500,000		
여 비 교 통 비	3,240,000		
차 량 유 지 비	2,200,000		
소 모 품 비	3,130,000		
광 고 선 전 비	2,380,000		

참고 회사코드를 변경하고자 하는 경우 프로그램을 종료 후 다른 회사코드로 다시 로그인 하거나, 메인메뉴 우측의 회사 메뉴를 통해서 변경 가능하다.

출제유형 답안

전기분재무상태표 수정

1. 상품 20,000,000원을 21,000,000원으로 수정하여 전기분손익계산서의 기말상품재고액에 반영 (전기분 재무상태표 수정 후 대차차액 0원 확인)

전기분손익계산서 수정

1. 상품매출원가를 선택하여 재무상태표에서 수정한 기말상품재고액 확인
2. 여비교통비 2,240,000원을 3,240,000원으로 수정
3. 광고선전비 2,380,000원을 추가 입력

2. 일반전표 입력

※ 회사코드 0413 아이캔 03 회사로 로그인 ※

아이캔 03은 문구를 도소매하는 개인기업이다. 다음의 거래자료를 [일반전표입력] 메뉴를 이용하여 입력하시오.(단, 모든 거래는 부가가치세를 고려하지 않는다.)

[입력 시 유의사항]

- 적요의 입력은 생략한다.
- 부가가치세는 고려하지 않는다.
- 채무와 관련된 거래는 별도의 요구가 없는 한 반드시 기 등록된 거래처코드를 선택하는 방법으로 거래처명을 입력한다.

채권	외상매출금, 받을어음, 미수금, 선급금, 장&단기대여금, 가지급금, 임차보증금 등
채무	외상매입금, 지급어음, 미지급금, 선수금, 장&단기차입금, 유동성장기부채, 임대보증금 등

참고 예금 및 적금, 가수금 계정의 경우 시험문제에 별도의 표기가 있을 경우 반드시 입력해야 한다.

- 회계처리 시 계정과목은 별도제시가 없는 한 등록되어 있는 계정과목 중 가장 적절한 과목으로 한다.

1 현금및현금성자산, 단기투자자산

[1] 1월 26일 국민은행 보통예금계좌에서 현금 2,000,000원을 인출하였다.

[2] 1월 27일 우리은행과 당좌거래계약을 체결하고 현금 1,000,000원을 당좌예입 하였다.

[3] 1월 28일 상품 5,000,000원을 국보상사에서 매입하고 대금은 자기앞수표(국민은행 발행)로 지급하였다.

[4] 1월 29일 상품 6,000,000원을 송백상사에서 매입하고 대금은 당사 거래은행인 우리은행 앞 당좌수표를 발행하여 지급하였다.

[5] 1월 30일 매출처 믿음상사의 외상매출금 3,000,000원 중 1,000,000원은 우진상사가 발행한 당좌수표로 받고, 나머지는 국민은행 보통예금계좌로 송금 받았다.

[6] 1월 31일 우리은행에 가입된 정기예금 10,000,000원이 만기되어 이자 300,000원과 함께 우리은행 보통예금계좌로 입금되었다.(원천징수세액은 고려하지 말 것.)

출제유형 답안

[1]	1월 26일	(차)	현금	2,000,000원	(대)	보통예금	2,000,000원
[2]	1월 27일	(차)	당좌예금	1,000,000원	(대)	현금	1,000,000원
[3]	1월 28일	(차)	상품	5,000,000원	(대)	현금	5,000,000원
[4]	1월 29일	(차)	상품	6,000,000원	(대)	당좌예금	6,000,000원
			✓ 우리회사가 당좌수표를 발행하면 '당좌예금'계정으로 처리한다.				
[5]	1월 30일	(차)	현금	1,000,000원	(대)	외상매출금(믿음상사)	3,000,000원
			보통예금	2,000,000원			
			✓ 타인발행 당좌수표를 수취하면 '현금'계정으로 처리한다.				
[6]	1월 31일	(차)	보통예금	10,300,000원	(대)	정기예금	10,000,000원
						이자수익	300,000원

2 단기매매증권

[1] 2월 25일 단기매매차익을 목적으로 상장회사인 (주)사랑의 주식 1,000주를 주당 6,000원(액면금액 5,000원)에 구입하고 대금은 매입수수료 8,000원을 포함한 6,008,000원을 국민은행 보통예금계좌에서 지급하였다.

[2] 2월 26일 단기간의 매매차익을 목적으로 구입하였던 (주)우정의 주식(100주, 총 5,000,000원) 중 50주를 주당 60,000원에 처분하고 처분대금은 국민은행 보통예금 계좌에 입금하였다.

출제유형 답안

[1]	2월 25일	(차) 단기매매증권 6,000,000원 (대) 보통예금 6,008,000원 수수료비용(984) 8,000원 ✓ 단기매매증권은 구입 시 구입금액으로 처리하며, 취득시 비용은 취득원가에 가산하지 않고 '수수료비용(영업외비용)'으로 처리한다.
[2]	2월 26일	(차) 보통예금 3,000,000원 (대) 단기매매증권 2,500,000원 단기매매증권처분이익 500,000원

3 매출채권

[1] 3월 24일 매출처 우진상사의 외상매출금 7,000,000원을 전액 현금으로 회수하였다.

[2] 3월 25일 매출처 강원상사의 외상매출금 중 5,000,000원은 현금으로 회수하고, 10,000,000원은 국민은행 보통예금계좌로 입금 받았다.

[3] 3월 26일 매출처 ㈜형제의 외상매출금 5,000,000원 중 3,500,000원은 약속어음으로 받고, 나머지 잔액은 우리은행 당좌예금계좌로 입금되었음을 확인하였다.

[4] 3월 27일 매출처 믿음상사에 상품을 판매하고 수취한 받을어음 4,500,000이 만기되어 우리은행 당좌예금계좌에 입금되었다.

[5] 3월 28일 매출처 노랑상사의 받을어음 12,000,000원을 거래은행에 추심 의뢰하여 추심료 30,000원을 차감한 잔액이 우리은행 당좌예금계좌에 입금되었음을 통보받았다.

[6] 3월 29일 매출처 사미상사로부터 받은 약속어음 1,000,000원을 만기 전에 국민은행으로부터 할인받고, 할인료 38,000원을 차감한 금액을 국민은행 보통예금 통장으로 입금 받았다. 단, 할인된 어음은 매각거래로 가정한다.

[7] 3월 30일 매출처 ㈜하이상사의 상품매출에 대한 외상매출금 1,800,000원이 조기회수 되어 약정에 의해 2% 할인된 금액을 우리은행 당좌예금계좌로 받았다.

[8] 3월 31일 ㈜부실의 파산으로 인해 외상매출금 1,000,000원이 회수불가능하게 되어 대손처리 하였다. 합계잔액시산표상의 외상매출금에 대한 대손충당금 잔액은 100,000원이다.(대손세액공제는 고려하지 말 것.)

출제유형 답안

[1]	3월 24일	(차)	현금	7,000,000원	(대) 외상매출금(우진상사)	7,000,000원
[2]	3월 25일	(차)	현금 보통예금	5,000,000원 10,000,000원	(대) 외상매출금(강원상사)	15,000,000원
[3]	3월 26일	(차)	받을어음(㈜형제) 당좌예금	3,500,000원 1,500,000원	(대) 외상매출금(㈜형제)	5,000,000원
[4]	3월 27일	(차)	당좌예금	4,500,000원	(대) 받을어음(믿음상사)	4,500,000원
[5]	3월 28일	(차)	당좌예금 수수료비용	11,970,000원 30,000원	(대) 받을어음(노랑상사)	12,000,000원
[6]	3월 29일	(차)	보통예금 매출채권처분손실 ✓ 받을어음의 만기시 할인료는 '매출채권처분손실'계정으로 처리한다.	962,000원 38,000원	(대) 받을어음(사미상사)	1,000,000원
[7]	3월 30일	(차)	당좌예금 매출할인(401) ✓ '403.상품매출'에 대한 매출할인이므로 '403.매출할인'계정으로 처리한다.	1,764,000원 36,000원	(대) 외상매출금(㈜하이상사)	1,800,000원
[8]	3월 31일	(차)	대손충당금(109) 대손상각비 ✓ 매출채권의 대손시 합계잔액시산표의 대손충당금 잔액을 조회한 후 '대손충당금' 해당 잔액을 먼저 상계처리하고 부족한 금액은 '대손상각비'로 처리한다.	100,000원 900,000원	(대) 외상매출금(㈜부실)	1,000,000원

차변		계정과목	대변	
잔액	합계		합계	잔액
5,500,000	5,500,000	단 기 매 매 증 권		
74,600,000	77,600,000	외 상 매 출 금	3,000,000	
		대 손 충 당 금	100,000	100,000
27,500,000	28,500,000	받 을 어 음	1,000,000	

4 기타 당좌자산

[1] 4월 21일 여수상사에서 상품 2,000,000원을 구입하기로 계약하고, 계약금 10%를 현금으로 지급하였다.

[2] 4월 22일 주차장으로 사용중인 토지를 드림상사에 5,000,000원(취득금액 5,000,000원)에 매각하고 대금은 월말에 받기로 하였다.

[3] 4월 23일 거래처㈜현대에 10개월 후에 회수하기로 약정한 차입금증서를 받고 현금 2,000,000원을 대여하였다.

[4] 4월 24일 매출처 대유상사의 외상매출금 6,000,000원을 8개월 후 상환조건으로 대여금으로 전환하였다.

[5] 4월 25일 거래처 하주상사의 단기대여금 3,000,000원과 이자 50,000원을 당사 한국은행 보통예금계좌를 통하여 회수하였다.

[6] 4월 26일 상품배송용 화물차에 대한 자동차종합보험을 삼성화재에 가입하고 1년분 보험료 1,200,000원을 현금으로 지급하였다.(단, 보험료는 자산계정으로 처리할 것)

[7] 4월 27일 영업부사원 김하늘의 출장비로 현금 300,000원을 우선 지급하고, 출장비 사용명세서를 받아 출장비를 사후정산하기로 하였다.

[8] 4월 28일 총무부 박성실 과장은 세미나참석을 위한 출장 시 지급받은 업무가지급금 500,000원에 대해 다음과 같이 사용하고 잔액은 현금으로 정산하였다.(여비교통비로 처리할 것)

- 왕복항공료: 240,000원 • 택시요금: 50,000원 • 숙박비: 200,000원

[9] 4월 29일 현금출납장의 잔액과 비교하여 실제 현금이 50,000원 부족한데 그 원인을 파악하지못해, 원인을 찾을 때까지 현금과부족으로 처리하기로 하였다.

[10] 4월 30일 4월 29일 현금부족액 50,000원은 영업부 직원의 야근시 식대로 확인되었다.

출제유형 답안

[1]	4월 21일	(차) 선급금(여수상사)	200,000원	(대)	현금	200,000원
[2]	4월 22일	(차) 미수금(드림상사)	5,000,000원	(대)	토지	5,000,000원
[3]	4월 23일	(차) 단기대여금(㈜현대)	2,000,000원	(대)	현금	2,000,000원
[4]	4월 24일	(차) 단기대여금(대유상사)	6,000,000원	(대)	외상매출금(대유상사)	6,000,000원
[5]	4월 25일	(차) 보통예금	3,050,000원	(대)	단기대여금(하주상사) 이자수익	3,000,000원 50,000원
[6]	4월 26일	(차) 선급비용	1,200,000원	(대)	현금	1,200,000원
[7]	4월 27일	(차) 가지급금(김하늘)	300,000원	(대)	현금	300,000원
[8]	4월 28일	(차) 여비교통비 현금	490,000원 10,000원	(대)	가지급금(박성실)	500,000원
[9]	4월 29일	(차) 현금과부족	50,000원	(대)	현금	50,000원
[10]	4월 30일	(차) 복리후생비	50,000원	(대)	현금과부족	50,000원

5 재고자산

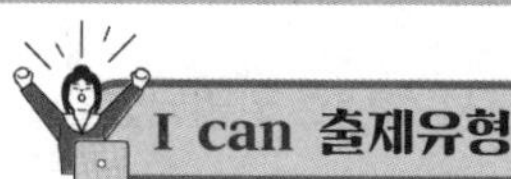

[1] 5월 27일 국보상사에서 상품 3,000,000원을 매입하고, 대금은 다음 달 말일까지 지급하기로 하였다.

[2] 5월 28일 (주)전남에서 상품 2,000,000원을 외상으로 매입하고, 운반비 20,000원은 현금으로 지급하였다.

[3] 5월 29일 ㈜현대에서 상품 5,000,000원을 매입하고, 대금 중 3,000,000원은 소유하고 있던 자기앞수표로 지급하고, 잔액은 1개월 후에 지급하기로 하였다. 단, 인수운임 30,000원은 현금으로 지급하였다.

[4] 5월 30일 하나상사에서 상품 7,000,000원을 매입하고. 5월 2일 지급한 계약금 1,000,000원을 차감한 잔액은 약속어음을 발행하여 지급하였다.

출제유형 답안

[1]	5월 27일	(차) 상품	3,000,000원	(대)	외상매입금(국보상사)	3,000,000원
[2]	5월 28일	(차) 상품	2,020,000원	(대)	외상매입금(㈜전남)	2,000,000원
					현금	20,000원
		✓ 상품 매입시 발생하는 운반비 등 부대비용은 '취득원가에 포함'하여 처리하고, 상품 매출시 발생하는 운반비는 별도의 '비용계정(운반비)'으로 처리한다.				
[3]	5월 29일	(차) 상품	5,030,000원	(대)	현금	3,030,000원
					외상매입금(㈜현대)	2,000,000원
[4]	5월 30일	(차) 상품	7,000,000원	(대)	선급금(하나상사)	1,000,000원
					지급어음(하나상사)	6,000,000원

6 투자자산

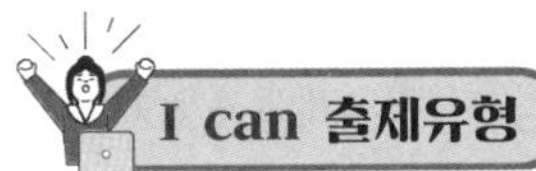

[1] 6월 12일 국민은행 보통예금계좌에서 10,000,000원을 이체하여 국민은행 장기성예금(3년 만기)에 예치하였다.

[2] 6월 13일 상환일을 3년 후로 하여 거래처 ㈜신풍과 금전거래계약서를 작성하고 5,000,000원을 국민은행 보통예금계좌에서 이체하여 대여하였다.

출제유형 답안

[1]	6월 12일	(차) 장기성예금 10,000,000원 (대) 보통예금 10,000,000원 ✓ 만기가 1년 이내에 도래하는 예금은 '정기예금' 계정으로, 만기가 1년 이후에 도래하는 예금은 '장기성예금' 계정으로 처리한다.
[2]	6월 13일	(차) 장기대여금(㈜신풍) 5,000,000원 (대) 보통예금 5,000,000원

7 유형자산

[1] 6월 23일 중소상사로부터 사무실 업무용 책상(내용연수 5년)을 2,000,000원에 구입하고 대금은 월말에 지급하기로 하였다. 운임 30,000원은 현금으로 지급하였다.

[2] 6월 24일 회사의 업무용 건물 취득대금 15,000,000원과 부동산 중개수수료 200,000원, 취득세 500,000원 전액을 현금으로 지급하였다.

[3] 6월 25일 현대자동차㈜에서 영업부 승용차 1대(20,000,000원)를 구입하고, 15,000,000원은 6개월 무이자할부로 하고, 5,000,000원은 현금으로 지급하였다.

[4] 6월 26일 본사 건물에 엘리베이터를 설치하고 대금 10,000,000원은 써니(주)에 월말에 지급하기로 하였다.(자본적지출로 회계처리 할 것.)

[5] 6월 27일 사용중인 상품 배달용 화물차(취득가액 6,000,000원, 감가상각누계액 4,200,000원)를 서울중고상사에 1,500,000원에 매각하고 대금은 월말에 받기로 하였다.

[6] 6월 28일 사용중인 에어컨(취득금액 2,000,000원, 감가상각누계액 1,200,000원)을 제일중고에 1,000,000원에 매각하고, 매각대금은 1개월 후에 받기로 하였다.

출제유형 답안

번호	일자	차변	금액	대변	금액
[1]	6월 23일	(차) 비품	2,030,000원	(대) 미지급금(중소상사) 현금	2,000,000원 30,000원
		✓ 자산의 취득과정에서 발생하는 부대비용은 '취득원가에 포함'하여 처리한다.			
[2]	6월 24일	(차) 건물	15,700,000원	(대) 현금	15,700,000원
[3]	6월 25일	(차) 차량운반구	20,000,000원	(대) 미지급금(현대자동차(주)) 현금	15,000,000원 5,000,000원
[4]	6월 26일	(차) 건물	10,000,000원	(대) 미지급금(써니(주))	10,000,000원
[5]	6월 27일	(차) 감가상각누계액(209) 미수금(서울중고상사) 유형자산처분손실	4,200,000원 1,500,000원 300,000원	(대) 차량운반구	6,000,000원
[6]	6월 28일	(차) 감가상각누계액(213) 미수금(제일중고)	1,200,000원 1,000,000원	(대) 비품 유형자산처분이익	2,000,000원 200,000원

8 무형자산과 기타비유동자산

I can 출제유형

[1] 7월 16일 회계관리프로그램을 구입하고 3,000,000원을 국민은행 보통예금 계좌에서 이체하여 지급하였다.

[2] 7월 17일 사무실을 임차하고 보증금 30,000,000원을 당좌수표(우리은행)를 발행하여 지급하였다.(단, 거래처관리는 생략하기로 한다.)

[4] 7월 18일 상품보관을 위해 임차중이던 창고의 임대기간이 만료되어 창고를 정리하고 임차보증금 8,000,000원을 국민은행 보통예금계좌로 회수하였다.(단, 거래처관리는 생략하기로 한다.)

출제유형 답안

[1]	7월 16일	(차)	소프트웨어	3,000,000원	(대)	보통예금	3,000,000원
[2]	7월 17일	(차)	임차보증금	30,000,000원	(대)	당좌예금	30,000,000원
[3]	7월 18일	(차)	보통예금	8,000,000원	(대)	임차보증금	8,000,000원

9 유동부채

I can 출제유형

[1] 7월 21일 ㈜신풍의 외상매입금 2,000,000원을 국민은행 보통예금계좌에서 지급하였다.

[2] 7월 22일 ㈜전남의 외상매입금 5,000,000원을 어음 발행하여 지급하였다.

[3] 7월 23일 조선㈜에 상품매입 대금으로 발행한 약속어음 6,000,000원이 만기되어 우리은행 당좌예금 계좌에서 지급되었다.

[4] 7월 24일 ㈜신풍의 외상매입금 3,000,000원을 결제하기 위하여 당사가 상품매출대금으로 받아 보유하고 있던 수분상사발행 약속어음 2,000,000원을 배서양도하고, 잔액은 당사 발행 약속어음으로 지급하였다.

[5] 7월 25일 직원 급여 지급 시 원천징수한 근로소득세와 지방소득세 99,000원을 현금으로 납부하였다.

[6] 7월 26일 ㈜형제에 상품 7,000,000원을 판매하기로 하고, 계약금 700,000원을 국민은행 보통예금계좌로 받았다.

[7] 7월 27일 농협은행에서 6개월 만기상환 조건으로 8,000,000원을 차입하여 농협은행 보통예금계좌에 입금하였다.

[8] 7월 28일 국민은행 보통예금계좌에 2,000,000원이 입금되어 있으나 원인을 알 수 없다.

[9] 7월 29일 삼성카드의 사용액인 미지급금 1,000,000원이 국민은행 보통예금계좌에서 자동이체 되었다.

[10] 7월 30일 7월 28일 국민은행 보통예금 계좌로 입금된 원인불명의 2,000,000원은 강원상사의 외상매출금으로 확인되었다.

출제유형 답안

[1]	7월 21일	(차)	외상매입금(㈜신풍)	2,000,000원	(대)	보통예금	2,000,000원
[2]	7월 22일	(차)	외상매입금(㈜전남)	5,000,000원	(대)	지급어음(㈜전남)	5,000,000원
[3]	7월 23일	(차)	지급어음(조선㈜)	6,000,000원	(대)	당좌예금	6,000,000원
[4]	7월 24일	(차)	외상매입금(㈜신풍)	3,000,000원	(대)	받을어음(수분상사) 지급어음(㈜신풍)	2,000,000원 1,000,000원
[5]	7월 25일	(차)	예수금	99,000원	(대)	현금	99,000원
[6]	7월 26일	(차)	보통예금	700,000원	(대)	선수금(㈜형제)	700,000원
[7]	7월 27일	(차)	보통예금	8,000,000원	(대)	단기차입금(농협은행)	8,000,000원
[8]	7월 28일	(차)	보통예금	2,000,000원	(대)	가수금	2,000,000원
[9]	7월 29일	(차)	미지급금(삼성카드)	1,000,000원	(대)	보통예금	1,000,000원
[10]	7월 30일	(차)	가수금	2,000,000원	(대)	외상매출금(강원상사)	2,000,000원

10 비유동부채

[1] 8월 23일 사업확장을 위하여 농협은행에서 20,000,000원을 차입하여 국민은행 보통예금 계좌에 입금하였다.(3년 후 상환, 이자 지급일 매월 30일, 이율 연 6%)

[2] 8월 24일 장기간 운용자금으로 사용할 목적으로 우리은행에서 5년 후 상환하기로 하고 30,000,000원을 차입하여 우리은행 보통예금계좌에 입금하였다. 차입시 담보설정수수료 30,000원은 현금으로 지급하였다.

출제유형 답안

[1]	8월 23일	(차) 보통예금 20,000,000원 (대) 장기차입금(농협은행) 20,000,000원 ✓ 농협은행에서 차입하였으므로 장기차입금 계정의 거래처는 농협은행이다.
[2]	8월 24일	(차) 보통예금 30,000,000원 (대) 장기차입금(우리은행) 30,000,000원 수수료비용(984) 30,000원 현금 30,000원

11 자본

I can 출제유형

[1] 8월 25일 사업주의 종합소득세 800,000원을 국민은행 보통예금계좌에서 이체하여 납부하였다.

[2] 8월 26일 회사의 자금사정 악화로 인해 사업주가 국민은행 보통예금계좌에 30,000,000원을 추가출자하여 입금하였다.

[3] 8월 27일 판매용으로 구입한 상품 2,000,000원을 사업주 개인용도로 사용하였다. (단, 관련된 적요도 함께 입력할 것.)

[4] 8월 28일 영업용 화물차의 자동차세 90,000원과 사업주 개인 승용차의 자동차세 80,000원을 현금으로 납부하다.

출제유형 답안

[1]	8월 25일	(차) 인출금	800,000원	(대) 보통예금	800,000원
[2]	8월 26일	(차) 보통예금	30,000,000원	(대) 인출금	30,000,000원
[3]	8월 27일	(차) 인출금	2,000,000원	(대) 상품(적요. 8)	2,000,000원
[4]	8월 28일	(차) 세금과공과금 인출금	90,000원 80,000원	(대) 현금	170,000원

참고 인출금은 결산시 자본금의 감소로 처리된다. ➜ (차) 자본금 XXX (대) 인출금 XXX

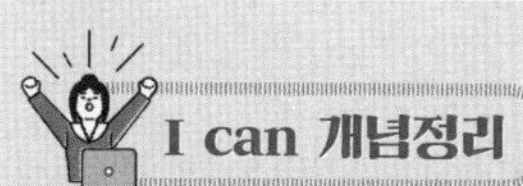

재고자산의 타계정 대체(비정상 감소)

판매를 목적으로 보유중인 재고자산이 판매목적과 다른 용도로 사용 혹은 소비되는 경우 매출원가에 포함하지 않기 위해 별도 관리를 해야하며, 전산에서는 [적요. 8 타계정으로 대체액 손익계산서 반영분]으로 처리한다.

예 상품 원가 1,200,000원을 서울시청에 기부하였다.

차 변	기부금	1,200,000원	상품(적요. 8)	1,200,000원

예 상품 시가 1,500,000원(원가 1,200,000원)을 광고목적으로 사용하였다.

차 변	광고선전비	1,200,000원	상품(적요. 8)	1,200,000원
	✓ 재고자산의 타계정대체(비정상 감소)시 금액은 장부상 원가로 감소한다.			

12 상품매출

[1] 9월 4일 동산상사에 상품 2,000,000원을 외상으로 판매하였다.

[2] 9월 5일 노랑상사에 판매하기로 계약하였던 상품 3,000,000원을 인도하고, 9월 1일 수령한 계약금 300,000원을 제외한 작액은 외상으로 하였다.

[3] 9월 6일 리트상사에 상품 7,000,000원을 판매하고, 5,000,000원은 리트상사에 대한 외상매입금과 상계처리 후 잔액은 리트상사 발행 약속어음으로 수취하였다.

[4] 9월 7일 리방㈜에 상품 5,000,000원을 판매하고 대금은 자기앞수표로 받았다. 매출시 발생한 운임 50,000원은 당사가 부담하기로 하고 현금으로 지급하였다.

출제유형 답안

[1]	9월 4일	(차) 외상매출금(동산상사) 2,000,000원 (대) 상품매출 2,000,000원
[2]	9월 5일	(차) 선수금(노랑상사) 300,000원 (대) 상품매출 3,000,000원 외상매출금(노랑상사) 2,700,000원 ✓ 문제상에 선수금 금액이 나타나지 않을 경우 해당일자의 전표에서 금액을 확인하여야 한다.
[3]	9월 6일	(차) 외상매입금(리트상사) 5,000,000원 (대) 상품매출 7,000,000원 받을어음(리트상사) 2,000,000원
[4]	9월 7일	(차) 현금 4,950,000원 (대) 상품매출 5,000,000원 운반비 50,000원 ✓ 상품 매출시 발생한 당점부담 운반비는 '운반비'계정으로 처리한다.

13 판매비와관리비

[1] 9월 8일 종업원 급여를 다음과 같이 국민은행 보통예금계좌에서 이체하여 지급하였다.

부서	급여	국민연금	건강보험	소득세	지방소득세	차감지급액
영업부	4,000,000원	180,000원	140,000원	100,000원	10,000원	3,570,000원

[2] 9월 9일 영업부 김진호 과장의 퇴직으로 인한 퇴직금 9,000,000원 중 소득세 및 지방소득세 230,000원을 원천징수하고 차인지급액을 국민은행 보통예금계좌에서 지급하였다.(퇴직직전 퇴직급여충당부채 잔액은 없다.)

[3] 9월 10일 종업원 급여 지급시 공제한 건강보험료 280,000원(직원부담 50%, 회사부담 50%)을 현금으로 납부하였다.(당사는 건강보험료 회사부담분에 대해 복리후생비 계정으로 처리하고 있다.)

[4] 9월 11일 관리부 직원의 결혼으로 인한 청첩장을 수령하고 축의금 500,000원을 현금으로 지급하였다.

[5] 9월 12일 미가일식에서 관리부 직원 회식 후 식사대금 300,000원을 삼성카드로 결제하였다.

[6] 9월 13일 영업부 사원 국외출장 왕복항공료 2,000,000원을 삼성카드로 결제하였다.

[7] 9월 14일 매출처 하이상사의 김영철 과장 결혼식에 축하화환을 보내고, 화환대금 100,000원은 국민은행 보통예금계좌에서 지급하였다.

[8] 9월 15일 거래처 선물용으로 한우선물세트 700,000원을 구입하고 삼성카드로 결제하였다.

[9] 9월 16일 사무실 인터넷요금 80,000원이 국민은행 보통예금계좌에서 자동이체 되었음을 확인하였다.

[10] 9월 17일 관리부에서 사용하는 전화의 전화요금 120,000원을 현금으로 납부하였다.

[11] 9월 18일 전기요금 70,000원이 국민은행 보통예금계좌에서 자동이체 되었음을 확인하였다.(단, 전기요금은 전력비 계정으로 처리한다.)

[12] 9월 19일 본사건물 수도요금 30,000원이 국민은행 보통예금계좌에서 자동 이체되었다.

[13] 9월 20일 자동차세 80,000원을 현금으로 납부하였다.

[14] 9월 21일 본사건물에 대한 재산세 700,000원을 현금으로 납부하였다.

[15] 9월 22일 관리부의 업무계약과 관련된 인지세 100,000원을 현금으로 납부하였다.

[16] 9월 23일 개인사업자균등분주민세 55,000원을 현금으로 납부하였다

[17] 9월 24일 영업부에서 사용하는 승용차에 대한 렌탈료 150,000원을 현금으로 지급하였다.

[18] 9월 25일 하나빌딩의 상품 보관용 창고에 대한 임차료 1,000,000원 중 700,000원은 현금으로 지급하고 나머지는 다음 달에 지급하기로 하였다.

[19] 9월 26일 미래빌딩의 사무실을 임차하기로 하고 보증금 3,000,000원과 당월분 임차료 400,000원을 국민은행 보통예금계좌에서 이체하여 지급하였다.

[20] 9월 27일 건물의 파손된 유리를 교체하고 200,000원을 현금으로 지급하다.
(수익적지출로 회계처리할 것)

[21] 9월 28일 사무실 에어컨을 수리하고 대금 90,000원은 국민은행 보통예금계좌에서 이체하여 지급하였다.(수익적지출로 회계처리할 것)

[22] 9월 29일 상품 배송용 화물차에 대한 자동차보험을 삼성화재에 가입하고 1년분 보험료 1,200,000원을 현금으로 지급하였다.(비용계정으로 처리할 것)

[23] 9월 30일 관리부 승용차의 주유대금 50,000원을 현금으로 지급하였다.

[24] 10월 23일 관리부 승용차의 엔진오일을 보충하고 현금 60,000원을 지급하였다.

[25] 10월 24일 믿음상사에 상품 샘플을 발송하고 택배비 10,000원을 현금으로 지급하였다.

[26] 10월 25일 영업부직원의 서비스마인드교육을 위해 외부강사를 초청하여 교육하고 강사료 중 원천징수세액 99,000원을 제외하고 나머지 금액 2,901,000원은 국민은행 보통예금계좌에서 이체하여 지급하였다.

[27] 10월 26일 재경팀에서 사용할 부가가치세법과 관련된 서적을 교보문고에서 구입하고 대금 30,000원은 현금으로 지급하였다.

[28] 10월 27일 소모품 500,000원을 드림상사에서 외상으로 구입하였다.(비용으로 회계처리할 것)

[29] 10월 28일 ㈜전남의 외상대금 1,000,000원을 현금으로 무통장 입금하고 타행환 송금수수료 1,000원을 현금으로 지급하였다.

[30] 10월 29일 방문객에게 지급할 홍보용 볼펜 200,000원을 그린광고기획사에서 제작하고 대금은 국민은행 보통예금계좌에서 지급하였다.

출제유형 답안

번호	일자	분개
[1]	9월 8일	(차) 급여 4,000,000원 (대) 예수금 430,000원 보통예금 3,570,000원 ✓ 일용직사원의 급여 지급시에는 '잡급'계정으로 처리한다.
[2]	9월 9일	(차) 퇴직급여 9,000,000원 (대) 예수금 230,000원 보통예금 8,770,000원
[3]	9월 10일	(차) 예수금 140,000원 (대) 현금 280,000원 복리후생비 140,000원
[4]	9월 11일	(차) 복리후생비 500,000원 (대) 현금 500,000원
[5]	9월 12일	(차) 복리후생비 300,000원 (대) 미지급금(삼성카드) 300,000원
[6]	9월 13일	(차) 여비교통비 2,000,000원 (대) 미지급금(삼성카드) 2,000,000원
[7]	9월 14일	(차) 기업업무추진비(접대비) 100,000원 (대) 보통예금 100,000원
[8]	9월 15일	(차) 기업업무추진비(접대비) 700,000원 (대) 미지급금(삼성카드) 700,000원
[9]	9월 16일	(차) 통신비 80,000원 (대) 보통예금 80,000원
[10]	9월 17일	(차) 통신비 120,000원 (대) 현금 120,000원
[11]	9월 18일	(차) 전력비 70,000원 (대) 보통예금 70,000원
[12]	9월 19일	(차) 수도광열비 30,000원 (대) 보통예금 30,000원
[13]	9월 20일	(차) 세금과공과 80,000원 (대) 현금 80,000원
[14]	9월 21일	(차) 세금과공과 700,000원 (대) 현금 700,000원
[15]	9월 22일	(차) 세금과공과 100,000원 (대) 현금 100,000원
[16]	9월 23일	(차) 세금과공과 55,000원 (대) 현금 55,000원
[17]	9월 24일	(차) 임차료 150,000원 (대) 현금 150,000원

[18]	9월 25일	(차) 임차료	1,000,000원	(대)	현금 미지급금(하나빌딩)	700,000원 300,000원
[19]	9월 26일	(차) 임차보증금(미래빌딩) 임차료	3,000,000원 400,000원	(대)	보통예금	3,400,000원
[20]	9월 27일	(차) 수선비	200,000원	(대)	현금	200,000원
[21]	9월 28일	(차) 수선비	90,000원	(대)	보통예금	90,000원
[22]	9월 29일	(차) 보험료 ✓ 자산처리할 경우 '선급비용' 계정으로 처리한다.	1,200,000원	(대)	현금	1,200,000원
[23]	9월 30일	(차) 차량유지비	50,000원	(대)	현금	50,000원
[24]	10월 23일	(차) 차량유지비	60,000원	(대)	현금	60,000원
[25]	10월 24일	(차) 운반비	10,000원	(대)	현금	10,000원
[26]	10월 25일	(차) 교육훈련비	3,000,000원	(대)	예수금 보통예금	99,000원 2,901,000원
[27]	10월 26일	(차) 도서인쇄비	30,000원	(대)	현금	30,000원
[28]	10월 27일	(차) 소모품비 ✓ 자산처리할 경우 '소모품' 계정으로 처리한다.	500,000원	(대)	미지급금(드림상사)	500,000원
[29]	10월 28일	(차) 외상매입금((주)전남) 수수료비용	1,000,000원 1,000원	(대)	현금	1,001,000원
[30]	10월 29일	(차) 광고선전비	200,000원	(대)	보통예금	200,000원

14 영업외수익

[1] 11월 25일 매장의 일부를 임대하고 3개월분 사용료 300,000원을 현금으로 받았다.

[2] 11월 26일 마도상사에 대여한 단기대여금 5,000,000원과 이자 250,000원을 한국은행 보통예금계좌로 회수하였다.

출제유형 답안

[1]	11월 25일	(차) 현금	300,000원	(대) 임대료	300,000원
[2]	11월 26일	(차) 보통예금	5,250,000원	(대) 단기대여금(마도상사) 이자수익	5,000,000원 250,000원

15 영업외비용

[1] 12월 27일 국제구호단체에 현금 300,000원을 기부하였다.

[2] 12월 28일 하주상사의 단기차입금 3,000,000원과 이자 80,000원을 한국은행 보통예금계좌에서 이체하여 지급하였다.

출제유형 답안

[1]	12월 27일	(차) 기부금	300,000원	(대) 현금	300,000원
[2]	12월 28일	(차) 단기차입금(하주상사) 이자비용	3,000,000원 80,000원	(대) 보통예금	3,080,000원

3. 오류수정

※ 회사코드 0414 ㈜아이캔 04 회사로 로그인 ※

아이캔 04의 거래내역이다. 거래자료를 확인하고 해당 거래내역을 수정하시오.

1 일반전표 수정

[1] 8월 21일: 노랑상사의 외상매출금 회수 거래는 상품매출 계약금 600,000원을 자기앞수표로 받은 것으로 확인되었다.

[2] 8월 22일: 소프트웨어의 구입대금을 당좌수표를 발행하여 지급한 것으로 처리하였으나, 보통예금으로 지급한 것으로 확인되었다.

[3] 8월 23일: 신용카드로 결제한 저녁식사비(350,000원)는 거래처 직원들이 아닌 영업부 직원들을 위한 지출로 밝혀졌다.

[4] 8월 24일: 서울시청에 현금으로 기부한 500,000원이 세금과공과로 회계처리 되어 있음을 확인하였다.

[5] 8월 25일: 우진상사로부터 상품 3,000,000원을 매입하고, 선지급한 계약금을 제외한 잔액 2,700,000원을 보통예금 계좌에서 이체하였으나, 계약금과 관련된 회계처리가 누락되었음을 확인하였다.

[6] 8월 26일: 당사가 현금으로 지급한 운반비 100,000원은 상품매출에 따른 운반비가 아니라 상품매입에 따른 운반비로 판명되었다.

[7] 8월 27일: 당사가 현금으로 지급한 운반비 300,000원은 상품매입에 따른 운반비가 아니라 상품매출에 따른 운반비로 판명되었다.

[8] 8월 28일: 사업주 개인소유의 차량에 대한 취득세 3,250,000원을 회사 보통예금에서 계좌이체 하였으나, 세금과공과 및 당좌예금 계정과목으로 회계처리 하였다.

[9] 8월 29일: 본사 건물의 엘리베이터 설치대금 10,000,000원을 현금으로 지급하면서, 자본적지출로 처리해야 할 것을 수익적지출로 잘못 처리하였다.

[10] 8월 30일: 비품 400,000원의 미지급 거래에 대한 거래처는 드림상사이나 하나상사로 잘못 입력되어 있음을 확인하였다.

출제유형 답안

[1]	8월 21일	수정전	(차) 현금	600,000원	(대)	외상매출금(노랑상사)	600,000원
		수정후	(차) 현금	600,000원	(대)	선수금(노랑상사)	600,000원
[2]	8월 22일	수정전	(차) 소프트웨어	200,000원	(대)	당좌예금	200,000원
		수정후	(차) 소프트웨어	200,000원	(대)	보통예금	200,000원
[3]	8월 23일	수정전	(차) 기업업무추진비(접대비)	350,000원	(대)	미지급금(BC카드)	350,000원
		수정후	(차) 복리후생비	350,000원	(대)	미지급금(BC카드)	350,000원
[4]	8월 24일	수정전	(차) 세금과공과	500,000원	(대)	현금	500,000원
		수정후	(차) 기부금	500,000원	(대)	현금	500,000원
[5]	8월 25일	수정전	(차) 상품	2,700,000원	(대)	보통예금	2,700,000원
		수정후	(차) 상품	3,000,000원	(대)	보통예금 선급금(우진상사)	2,700,000원 300,000원
[6]	8월 26일	수정전	(차) 운반비	100,000원	(대)	현금	100,000원
		수정후	(차) 상품	100,000원	(대)	현금	100,000원
[7]	8월 27일	수정전	(차) 상품	300,000원	(대)	현금	300,000원
		수정후	(차) 운반비	300,000원	(대)	현금	300,000원

[8]	8월 28일	수정전	(차) 세금과공과금	3,250,000원	(대) 당좌예금	3,250,000원
		수정후	(차) 인출금	3,250,000원	(대) 보통예금	3,250,000원
[9]	8월 29일	수정전	(차) 수선비	10,000,000원	(대) 현금	10,000,000원
		수정후	(차) 건물	10,000,000원	(대) 현금	10,000,000원
[10]	8월 30일	수정전	(차) 비품	400,000원	(대) 미지급금(하나상사)	400,000원
		수정후	(차) 비품	400,000원	(대) 미지급금(드림상사)	400,000원

4. 결산정리사항

결산은 수동결산과 자동결산으로 구분되며, 대표적인 항목은 다음과 같다.

수동결산	일반전표입력메뉴에 12월 31일자로 결산대체분개를 직접 입력 예 손익의 이연과 예상, 현금과부족 및 가계정 정리, 소모품의 정리, 유가증권 평가, 외화자산 및 부채의 평가, 장기치입금의 유동성대체 등
자동결산	결산자료입력메뉴에 해당 자료 입력 후 [F3.전표추가]를 통해 자동 입력 예 기말재고자산의 평가, 감가상각비 계상, 채권의 대손설정, 퇴직급여계상 등의 반영

참고 결산작업시 수동결산을 완료하고 자동결산 작업을 진행하며, 전산회계 2급 자격시험에서 자동결산과 관련된 문제가 출제되지 않은 경우 수동결산 작업만 완료하면 된다.

I can 개념정리

- 결산자동분개는 [일반전표입력] 12월 31일 전표에서 확인할 수 있다.
- 전산회계 2급 자격시험 중 결산자동분개 후 수정사항이 있을 경우, [결산자료입력] 메뉴에서 결산분개 삭제 후 다시 작업할 수 있다.
- 결산자동분개 항목을 자동분개처리하지 않고 일반전표입력 메뉴에서 12월 31일로 직접 입력하여도 된다.
- 대손설정 분개의 경우 매출채권과 관련된 전표입력에 오류가 발생해 매출채권의 잔액 금액이 정답과 다르더라도, 매출채권의 잔액에 대해 대손율을 정확히 적용할 경우 정답으로 처리된다.

1 결산정리사항1 (수동결산 & 자동결산)

※ 회사코드 0415 아이캔 05 회사로 로그인 ※

아이캔 05의 결산정리사항은 다음과 같다. 해당 메뉴에 입력하여 결산을 완료하시오.

[1] 소모품 구입시 비용으로 처리한 금액 중 기말 현재 미사용한 금액은 150,000원 이다.

[2] 11월 2일 지급시 전액 비용 처리한 보험료 지급분 중 기간미경과분은 200,000원 이다.

[3] 결산일 현재 보통예금에 대한 기간경과분 발생이자는 15,000원 이다.

[4] 결산일 현재 차입금에 대한 이자 미지급액 500,000원이 계상되어 있지 않음을 발견하였다.

[5] 결산일 현재 단기대여금에 대한 이자수익 중 기간 미경과분이 300,000원 이다.

[6] 결산일 현재 기말상품재고액은 9,000,000원 이다.

[7] 당기 본사 영업부서의 감가상각비는 차량운반구 2,500,000원, 비품 930,000원 이다.

[8] 매출채권(외상매출금, 받을어음) 잔액에 대하여 1%의 대손충당금을 보충법으로 설정하기로 한다.

출제유형 답안

※ 일반전표 12월 31일 입력

번호	구분	계정과목	금액	구분	계정과목	금액
[1]	(차)	소모품	150,000원	(대)	소모품비	150,000원
[2]	(차)	선급비용	200,000원	(대)	보험료	200,000원
[3]	(차)	미수수익	15,000원	(대)	이자수익	15,000원
[4]	(차)	이자비용	500,000원	(대)	미지급비용	500,000원
[5]	(차)	이자수익	300,000원	(대)	선수수익	300,000원
[6]	(차)	상품매출원가	161,000,000원	(대)	상품	161,000,000원
[7]	(차)	감가상각비	3,430,000원	(대)	감가상각누계액(209)	2,500,000원
					감가상각누계액(213)	930,000원
[8]	(차)	대손상각비	1,560,000원	(대)	대손충당금(109)	1,005,000원
					대손충당금(111)	555,000원

[6]

✓ 매출원가: 170,000,000 - 9,000,000 = 161,000,000원
또는 [결산자료입력]에서 기말상품재고액 란에 9,000,000원을 입력 후 전표추가[F3]

[7]

또는 결산자료입력 메뉴에 상각비 중 차량운반구 2,500,000원, 비품 930,000원을 입력 후 전표추가[F3]

[8]

✓ 외상매출금의 대손충당금 1,005,000원 = (110,500,000원 × 0.01) - 100,000원
받을어음의 대손충당금 555,000원 = (55,500,000원 × 0.01) - 0원

또는 [결산/재무제표] ➜ [결산자료입력] '1월~12월' 선택 후 상단 대손상각[F8] 실행

- 대손율(1%) 확인
- 매출채권(외상매출금, 받을어음) 제외한 추가설정액 삭제 후 [결산반영] 실행

대손상각

대손율(%) 1.00

코드	계정과목명	금액	설정전 충당금 잔액 코드	설정전 충당금 잔액 계정과목명	설정전 충당금 잔액 금액	추가설정액(결산반영) [(금액×대손율)-설정전충당금잔액]	유형
0108	외상매출금	110,500,000	0109	대손충당금	100,000	1,005,000	판관
0110	받을어음	55,500,000	0111	대손충당금		555,000	판관
0114	단기대여금	6,000,000	0115	대손충당금			영업외
0120	미수금	4,500,000	0121	대손충당금			영업외
0131	선급금	3,200,000	0132	대손충당금			영업외
	대손상각비 합계					1,560,000	판관

새로불러오기 | 결산반영 | 취소(Esc)

- 대손충당금 반영된 내용 확인 후 전표추가[F3]

코드	과목			금액
0835	5). 대손상각			1,560,000
0108	외상매출금			1,005,000
0110	받을어음			555,000

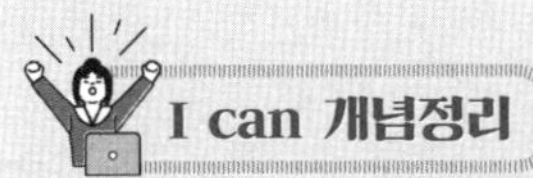

장기차입금의 유동성 대체

장기차입금 중에서 상환기간이 결산일로부터 1년 이내에 도래하는 것은 유동성장기부채로 대체한다.

예 결산시 국민은행의 장기차입금 2,000,000원의 상환기일이 내년으로 도래하여 유동성대체하다.

차변	장기차입금(국민은행) 2,000,000원	대변	유동성장기부채(국민은행) 2,000,000원

2 결산정리사항2 (수동결산 & 자동결산)

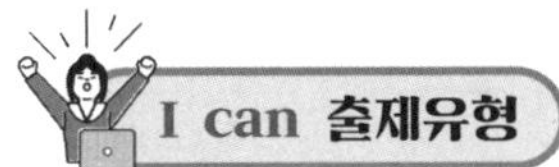

※ 회사코드 0416 아이캔 06 회사로 로그인 ※

아이캔 06의 결산정리사항은 다음과 같다. 결산정리사항을 입력하여 결산을 완료하시오.

[1] 기말 현재 큰손상사가 단기매매차익을 목적으로 보유하고 있는 주식(100주, 주당 취득원가 5,000원)의 기말현재 공정가치는 주당 7,000원 이다.

[2] 3월 2일에 마케팅부서 사무실 임차료 1년분(2025.3.1. ~ 2026.2.28.) 2,400,000원을 보통예금 계좌에서 이체하면서 전액 자산계정인 선급비용으로 처리하였다. 기말수정분개를 하시오.(단, 월할계산할 것)

[3] 결산일 현재 장부에 계상되지 않은 당기분 임대료(영업외수익) 500,000원 이다.

[4] 기말 현재 현금과부족 50,000원은 사업주가 개인적인 용도로 사용한 금액으로 판명되었다.

[5] 농협 은행의 장기차입금 5,000,000원이 상환기일이 내년으로 도래하였다.

[6] 결산일 현재 기말상품재고액은 8,000,000원이다.

[7] 당기분 무형자산에 대한 상각비는 실용신안권 500,000원, 소프트웨어 700,000원 이다.

[8] 단기대여금 잔액에 대하여 1%의 대손충당금을 보충법으로 설정하시오.

출제유형 답안

※ 일반전표 12월 31일 입력

[1] (차) 단기매매증권 200,000원 (대) 단기매매증권평가이익 200,000원

[2] (차) 임차료 2,000,000원 (대) 선급비용 2,000,000원

✓ 2,400,000원 × 10/12 = 2,000,000원

[3] (차) 미수수익 500,000원 (대) 임대료(904) 500,000원

[4] (차) 자본금(인출금) 50,000원 (대) 현금과부족 50,000원

[5] (차) 장기차입금(농협은행) 5,000,000원 (대) 유동성장기부채(농협은행) 5,000,000원

[6] (차) 상품매출원가 162,830,000원 (대) 상품 162,830,000원

✓ 매출원가: 170,830,000원 − 8,000,000원 = 162,830,000원

또는 [결산자료입력]에서 기말상품재고액 란에 8,000,000원을 입력 후 전표추가[F3]

[7] (차) 무형자산상각비 1,200,000원 (대) 실용신안권 500,000원

소프트웨어 700,000원

또는 결산자료입력 메뉴의 무형자산상각비 중 실용신안권 500,000원, 소프트웨어 700,000원을 입력한 후 전표추가[F3]

[8] (차) 기타의대손상각비(954) 60,000원 (대) 대손충당금(115) 60,000원

✓ 단기대여금 6,000,000원 × 1% − 0원 = 60,000원

또는 [결산/재무제표] ➜ [결산자료입력] '1월~12월' 선택 후 상단 대손상각[F8] 실행

- 대손율(1%) 확인
- 단기대여금 제외한 추가설정액 삭제 후 [결산반영] 실행

대손상각

대손율(%) 1.00

코드	계정과목명	금액	설정전 충당금 잔액			추가설정액(결산반영) [(금액x대손율)-설정전충당금잔액]	유형
			코드	계정과목명	금액		
0108	외상매출금	110,500,000	0109	대손충당금	100,000		판관
0110	받을어음	55,500,000	0111	대손충당금			판관
0114	단기대여금	6,000,000	0115	대손충당금		60,000	영업외
0120	미수금	4,500,000	0121	대손충당금			영업외
0131	선급금	3,200,000	0132	대손충당금			영업외
	기타의 대손상각비					60,000	영업외

새로불러오기 | 결산반영 | 취소(Esc)

- 대손충당금 반영된 내용 확인 후 전표추가[F3]

0954	2). 기타의대손상각			60,000
0114	단기대여금			60,000
0120	미수금			
0131	선급금			

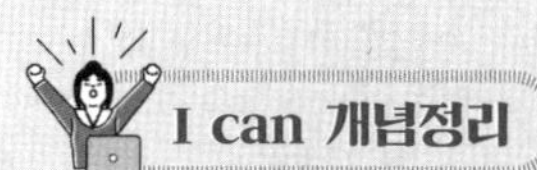

외화환산손익

외화자산 또는 외화부채가 발생할 때는 발생 시의 환율로 평가하고, 결산 시에는 결산시의 환율로 환산하여 외화환산손익을 인식하여야 한다.

예 수출상사의 외상매출금 10,000,000원($10,000)의 결산일 현재 환율은 1$당 900원 이다.

차변	외화환산손실	1,000,000원	대변	외상매출금(수출상사)	1,000,000원

예 수입상사의 외상매입금 10,000,000원($10,000)의 결산일 현재 환율은 1$당 900원 이다.

차변	외상매입금(수입상사)	1,000,000원	대변	외화환산이익	1,000,000원

5. 장부조회

※ 회사코드 0417 아이캔 07 회사로 로그인 ※

아이캔 07은 문구를 판매하는 개인기업이다. 각 장부를 조회하여 답안을 작성하시오.

1 일계표, 월계표

I can 출제유형

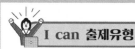

다음 사항을 조회하여 답안을 작성하시오.

[1] 6월 한 달 동안 판매관리비 지출금액은 총 얼마인가?

[2] 3월 중 현금으로 회수한 외상매출금은 얼마인가?

[3] 3월 중 대체거래의 총금액은 얼마인가?

[4] 4월부터 6월까지의 급여 발생액은 얼마인가?

[5] 1월 1일~1월 15일까지 발생한 상품매출액은 얼마인가?

[6] 6월 16일~6월 30일까지 발생한 차량유지비 금액은 얼마인가?

출제유형 답안

'장부관리➡일계표(월계표)' 메뉴 실행 후 관련내용 조회

[1] [월계표 탭] 조회기간(6월 ~ 6월) 입력 후 조회 **6,730,410원**

차변			계정과목	대변		
계	대체	현금		현금	대체	계
72,930,000	72,330,000	600,000	1.유 동 자 산		6,500,000	6,500,000
24,200,000	24,200,000		<당 좌 자 산>		6,500,000	6,500,000
6,500,000	6,500,000		당 좌 예 금			
9,200,000	9,200,000		외 상 매 출 금			
8,500,000	8,500,000		받 을 어 음		6,500,000	6,500,000
48,730,000	48,130,000	600,000	<재 고 자 산>			
48,730,000	48,130,000	600,000	상 품			
4,800,000		4,800,000	2.유 동 부 채		48,130,000	48,130,000
4,800,000		4,800,000	외 상 매 입 금		48,130,000	48,130,000
			3.매 출	10,500,000	17,700,000	28,200,000
			상 품 매 출	10,500,000	17,700,000	28,200,000
6,730,410		6,730,410	4.판매비및일반관리비			
3,000,000		3,000,000	급 여			
505,250		505,250	복 리 후 생 비			
120,000		120,000	여 비 교 통 비			

[2] [월계표 탭] 조회가간(3월 ~ 3월) 입력후 조회 **3,000,000원**

차변			계정과목	대변		
계	대체	현금		현금	대체	계
71,500,000	46,500,000	25,000,000	1.유 동 자 산	6,000,000	1,595,010	7,595,010
44,000,000	19,000,000	25,000,000	<당 좌 자 산>	6,000,000	1,595,010	7,595,010
25,000,000		25,000,000	보 통 예 금	3,000,000	1,595,010	4,595,010
13,500,000	13,500,000		외 상 매 출 금	3,000,000		3,000,000
5,500,000	5,500,000		받 을 어 음			
27,500,000	27,500,000		<재 고 자 산>			
27,500,000	27,500,000		상 품			
1,000,000		1,000,000	2.비 유 동 자 산			
1,000,000		1,000,000	<유 형 자 산>			
1,000,000		1,000,000	비 품			

[3] [월계표 탭] 조회가간(3월 ~ 3월) 입력후 조회 **48,095,010원**

차변			계정과목	대변		
계	대체	현금		현금	대체	계
71,500,000	46,500,000	25,000,000	1.유 동 자 산	6,000,000	1,595,010	7,595,010
44,000,000	19,000,000	25,000,000	<당 좌 자 산>	6,000,000	1,595,010	7,595,010
25,000,000		25,000,000	보 통 예 금	3,000,000	1,595,010	4,595,010
13,500,000	13,500,000		외 상 매 출 금	3,000,000		3,000,000
5,500,000	5,500,000		받 을 어 음			
27,500,000	27,500,000		<재 고 자 산>			
27,500,000	27,500,000		상 품			
1,000,000		1,000,000	2.비 유 동 자 산			
1,000,000		1,000,000	<유 형 자 산>			
1,000,000		1,000,000	비 품			
			3.유 동 부 채		27,500,000	27,500,000
			외 상 매 입 금		27,500,000	27,500,000
			4.매 출	48,500,000	19,000,000	67,500,000
			상 품 매 출	48,500,000	19,000,000	67,500,000
8,319,150	1,595,010	6,724,140	5.판매비및일반관리비			
3,500,000		3,500,000	급 여			
2,524,000	1,595,010	928,990	복 리 후 생 비			
160,000		160,000	여 비 교 통 비			
1,000,000		1,000,000	접 대 비			
94,000		94,000	통 신 비			
16,000		16,000	수 도 광 열 비			
80,819,150	48,095,010	32,724,140	금월소계	54,500,000	48,095,010	102,595,010
63,044,990		63,044,990	금월잔고/전월잔고	41,269,130		41,269,130
143,864,140	48,095,010	95,769,130	합계	95,769,130	48,095,010	143,864,140

[4] [월계표 탭] 조회기간(4월 ~ 6월) 입력 후 조회 **10,500,000원**

차변			계정과목	대변		
계	대체	현금		현금	대체	계
875,400	875,400		비 품			
8,610,000		8,610,000	3.유 동 부 채		50,690,000	50,690,000
8,500,000		8,500,000	외 상 매 입 금		50,580,000	50,580,000
110,000		110,000	예 수 금		110,000	110,000
			4.매 출	13,500,000	85,300,000	98,800,000
			상 품 매 출	13,500,000	85,300,000	98,800,000
25,384,040	5,220,000	20,164,040	5.판 매 비및일반관리비			
10,500,000	110,000	10,390,000	급 여			
2,144,790		2,144,790	복 리 후 생 비			
546,500		546,500	여 비 교 통 비			
2,580,000		2,580,000	접 대 비			
178,000		178,000	통 신 비			

[5] [일계표 탭] 조회기간(1월 1일 ~ 1월 15일) 입력 후 조회 **23,600,000원**

차변			계정과목	대변		
계	대체	현금		현금	대체	계
26,100,000	3,600,000	22,500,000	1.유 동 자 산		700,000	700,000
26,100,000	3,600,000	22,500,000	<당 좌 자 산>		700,000	700,000
21,000,000		21,000,000	보 통 예 금		700,000	700,000
500,000		500,000	단 기 매 매 증 권			
3,600,000	3,600,000		외 상 매 출 금			
1,000,000		1,000,000	선 급 금			
700,000	700,000		2.유 동 부 채	660,000		660,000
700,000	700,000		예 수 금			
			선 수 금	660,000		660,000
			3.매 출	20,000,000	3,600,000	23,600,000
			상 품 매 출	20,000,000	3,600,000	23,600,000
210,540		210,540	4.판 매 비및일반관리비			
87,540		87,540	복 리 후 생 비			
123,000		123,000	여 비 교 통 비			

[6] [일계표 탭] 조회기간(6월 16일 ~ 6월 30일) 입력 후 조회 **900,250원**

차변			계정과목	대변		
계	대체	현금		현금	대체	계
49,200,000	49,200,000		1.유 동 자 산			
11,200,000	11,200,000		<당 좌 자 산>			
9,200,000	9,200,000		외 상 매 출 금			
2,000,000	2,000,000		받 을 어 음			
38,000,000	38,000,000		<재 고 자 산>			
38,000,000	38,000,000		상 품			
3,450,000		3,450,000	2.유 동 부 채		38,000,000	38,000,000
3,450,000		3,450,000	외 상 매 입 금		38,000,000	38,000,000
			3.매 출	8,000,000	11,200,000	19,200,000
			상 품 매 출	8,000,000	11,200,000	19,200,000
5,787,850		5,787,850	4.판 매 비및일반관리비			
3,000,000		3,000,000	급 여			
242,300		242,300	복 리 후 생 비			
500,000		500,000	접 대 비			
1,000,000		1,000,000	수 선 비			
900,250		900,250	차 량 유 지 비			
95,300		95,300	소 모 품 비			
50,000		50,000	수 수 료 비 용			
58,437,850	49,200,000	9,237,850	금일소계	8,000,000	49,200,000	57,200,000
50,438,950		50,438,950	금일잔고/전일잔고	51,676,800		51,676,800
108,876,800	49,200,000	59,676,800	합계	59,676,800	49,200,000	108,876,800

2 계정별원장

다음 사항을 조회하여 답안을 작성하시오.

[1] 4월 중 회수한 외상매출금은 얼마인가?

[2] 1월부터 6월까지 수취한 받을어음 금액은 얼마인가?

[3] 5월 차량운반구의 감가상각누계액 감소액은 얼마인가?

[4] 6월 중 상환한 외상매입금은 얼마인가?

출제유형 답안

'장부관리 ➡ 계정별원장' 메뉴 실행 후 관련내용 조회

[1] [계정별 탭] 기간(4월1일 ~ 4월 30일), 계정과목(108.외상매출금) 입력 후 조회 **8,500,000원**

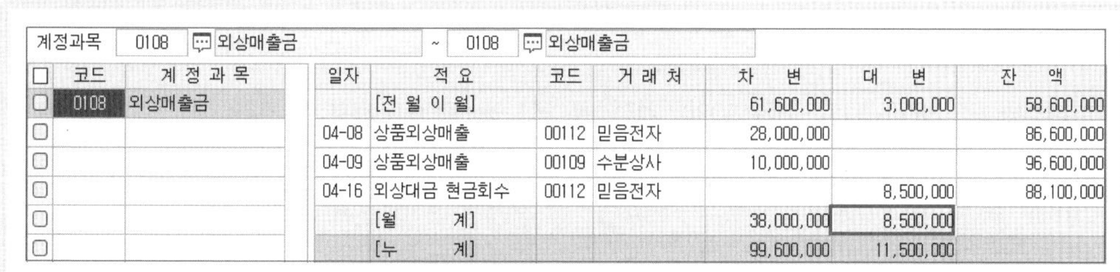

계정과목 0108 외상매출금 ~ 0108 외상매출금

코드	계 정 과 목	일자	적 요	코드	거 래 처	차 변	대 변	잔 액
0108	외상매출금		[전 월 이 월]			61,600,000	3,000,000	58,600,000
		04-08	상품외상매출	00112	믿음전자	28,000,000		86,600,000
		04-09	상품외상매출	00109	수분상사	10,000,000		96,600,000
		04-16	외상대금 현금회수	00112	믿음전자		8,500,000	88,100,000
			[월 계]			38,000,000	8,500,000	
			[누 계]			99,600,000	11,500,000	

[2] [계정별 탭] 기간(1월1일 ~ 6월 30일), 계정과목(110.받을어음) 입력 후 조회 **33,500,000원**

✓ 누계 42,500,000원 - 전기이월 9,000,000원 = 33,500,000원

계정과목 0110 받을어음 ~ 0110 받을어음

코드	계 정 과 목
0110	받을어음

일자	적 요	코드	거 래 처	차 변	대 변	잔 액
	[전 기 이 월]			9,000,000		9,000,000
02-01	상품매출	00104	노량상사	12,000,000		21,000,000
02-22	상품매출	00105	사미상사	1,000,000		22,000,000
02-22	상품매출	00105	사미상사		1,000,000	21,000,000
	[월 계]			13,000,000	1,000,000	
	[누 계]			22,000,000	1,000,000	
03-10	상품매출시 어음수취	00109	수분상사	500,000		21,500,000
03-23	상품매출시 어음수취	00107	서현(주)	5,000,000		26,500,000
	[월 계]			5,500,000		
	[누 계]			27,500,000	1,000,000	
05-05	외상매출금 어음회수	00112	믿음전자	6,500,000		33,000,000
	[월 계]			6,500,000		
	[누 계]			34,000,000	1,000,000	
06-10	상품매출시 어음수취	00114	우진전자	5,000,000		38,000,000
06-10	받을어음 당좌추심	00112	믿음전자		6,500,000	31,500,000
06-15	상품매출시 어음수취	00208	하나상사	1,500,000		33,000,000
06-21	상품매출시 어음수취	00112	믿음전자	2,000,000		35,000,000
	[월 계]			8,500,000	6,500,000	
	[누 계]			42,500,000	7,500,000	

[3] [계정별 탭] 기간(5월1일 ~ 5월 31일), 계정과목(209.감가상각누계액) 입력 후 조회 **6,000,000원**

계정과목 0209 감가상각누계액 ~ 0209 감가상각누계액

코드	계 정 과 목
0209	감가상각누계액

일자	적 요	코드	거 래 처	차 변	대 변	잔 액
	[전 월 이 월]				6,000,000	6,000,000
05-12	차량매각			6,000,000		
	[월 계]			6,000,000		
	[누 계]			6,000,000	6,000,000	

[4] [계정별 탭] 기간(6월1일 ~ 6월 30일), 계정과목(251.외상매입금) 입력 후 조회 **4,800,000원**

계정과목 0251 외상매입금 ~ 0251 외상매입금

코드	계 정 과 목
0251	외상매입금

일자	적 요	코드	거 래 처	차 변	대 변	잔 액
	[전 월 이 월]			3,700,000	65,650,000	61,950,000
06-03	상품외상매입	00207	(주)형제		2,000,000	63,950,000
06-05	상품 외상매입	00104	노량상사		130,000	64,080,000
06-11	외상매입금 현금반제	00207	(주)형제	1,350,000		62,730,000
06-15	외상매입	00219	국보상사		8,000,000	70,730,000
06-17	상품외상매입	00209	중소상사		15,000,000	85,730,000
06-21	상품 외상매입	00209	중소상사		9,500,000	95,230,000
06-24	상품외상매입	00219	국보상사		9,000,000	104,230,000
06-26	재고자산 외상매입	00219	국보상사		4,500,000	108,730,000
06-30	외상매입금 현금반제	00219	국보상사	3,450,000		105,280,000
	[월 계]			4,800,000	48,130,000	
	[누 계]			8,500,000	113,780,000	

참고 계정별원장에서 조회되는 일정기간에 대한 내용은 '일계표(월계표)' 메뉴에서도 동일하게 조회가 가능하다.

3 거래처원장

다음 사항을 조회하여 답안을 작성하시오.

[1] 4월에 발생한 수분상사의 외상매출금은 얼마인가?

[2] 1월~6월 동안 국보상사에 상환한 외상매입금은 얼마인가?

[3] 6월 30일 현재 외상매입금 잔액이 가장 큰 거래처 코드번호와 금액은 얼마인가?

[4] 1월~6월 동안 외상매출금이 가장 많이 발생한 거래처코드와 금액은 얼마인가?

출제유형 답안

'장부관리 ➡ 거래처원장' 메뉴 실행 후 관련내용 조회

[1] [잔액 탭] 기간(4월 1일 ~ 4월 30일), 계정과목(109.외상매출금), 거래처(00109.수분상사) 입력 후 조회

10,000,000원

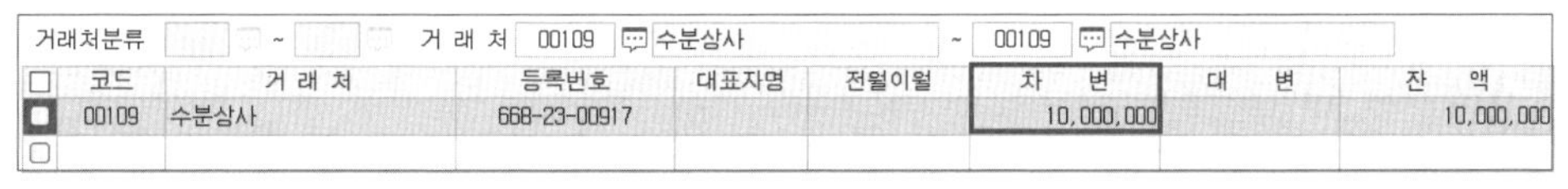
거래처분류 ~ 거래처 00109 수분상사 ~ 00109 수분상사

□	코드	거래처	등록번호	대표자명	전월이월	차변	대변	잔액
■	00109	수분상사	668-23-00917			10,000,000		10,000,000
□								

[2] [잔액 탭] 기간(1월 1일 ~ 6월 30일), 계정과목(251.외상매입금), 거래처(00219.국보상사) 입력 후 조회

3,450,000원

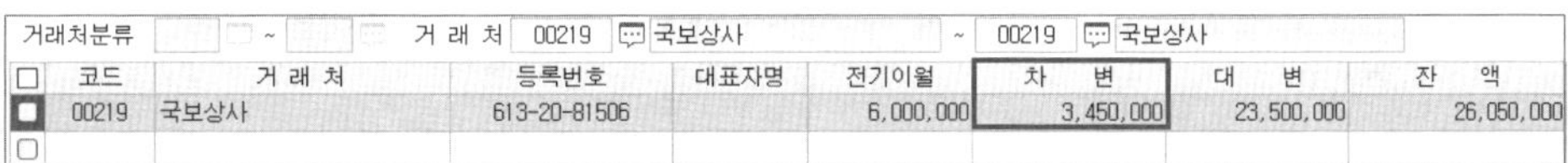
거래처분류 ~ 거래처 00219 국보상사 ~ 00219 국보상사

□	코드	거래처	등록번호	대표자명	전기이월	차변	대변	잔액
■	00219	국보상사	613-20-81506		6,000,000	3,450,000	23,500,000	26,050,000
□								

[3] [잔액 탭] 기간(1월 1일 ~ 6월 30일), 계정과목(251.외상매입금), 거래처(00101.리트상사 ~ 99601.BC카드) 입력 후 조회 **00209, 36,500,000원**

거래처분류 ~ 거 래 처 00101 리트상사 ~ 99601 BC카드

코드	거 래 처	등록번호	대표자명	전기이월	차 변	대 변	잔 액
00104	노랑상사	439-49-00075				130,000	130,000
00105	사미상사	285-08-00363				25,000,000	25,000,000
00106	강원상사	142-26-00565				2,500,000	2,500,000
00201	송백상사	178-74-00022				4,000,000	4,000,000
00207	(주)형제	417-81-24553			1,350,000	2,000,000	650,000
00209	중소상사	867-17-00624		12,000,000		24,500,000	36,500,000
00213	(주)현대	233-87-00300				450,000	450,000
00214	숭실상회	468-05-00540		10,000,000	3,700,000	3,700,000	10,000,000
00219	국보상사	613-20-81506		6,000,000	3,450,000	23,500,000	26,050,000

[4] [잔액 탭] 기간(1월 1일 ~ 6월 30일), 계정과목(108.외상매출금), 거래처(00101.리트상사 ~ 99601.BC카드) 입력 후 조회 **00112, 35,200,000원**

거래처분류 ~ 거 래 처 00101 리트상사 ~ 99601 BC카드

코드	거 래 처	등록번호	대표자명	전기이월	차 변	대 변	잔 액
00106	강원상사	142-26-00565			5,700,000		5,700,000
00108	하이상사	509-02-34165			1,800,000		1,800,000
00109	수분상사	668-23-00917			10,000,000		10,000,000
00111	티이상사	157-45-00442			10,500,000		10,500,000
00112	믿음상사	582-09-01071		20,000,000	35,200,000	18,000,000	37,200,000
00114	우진상사	114-18-71532		10,000,000	8,000,000		18,000,000
00207	(주)형제	417-81-24553		5,000,000			5,000,000
00208	하나상사	601-26-65257			23,000,000		23,000,000
00218	드림상사	172-18-00542			4,200,000		4,200,000

4 총계정원장

다음 사항을 조회하여 답안을 작성하시오.

[1] 1월~6월 동안 상품매출이 가장 많이 발생한 월과 금액은 얼마인가?

[2] 1월~6월 동안 차량유지비 지출이 가장 많이 발생한 월과 금액은 얼마인가?

[3] 하반기(7월~12월) 동안 외상매출금 회수액이 가장 많은 월과 금액은 얼마인가?

[4] 3/4분기(7월~9월) 동안 보통예금의 잔액이 전월대비 가장 많이 증가한 월과 금액은 얼마인가?

출제유형 답안

'장부관리 ➡ 총계정원장' 메뉴 실행 후 관련내용 조회

[1] [월별 탭] 기간(1월 1일~6월 30일), 계정과목(401.상품매출) 입력 후 조회 **2월, 69,800,000원**

월별 | 일별

기 간 2025 년 01 월 01 일 ~ 2025 년 06 월 30 일
계정과목 0401 상품매출 ~ 0401 상품매출

코드	계정과목
0401	상품매출

일자	차변	대변	잔액
2025/01		25,260,000	25,260,000
2025/02		69,800,000	95,060,000
2025/03		67,500,000	162,560,000
2025/04		43,000,000	205,560,000
2025/05		27,600,000	233,160,000
2025/06		28,200,000	261,360,000
합 계		261,360,000	

[2] [월별 탭] 기간(1월 1일~6월 30일), 계정과목(822.차량유지비) 입력 후 조회 **6월, 964,860원**

월별 | 일별

기 간 2025 년 01 월 01 일 ~ 2025 년 06 월 30 일
계정과목 0822 차량유지비 ~ 0822 차량유지비

코드	계정과목
0822	차량유지비

일자	차변	대변	잔액
2025/01	300,000		300,000
2025/02	341,500		641,500
2025/03	295,150		936,650
2025/04	390,000		1,326,650
2025/05	222,060		1,548,710
2025/06	964,860		2,513,570
합 계	2,513,570		

[3] [월별 탭] 기간(7월 1일~12월 31일), 계정과목(108.외상매출금) 입력 후 조회 **12월, 87,300,000원**

월별 | 일별

기 간 2025 년 07 월 01 일 ~ 2025 년 12 월 31 일
계정과목 0108 외상매출금 ~ 0108 외상매출금

코드	계정과목
0108	외상매출금

일자	차변	대변	잔액
[전월이월]	133,400,000	18,000,000	115,400,000
2025/07	30,000,000	7,000,000	138,400,000
2025/08	31,200,000	31,700,000	137,900,000
2025/09	22,500,000	2,500,000	157,900,000
2025/10	8,000,000	3,150,000	162,750,000
2025/11	32,550,000	3,000,000	192,300,000
2025/12	5,500,000	87,300,000	110,500,000
합 계	263,150,000	152,650,000	

[4] [월별 탭] 기간(7월 1일~9월 30일), 계정과목(103.보통예금) 입력 후 조회 **7월, 4,870,000원**

월별 | 일별

기 간 2025 년 07 월 01 일 ~ 2025 년 09 월 30 일
계정과목 0103 보통예금 ~ 0103 보통예금

코드	계정과목
0103	보통예금

일자	차변	대변	잔액
[전월이월]	64,412,000	11,280,410	53,131,590
2025/07	5,000,000	130,000	58,001,590
2025/08		7,420,000	50,581,590
2025/09	2,500,000	16,130,000	36,951,590
합 계	71,912,000	34,960,410	

✓ 7월 증가금액: 7월 잔액 58,001,590원 - 6월 잔액 53,131,590원 = 4,870,000원
✓ 8월 증가금액: 8월 잔액 50,581,590원 - 7월 잔액 58,001,590원 = -7,420,000원
✓ 9월 증가금액: 9월 잔액 36,951,590원 - 8월 잔액 50,581,590원 = -13,630,000원

5 현금출납장

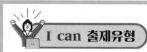

다음 사항을 조회하여 답안을 작성하시오.

[1] 1월 24일 현재 현금잔액은 얼마인가?

[2] 10월 중 현금 입금액은 얼마인가?

[3] 3월 한 달 동안 현금유입액과 현금유출액의 차액은 얼마인가?

출제유형 답안

'장부관리 ➡ 현금출납장' 메뉴 실행 후 관련내용 조회

[1] [전체 탭] 기간(1월 24일 ~ 1월 24일) 입력 후 조회 **7,363,880원**

일자	코드	적 요	코드	거 래 처	입 금	출 금	잔 액
		[전 일 이 월]			30,460,000	22,973,540	7,486,460
01-24		난방용 유류대 지급				16,000	
01-24		식대 지급				60,000	
01-24		전산용품				46,580	7,363,880
		[월 계]				122,580	
		[누 계]			30,460,000	23,096,120	

[2] [전체 탭] 기간(10월 1일 ~ 10월 31일) 입력 후 조회 **3,100,000원**

일자	코드	적 요	코드	거 래 처	입 금	출 금	잔 액
		[전 월 이 월]			222,690,000	194,780,250	27,909,750
10-06		차량등록세 납부				400,000	27,509,750
10-07		직원식대및차대 지급				535,000	26,974,750
10-11	1	갑근세등예수금 현금납부				110,000	
10-11		기타 세무 자문료 지급				50,000	26,814,750
10-14		현금과부족			100,000		26,914,750
10-16		전화료및 전신료 납부				32,000	
10-16		수입인지대				50,000	
10-16		문구대				180,000	26,652,750
10-22		문구류구입				300,000	
10-22	1	거래처접대비(신용카드)				700,000	25,652,750
10-23		외상매출금 현금출금	00114	우진상사		5,000,000	
10-23	2	도시가스대금 납부				365,000	
10-23		거래처경조사비 지급				200,000	
10-23	1	전화요금납부				220,000	19,867,750
10-24		외상대금 현금회수	00207	(주)형제	3,000,000		
10-24		상품 현금매입	00219	국보상사		1,620,000	
10-24	1	식대 지급				275,000	20,972,750
10-25		사무실임차료 지급				500,000	20,472,750
		[월 계]			3,100,000	10,537,000	
		[누 계]			225,790,000	205,317,250	

[3] [전체 탭] 기간(3월 1일 ~ 3월 31일) 입력 후 조회 **21,775,860원**

일자	코드	적 요	코드	거 래 처	입 금	출 금	잔 액
03-09		식대 지급				66,000	35,381,430
03-11		식대 지급				45,000	35,336,430
03-14	1	유류대 지급				46,500	35,289,930
03-15	3	국내 일반매출			30,000,000		
03-15		식대 지급				78,500	65,211,430
03-16		식대 지급				45,440	65,165,990
03-18		직원식대및차대 지급				200,000	64,965,990
03-19		전산용품				80,000	
03-19		유류대 지급				78,000	64,807,990
03-20		직원급여 지급				3,500,000	61,307,990
03-21		시내교통비 지급				160,000	61,147,990
03-23	1	보통예금 현금입금	98001	우리은행	3,000,000		
03-23	3	기타소모품비 지급				45,000	
03-23		식대 지급				38,500	
03-23	1	전화요금납부				94,000	
03-23		유류대 지급				90,000	
03-23		식대 지급				46,500	
03-23	1	유류대 지급				66,000	
03-23		식대 지급				88,000	
03-23		기타 세무 자문료 지급				50,000	
03-23		사무실임차료 지급				500,000	
03-23		기타소모품비 지급				25,000	
03-23		식대 지급				60,000	63,044,990
		[월 계]			54,500,000	32,724,140	
		[누 계]			133,260,000	70,215,010	

✓ 현금유입액(54,500,000원) – 현금유출액(32,724,140원) = 21,775,860원

6 재무제표 등

I can 출제유형

다음 사항을 조회하여 답안을 작성하시오.

[1] 상반기(1월~6월) 동안의 상품매출액은 얼마인가?

[2] 상반기(1월~6월) 동안의 영업외비용은 얼마인가?

[3] 상반기(1월~6월) 동안 발생된 판매비와관리비 중 발생금액이 가장 큰 계정과목의 코드번호는?

[4] 당기 6월 말 현재 상품매출액은 전기말과 비교하여 얼마나 증가하였는가?

[5] 2025년 당기의 영업이익은 얼마인가?

[6] 3월 31일 현재 현금및현금성자산 잔액은 얼마인가?

[7] 3월 31일 현재 매입채무 잔액은 얼마인가?

[8] 5월 말 현재 유동자산에서 유동부채를 차감한 금액은 얼마인가?

출제유형 답안

'결산/재무제표'에서 해당메뉴 실행 후 관련내용 조회

[1] [합계잔액시산표] ➜ [관리용 탭] 기간(6월 30일) 입력 후 조회 **261,360,000원**

기간 2025 년 06 월 30 일

관리용 | 제출용 | 표준용

차변 잔액	차변 합계	계정과목	대변 합계	대변 잔액
		5.자 본 금	56,000,000	56,000,000
		자 본 금	56,000,000	56,000,000
		6.매 출	261,360,000	261,360,000
		상 품 매 출	261,360,000	261,360,000
46,194,060	46,194,060	7.판 매 비및일반관리비		
20,000,000	20,000,000	급 여		

✓ [손익계산서] ➜ [관리용 탭] 기간(6월)에서도 동일한 금액이 조회된다.

[2] [합계잔액시산표] ➜ [관리용 탭] 기간(6월 30일) 입력 후 조회 **20,000원**

기간 2025 년 06 월 30 일

관리용 | 제출용 | 표준용

차변 잔액	차변 합계	계정과목	대변 합계	대변 잔액
		자 본 금	56,000,000	56,000,000
		6.매 출	261,360,000	261,360,000
		상 품 매 출	261,360,000	261,360,000
46,194,060	46,194,060	7.판 매 비및일반관리비		
20,000,000	20,000,000	급 여		
5,543,080	5,543,080	복 리 후 생 비		
1,124,650	1,124,650	여 비 교 통 비		
5,800,000	5,800,000	기 업 업 무 추 진 비		
404,000	404,000	통 신 비		
299,000	299,000	수 도 광 열 비		
290,900	290,900	세 금 과 공 과		
2,500,000	2,500,000	임 차 료		
6,500,000	6,500,000	수 선 비		
2,513,570	2,513,570	차 량 유 지 비		
888,860	888,860	소 모 품 비		
330,000	330,000	수 수 료 비 용		
20,000	20,000	8.영 업 외 비 용		
20,000	20,000	이 자 비 용		
452,740,000	632,311,460	합 계	632,311,460	452,740,000

✓ [손익계산서] ➜ [관리용 탭] 기간(6월)에서도 동일한 금액이 조회된다.

[3] [손익계산서] ➜ [관리용 탭] 기간(6월) 입력 후 조회 **801**

≡ F3 유형 F4 통합계정 F6 원장조회 F7 주식수 F11 계정코드 CF4 타이틀 변경 CF5 CF7 분류표시 ▾ CF9 영어계정 CF12

참고 상단 [F11 계정코드]를 클릭하면 과목 앞에 계정코드가 표시된다.

기간 2025 년 06 월

관리용 | 제출용 | 표준용

과 목	제 15(당)기 2025년1월1일 ~ 2025년6월30일 금액		제 14(전)기 2023년1월1일 ~ 2023년12월31일 금액	
Ⅰ.매출액		261,360,000		257,000,000
[0401] 상품매출	261,360,000		257,000,000	
Ⅱ.매출원가				205,000,000
[0451] 상품매출원가				205,000,000
[0146] 기초상품재고액	13,000,000		20,000,000	
[0146] 당기상품매입액	87,180,000		198,000,000	
[0146] 기말상품재고액	100,180,000		13,000,000	
Ⅲ.매출총이익		261,360,000		52,000,000
Ⅳ.판매비와관리비		46,194,060		30,190,000
[0801] 급여	20,000,000		20,000,000	
[0811] 복리후생비	5,543,080		1,500,000	
[0812] 여비교통비	1,124,650			
[0813] 기업업무추진비	5,800,000		4,300,000	
[0814] 통신비	404,000			
[0815] 수도광열비	299,000			
[0817] 세금과공과	290,900			
[0818] 감가상각비			500,000	
[0819] 임차료	2,500,000			
[0820] 수선비	6,500,000			
[0821] 보험료			700,000	
[0822] 차량유지비	2,513,570		2,300,000	
[0830] 소모품비	888,860		890,000	
[0831] 수수료비용	330,000			
Ⅴ.영업이익		215,165,940		21,810,000

✓ [합계잔액시산표] ➜ [관리용 탭] 기간(6월 30일)에서도 동일한 내용이 조회된다.

[4] [손익계산서] ➜ [관리용 탭] 기간(6월) 입력 후 조회 **4,360,0000원**

기간 2025 년 06 월

관리용 | 제출용 | 표준용

과 목	제 15(당)기 2025년1월1일 ~ 2025년6월30일 금액		제 14(전)기 2023년1월1일 ~ 2023년12월31일 금액	
Ⅰ.매출액		261,360,000		257,000,000
[0401] 상품매출	261,360,000		257,000,000	
Ⅱ.매출원가				205,000,000
[0451] 상품매출원가				205,000,000
[0146] 기초상품재고액	13,000,000		20,000,000	
[0146] 당기상품매입액	87,180,000		198,000,000	
[0146] 기말상품재고액	100,180,000		13,000,000	
Ⅲ.매출총이익		261,360,000		52,000,000

✓ 당기(6월말) 261,360,000원 – 전기(6월말) 257,000,000원 = 4,360,000원

[5] [손익계산서] ➜ [관리용 탭] 기간(12월) 입력 후 조회 **172,610,420원**

기간 2025 년 12 월

관리용 | 제출용 | 표준용

과 목	제 15(당)기 2025년1월1일 ~ 2025년12월31일 금액		제 14(전)기 2023년1월1일 ~ 2023년12월31일 금액	
Ⅳ.판매비와관리비		90,839,580		30,190,000
[0801] 급여	39,600,000		20,000,000	
[0811] 복리후생비	12,200,280		1,500,000	
[0812] 여비교통비	1,927,450			
[0813] 기업업무추진비	10,060,500		4,300,000	
[0814] 통신비	1,402,300			
[0815] 수도광열비	1,958,000			
[0817] 세금과공과	1,952,400			
[0818] 감가상각비			500,000	
[0819] 임차료	5,000,000			
[0820] 수선비	6,560,000			
[0821] 보험료			700,000	
[0822] 차량유지비	7,891,170		2,300,000	
[0824] 운반비	106,500			
[0830] 소모품비	1,600,980		890,000	
[0831] 수수료비용	580,000			
Ⅴ.영업이익		172,610,420		21,810,000
Ⅵ.영업외수익		450,000		3,200,000
[0901] 이자수익	450,000		200,000	
[0930] 잡이익			3,000,000	
Ⅶ.영업외비용		3,530,000		850,000

[6] [재무상태표] ➜ [제출용 탭] 기간(3월) 입력 후 조회 **119,749,980원**

기간 2025 년 03 월

관리용 | 제출용 | 표준용

과 목	제 15(당)기 2025년1월1일 ~ 2025년3월31일 금액		제 14(전)기 2023년1월1일 ~ 2023년12월31일 금액	
자산				
Ⅰ.유동자산		258,949,980		83,700,000
① 당좌자산		210,749,980		70,700,000
현금및현금성자산	119,749,980		22,300,000	
단기투자자산	500,000			
매출채권	85,100,000		44,000,000	
대손충당금	(100,000)		(100,000)	
미수금	4,500,000		4,500,000	
선급금	1,000,000			
② 재고자산		48,200,000		13,000,000
상품	48,200,000		13,000,000	

✓ [합계잔액시산표] ➜ [제출용 탭] 기간(6월 30일)에서도 동일한 금액이 조회된다.

[7] [재무상태표] ➜ [제출용 탭] 기간(3월) 입력 후 조회 **78,200,000원**

기간 2025 년 03 월

관리용 | 제출용 | 표준용

과 목	제 15(당)기 2025년1월1일 ~ 2025년3월31일 금액		제 14(전)기 2023년1월1일 ~ 2023년12월31일 금액	
부채				
Ⅰ.유동부채		82,800,000		48,300,000
매입채무	78,200,000		43,000,000	
미지급금	4,600,000		4,600,000	
예수금			700,000	
Ⅱ.비유동부채		10,000,000		10,000,000
장기차입금	10,000,000		10,000,000	
부채총계		92,800,000		58,300,000
자본				
Ⅰ.자본금		197,749,980		56,000,000
자본금	197,749,980		56,000,000	

✓ [합계잔액시산표] ➜ [제출용 탭] 기간(3월 31일)에서도 동일한 금액이 조회된다.

[8] [재무상태표] ➜ [관리용] 기간(5월) 입력 후 조회 **243,200,950원**

기간 2025 년 05 월

관리용 | 제출용 | 표준용

과 목	제 15(당)기 2025년1월1일 ~ 2025년5월31일 금액		제 14(전)기 2023년1월1일 ~ 2023년12월31일 금액	
자산				
Ⅰ.유동자산		324,750,950		83,700,000
① 당좌자산		272,300,950		70,700,000
현금		52,069,360		8,800,000
당좌예금		3,000,000		3,000,000
보통예금		53,131,590		10,500,000
단기매매증권		500,000		
외상매출금	106,200,000		35,000,000	
대손충당금	100,000	106,100,000	100,000	34,900,000
받을어음		33,000,000		9,000,000
단기대여금		3,000,000		
미수금		20,500,000		4,500,000
선급금		1,000,000		
② 재고자산		52,450,000		13,000,000
상품		51,450,000		13,000,000
소모품		1,000,000		
Ⅱ.비유동자산		16,475,400		30,600,000
① 투자자산				
② 유형자산		8,475,400		22,600,000
차량운반구			22,000,000	
감가상각누계액			6,000,000	16,000,000
비품	8,875,400		7,000,000	
감가상각누계액	400,000	8,475,400	400,000	6,600,000
③ 무형자산				
④ 기타비유동자산		8,000,000		8,000,000
임차보증금		8,000,000		8,000,000
자산총계		341,226,350		114,300,000
부채				
Ⅰ.유동부채		81,550,000		48,300,000
외상매입금		61,950,000		28,000,000

✓ 유동자산(324,750,950원) - 유동부채(81,550,000원) = 243,200,950원

4부

최신 기출문제 (106~117회)

I Can!

전산회계 2급

교재 백데이터 다운받고 설치하기

(1) '삼일아이닷컴 홈페이지(https://www.samili.com)'에 접속하여, 상단부 [제품몰]을 클릭한다.
(2) 왼쪽 메뉴 중 [전산세무회계수험서 자료실]을 클릭하여 [전산회계 2급 백데이터]를 다운받는다.
(3) 다운로드한 백데이터를 더블클릭하여 실행한다.
(4) 백데이터 설치가 완료되면 프로그램이 자동으로 실행된다.
(4) [전산회계 2급]을 선택한 후 하단 회사등록 을 클릭한다.
(5) [회사등록]화면 상단의 F4 회사코드재생성 을 클릭한다.
(6) 문제를 풀고자 하는 회사를 선택하여 로그인 을 클릭한다.

제106회 기출문제

이론시험

다음 문제를 보고 알맞은 것을 골라 [이론문제 답안작성] 메뉴에 입력하시오. (객관식 문항당 2점)

기본전제

문제에서 한국채택국제회계기준을 적용하도록 하는 전제조건이 없는 경우, 일반기업회계기준을 적용한다.

01 **다음 중 일반기업회계기준상 회계의 목적에 대한 설명으로 가장 거리가 먼 것은?**

① 미래 자금흐름 예측에 유용한 회계 외 비화폐적 정보의 제공
② 경영자의 수탁책임 평가에 유용한 정보의 제공
③ 투자 및 신용의사결정에 유용한 정보의 제공
④ 재무상태, 경영성과, 현금흐름 및 자본변동에 관한 정보의 제공

02 **다음 중 보기의 거래에 대한 분개로 틀린 것은?**

① 차용증서를 발행하고 현금 1,000,000원을 단기차입하다.

(차) 현금	1,000,000원	(대) 단기차입금	1,000,000원

② 비품 1,000,000원을 외상으로 구입하다.

(차) 비품	1,000,000원	(대) 외상매입금	1,000,000원

③ 상품매출 계약금으로 현금 1,000,000원을 수령하다.

(차) 현금	1,000,000원	(대) 선수금	1,000,000원

④ 직원부담분 건강보험료와 국민연금 1,000,000원을 현금으로 납부하다.

(차) 예수금	1,000,000원	(대) 현금	1,000,000원

03 **다음 중 일정기간 동안 기업의 경영성과를 나타내는 재무보고서의 계정과목으로만 짝지어진 것은?**

① 매출원가, 외상매입금　　② 매출액, 미수수익
③ 매출원가, 기부금　　④ 선급비용, 기부금

04 **다음 중 거래의 8요소와 그 예시가 적절한 것을 모두 고른 것은?**

가. 자산증가/자산감소: 기계장치 100,000원을 구입하고, 대금은 보통예금으로 지급하다.
나. 자산증가/자본증가: 현금 100,000원을 출자하여 회사를 설립하다.
다. 자산증가/부채증가: 은행으로부터 100,000원을 차입하고 즉시 보통예금으로 수령하다.
라. 부채감소/자산감소: 외상매입금 100,000원을 현금으로 지급하다.

① 가, 나　　② 가, 나, 다
③ 가, 다, 라　　④ 가, 나, 다, 라

05 **다음의 잔액시산표에서 (가), (나)에 각각 들어갈 금액으로 옳은 것은?**

잔액시산표

안산㈜　　2025.12.31.　　단위: 원

차변	계정과목	대변
100,000	현금	
700,000	건물	
	외상매입금	90,000
	자본금	(나)
	이자수익	40,000
50,000	급여	
(가)		(가)

	(가)	(나)
①	140,000원	740,000원
②	850,000원	740,000원
③	140,000원	720,000원
④	850,000원	720,000원

06 **다음 중 결산 시 손익으로 계정을 마감하는 계정과목에 해당하는 것은?**

① 이자수익 ② 자본금 ③ 미지급금 ④ 외상매출금

07 **다음과 같은 특징을 가진 자산이 아닌 것은?**

- 보고기간 종료일로부터 1년 이상 장기간 사용 가능한 자산
- 타인에 대한 임대 또는 자체적으로 사용할 목적의 자산
- 물리적 형태가 있는 자산

① 상품 판매 및 전시를 위한 상가
② 상품 판매를 위한 재고자산
③ 상품 운반을 위한 차량운반구
④ 상품 판매를 위한 상가에 설치한 시스템에어컨

08 **다음은 ㈜무릉의 재무제표 정보이다. 이를 이용하여 2025 회계연도 말 부채합계를 구하면 얼마인가?**

구분	2024년 12월 31일	2025년 12월 31일
자산합계	8,500,000원	11,000,000원
부채합계	4,000,000원	?
2025 회계연도 중 자본변동내역	당기순이익 800,000원	

① 3,700,000원 ② 4,700,000원
③ 5,700,000원 ④ 6,200,000원

09 **다음 중 재고자산과 관련된 지출 금액으로서 재고자산의 취득원가에서 차감하는 것은?**

① 매입운임 ② 매출운반비 ③ 매입할인 ④ 급여

10 **2025년 1월 1일 취득한 건물(내용연수 10년)을 정액법에 의하여 기말에 감가상각한 결과, 당기 감가상각비는 9,000원이었다. 건물의 잔존가치가 5,000원이라고 할 때 취득원가는 얼마인가?**

① 100,000원 ② 95,000원
③ 90,000원 ④ 85,000원

11 **다음 중 유동자산에 속하지 않는 것은?**

① 외상매출금 ② 선급비용
③ 기계장치 ④ 상품

12 **다음 자료에서 당기 기말손익계산서에 계상되는 임대료는 얼마인가?**

• 당기 임대료로 3,600,000원을 현금으로 받다.
• 당기에 받은 임대료 중 차기에 속하는 금액은 900,000원이다.

① 900,000원 ② 2,700,000원
③ 3,600,000원 ④ 4,500,000원

13 **급여 지급 시 총급여 300,000원 중 근로소득세 10,000원을 차감하고 290,000원을 현금으로 지급하였다. 이 거래에서 나타날 유동부채 계정으로 적합한 것은?**

① 예수금 ② 미수금 ③ 가수금 ④ 선수금

14 **다음의 결산일 현재 계정별원장 중 자본금 원장에 대한 설명으로 옳지 않은 것은?**

자본금

차변		대변	
12/31 차기이월	2,900,000원	01/01 전기이월	2,000,000원
		12/31 손익	900,000원

① 기초자본금은 2,000,000원이다.
② 당기순이익 900,000원이 발생되었다.
③ 차기의 기초자본금은 2,900,000원이다.
④ 결산일 자본금 원장은 손익 2,000,000원으로 마감되었다.

15 **다음 중 세금과공과 계정을 사용하여 회계처리하는 거래는 무엇인가?**

① 본사 업무용 건물의 재산세를 현금으로 납부하다.
② 급여 지급 시 근로소득세를 원천징수 후 잔액을 현금으로 지급하다.
③ 차량운반구를 취득하면서 취득세를 현금으로 지급하다.
④ 회사 대표자의 소득세를 현금으로 납부하다.

실무시험

백제상사(코드번호:1064)는 사무용품을 판매하는 개인기업이다. 당기(제12기)의 회계기간은 2025.1.1. ~ 2025.12.31.이다. 전산세무회계 수험용 프로그램을 이용하여 다음 물음에 답하시오.

기본전제

- 문제에서 한국채택국제회계기준을 적용하도록 하는 전제조건이 없는 경우, 일반기업회계기준을 적용하여 회계처리 한다.
- 문제의 풀이와 답안작성은 제시된 문제의 순서대로 진행한다.

문제 1

다음은 백제상사의 사업자등록증이다. [회사등록] 메뉴에 입력된 내용을 검토하여 누락분은 추가입력하고 잘못된 부분은 정정하시오(주소 입력 시 우편번호는 입력하지 않아도 무방함). (6점)

사업자등록증
(일반과세자)
등록번호 305-52-36547

상　호　명 : 백제상사
대 표 자 명 : 최인승　생년월일 : 1965 년 05 월 05 일
개 업 연 월 일 : 2014 년 03 월 14 일
사업장소재지 : 대전광역시 중구 대전천서로 7(옥계동)
사업자의 종류 : 업태 도소매　종목 문구 및 잡화
발 급 사 유 : 신규

사업자 단위 과세 적용사업자 여부: 여( ) 부(V)
전자세금계산서 전용 전자우편주소:

2014년 03월 14일
대전세무서장

문제 2

다음은 백제상사의 [전기분재무상태표]이다. 입력되어 있는 자료를 검토하여 오류 부분은 정정하고 누락된 부분은 추가 입력하시오. (6점)

재무상태표

회사명: 백제상사 제11기 2024.12.31. 현재 (단위: 원)

과목	금액		과목	금액	
현 금		45,000,000	외 상 매 입 금		58,000,000
당 좌 예 금		30,000,000	지 급 어 음		70,000,000
보 통 예 금		23,000,000	미 지 급 금		49,000,000
외 상 매 출 금	40,000,000		단 기 차 입 금		80,000,000
대 손 충 당 금	400,000	39,600,000	장 기 차 입 금		17,500,000
받 을 어 음	60,000,000		자 본 금		418,871,290
대 손 충 당 금	520,000	59,480,000	(당기순이익:		
단 기 대 여 금		10,000,000	10,000,000)		
상 품		90,000,000			
토 지		274,791,290			
건 물	30,000,000				
감가상각누계액	2,500,000	27,500,000			
차 량 운 반 구	50,000,000				
감가상각누계액	14,000,000	36,000,000			
비 품	60,000,000				
감가상각누계액	2,000,000	58,000,000			
자 산 총 계		693,371,290	부채와자본총계		693,371,290

문제 3

다음 자료를 이용하여 입력하시오. (6점)

[1] 거래처의 사업자등록증이 다음과 같이 정정되었다. 확인하여 변경하시오. (3점)

고구려상사 (코드: 01111)	• 대표자명: 이재천	• 사업자등록번호: 365-35-12574	
	• 업태: 도소매	• 종목: 잡화	• 유형: 동시
	• 사업장소재지: 경기도 남양주시 진접읍 장현로 83		

[2] 백제상사의 거래처별 초기이월 자료는 다음과 같다. 주어진 자료를 검토하여 잘못된 부분은 오류를 정정하고, 누락된 부분은 추가하여 입력하시오. (3점)

계정과목	거래처명	금액(원)	계정과목	거래처명	금액(원)
외상매출금	고려상사	18,000,000원	외상매입금	조선상사	22,000,000원
	부여상사	9,000,000원		신라상사	17,000,000원
	발해상사	13,000,000원		가야상사	19,000,000원

문제 4

다음의 거래 자료를 [일반전표입력] 메뉴를 이용하여 입력하시오. (24점)

입력 시 유의사항

- 적요의 입력은 생략한다.
- 부가가치세는 고려하지 않는다.
- 채권·채무와 관련된 거래는 별도의 요구가 없는 한 반드시 기등록된 거래처코드를 선택하는 방법으로 거래처명을 입력한다.
- 회계처리 시 계정과목은 별도의 제시가 없는 한 등록된 계정과목 중 가장 적절한 과목으로 한다.

[1] **07월 09일** 영업부에서 사용할 차량 45,000,000원을 구입하고 당좌수표를 발행하여 지급하다. (3점)

[2] **07월 10일** 진영상사로부터 상품 1,000,000원(1,000개, 1개당 1,000원)을 매입하기로 계약하고, 계약금으로 상품 대금의 10%를 보통예금 계좌에서 이체하여 지급하다. (3점)

[3] **07월 25일** 광주상사에 대한 상품 외상매입금 900,000원을 약정기일보다 빠르게 현금 지급하고, 외상매입금의 1%를 할인받다(단, 할인금액은 매입할인으로 처리한다). (3점)

[4] **08월 25일** 보유하고 있던 건물(취득원가 30,000,000원)을 하나상사에 29,000,000원에 매각하다. 대금 중 10,000,000원은 보통예금 계좌로 받고, 잔액은 다음 달 10일에 수령하기로 하다. 단, 8월 25일까지 해당 건물의 감가상각누계액은 2,500,000원이다. (3점)

[5] **10월 13일** 발해상사에 상품을 2,300,000원에 판매하고 대금 중 1,200,000원은 동점 발행 약속어음을 수령하였으며, 잔액은 2개월 후에 받기로 하다. (3점)

[6] **10월 30일** 직원의 결혼식에 보내기 위한 축하화환을 멜리꽃집에서 주문하고 대금은 현금으로 지급하면서 아래와 같은 현금영수증을 수령하다. (3점)

현금영수증

승인번호	구매자 발행번호	발행방법
G54782245	305-52-36547	지출증빙
신청구분	발행일자	취소일자
사업자번호	2025.10.30.	-
상품명		
축하3단화환		
구분	주문번호	상품주문번호
일반상품	2025103054897	2025103085414

판매자 정보

판매자상호	대표자명
멜리꽃집	김나리
사업자등록번호	판매자전화번호
201-17-45670	032-459-8751
판매자사업장주소	
인천시 계양구 방축로 106, 75-3	

금액

공급가액			1	0	0	0	0	0
부가세액								
봉사료								
승인금액			1	0	0	0	0	0

[7] **10월 31일** 거래처 가야상사 직원인 정가야 씨의 결혼식 모바일 청첩장을 문자메시지로 받고 축의금 200,000원을 보통예금 계좌에서 지급하다. (3점)

김금관 ♥ 정가야
결혼식에 초대합니다.
2025년 11월 6일 오후 13시
경북 대가야웨딩홀 3층
마음 전하실 곳
가야저축은행 100-200-300 정가야

[8] **11월 10일** 회사의 사내 게시판에 부착할 사진을 우주사진관에서 현상하고, 대금은 현대카드로 결제하다. (3점)

카드매출전표

카드종류: 현대카드
카드번호: 1234-4512-20**-9965
거래일시: 2025.11.10. 09:30:51
거래유형: 신용승인
금 액: 30,000원
결제방법: 일시불
승인번호: 12345539
은행확인: 신한은행

가맹점명: 우주사진관
- 이하생략 -

문제 5

[일반전표입력] 메뉴에 입력된 내용 중 다음의 오류가 발견되었다. 입력된 내용을 검토하고 수정 또는 삭제, 추가 입력하여 올바르게 정정하시오. (6점)

입력 시 유의사항

- 적요의 입력은 생략한다.
- 부가가치세는 고려하지 않는다.
- 채권·채무와 관련된 거래는 별도의 요구가 없는 한 반드시 기등록된 거래처코드를 선택하는 방법으로 거래처명을 입력한다.
- 회계처리 시 계정과목은 별도의 제시가 없는 한 등록된 계정과목 중 가장 적절한 과목으로 한다.

[1] **09월 08일** 거래처 신라상사의 단기차입금 25,000,000원을 보통예금 계좌에서 이체하여 상환한 것으로 회계처리하였으나 실제로는 거래처 조선상사에 대한 외상매입금 25,000,000원을 보통예금 계좌에서 이체하여 지급한 것으로 확인되었다. (3점)

[2] **11월 21일** 당사가 현금으로 지급한 축의금 200,000원은 매출거래처 직원의 축의금이 아니라 대표자 개인이 부담해야 할 대표자 동창의 결혼축의금으로 판명되었다. (3점)

문제 6

다음의 결산정리사항을 입력하여 결산을 완료하시오. (12점)

입력 시 유의사항

- 적요의 입력은 생략한다.
- 부가가치세는 고려하지 않는다.
- 채권·채무와 관련된 거래는 별도의 요구가 없는 한 반드시 기등록된 거래처코드를 선택하는 방법으로 거래처명을 입력한다.
- 회계처리 시 계정과목은 별도의 제시가 없는 한 등록된 계정과목 중 가장 적절한 과목으로 한다.

[1] 기말 외상매입금 중에는 미국 ABC사의 외상매입금 11,000,000원(미화 $10,000)이 포함되어 있는데, 결산일 현재의 적용환율은 미화 1$당 1,250원이다. (3점)

[2] 결산일 현재 실제 현금 보관액이 장부가액보다 66,000원 많음을 발견하였으나, 그 원인을 알 수 없다. (3점)

[3] 기말 현재 단기차입금에 대한 이자 미지급액 125,000원을 계상하다. (3점)

[4] 당기분 비품 감가상각비는 250,000원, 차량운반구 감가상각비는 1,200,000원이다. 모두 영업부서에서 사용한다. (3점)

문제 7

다음 사항을 조회하여 알맞은 답안을 [이론문제 답안작성] 메뉴에 입력하시오. (10점)

[1] 6월 말 현재 외상매출금 잔액이 가장 많은 거래처와 금액은 얼마인가? (4점)

[2] 1월부터 3월까지의 판매비와관리비 중 소모품비 지출액이 가장 많은 월의 금액과 가장 적은 월의 금액을 합산하면 얼마인가? (3점)

[3] 6월 말 현재 받을어음의 회수가능금액은 얼마인가? (3점)

제107회 기출문제

이론시험

다음 문제를 보고 알맞은 것을 골라 [이론문제 답안작성] 메뉴에 입력하시오. (객관식 문항당 2점)

기본전제

문제에서 한국채택국제회계기준을 적용하도록 하는 전제조건이 없는 경우, 일반기업회계기준을 적용한다.

01 다음 중 회계상 거래에 해당하는 것은?

① 판매점 확장을 위하여 직원을 채용하고 근로계약서를 작성하다.
② 사업확장을 위하여 은행에서 운영자금을 차입하기로 결정하다.
③ 재고 부족이 예상되어 판매용 상품을 추가로 주문하다.
④ 당사 데이터센터의 화재로 인하여 서버용 PC가 소실되다.

02 다음 중 거래요소의 결합 관계가 잘못 짝지어진 것은?

① (차) 자본의 감소 (대) 자산의 증가
② (차) 수익의 소멸 (대) 자산의 감소
③ (차) 비용의 발생 (대) 부채의 증가
④ (차) 부채의 감소 (대) 자본의 증가

03 **다음의 거래 중 비용이 발생하지 않는 것은?**

① 업무용 자동차에 대한 당기분 자동차세 100,000원을 현금으로 납부하다.
② 적십자회비 100,000원을 현금으로 납부하다.
③ 상공회의소 회비 100,000원을 현금으로 납부하다.
④ 전월에 급여 지급 시 원천징수한 근로소득세를 현금으로 납부하다.

04 **다음 계정과목 중 증가 시 재무상태표상 대변 항목이 아닌 것은?**

① 자본금
② 선수이자
③ 선급금
④ 외상매입금

05 **다음의 자료에서 당좌자산의 합계액은 얼마인가?**

• 현금: 300,000원	• 보통예금: 800,000원	• 외상매입금: 400,000원
• 외상매출금: 200,000원	• 단기매매증권: 500,000원	

① 1,700,000원
② 1,800,000원
③ 2,000,000원
④ 2,200,000원

06 **다음 자료에서 설명하는 계정과목으로 옳은 것은?**

상품 판매대금을 조기에 수취함에 따른 계약상 약정에 의한 일정 대금의 할인

① 매출채권처분손실
② 매출환입
③ 매출할인
④ 매출에누리

07 **다음 중 일반적인 상거래에서 발생한 것으로 아직 회수되지 않은 경우의 회계처리 시 계정과목으로 올바른 것은?**

① 미수수익
② 선수수익
③ 미수금
④ 외상매출금

08 다음 자료에서 기말자본은 얼마인가?

• 기초자본: 1,000,000원 • 총비용: 5,000,000원 • 총수익: 8,000,000원

① 2,000,000원
② 3,000,000원
③ 4,000,000원
④ 8,000,000원

09 다음은 당기 손익계산서의 일부를 발췌한 자료이다. 당기 매출액을 구하시오.

매출액	기초상품재고액	당기총매입액	기말상품재고액	매출총이익
? 원	25,000,000원	168,000,000원	15,000,000원	172,000,000원

① 350,000,000원
② 370,000,000원
③ 372,000,000원
④ 382,000,000원

10 다음 자료의 ( ) 안에 들어갈 계정과목으로 가장 적절한 것은?

( )은 기업의 주된 영업활동인 상품 등을 판매하고 이에 대한 대금으로 상대방으로부터 수취한 어음이다.

① 지급어음
② 받을어음
③ 외상매출금
④ 선수금

11 다음은 차량운반구의 처분과 관련된 자료이다. 차량운반구의 처분가액은 얼마인가?

• 취득가액: 16,000,000원 • 감가상각누계액: 9,000,000원
• 유형자산처분손실: 1,000,000원

① 6,000,000원
② 7,000,000원
③ 8,000,000원
④ 14,000,000원

12 다음 중 일정 시점의 재무상태를 나타내는 재무보고서의 계정과목으로만 짝지어진 것이 아닌 것은?

① 외상매입금, 선수금
② 임대료, 이자비용
③ 선급금, 외상매출금
④ 선수금, 보통예금

13 **다음 중 아래의 빈칸에 들어갈 내용으로 적절한 것은?**

> 현금및현금성자산은 통화 및 타인발행수표 등 통화대용증권과 당좌예금, 보통예금 및 큰 거래비용 없이 현금으로 전환이 용이하고, 이자율 변동에 따른 가치변동의 위험이 경미한 금융상품으로서 취득 당시 만기일 또는 상환일이 (　　　) 이내인 것을 말한다.

① 1개월　　② 2개월
③ 3개월　　④ 6개월

14 **재고자산의 단가 결정방법 중 아래의 자료에서 설명하는 특징을 가진 것은?**

> • 실제 물량 흐름과 유사하다.
> • 현행수익에 과거원가가 대응된다.
> • 기말재고가 가장 최근에 매입한 상품의 단가로 계상된다.

① 선입선출법　　② 후입선출법
③ 총평균법　　④ 개별법

15 **다음 중 영업외수익에 해당하는 항목으로 적절한 것은?**

① 미수수익　　② 경상개발비
③ 외환차손　　④ 이자수익

실무시험

태형상사(코드번호: 1074)는 사무기기를 판매하는 개인기업으로 당기(제10기) 회계기간은 2025.1.1. ~ 2025.12.31.이다. 전산세무회계 수험용 프로그램을 이용하여 다음 물음에 답하시오.

기본전제

- 문제에서 한국채택국제회계기준을 적용하도록 하는 전제조건이 없는 경우, 일반기업회계기준을 적용하여 회계처리 한다.
- 문제의 풀이와 답안작성은 제시된 문제의 순서대로 진행한다.

문제 1

다음은 태형상사의 사업자등록증이다. [회사등록] 메뉴에 입력된 내용을 검토하여 누락분은 추가입력하고 잘못된 부분은 정정하시오(주소 입력 시 우편번호는 입력하지 않아도 무방함). (6점)

사업자등록증
(일반과세자)
등록번호 107-36-25785

상 호 명 : 태형상사
대 표 자 명 : 김상수 생년월일 : 1968 년 10 월 26 일
개 업 연 월 일 : 2016 년 01 월 02 일
사업장소재지 : 서울특별시 서초구 명달로 105 (서초동)
사업자의 종류 : 업태 도소매 종목 사무기기
발 급 사 유 : 신규

사업자 단위 과세 적용사업자 여부: 여( ) 부(V)
전자세금계산서 전용 전자우편주소:

2016년 01월 02일
서초세무서장

NTS 국세청

문제 2

다음은 태형상사의 전기분 재무상태표이다. 입력되어 있는 자료를 검토하여 오류부분은 정정하고 누락된 부분은 추가 입력하시오. (6점)

재무상태표

회사명: 태형상사 제9기 2024.12.31. 현재 (단위: 원)

과목	금액		과목	금액	
현금		10,000,000	외상매입금		8,000,000
당좌예금		3,000,000	지급어음		6,500,000
보통예금		10,500,000	미지급금		3,700,000
외상매출금	5,400,000		예수금		700,000
대손충당금	100,000	5,300,000	단기차입금		10,000,000
받을어음	9,000,000		자본금		49,950,000
대손충당금	50,000	8,950,000			
미수금		4,500,000			
상품		12,000,000			
차량운반구	22,000,000				
감가상각누계액	12,000,000	10,000,000			
비품	7,000,000				
감가상각누계액	2,400,000	4,600,000			
임차보증금		10,000,000			
자산총계		78,850,000	부채와자본총계		78,850,000

문제 3

다음 자료를 이용하여 입력하시오. (6점)

[1] 다음 자료를 이용하여 [기초정보관리]의 [거래처등록] 메뉴에서 거래처(금융기관)를 추가 등록하시오 (단, 주어진 자료 외의 다른 항목은 입력할 필요 없음). (3점)

• 거래처코드: 98005	• 거래처명: 신한은행	• 사업용 계좌: 여
• 계좌번호: 110-081-834009	• 계좌개설일: 2025.01.01.	• 유형: 보통예금

[2] 태형상사의 거래처별 초기이월 자료는 다음과 같다. 주어진 자료를 검토하여 잘못된 부분은 오류를 정정하고, 누락된 부분은 추가 입력하시오. (3점)

계정과목	거래처	잔액	계
받을어음	기우상사	3,500,000원	9,000,000원
	하우스컴	5,500,000원	
지급어음	모두피씨	4,000,000원	6,500,000원
	하나로컴퓨터	2,500,000원	

문제 4

다음의 거래 자료를 [일반전표입력] 메뉴를 이용하여 입력하시오. (24점)

입력 시 유의사항

- 적요의 입력은 생략한다.
- 부가가치세는 고려하지 않는다.
- 채권·채무와 관련된 거래는 별도의 요구가 없는 한 반드시 기등록된 거래처코드를 선택하는 방법으로 거래처명을 입력한다.
- 회계처리 시 계정과목은 별도의 제시가 없는 한 등록된 계정과목 중 가장 적절한 과목으로 한다.

[1] **07월 05일** 세무은행으로부터 10,000,000원을 3개월간 차입하고, 선이자 300,000원을 제외한 잔액이 당사 보통예금 계좌에 입금되었다(단, 선이자는 이자비용으로 처리하고, 하나의 전표로 입력할 것). (3점)

[2] **07월 07일** 다음은 상품을 매입하고 받은 거래명세표이다. 대금은 전액 외상으로 하였다. (3점)

<table>
<tr><td colspan="2">권</td><td colspan="2">호</td><td colspan="6" rowspan="2">거래명세표(공급받는자 보관용)</td></tr>
<tr><td colspan="4">2025 년 7 월 7 일</td></tr>
<tr><td colspan="4" rowspan="3">태형상사 귀하</td><td rowspan="4">공
급
자</td><td>사업자 등록번호</td><td colspan="4">105-21-32549</td></tr>
<tr><td>상호</td><td>대림전자</td><td>성명</td><td colspan="2">김포스 ㊞</td></tr>
<tr><td>사업장 소재지</td><td colspan="4">서울특별시 강남구 강남대로160길 25 (신사동)</td></tr>
<tr><td colspan="4">아래와 같이 계산합니다.</td><td>업태</td><td>도소매</td><td>종목</td><td colspan="2">사무기기</td></tr>
<tr><td colspan="10">합계금액 삼백구십육만 원정 (₩ 3,960,000)</td></tr>
<tr><td>월일</td><td colspan="2">품목</td><td>규격</td><td>수량</td><td>단가</td><td colspan="4">공급대가</td></tr>
<tr><td>7월 7일</td><td colspan="2">사무기기</td><td>270mm</td><td>120개</td><td>33,000원</td><td colspan="4">3,960,000원</td></tr>
<tr><td></td><td colspan="2"></td><td></td><td></td><td></td><td colspan="4"></td></tr>
<tr><td></td><td colspan="2"></td><td></td><td></td><td></td><td colspan="4"></td></tr>
<tr><td colspan="4">계</td><td></td><td></td><td colspan="4">3,960,000원</td></tr>
<tr><td>전잔금</td><td colspan="3">없음</td><td colspan="2">합계</td><td colspan="4">3,960,000원</td></tr>
<tr><td>입 금</td><td>0원</td><td>잔 금</td><td colspan="2">3,960,000원</td><td>인수자</td><td colspan="4">김상수 ㊞</td></tr>
<tr><td>비 고</td><td colspan="9"></td></tr>
</table>

[3] **08월 03일** 국제전자의 외상매출금 20,000,000원 중 15,000,000원은 보통예금 계좌로 입금되고 잔액은 국제전자가 발행한 어음으로 수취하였다. (3점)

[4] **08월 10일** 취약계층의 코로나19 치료 지원을 위하여 한국복지협의회에 현금 1,000,000원을 기부하다. (3점)

[5] **09월 01일** 영업부에서 매출거래처의 대표자 결혼식을 축하하기 위하여 화환을 구입하고 현금으로 결제하였다. (3점)

<table>
<tr><td colspan="6">NO. **영수증**(공급받는자용)</td></tr>
<tr><td colspan="6">태형상사 귀하</td></tr>
<tr><td rowspan="4">공급자</td><td>사업자등록번호</td><td colspan="4">109-92-21345</td></tr>
<tr><td>상호</td><td>해피해피꽃</td><td>성명</td><td colspan="2">김남길</td></tr>
<tr><td>사업장소재지</td><td colspan="4">서울시 강동구 천호대로 1037 (천호동)</td></tr>
<tr><td>업태</td><td>도소매</td><td>종목</td><td colspan="2">꽃</td></tr>
<tr><td colspan="2">작성일자</td><td colspan="2">금액합계</td><td colspan="2">비고</td></tr>
<tr><td colspan="2">2025.09.01.</td><td colspan="2">49,000원</td><td colspan="2"></td></tr>
<tr><td colspan="6">공급내역</td></tr>
<tr><td>월/일</td><td>품명</td><td>수량</td><td>단가</td><td colspan="2">금액</td></tr>
<tr><td>9/1</td><td>축하3단화환</td><td>1</td><td>49,000원</td><td colspan="2">49,000원</td></tr>
<tr><td></td><td></td><td></td><td></td><td colspan="2"></td></tr>
<tr><td></td><td></td><td></td><td></td><td colspan="2"></td></tr>
<tr><td colspan="2">합계</td><td colspan="4">₩ 49,000</td></tr>
<tr><td colspan="6">위 금액을 영수함</td></tr>
</table>

[6] **09월 10일** 영업부 사원의 급여 지급 시 공제한 근로자부담분 국민연금보험료 150,000원과 회사부담분 국민연금보험료 150,000원을 보통예금 계좌에서 이체하여 납부하다(단, 하나의 전표로 처리하고, 회사부담분 국민연금보험료는 세금과공과로 처리한다). (3점)

[7] **10월 11일** 매출처 미래전산에 판매용 PC를 4,800,000원에 판매하기로 계약하고, 판매대금의 20%를 현금으로 미리 수령하였다. (3점)

[8] **11월 25일** 전월분(10월 1일~10월 31일) 비씨카드 사용대금 500,000원을 보통예금 계좌에서 이체하여 지급하다(단, 미지급금 계정을 사용할 것). (3점)

문제 5

[일반전표입력] 메뉴에 입력된 내용 중 다음의 오류가 발견되었다. 입력된 내용을 검토하고 수정 또는 삭제, 추가 입력하여 올바르게 정정하시오. (6점)

입력 시 유의사항

- 적요의 입력은 생략한다.
- 부가가치세는 고려하지 않는다.
- 채권·채무와 관련된 거래는 별도의 요구가 없는 한 반드시 기등록된 거래처코드를 선택하는 방법으로 거래처명을 입력한다.
- 회계처리 시 계정과목은 별도의 제시가 없는 한 등록된 계정과목 중 가장 적절한 과목으로 한다.

[1] **07월 29일** 자본적지출로 처리해야 할 본사 건물 엘리베이터 설치대금 30,000,000원을 보통예금으로 지급하면서 수익적지출로 잘못 처리하였다. (3점)

[2] **11월 23일** 대표자 개인 소유 주택의 에어컨 설치 비용 1,500,000원을 회사 보통예금 계좌에서 이체하여 지급하고 비품으로 계상하였다. (3점)

문제 6

다음의 결산정리사항을 입력하여 결산을 완료하시오. (12점)

입력 시 유의사항

- 적요의 입력은 생략한다.
- 부가가치세는 고려하지 않는다.
- 채권·채무와 관련된 거래는 별도의 요구가 없는 한 반드시 기등록된 거래처코드를 선택하는 방법으로 거래처명을 입력한다.
- 회계처리 시 계정과목은 별도의 제시가 없는 한 등록된 계정과목 중 가장 적절한 과목으로 한다.

[1] 영업부에서 소모품 구입 시 당기 비용(소모품비)으로 처리한 금액 중 기말 현재 미사용한 금액은 30,000원이다. (3점)

[2] 단기투자목적으로 1개월 전에 ㈜동수텔레콤의 주식 50주(주당 액면금액 5,000원)를 주당 10,000원에 취득했는데, 기말 현재 이 주식의 공정가치는 주당 12,000원이다. (3점)

[3] 보험기간이 만료된 자동차보험을 10월 1일 갱신하고, 보험료 360,000원(보험기간: 2025년 10월 1일~2026년 9월 30일)을 보통예금 계좌에서 이체하여 납부하고 전액 비용으로 처리하였다(단, 보험료는 월할 계산한다). (3점)

[4] 단기차입금에 대한 이자비용 미지급액 중 2025년 귀속분은 600,000원이다. (3점)

문제 7

다음 사항을 조회하여 알맞은 답안을 이론문제 답안작성 메뉴에 입력하시오. (10점)

[1] 상반기(1월~6월) 동안 지출한 기업업무추진비(접대비) 금액은 얼마인가? (3점)

[2] 1월 말의 미수금 장부가액은 전기 말에 대비하여 얼마나 증가하였는가? (3점)

[3] 5월 말 현재 외상매출금 잔액이 가장 많은 거래처의 거래처코드와 잔액은 얼마인가? (4점)

제108회 기출문제

이론시험

다음 문제를 보고 알맞은 것을 골라 [이론문제 답안작성] 메뉴에 입력하시오. (객관식 문항당 2점)

기본전제

문제에서 한국채택국제회계기준을 적용하도록 하는 전제조건이 없는 경우, 일반기업회계기준을 적용한다.

01 다음 중 일정기간의 회계정보를 제공하는 재무제표가 아닌 것은?

① 현금흐름표
② 손익계산서
③ 재무상태표
④ 자본변동표

02 다음 중 계정의 잔액 표시가 잘못된 것을 고르시오.

① 받을어음

받을어음	
1,500,000원	

② 미지급금

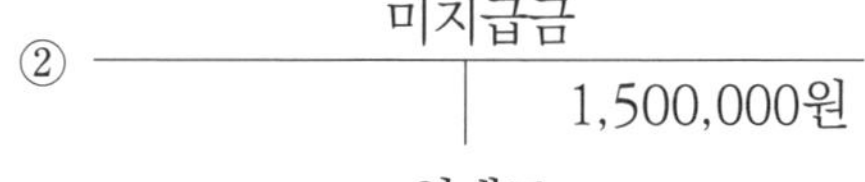

미지급금	
	1,500,000원

③ 자본금

자본금	
	1,500,000원

④ 임대료

임대료	
1,500,000원	

03 다음은 당기의 재고자산 관련 자료이다. 당기의 상품 매출원가는 얼마인가?

• 기초상품재고액: 10,000원	• 당기상품매입액: 30,000원
• 상품매입에누리: 1,000원	• 기말상품재고액: 5,000원

① 34,000원
② 35,000원
③ 39,000원
④ 40,000원

04 **12월 말 결산법인의 당기 취득 기계장치 관련 자료가 다음과 같다. 이를 바탕으로 당기 손익계산서에 반영될 당기의 감가상각비는 얼마인가?**

- 7월 1일 기계장치를 1,000,000원에 취득하였다.
- 7월 1일 기계장치 취득 즉시 수익적지출 100,000원이 발생하였다.
- 위 기계장치의 잔존가치는 0원, 내용연수는 5년, 상각방법은 정액법이다. 단, 월할상각할 것.

① 100,000원 ② 110,000원 ③ 200,000원 ④ 220,000원

05 **다음 자료에서 당기말 재무제표에 계상될 보험료는 얼마인가? 단, 회계연도는 매년 1월 1일부터 12월 31일까지이다.**

- 11월 1일 화재보험에 가입하고, 보험료 600,000원을 현금으로 지급하였다.
- 보험기간은 가입시점부터 1년이며, 기간계산은 월할로 한다.
- 이외 보험료는 없는 것으로 한다.

① 50,000원 ② 100,000원 ③ 300,000원 ④ 600,000원

06 **다음 중 재무상태표에 표시되는 매입채무 계정에 해당하는 것으로만 짝지어진 것은?**

① 미수금, 미지급금 ② 가수금, 가지급금
③ 외상매출금, 받을어음 ④ 외상매입금, 지급어음

07 **다음 중 계정과목의 분류가 올바른 것은?**

① 유동자산: 차량운반구 ② 비유동자산: 당좌예금
③ 유동부채: 단기차입금 ④ 비유동부채: 선수수익

08 **다음 중 현금및현금성자산에 포함되지 않는 것은?**

① 우편환증서 ② 배당금지급통지서
③ 당좌차월 ④ 자기앞수표

09 **다음 중 상품 매입계약에 따른 계약금을 미리 지급한 경우에 사용하는 계정과목으로 옳은 것은?**

① 가지급금 ② 선급금 ③ 미지급금 ④ 지급어음

10 다음 자료에서 부채의 합계액은 얼마인가?

• 외상매입금: 3,000,000원	• 선수수익: 500,000원	• 단기대여금: 4,000,000원
• 미지급비용: 2,000,000원	• 선급비용: 1,500,000원	• 미수수익: 1,000,000원

① 5,500,000원　② 6,000,000원
③ 6,500,000원　④ 12,000,000원

11 다음 중 아래 빈칸에 들어갈 내용으로 적절한 것은?

> 유동자산은 보고기간종료일로부터 ( )년 이내에 현금화 또는 실현될 것으로 예상되는 자산을 의미한다.

① 1　② 2　③ 3　④ 5

12 다음 자료에서 당기 외상매출금 기말잔액은 얼마인가?

- 외상매출금 기초잔액: 3,000,000원
- 외상매출금 당기 발생액: 7,000,000원
- 외상매출금 당기 회수액: 1,000,000원

① 0원　② 3,000,000원
③ 5,000,000원　④ 9,000,000원

13 다음 중 재고자산에 대한 설명으로 적절하지 않은 것은?

① 재고자산은 정상적인 영업과정에서 판매를 위하여 보유하거나 생산과정에 있는 자산 및 생산 또는 서비스 제공과정에 투입될 원재료나 소모품의 형태로 존재하는 자산을 말한다.
② 재고자산의 취득원가는 취득과 직접적으로 관련되어 있으며 정상적으로 발생되는 기타원가를 포함한다.
③ 선입선출법은 먼저 구입한 상품이 먼저 판매된다는 가정하에 매출원가 및 기말재고액을 구하는 방법이다.
④ 개별법은 상호 교환될 수 있는 재고자산 항목인 경우에만 사용 가능하다.

14 **다음 중 수익의 이연에 해당하는 계정과목으로 옳은 것은?**

① 선급비용
② 미지급비용
③ 선수수익
④ 미수수익

15 **다음 중 기말재고자산을 과대평가하였을 때 나타나는 현상으로 옳은 것은?**

	매출원가	당기순이익
①	과대계상	과소계상
②	과소계상	과대계상
③	과대계상	과대계상
④	과소계상	과소계상

실무시험

지우상사(코드번호:1084)는 사무기기를 판매하는 개인기업으로 당기(제14기) 회계기간은 2025.1.1. ~ 2025.12.31.이다. 전산세무회계 수험용 프로그램을 이용하여 다음 물음에 답하시오.

기본전제

- 문제에서 한국채택국제회계기준을 적용하도록 하는 전제조건이 없는 경우, 일반기업회계기준을 적용하여 회계처리 한다.
- 문제의 풀이와 답안작성은 제시된 문제의 순서대로 진행한다.

문제 1

다음은 지우상사의 사업자등록증이다. [회사등록] 메뉴에 입력된 내용을 검토하여 누락분은 추가입력하고 잘못된 부분은 정정하시오(주소 입력 시 우편번호는 입력하지 않아도 무방함). (6점)

사업자등록증
(일반과세자)
등록번호 210-21-68451

상 호 명: 지우상사
대 표 자 명: 한세무 생년월일: 1965 년 12 월 01 일
개 업 연 월 일: 2012 년 02 월 01 일
사업장소재지: 경기도 부천시 가로공원로 20-1
사업자의 종류: 업태 도소매 종목 사무기기
발 급 사 유: 신규

사업자 단위 과세 적용사업자 여부: 여( ) 부(V)
전자세금계산서 전용 전자우편주소:

2012년 02월 01일

부천세무서장

국세청

문제 2

지우상사의 전기분 손익계산서는 다음과 같다. 입력되어 있는 자료를 검토하여 오류부분은 정정하고 누락된 부분은 추가 입력하시오. (6점)

손익계산서

회사명 : 지우상사　　제13기 2024.1.1.~2024.12.31.　　(단위: 원)

과목	금액	과목	금액
Ⅰ. 매출액	125,500,000	**Ⅴ. 영업이익**	11,850,000
상품매출	125,500,000	**Ⅵ. 영업외수익**	500,000
Ⅱ. 매출원가	88,800,000	이자수익	500,000
상품매출원가	88,800,000	**Ⅶ. 영업외비용**	1,200,000
기초상품재고액	12,300,000	이자비용	1,200,000
당기상품매입액	79,000,000	**Ⅷ. 소득세차감전순이익**	11,150,000
기말상품재고액	2,500,000	**Ⅸ. 소득세등**	0
Ⅲ. 매출총이익	36,700,000	**Ⅹ. 당기순이익**	11,150,000
Ⅳ. 판매비와관리비	24,850,000		
급여	14,500,000		
복리후생비	1,200,000		
여비교통비	800,000		
기업업무추진비	750,000		
수도광열비	1,100,000		
감가상각비	3,950,000		
임차료	1,200,000		
차량유지비	550,000		
수수료비용	300,000		
광고선전비	500,000		

문제 3

다음 자료를 이용하여 입력하시오. (6점)

[1] 다음 자료를 이용하여 [계정과목및적요등록] 메뉴에서 판매비및일반관리비 항목의 여비교통비 계정과목에 적요를 추가로 등록하시오. (3점)

대체적요 NO. 3: 직원의 국내출장비 예금 인출

[2] [거래처별초기이월] 메뉴의 계정과목별 잔액은 다음과 같다. 주어진 자료를 검토하여 잘못된 부분은 오류를 정정하고, 누락된 부분은 추가 입력하시오. (3점)

계정과목	거래처명	금액
외상매입금	라라무역	23,200,000원
	양산상사	35,800,000원
단기차입금	㈜굿맨	36,000,000원

문제 4

[일반전표입력] 메뉴를 이용하여 다음의 거래 자료를 입력하시오. (24점)

입력 시 유의사항

- 적요의 입력은 생략한다.
- 부가가치세는 고려하지 않는다.
- 채권·채무와 관련된 거래는 별도의 요구가 없는 한 반드시 기등록된 거래처코드를 선택하는 방법으로 거래처명을 입력한다.
- 회계처리 시 계정과목은 별도의 제시가 없는 한 등록된 계정과목 중 가장 적절한 과목으로 한다.

[1] **07월 15일** 태영상사에 상품을 4,000,000원에 판매하고 판매대금 중 20%는 태영상사가 발행한 6개월 만기 약속어음으로 받았으며, 나머지 판매대금은 8월 말에 받기로 하였다. (3점)

[2] **08월 25일** 큰손은행으로부터 아래와 같이 사업확장을 위한 자금을 차입하고 보통예금 계좌로 송금받았다. (3점)

차입금액	자금용도	연이자율	차입기간	이자 지급 방법
15,000,000원	시설자금	7%	3년	만기 일시 지급

[3] **09월 05일** 영업부 사무실의 8월분 인터넷이용료 50,000원과 수도요금 40,000원을 삼성카드로 결제하였다. (3점)

[4] **10월 05일** 명절을 맞이하여 과일세트 30박스를 싱싱과일에서 구입하여 매출거래처에 선물하였고, 아래와 같이 영수증을 받았다. (3점)

영수증

싱싱과일 105-91-3*****
대표자 김민정
경기도 부천시 중동 *** 1층

품목	수량	단가	금액
과일세트	30	10,000	300,000
합계금액		₩	300,000

결제구분	금액
현금	300,000원
받은금액	300,000원
미수금	-

감사합니다

[5] **10월 24일** 새로운 창고를 건축하기 위하여 토지를 50,000,000원에 취득하면서 취득세 2,300,000원을 포함한 총 52,300,000원을 현금으로 지급하였다. (3점)

[6] **11월 02일** 온나라상사의 파산으로 인하여 외상매출금을 회수할 수 없게 됨에 따라 온나라상사의 외상매출금 3,000,000원 전액을 대손처리하기로 하다. 11월 2일 현재 대손충당금 잔액은 900,000원이다. (3점)

[7] **11월 30일** 영업부 대리 김민정의 11월분 급여를 보통예금 계좌에서 이체하여 지급하였다(단, 하나의 전표로 처리하되, 공제항목은 구분하지 않고 하나의 계정과목으로 처리할 것). (3점)

2025년 11월분 급여명세서

사원명: 김민정 입사일: 2024.10.01.		부서: 영업부 직급: 대리	
지급내역	지급액	공제내역	공제액
기본급여	4,200,000원	국민연금	189,000원
직책수당	0원	건강보험	146,790원
상여금	0원	고용보험	37,800원
특별수당	0원	소득세	237,660원
자가운전보조금	0원	지방소득세	23,760원
교육지원수당	0원	기타공제	0원
지급액계	4,200,000원	공제액계	635,010원
귀하의 노고에 감사드립니다.		차인지급액	3,564,990원

[8] **12월 15일** 대한상사의 외상매입금 7,000,000원 중 2,000,000원은 현금으로 지급하고 잔액은 보통예금 계좌에서 이체하였다. (3점)

문제 5

[일반전표입력] 메뉴에 입력된 내용 중 다음의 오류가 발견되었다. 입력된 내용을 검토하고 수정 또는 삭제, 추가 입력하여 올바르게 정정하시오. (6점)

입력 시 유의사항

- 적요의 입력은 생략한다.
- 부가가치세는 고려하지 않는다.
- 채권·채무와 관련된 거래는 별도의 요구가 없는 한 반드시 기등록된 거래처코드를 선택하는 방법으로 거래처명을 입력한다.
- 회계처리 시 계정과목은 별도의 제시가 없는 한 등록된 계정과목 중 가장 적절한 과목으로 한다.

[1] **08월 20일** 두리상사에서 상품을 35,000,000원에 매입하기로 계약하고 현금으로 지급한 계약금 3,500,000원을 선수금으로 입금 처리하였음이 확인되다. (3점)

[2] **09월 16일** 보통예금 계좌에서 나라은행으로 이체한 4,000,000원은 이자비용을 지급한 것이 아니라 단기차입금을 상환한 것이다. (3점)

문제 6

다음의 결산정리사항을 입력하여 결산을 완료하시오. (12점)

입력 시 유의사항

- 적요의 입력은 생략한다.
- 부가가치세는 고려하지 않는다.
- 채권·채무와 관련된 거래는 별도의 요구가 없는 한 반드시 기등록된 거래처코드를 선택하는 방법으로 거래처명을 입력한다.
- 회계처리 시 계정과목은 별도의 제시가 없는 한 등록된 계정과목 중 가장 적절한 과목으로 한다.

[1] 2025년 4월 1일에 하나은행으로부터 30,000,000원을 12개월간 차입하고, 이자는 차입금 상환시점에 원금과 함께 일시 지급하기로 하였다. 적용이율은 연 5%이며, 차입기간은 2025. 04.01.~2026.03.31.이다. 관련된 결산분개를 하시오(단 이자는 월할계산할 것). (3점)

[2] 결산일 현재 예금에 대한 기간경과분 발생이자는 15,000원이다. (3점)

[3] 기말 현재 영업부의 비품에 대한 2025년 당기분 감가상각비는 1,700,000원이다. (3점)

[4] 결산을 위하여 창고의 재고자산을 실사한 결과 기말상품재고액은 6,500,000원이다. (3점)

문제 7

다음 사항을 조회하여 알맞은 답안을 이론문제 답안작성 메뉴에 입력하시오. (10점)

[1] 2분기(4월~6월)에 수석상사에 발행하여 교부한 지급어음의 총 합계액은 얼마인가? (단, 전기이월 금액은 제외할 것) (3점)

[2] 상반기(1월~6월)의 보통예금 입금액은 총 얼마인가? (단, 전기이월 금액은 제외할 것) (3점)

[3] 상반기(1월~6월) 중 기업업무추진비(접대비)(판매비와일반관리비)를 가장 적게 지출한 월(月)과 그 금액은 얼마인가? (4점)

제109회 기출문제

이론시험

다음 문제를 보고 알맞은 것을 골라 이론문제 답안작성 메뉴에 입력하시오. (객관식 문항당 2점)

기본전제

문제에서 한국채택국제회계기준을 적용하도록 하는 전제조건이 없는 경우, 일반기업회계기준을 적용한다.

01 **다음 중 거래의 종류와 해당 거래의 연결이 올바르지 않은 것은?**

① 교환거래: 상품 1,000,000원을 매출하기로 계약하고 매출대금의 10%를 현금으로 받다.
② 손익거래: 당월분 사무실 전화요금 50,000원과 전기요금 100,000원이 보통예금 계좌에서 자동으로 이체되다.
③ 손익거래: 사무실을 임대하고 1년치 임대료 600,000원을 보통예금 계좌로 입금받아 수익 계정으로 처리하다.
④ 혼합거래: 단기차입금 1,000,000원과 장기차입금 2,000,000원을 보통예금 계좌에서 이체하여 상환하다.

02 **다음 중 결산 시 대손상각 처리를 할 수 있는 계정과목에 해당하지 않는 것은?**

① 받을어음
② 미수금
③ 외상매출금
④ 단기차입금

03 **다음 중 현금 계정으로 처리할 수 없는 것은?**

① 자기앞수표
② 당사 발행 당좌수표
③ 우편환증서
④ 배당금지급통지표

04 **다음 자료에서 상품의 순매입액은 얼마인가?**

• 당기상품매입액:	50,000원	• 상품매입할인:	3,000원
• 상품매입과 관련된 취득부대비용:	2,000원	• 상품매출에누리:	5,000원

① 44,000원
② 47,000원
③ 49,000원
④ 52,000원

05 **다음의 거래요소 중 차변에 올 수 있는 거래요소는 무엇인가?**

① 수익의 발생
② 비용의 발생
③ 자산의 감소
④ 부채의 증가

06 **다음 중 외상매출금 계정이 대변에 기입될 수 있는 거래를 모두 찾으시오.**

가. 상품을 매출하고 대금을 한 달 후에 지급받기로 했을 때
나. 외상매출금이 보통예금으로 입금되었을 때
다. 외상매출금을 현금으로 지급받았을 때
라. 외상매입한 상품 대금을 한 달 후에 보통예금으로 지급했을 때

① 가, 나
② 나, 다
③ 다, 라
④ 가, 라

07 **다음 중 재무상태표상 기말재고자산이 50,000원 과대계상 되었을 때 나타날 수 없는 것은?**

① 당기순이익 50,000원 과소계상
② 매출원가 50,000원 과소계상
③ 영업이익 50,000원 과대계상
④ 차기이월되는 재고자산 50,000원 과대계상

08 **다음 자료를 이용하여 영업이익을 계산하면 얼마인가?**

• 매출액:	20,000,000원	• 복리후생비:	300,000원
• 매출원가:	14,000,000원	• 유형자산처분손실:	600,000원
• 이자비용:	300,000원	• 급여:	2,000,000원

① 2,800,000원
② 3,100,000원
③ 3,700,000원
④ 4,000,000원

09 **다음 자료에 의한 기말 현재 대손충당금 잔액은 얼마인가?**

- 기말 매출채권: 20,000,000원
- 기말 매출채권 잔액에 대하여 1%의 대손충당금을 설정하기로 한다.

① 200,000원 ② 218,000원
③ 250,000원 ④ 320,000원

10 **다음 중 일반기업회계기준상 유형자산의 감가상각방법으로 인정되지 않는 것은?**

① 선입선출법 ② 정률법
③ 연수합계법 ④ 생산량비례법

11 **다음의 지출내역 중 판매비와관리비에 해당하는 것을 모두 고른 것은?**

가. 출장 여비교통비 나. 거래처 대표자의 결혼식 화환 구입비
다. 차입금 이자 라. 유형자산처분이익

① 가, 나 ② 나, 다
③ 가, 라 ④ 다, 라

12 **다음 중 자본잉여금에 해당하지 않는 것은?**

① 주식발행초과금 ② 감자차익
③ 자기주식처분이익 ④ 임의적립금

13 **다음 중 유동부채에 해당하는 항목의 합계금액으로 적절한 것은?**

- 유동성장기부채: 4,000,000원
- 장기차입금: 5,000,000원
- 미지급비용: 1,400,000원
- 선급비용: 2,500,000원
- 예수금: 500,000원
- 외상매입금: 3,300,000원

① 5,200,000원 ② 9,200,000원
③ 11,700,000원 ④ 16,700,000원

14 **다음 중 당좌자산에 해당하지 않는 항목은?**

① 매출채권 ② 현금
③ 선급비용 ④ 건설중인자산

15 **다음 중 유형자산에 대한 추가적인 지출이 발생했을 때 당기 비용으로 처리할 수 있는 거래를 고르시오.**

① 건물의 피난시설을 설치하기 위한 지출
② 내용연수를 연장시키는 지출
③ 건물 내부의 조명기구를 교체하는 지출
④ 상당한 품질향상을 가져오는 지출

실무시험

정금상사(코드번호: 1094)는 신발을 판매하는 개인기업으로 당기(제15기)의 회계기간은 2025.1.1. ~ 2025.12.31.이다. 전산세무회계 수험용 프로그램을 이용하여 다음 물음에 답하시오.

기본전제

- 문제에서 한국채택국제회계기준을 적용하도록 하는 전제조건이 없는 경우, 일반기업회계기준을 적용하여 회계처리 한다.
- 문제의 풀이와 답안작성은 제시된 문제의 순서대로 진행한다.

문제 1

다음은 정금상사의 사업자등록증이다. [회사등록] 메뉴에 입력된 내용을 검토하여 누락분은 추가입력하고 잘못된 부분을 정정하시오(주소 입력 시 우편번호는 입력하지 않아도 무방함). (6점)

사업자등록증
(일반과세자)
등록번호 646-04-01031

상 호 명: 정금상사
대 표 자 명: 최종효 생년월일: 1992 년 11 월 19 일
개 업 연 월 일: 2011 년 06 월 01 일
사업장소재지: 서울특별시 강동구 천호대로 1057
사업자의 종류: 업태 도소매 종목 신발
발 급 사 유: 신규

사업자 단위 과세 적용사업자 여부: 여( ) 부(V)
전자세금계산서 전용 전자우편주소:

2011년 06월 01일
강동세무서장

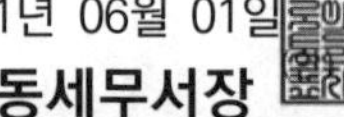

문제 2

다음은 정금상사의 전기분 손익계산서이다. 입력되어 있는 자료를 검토하여 오류부분을 정정하고 누락된 부분을 추가 입력하시오. (6점)

손익계산서

회사명 : 정금상사 제14기 2024.1.1.~2024.12.31. (단위: 원)

과목	금액	과목	금액
Ⅰ. 매출액	120,000,000	**Ⅴ. 영업이익**	4,900,000
상품매출	120,000,000	**Ⅵ. 영업외수익**	800,000
Ⅱ. 매출원가	90,000,000	이자수익	800,000
상품매출원가	90,000,000	**Ⅶ. 영업외비용**	600,000
기초상품재고액	30,000,000	이자비용	600,000
당기상품매입액	80,000,000	**Ⅷ. 소득세차감전순이익**	5,100,000
기말상품재고액	20,000,000	**Ⅸ. 소득세등**	0
Ⅲ. 매출총이익	30,000,000	**Ⅹ. 당기순이익**	5,100,000
Ⅳ. 판매비와관리비	25,100,000		
급여	18,000,000		
복리후생비	5,000,000		
여비교통비	600,000		
기업업무추진비	300,000		
소모품비	500,000		
광고선전비	700,000		

문제 3

다음 자료를 이용하여 입력하시오. (6점)

[1] [계정과목및적요등록] 메뉴에서 판매비와관리비의 기업업무추진비 계정에 다음 내용의 적요를 등록하시오. (3점)

현금적요 No.5: 거래처 명절선물 대금 지급

[2] 정금상사의 외상매출금과 단기대여금에 대한 거래처별 초기이월 잔액은 다음과 같다. 입력된 자료를 검토하여 잘못된 부분은 수정 또는 삭제, 추가 입력하여 주어진 자료에 맞게 정정하시오. (3점)

계정과목	거래처	잔액	합계
외상매출금	㈜사이버나라	45,000,000원	68,000,000원
	세계상회	23,000,000원	
단기대여금	㈜해일	10,000,000원	13,000,000원
	부림상사	3,000,000원	

문제 4

[일반전표입력] 메뉴를 이용하여 다음의 거래 자료를 입력하시오. (24점)

입력 시 유의사항

- 적요의 입력은 생략한다.
- 부가가치세는 고려하지 않는다.
- 채권·채무와 관련된 거래는 별도의 요구가 없는 한 반드시 기등록된 거래처코드를 선택하는 방법으로 거래처명을 입력한다.
- 회계처리 시 계정과목은 별도의 제시가 없는 한 등록된 계정과목 중 가장 적절한 과목으로 한다.

[1] **08월 01일** 단기매매목적으로 ㈜바이오의 발행주식 10주를 1주당 200,000원에 취득하였다. 대금은 취득과정에서 발생한 별도의 증권거래수수료 12,000원을 포함하여 보통예금 계좌에서 전액을 지급하였다. ㈜바이오의 발행주식 1주당 액면가액은 1,000원이다. (3점)

[2] **09월 02일** 푸름상회에서 판매용 신발을 매입하고 대금 중 5,000,000원은 푸름상회에 대한 외상매출금과 상계하여 처리하고 잔액은 외상으로 하다. (3점)

<table>
<tr><td colspan="2">권 　 호</td><td colspan="7">거래명세표(거래용)</td></tr>
<tr><td colspan="2">2025 년 9 월 2 일</td><td colspan="7"></td></tr>
<tr><td colspan="2" rowspan="3">가온상사 귀하</td><td rowspan="4">공급자</td><td>사업자 등록번호</td><td colspan="5">109-02-57411</td></tr>
<tr><td>상호</td><td>푸름상회</td><td>성명</td><td colspan="3">나푸름 ㉑</td></tr>
<tr><td>사업장 소재지</td><td colspan="5">서울특별시 서초구 명달로 105</td></tr>
<tr><td colspan="2">아래와 같이 계산합니다.</td><td>업태</td><td>도소매</td><td>종목</td><td colspan="3">신발</td></tr>
<tr><td>합계금액</td><td colspan="8">구백육십만 원정 (₩ 9,600,000)</td></tr>
<tr><td>월일</td><td>품목</td><td>규격</td><td>수량</td><td>단가</td><td colspan="4">공급대가</td></tr>
<tr><td>9월 2일</td><td>레인부츠</td><td></td><td>12</td><td>800,000원</td><td colspan="4">9,600,000원</td></tr>
<tr><td></td><td></td><td></td><td></td><td></td><td colspan="4"></td></tr>
<tr><td></td><td></td><td></td><td></td><td></td><td colspan="4"></td></tr>
<tr><td colspan="3">계</td><td></td><td></td><td colspan="4">9,600,000원</td></tr>
<tr><td>전잔금</td><td colspan="2">없음</td><td colspan="2">합계</td><td colspan="4">9,600,000원</td></tr>
<tr><td>입 금</td><td>5,000,000원</td><td>잔 금</td><td colspan="2">4,600,000원</td><td>인수자</td><td colspan="3">최종효 ㉑</td></tr>
<tr><td>비 고</td><td colspan="8">판매대금 5,000,000원은 외상대금과 상계처리하기로 함.</td></tr>
</table>

[3] **10월 05일** 업무용 모니터(비품)를 구입하고 현금 550,000원을 다음과 같이 지급하다. (3점)

현금영수증(지출증빙용)
CASH RECEIPT

사업자등록번호	108-81-11116
현금영수증가맹점명	㈜성실산업
대표자	김성실
주소	서울 관악 봉천 458
전화번호	02 - 220 - 2223

품명	모니터	승인번호	12345
거래일시	2025.10.5.	취소일자	

단위		백			천			원
금액 AMOUNT			5	5	0	0	0	0
봉사료 TIPS								
합계 TOTAL			5	5	0	0	0	0

[4] **10월 20일** 영업부 직원의 건강보험료 회사부담분 220,000원과 직원부담분 220,000원을 보통예금 계좌에서 이체하여 납부하다(단, 하나의 전표로 처리하고, 회사부담분 건강보험료는 복리후생비 계정을 사용할 것). (3점)

[5] **11월 01일** 광고 선전을 목적으로 불특정 다수에게 배포할 판촉물을 제작하고 제작대금 990,000원은 당좌수표를 발행하여 지급하다. (3점)

[6] **11월 30일** 좋은은행에 예치한 1년 만기 정기예금의 만기가 도래하여 원금 10,000,000원과 이자 500,000원이 보통예금 계좌로 입금되다. (3점)

[7] **12월 05일** 본사 영업부에 비치된 에어컨을 수리하고 수리비 330,000원을 신용카드(하나카드)로 결제하다. (3점)

[8] **12월 15일** 에스파파상사로부터 상품을 25,000,000원에 매입하기로 계약하고, 계약금 1,000,000원을 보통예금 계좌에서 이체하여 지급하다. (3점)

문제 5

[일반전표입력] 메뉴에 입력된 내용 중 다음의 오류가 발견되었다. 입력된 내용을 검토하고 수정 또는 삭제, 추가 입력하여 올바르게 정정하시오. (6점)

입력 시 유의사항

- 적요의 입력은 생략한다.
- 부가가치세는 고려하지 않는다.
- 채권·채무와 관련된 거래는 별도의 요구가 없는 한 반드시 기등록된 거래처코드를 선택하는 방법으로 거래처명을 입력한다.
- 회계처리 시 계정과목은 별도의 제시가 없는 한 등록된 계정과목 중 가장 적절한 과목으로 한다.

[1] **10월 27일** 기업주가 사업 확장을 위하여 좋은은행에서 만기 1년 이내의 대출 10,000,000원을 단기차입하여 보통예금 계좌에 입금하였으나 이를 자본금으로 처리하였음을 확인하다. (3점)

[2] **11월 16일** 보통예금 계좌에서 지급한 198,000원은 거래처에 선물하기 위해 구입한 신발이 아니라 판매를 목적으로 구입한 신발의 매입대금이었음이 확인되었다. (3점)

문제 6

다음의 결산정리사항을 입력하여 결산을 완료하시오. (12점)

입력 시 유의사항

- 적요의 입력은 생략한다.
- 부가가치세는 고려하지 않는다.
- 채권·채무와 관련된 거래는 별도의 요구가 없는 한 반드시 기등록된 거래처코드를 선택하는 방법으로 거래처명을 입력한다.
- 회계처리 시 계정과목은 별도의 제시가 없는 한 등록된 계정과목 중 가장 적절한 과목으로 한다.

[1] 구입 시 자산으로 처리한 소모품 중 결산일 현재 사용한 소모품비는 550,000원이다. (3점)

[2] 2025년 7월 1일에 영업부의 1년치 보증보험료(보험기간:2025.07.01.~2026.06.30.) 1,200,000원을 보통예금 계좌에서 이체하면서 전액 비용계정인 보험료로 처리하였다. 기말수정분개를 하시오(단, 월할계산할 것). (3점)

[3] 현금과부족 계정으로 처리한 현금초과액 50,000원에 대한 원인이 결산일 현재까지 밝혀지지 않았다. (3점)

[4] 외상매출금 및 받을어음 잔액에 대하여만 1%의 대손충당금을 보충법으로 설정하시오(단, 기타 채권에 대하여는 대손충당금을 설정하지 않도록 한다). (3점)

문제 7

다음 사항을 조회하여 알맞은 답안을 이론문제 답안작성 메뉴에 입력하시오. (10점)

[1] 상반기(1월~6월) 중 현금의 지출이 가장 많은 월(月)은 몇 월(月)이며, 그 금액은 얼마인가? (4점)

[2] 6월 30일 현재 유동부채의 금액은 얼마인가? (3점)

[3] 상반기(1월~6월) 중 복리후생비의 지출이 가장 많은 월(月)과 적은 월(月)의 차액은 얼마인가? (단, 반드시 양수로 입력할 것) (3점)

제110회 기출문제

이론시험

다음 문제를 보고 알맞은 것을 골라 [이론문제 답안작성] 메뉴에 입력하시오. (객관식 문항당 2점)

기본전제

문제에서 한국채택국제회계기준을 적용하도록 하는 전제조건이 없는 경우, 일반기업회계기준을 적용한다.

01 다음 중 아래의 거래 요소가 나타나는 거래로 옳은 것은?

비용의 발생 - 자산의 감소

① 임대차 계약을 맺고, 당월분 임대료 500,000원을 현금으로 받다.
② 상품 400,000원을 매입하고 대금은 외상으로 하다.
③ 단기차입금에 대한 이자 80,000원을 현금으로 지급하다.
④ 토지 80,000,000원을 구입하고 대금은 보통예금 계좌로 이체하다.

02 다음 중 유동부채에 해당하지 않는 것은?

① 유동성장기부채　② 선급비용
③ 단기차입금　④ 예수금

03 **다음 중 아래의 (가)와 (나)에 각각 들어갈 내용으로 옳은 것은?**

> 단기매매증권을 취득하면서 발생한 수수료는 [(가)](으)로 처리하고, 차량운반구를 취득하면서 발생한 취득세는 [(나)](으)로 처리한다.

	(가)	(나)
①	수수료비용	차량운반구
②	단기매매증권	차량운반구
③	수수료비용	세금과공과
④	단기매매증권	수수료비용

04 **다음 계정별원장에 기입된 거래를 보고 (A) 안에 들어갈 수 있는 계정과목으로 가장 적절한 것은?**

(A)

09/15	200,000원	기초	1,500,000원
기말	1,600,000원	09/10	300,000원

① 받을어음　　② 외상매입금
③ 광고선전비　　④ 미수금

05 **다음 중 유형자산의 취득원가를 구성하는 항목이 아닌 것은?**

① 재산세　　② 취득세
③ 설치비　　④ 정상적인 사용을 위한 시운전비

06 **다음 중 당좌자산에 해당하지 않는 것은?**

① 현금및현금성자산　　② 매출채권
③ 단기투자자산　　④ 당좌차월

07 **다음은 인출금 계정과목의 특징에 대한 설명이다. 다음 중 아래의 (가)~(다)에 각각 관련 설명으로 모두 옳은 것은?**

> • 주로 기업주(사업주)의 (가)의 지출을 의미한다.
> • (나)에서 사용되며 임시계정에 해당한다.
> • (다)에 대한 평가계정으로 보고기간 말에 (다)으로 대체되어 마감한다.

	(가)	(나)	(다)
①	개인적 용도	개인기업	자본금 계정
②	사업적 용도	법인기업	자본금 계정
③	개인적 용도	법인기업	자산 계정
④	사업적 용도	개인기업	자산 계정

08 **다음 중 손익계산서와 관련된 계정과목이 아닌 것은?**

① 임차료
② 선급비용
③ 임대료
④ 유형자산처분이익

09 **다음 중 미지급비용에 대한 설명으로 가장 적절한 것은?**

① 당기의 수익에 대응되는 지급된 비용
② 당기의 수익에 대응되는 미지급된 비용
③ 당기의 수익에 대응되지 않지만 지급된 비용
④ 당기의 수익에 대응되지 않지만 미지급된 비용

10 **12월 말 결산일 현재 손익계산서상 당기순이익은 300,000원이었으나, 아래의 사항이 반영되어 있지 않음을 확인하였다. 아래 사항을 반영한 후의 당기순이익은 얼마인가?**

> 손익계산서에 보험료 120,000원이 계상되어 있으나 해당 보험료 중 선급보험료 해당액은 30,000원으로 확인되었다.

① 210,000원
② 270,000원
③ 330,000원
④ 390,000원

11 다음 지출내역 중 영업외비용의 합계액은 얼마인가?

• 영업용 자동차 보험료:	5,000원
• 대손이 확정된 외상매출금의 대손상각비:	2,000원
• 10년 만기 은행 차입금의 이자:	3,000원
• 사랑의열매 기부금:	1,000원

① 1,000원　② 3,000원
③ 4,000원　④ 6,000원

12 다음 중 판매비와관리비에 해당하는 계정과목이 아닌 것은?

① 접대비(기업업무추진비)　② 세금과공과
③ 광고선전비　④ 기타의대손상각비

13 다음은 회계의 순환과정을 나타낸 것이다. 아래의 (가)에 들어갈 용어로 옳은 것은?

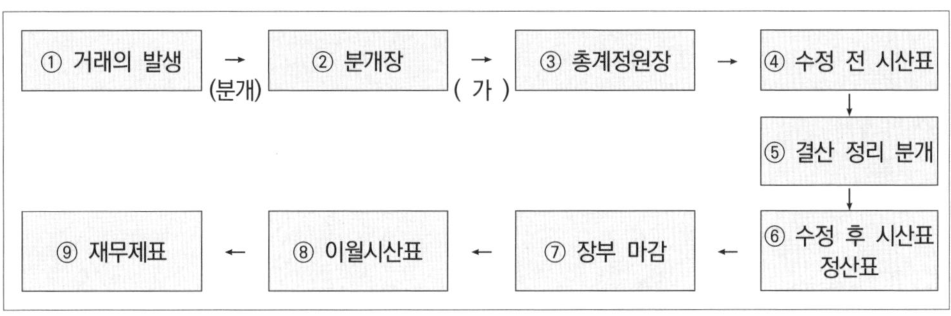

① 거래　② 계정
③ 전기　④ 제좌

14 **다음 자료에서 설명하고 있는 (A)와 (B)에 각각 들어갈 용어로 바르게 짝지은 것은 무엇인가?**

> 일정 시점의 기업의 [(A)]을(를) 나타낸 표를 재무상태표라 하고, 일정 기간의 기업의 [(B)]을(를) 나타낸 표를 손익계산서라 한다.

	(A)	(B)
①	재무상태	경영성과
②	경영성과	재무상태
③	거래의 이중성	대차평균의 원리
④	대차평균의 원리	거래의 이중성

15 **다음 중 상품에 대한 재고자산의 원가를 결정하는 방법에 해당하지 않는 것은?**

① 개별법 ② 총평균법
③ 선입선출법 ④ 연수합계법

실무시험

수호상사(코드번호: 1104)는 전자제품을 판매하는 개인기업으로 당기(제15기)의 회계기간은 2025.1.1. ~ 2025.12.31.이다. 전산세무회계 수험용 프로그램을 이용하여 다음 물음에 답하시오.

기본전제

- 문제에서 한국채택국제회계기준을 적용하도록 하는 전제조건이 없는 경우, 일반기업회계기준을 적용하여 회계처리 한다.
- 문제의 풀이와 답안작성은 제시된 문제의 순서대로 진행한다.

문제 1

다음은 수호상사의 사업자등록증이다. [회사등록] 메뉴에 입력된 내용을 검토하여 누락분은 추가입력하고 잘못된 부분은 정정하시오(주소 입력 시 우편번호는 입력하지 않아도 무방함). (6점)

사업자등록증
(일반과세자)
등록번호 417-26-00528

상 호 명: 수호상사
대 표 자 명: 김선호 생년월일: 1969 년 09 월 13 일
개 업 연 월 일: 2011 년 09 월 14 일
사업장소재지: 대전광역시 동구 대전로 987(삼성동)
사업자의 종류: 업태 도소매 종목 전자제품
발 급 사 유: 신규

사업자 단위 과세 적용사업자 여부: 여( ) 부(V)
전자세금계산서 전용 전자우편주소:

2011년 09월 14일
대전세무서장

NTS 국세청

문제 2

다음은 수호상사의 전기분 손익계산서이다. 입력되어 있는 자료를 검토하여 오류부분은 정정하고 누락된 부분은 추가 입력하시오. (6점)

손익계산서

회사명 : 수호상사　　　제14기 2024.1.1.~2024.12.31.　　　(단위: 원)

과목	금액	과목	금액
Ⅰ. 매 출 액	257,000,000	**Ⅴ. 영 업 이 익**	18,210,000
상 품 매 출	257,000,000	**Ⅵ. 영 업 외 수 익**	3,200,000
Ⅱ. 매 출 원 가	205,000,000	이 자 수 익	200,000
상 품 매 출 원 가	205,000,000	임 대 료	3,000,000
기 초 상 품 재 고 액	20,000,000	**Ⅶ. 영 업 외 비 용**	850,000
당 기 상 품 매 입 액	198,000,000	이 자 비 용	850,000
기 말 상 품 재 고 액	13,000,000	**Ⅷ. 소득세차감전순이익**	20,560,000
Ⅲ. 매 출 총 이 익	52,000,000	**Ⅸ. 소 득 세 등**	0
Ⅳ. 판 매 비 와 관 리 비	33,790,000	**Ⅹ. 당 기 순 이 익**	20,560,000
급 여	24,000,000		
복 리 후 생 비	1,100,000		
기 업 업 무 추 진 비	4,300,000		
감 가 상 각 비	500,000		
보 험 료	700,000		
차 량 유 지 비	2,300,000		
소 모 품 비	890,000		

문제 3

다음 자료를 이용하여 입력하시오. (6점)

[1] 다음 자료를 이용하여 기초정보관리의 [거래처등록] 메뉴에서 거래처(금융기관)를 추가로 등록하시오. (단, 주어진 자료 외의 다른 항목은 입력할 필요 없음.) (3점)

• 거래처코드: 98006	• 거래처명: 한경은행	• 유형: 보통예금
• 계좌번호: 1203-4562-49735	• 사업용 계좌: 여	

[2] 수호상사의 외상매출금과 외상매입금의 거래처별 초기이월 채권과 채무잔액은 다음과 같다. 입력된 자료를 검토하여 잘못된 부분은 수정 또는 삭제, 추가 입력하여 주어진 자료에 맞게 정정하시오. (3점)

계정과목	거래처	잔액	합계
외상매출금	믿음전자	20,000,000원	35,000,000원
	우진전자	10,000,000원	
	㈜형제	5,000,000원	
외상매입금	중소상사	12,000,000원	28,000,000원
	숭실상회	10,000,000원	
	국보상사	6,000,000원	

문제 4

[일반전표입력] 메뉴를 이용하여 다음의 거래 자료를 입력하시오. (24점)

입력 시 유의사항

- 적요의 입력은 생략한다.
- 부가가치세는 고려하지 않는다.
- 채권·채무와 관련된 거래는 별도의 요구가 없는 한 반드시 기등록된 거래처코드를 선택하는 방법으로 거래처명을 입력한다.
- 회계처리 시 계정과목은 별도의 제시가 없는 한 등록된 계정과목 중 가장 적절한 과목으로 한다.

[1] **07월 16일** 우와상사에 상품 3,000,000원을 판매하기로 계약하고, 계약금 600,000원을 보통예금 계좌로 입금받았다. (3점)

[2] **08월 04일** 당사의 영업부에서 장기간 사용할 목적으로 비품을 구입하고 대금은 BC카드(신용카드)로 결제하였다(단, 미지급금 계정을 사용하여 회계처리할 것). (3점)

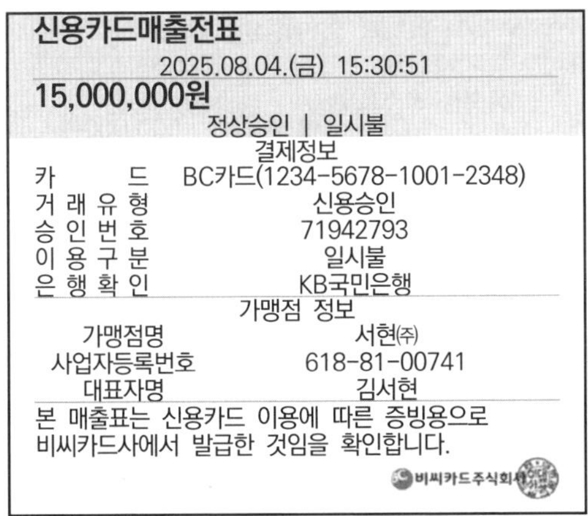
신용카드매출전표
2025.08.04.(금) 15:30:51
15,000,000원
정상승인 | 일시불
결제정보
카드 BC카드(1234-5678-1001-2348)
거래유형 신용승인
승인번호 71942793
이용구분 일시불
은행확인 KB국민은행
가맹점 정보
가맹점명 서현㈜
사업자등록번호 618-81-00741
대표자명 김서현
본 매출표는 신용카드 이용에 따른 증빙용으로 비씨카드사에서 발급한 것임을 확인합니다.
비씨카드주식회사

[3] **08월 25일** 영업용 차량운반구에 대한 자동차세 120,000원을 현금으로 납부하다. (3점)

[4] **09월 06일** 거래처 수분상사의 외상매출금 중 1,800,000원이 예정일보다 빠르게 회수되어 할인금액 2%를 제외한 금액을 당좌예금 계좌로 입금받았다(단, 매출할인 계정을 사용할 것). (3점)

[5] **09월 20일** 영업부 직원들을 위한 간식을 현금으로 구매하고 아래의 현금영수증을 수취하였다. (3점)

[고객용]

현금 매출 전표

간식천국 378-62-00158
이재철 TEL: 1577-0000
대구광역시 동구 안심로 15
2025/09/20 11:53:48 NO: 18542

노나머거본파이	5	50,000
에너지파워드링크	30	150,000
합계수량/금액	35	200,000
받을금액		200,000
현 금		200,000

현금영수증(지출증빙)

거래자번호: 417-26-00528
승 인 번 호: G141080158
전 화 번 호: 현금영수증문의☎126-1-1
홈 페 이 지: https://hometax.go.kr

[6] **10월 05일** 당사의 상품을 홍보할 목적으로 홍보용 포스트잇을 제작하고 사업용카드(삼성카드)로 결제하였다. (3점)

홍보물닷컴
500,000원

카 드 종 류 신용카드
카 드 번 호 8504-1245-4545-0506
거 래 일 자 2025.10.05. 15:29:45
일시불/할부 일시불
승 인 번 호 28516480

[상품명]	[금액]
홍보용 포스트잇	500,000원
합 계 액	500,000원
받은금액	500,000원

가맹점정보

가 맹 점 명 홍보물닷컴
사업자등록번호 305-35-65424
가 맹 점 번 호 23721275
대 표 자 명 엄하진
전 화 번 호 051-651-0000

이용해주셔서 감사합니다.
교환/환불은 영수증을 지참하여 일주일 이내 가능합니다.
삼성카드

[7] **10월 13일** 대전시 동구청에 태풍 피해 이재민 돕기 성금으로 현금 500,000원을 기부하였다. (3점)

[8] **11월 01일** 영업부 직원의 국민건강보험료 회사부담분 190,000원과 직원부담분 190,000원을 보통예금 계좌에서 이체하여 납부하였다(단, 회사부담분은 복리후생비 계정을 사용할 것). (3점)

문제 5

[일반전표입력] 메뉴에 입력된 내용 중 다음의 오류가 발견되었다. 입력된 내용을 검토하고 수정 또는 삭제, 추가 입력하여 올바르게 정정하시오. (6점)

입력 시 유의사항

- 적요의 입력은 생략한다.
- 부가가치세는 고려하지 않는다.
- 채권·채무와 관련된 거래는 별도의 요구가 없는 한 반드시 기등록된 거래처코드를 선택하는 방법으로 거래처명을 입력한다.
- 회계처리 시 계정과목은 별도의 제시가 없는 한 등록된 계정과목 중 가장 적절한 과목으로 한다.

[1] **08월 16일** 운반비로 계상한 50,000원은 무선상사로부터 상품 매입 시 당사 부담의 운반비를 지급한 것이다. (3점)

[2] **09월 30일** 농협은행에서 차입한 장기차입금을 상환하기 위하여 보통예금 계좌에서 11,000,000원을 지급하고 이를 모두 차입금 원금을 상환한 것으로 회계처리 하였으나 이 중 차입금 원금은 10,000,000원이고, 나머지 1,000,000원은 차입금에 대한 이자로 확인되었다. (3점)

문제 6

다음의 결산정리사항을 입력하여 결산을 완료하시오. (12점)

입력 시 유의사항

- 적요의 입력은 생략한다.
- 부가가치세는 고려하지 않는다.
- 채권·채무와 관련된 거래는 별도의 요구가 없는 한 반드시 기등록된 거래처코드를 선택하는 방법으로 거래처명을 입력한다.
- 회계처리 시 계정과목은 별도의 제시가 없는 한 등록된 계정과목 중 가장 적절한 과목으로 한다.

[1] 영업부에서 사용하기 위하여 소모품을 구입하고 자산으로 처리한 금액 중 당기 중에 사용한 금액은 70,000원이다. (3점)

[2] 기말 현재 가수금 잔액 200,000원은 강원상사의 외상매출금 회수액으로 판명되었다. (3점)

[3] 결산일까지 현금과부족 100,000원의 원인이 판명되지 않았다. (3점)

[4] 당기분 차량운반구에 대한 감가상각비 600,000원과 비품에 대한 감가상각비 500,000원을 계상하다. (3점)

문제 7

다음 사항을 조회하여 알맞은 답안을 이론문제 답안작성 메뉴에 입력하시오. (10점)

[1] 6월 말 현재 외상매출금 잔액이 가장 적은 거래처의 상호와 그 외상매출금 잔액은 얼마인가? (3점)

[2] 상반기(1~6월) 중 복리후생비 지출액이 가장 많은 달의 지출액은 얼마인가? (3점)

[3] 6월 말 현재 차량운반구의 장부가액은 얼마인가? (4점)

제111회 기출문제

이론시험

다음 문제를 보고 알맞은 것을 골라 [이론문제 답안작성] 메뉴에 입력하시오. (객관식 문항당 2점)

기본전제

문제에서 한국채택국제회계기준을 적용하도록 하는 전제조건이 없는 경우, 일반기업회계기준을 적용한다.

01 다음 중 복식부기와 관련된 설명이 아닌 것은?

① 차변과 대변이라는 개념이 존재한다.
② 대차평균의 원리가 적용된다.
③ 모든 거래에 대해 이중으로 기록하여 자기검증기능이 있다.
④ 재산 등의 증감변화에 대해 개별 항목의 변동만 기록한다.

02 다음의 내용이 설명하는 계정과목으로 옳은 것은?

재화의 생산, 용역의 제공, 타인에 대한 임대 또는 자체적으로 사용할 목적으로 보유하는 물리적 형체가 있는 자산으로서, 1년을 초과하여 사용할 것이 예상되는 자산을 말한다.

① 건물　② 사채　③ 보험차익　④ 퇴직급여

03 다음 괄호 안에 들어갈 내용으로 올바른 것은?

현금및현금성자산은 취득 당시 만기가 (　　　) 이내에 도래하는 금융상품을 말한다.

① 1개월　② 3개월　③ 6개월　④ 1년

04 **다음 중 일반기업회계기준에 의한 회계의 특징으로 볼 수 없는 것은?**

① 복식회계　　② 영리회계
③ 재무회계　　④ 단식회계

05 **다음 중 재고자산에 대한 설명으로 틀린 것은?**

① 판매를 위하여 보유하고 있는 상품 또는 제품은 재고자산에 해당한다.
② 판매와 관련하여 발생한 수수료는 판매비와관리비로 비용처리 한다.
③ 판매되지 않은 재고자산은 매입한 시점에 즉시 당기 비용으로 인식한다.
④ 개별법은 가장 정확하게 매출원가와 기말재고액을 결정하는 방법이다.

06 **다음의 자료가 설명하는 내용의 계정과목으로 올바른 것은?**

금전을 수취하였으나 그 내용이 확정되지 않은 경우에 임시로 사용하는 계정과목이다.

① 미지급비용　　② 미지급금　　③ 가수금　　④ 외상매입금

07 **다음은 영업활동 목적으로 거래처 직원과 함께 식사하고 받은 현금영수증이다. 이를 회계처리할 경우 차변에 기재할 계정과목으로 옳은 것은?**

EasyCheck KICC 가맹점명, 가맹점주소가 실제와 다른 경우 신고안내 (포상금 10만원 지급) 여신금융협회 : 02-2011-0777

현금영수증

가맹점명 : 망향비빔국수 대표자 : 이명환
사업자번호 : 145-54-45245 전화번호 : 031-542-4524
주소 : 경기도 안양시 만안구

거래유형 : 지출증빙
거래종류 : 승인거래
식별번호 : 855-12-01853
취소시 원거래일자 :
거래일시 : 2025/06/29

공급가액 : 20,000원
부가세 : 2,000원
봉사료 :
합계 : 22,000원
승인번호 : 1245345225

현금영수증 문의(국세청) : 126
http://현금영수증.kr

① 기부금　　② 접대비(기업업무추진비)
③ 복리후생비　　④ 세금과공과

08 **재고자산은 그 평가방법에 따라 금액이 달라질 수 있다. 다음 중 평가방법에 따른 기말재고자산 금액의 변동이 매출원가와 매출총이익에 미치는 영향으로 옳은 것은?**

① 기말재고자산 금액이 감소하면 매출원가도 감소한다.
② 기말재고자산 금액이 감소하면 매출총이익은 증가한다.
③ 기말재고자산 금액이 증가하면 매출원가도 증가한다.
④ 기말재고자산 금액이 증가하면 매출총이익이 증가한다.

09 **다음 중 판매비와관리비에 해당하는 계정과목은 모두 몇 개인가?**

• 기부금	• 세금과공과	• 이자비용	• 보험료
• 미수금	• 미지급비용	• 선급비용	

① 1개 ② 2개
③ 3개 ④ 4개

10 **다음 중 아래의 잔액시산표에 대한 설명으로 옳은 것은?**

잔액시산표

2025.1.1.~2025.12.31.

일신상사 (단위: 원)

차변	원면	계정과목	대변
220,000	1	현금	
700,000	2	건물	
	3	외상매입금	90,000
	4	자본금	820,000
	5	이자수익	60,000
50,000	6	급여	
970,000			970,000

① 당기의 기말자본금은 820,000원이다.
② 유동자산의 총합계액은 900,000원이다.
③ 판매비와관리비는 130,000원이다.
④ 당기순이익은 10,000원이다.

11 **다음 중 회계상 거래와 관련하여 자산의 증가와 자산의 감소가 동시에 발생하는 거래로 옳은 것은?**

① 영업용 차량을 현금 1,000,000원을 주고 구입하였다.
② 사무실 월세 1,000,000원을 현금으로 지급하였다.
③ 정기예금 이자 1,000,000원을 현금으로 수령하였다.
④ 상품을 1,000,000원에 외상으로 구입하였다.

12 **다음은 서울상사의 수익적 지출 및 자본적 지출에 관한 내용이다. 다음 중 성격이 나머지와 다른 하나는 무엇인가?**

① 사무실 유리창이 깨져서 새로운 유리창을 구입하여 교체하였다.
② 기계장치의 경미한 수준의 부속품이 마모되어 해당 부속품을 교체하였다.
③ 상가 건물의 편의성을 높이기 위해 엘리베이터를 설치하였다.
④ 사업장의 벽지가 찢어져서 외주업체를 통하여 다시 도배하였다.

13 **다음은 합격물산의 세금 납부내역이다. 이에 대한 회계처리 시 (A)와 (B)의 차변 계정과목으로 주어진 자료에서 가장 바르게 짝지은 것은?**

(A) 합격물산 대표자의 소득세 납부
(B) 합격물산 사옥에 대한 건물분 재산세 납부

	(A)	(B)
①	세금과공과	세금과공과
②	세금과공과	인출금
③	인출금	세금과공과
④	인출금	건물

14 **다음은 합격물산의 당기 말 부채계정 잔액의 일부이다. 재무상태표에 표시될 매입채무는 얼마인가?**

• 선수금 10,000원
• 미지급금 50,000원
• 단기차입금 40,000원
• 외상매입금 30,000원
• 지급어음 20,000원

① 50,000원
② 60,000원
③ 100,000원
④ 110,000원

15 다음의 자료에서 기초자본은 얼마인가?

• 기초자본: (?)	• 기말자본: 200,000원
• 총수익: 100,000원	• 총비용: 80,000원

① 170,000원
② 180,000원
③ 190,000원
④ 200,000원

실무시험

파라상사(코드번호 : 1114)는 문구 및 잡화를 판매하는 개인기업으로 당기(제13기)의 회계기간은 2025.1.1.~2025.12.31.이다. 전산세무회계 수험용 프로그램을 이용하여 다음 물음에 답하시오.

기본전제

- 문제에서 한국채택국제회계기준을 적용하도록 하는 전제조건이 없는 경우, 일반기업회계기준을 적용하여 회계처리 한다.
- 문제의 풀이와 답안작성은 제시된 문제의 순서대로 진행한다.

문제 1

다음은 파라상사의 사업자등록증이다. [회사등록] 메뉴에 입력된 내용을 검토하여 누락분은 추가입력하고 잘못된 부분은 정정하시오(주소 입력 시 우편번호는 입력하지 않아도 무방함). (6점)

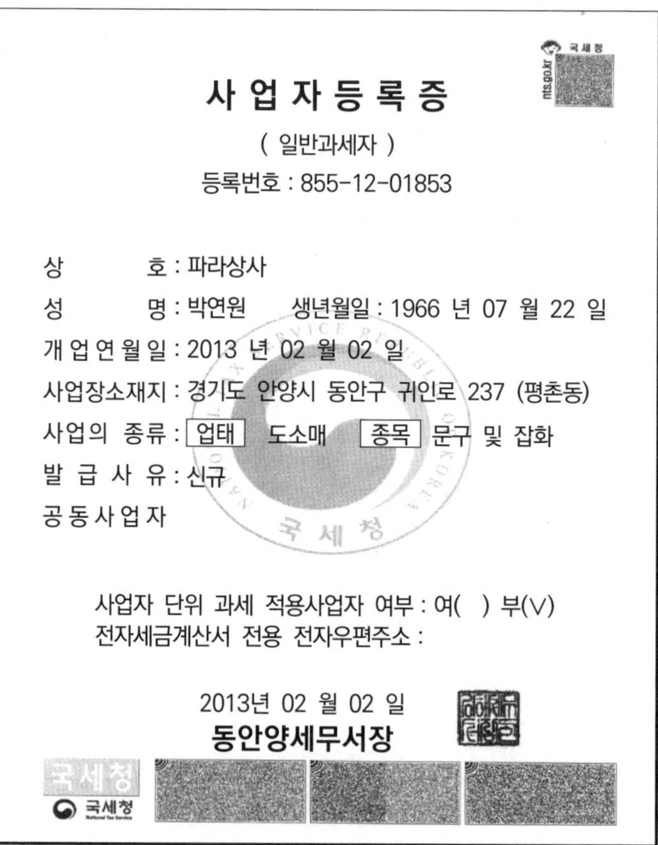

사 업 자 등 록 증

(일반과세자)

등록번호 : 855-12-01853

상 호 : 파라상사
성 명 : 박연원 생년월일 : 1966 년 07 월 22 일
개 업 연 월 일 : 2013 년 02 월 02 일
사업장소재지 : 경기도 안양시 동안구 귀인로 237 (평촌동)
사업의 종류 : 업태 도소매 종목 문구 및 잡화
발 급 사 유 : 신규
공 동 사 업 자

사업자 단위 과세 적용사업자 여부 : 여( ) 부(V)
전자세금계산서 전용 전자우편주소 :

2013년 02 월 02 일
동안양세무서장

문제 2

다음은 파라상사의 전기분 재무상태표이다. 입력되어 있는 자료를 검토하여 오류부분은 정정하고 누락된 부분은 추가 입력하시오. (6점)

재무상태표

회사명 : 파라상사 제12기 2024.12.31. 현재 (단위 : 원)

과목	금액		과목	금액	
현금		2,500,000	외상매입금		50,000,000
당좌예금		43,000,000	지급어음		8,100,000
보통예금		50,000,000	미지급금		29,000,000
외상매출금	20,000,000		단기차입금		5,000,000
대손충당금	900,000	19,100,000	장기차입금		10,000,000
받을어음	4,900,000		자본금		49,757,000
대손충당금	43,000	4,857,000	(당기순이익		
미수금		600,000	:8,090,000)		
상품		7,000,000			
장기대여금		2,000,000			
차량운반구	10,000,000				
감가상각누계액	2,000,000	8,000,000			
비품	7,600,000				
감가상각누계액	2,800,000	4,800,000			
임차보증금		10,000,000			
자산총계		151,857,000	부채와 자본총계		151,857,000

문제 3

다음 자료를 이용하여 입력하시오. (6점)

[1] 파라상사의 외상매입금과 미지급금에 대한 거래처별 초기이월 잔액은 다음과 같다. 입력된 자료를 검토하여 잘못된 부분은 삭제 또는 수정, 추가 입력하여 주어진 자료에 맞게 정정하시오. (3점)

계정과목	거래처	잔액
외상매입금	고래전자	12,000,000원
	건우상사	11,000,000원
	석류상사	27,000,000원
미지급금	앨리스상사	25,000,000원
	용구상사	4,000,000원

[2] 다음의 내용을 [계정과목및적요등록] 메뉴를 이용하여 보통예금 계정과목에 현금적요를 등록하시오. (3점)

현금적요 : 적요No.5, 미수금 보통예금 입금

문제 4

[일반전표입력] 메뉴를 이용하여 다음의 거래 자료를 입력하시오. (24점)

입력 시 유의사항

- 적요의 입력은 생략한다.
- 부가가치세는 고려하지 않는다.
- 채권·채무와 관련된 거래는 별도의 요구가 없는 한 반드시 기등록된 거래처코드를 선택하는 방법으로 거래처명을 입력한다.
- 회계처리 시 계정과목은 별도의 제시가 없는 한 등록된 계정과목 중 가장 적절한 과목으로 한다.

[1] 07**월** 13**일** 전기에 대손 처리하였던 나마상사의 외상매출금 2,000,000원이 회수되어 보통예금 계좌로 입금되었다. (3점)

[2] 08**월** 01**일** 남선상사에 대한 외상매입금 2,000,000원을 지급하기 위하여 오름상사로부터 상품판매대금으로 받은 약속어음을 배서양도하였다. (3점)

[2] 08**월** 31**일** 창고가 필요하여 다음과 같이 임대차계약을 체결하고 임차보증금을 보통예금 계좌에서 이체하여 지급하였다(단, 보증금의 거래처를 기재할 것). (3점)

부동산 월세 계약서

본 부동산에 대하여 임대인과 임차인 쌍방은 다음과 같이 합의하여 임대차계약을 체결한다.

1. 부동산의 표시

소재지	부산광역시 동래구 금강로73번길 6 (온천동)					
건물	구조	철근콘크리트	용도	창고	면적	50㎡
임대부분	상동 소재지 전부					

2. 계약내용

제 1 조 위 부동산의 임대차계약에 있어 임차인은 보증금 및 차임을 아래와 같이 지불하기로 한다.

보증금	일금 이천만원 원정 (₩ 20,000,000원) (보증금은 2025년 8월 31일에 지급하기로 한다.)
차 임	일금 삼십만원 원정 (₩ 300,000원) 은 익월 10일에 지불한다.

제 2 조 임대인은 위 부동산을 임대차 목적대로 사용·수익할 수 있는 상태로 하여 2025년 08월 31일까지 임차인에게 인도하며, 임대차기간은 인도일로부터 2027년 08월 30일까지 24개월로 한다.

...중략...

(갑) 임대인 : 온천상가 대표 김온천 (인)

(을) 임차인 : 파라상사 대표 박연원 (인)

[4] 09월 02일 대표자가 개인적인 용도로 사용할 목적으로 컴퓨터를 구입하고 사업용카드(삼성카드)로 결제하였다. (3점)

웅장컴퓨터
1,500,000원

카드종류	신용카드
카드번호	1351-1234-5050-9990
거래일자	2025.09.02. 11:11:34
일시불/할부	일시불
승인번호	48556494

[상품명]	[금액]
컴퓨터	1,500,000원
합 계 액	1,500,000원
받은금액	1,500,000원

가맹점정보

가맹점명	웅장컴퓨터
사업자등록번호	105-21-32549
가맹점번호	23721275
대표자명	진영기
전화번호	02-351-0000

이용해주셔서 감사합니다.
교환/환불은 영수증을 지참하여 일주일 이내 가능합니다.
삼성카드

[5] 09월 16일 만안상사에 당사가 보유하고 있던 차량운반구(취득원가 10,000,000원, 처분시까지의 감가상각누계액 2,000,000원)를 9,000,000원에 매각하고 대금은 만안상사 발행 자기앞수표로 받았다. (3점)

[6] 09월 30일 기업 운영자금을 확보하기 위하여 10,000,000원을 우리은행으로부터 2년 후에 상환하는 조건으로 차입하고, 차입금은 보통예금 계좌로 이체받았다. (3점)

[7] 10월 02일 거래처 포스코상사로부터 상품을 2,000,000원에 외상으로 매입하고, 상품 매입과정 중에 발생한 운반비 200,000원(당사가 부담)은 현금으로 지급하였다. (3점)

[8] **10월 29일** 신규 채용한 영업부 신입사원들이 사용할 컴퓨터 5대를 주문하고, 견적서 금액의 10%를 계약금으로 보통예금 계좌에서 송금하였다. (3점)

견 적 서

공급자	사업자번호	206-13-30738			견적번호 : 효은-01112 아래와 같이 견적서를 발송 2025년 10월 29일
	상호	효은상사	대표자	김효은 (인)	
	소재지	서울시 성동구 행당로 133 (행당동)			
	업태	도소매	종목	컴퓨터	
	담당자	한슬기	전화번호	1599-7700	

품명	규격	수량(개)	단가(원)	금액(원)	비고
삼성 센스 시리즈	S-7	5	2,000,000	10,000,000	
	이하 여백				
합 계 금 액				10,000,000	

유효기간 : 견적 유효기간은 발행 후 15일
납 기 : 발주 후 3일
결제방법 : 현금결제 및 카드결제 가능
송금계좌 : KB국민은행 / 666-12-90238
기 타 : 운반비 별도

문제 5

[일반전표입력] 메뉴에 입력된 내용 중 다음의 오류가 발견되었다. 입력된 내용을 검토하고 수정 또는 삭제, 추가 입력하여 올바르게 정정하시오. (6점)

입력 시 유의사항

- 적요의 입력은 생략한다.
- 부가가치세는 고려하지 않는다.
- 채권·채무와 관련된 거래는 별도의 요구가 없는 한 반드시 기등록된 거래처코드를 선택하는 방법으로 거래처명을 입력한다.
- 회계처리 시 계정과목은 별도의 제시가 없는 한 등록된 계정과목 중 가장 적절한 과목으로 한다.

[1] **10월 05일** 자본적지출로 회계처리해야 할 영업점 건물 방화문 설치비 13,000,000원을 수익적지출로 회계처리 하였다. (3점)

[2] **10월 13일** 사업용 신용카드(삼성카드)로 결제한 복리후생비 400,000원은 영업부의 부서 회식대가 아니라 영업부의 매출거래처 접대목적으로 지출한 것으로 확인되었다. (3점)

문제 6

다음의 결산정리사항을 입력하여 결산을 완료하시오. (12점)

입력 시 유의사항

- 적요의 입력은 생략한다.
- 부가가치세는 고려하지 않는다.
- 채권·채무와 관련된 거래는 별도의 요구가 없는 한 반드시 기등록된 거래처코드를 선택하는 방법으로 거래처명을 입력한다.
- 회계처리 시 계정과목은 별도의 제시가 없는 한 등록된 계정과목 중 가장 적절한 과목으로 한다.

[1] 기말 결산일 현재까지 기간 경과분에 대한 미수이자 1,500,000원 발생하였는데 이와 관련하여 어떠한 회계처리도 되어있지 아니한 상태이다. (3점)

[2] 당기에 납부하고 전액 비용으로 처리한 영업부의 보험료 중 선급액 120,000원에 대한 결산분개를 하시오. (3점)

[3] 당기 중에 단기운용목적으로 ㈜기유의 발행주식 1,000주(1주당 액면금액 1,000원)를 1주당 1,500원에 취득하였으며, 기말 현재 공정가치는 1주당 1,600원이다. 단, 취득 후 주식의 처분은 없었다. (3점)

[4] 기말 매출채권(외상매출금, 받을어음) 잔액에 대하여만 1%를 보충법에 따라 대손충당금을 설정하시오. (3점)

문제 7

다음 사항을 조회하여 알맞은 답안을 이론문제 답안작성 메뉴에 입력하시오. (10점)

[1] 3월(3월 1일~3월 31일) 중 외상 매출 건수는 총 몇 건인가? (3점)

[2] 6월 말 현재 거래처 자담상사에 대한 선급금 잔액은 얼마인가? (3점)

[3] 현금과 관련하여 상반기(1~6월) 중 입금액이 가장 많은 달의 그 입금액과 출금액이 가장 많은 달의 그 출금액과의 차액은 얼마인가? (단, 음수로 입력하지 말 것) (4점)

제112회 기출문제

이론시험

다음 문제를 보고 알맞은 것을 골라 이론문제 답안작성 메뉴에 입력하시오. (객관식 문항당 2점)

기본전제

문제에서 한국채택국제회계기준을 적용하도록 하는 전제조건이 없는 경우, 일반기업회계기준을 적용한다.

01 다음 중 손익계산서에 대한 설명으로 옳지 않은 것은?

① 재무제표의 종류에 속한다.
② 재산법을 이용하여 당기순손익을 산출한다.
③ 일정한 기간의 경영성과를 나타내는 보고서이다.
④ 손익계산서 등식은 '총비용 = 총수익 + 당기순손실' 또는 '총비용 + 당기순이익 = 총수익'이다.

02 다음의 자료를 통해 알 수 있는 외상매입금 당기 지급액은 얼마인가?

- 기초 외상매입금 60,000원
- 당기 외상매입액 300,000원
- 외상매입금 중 매입환출 30,000원
- 기말 외상매입금 120,000원

① 150,000원　② 180,000원
③ 210,000원　④ 360,000원

03 다음 중 영업이익에 영향을 미치지 않는 것은?

① 이자비용　② 매출원가
③ 접대비　④ 세금과공과

04 다음 중 결산 수정분개의 대상 항목 또는 유형으로 적합하지 않은 것은?

① 유형자산의 처분
② 수익과 비용의 이연과 예상
③ 현금과부족 계정 잔액의 정리
④ 매출채권에 대한 대손충당금 설정

05 다음 중 유형자산이 아닌 것은?

① 공장용 토지
② 영업부서용 차량
③ 상품보관용 창고
④ 본사 건물 임차보증금

06 다음 중 유동성이 가장 높은 자산을 고르시오.

① 재고자산
② 당좌자산
③ 유형자산
④ 기타비유동자산

07 다음 자료를 이용하여 단기매매증권처분손익을 계산하면 얼마인가?

- 매도금액 : 2,000,000원
- 장부금액 : 1,600,000원
- 처분 시 매각 수수료 : 100,000원

① (-)400,000원
② (-)300,000원
③ 300,000원
④ 400,000원

08 다음 중 재고자산에 해당하지 않는 것은?

① 원재료
② 판매 목적으로 보유 중인 부동산매매업자의 건물
③ 상품
④ 상품매입 계약을 체결하고 지급한 선급금

09 다음 중 대손충당금 설정 대상에 해당하는 계정과목으로 옳은 것은?

① 받을어음
② 지급어음
③ 미지급금
④ 선수금

10 **다음 손익계정의 자료를 이용하여 매출총이익을 계산한 것으로 옳은 것은?**

손익			
매입	600,000	매출	800,000

① 5,000원　② 195,000원
③ 200,000원　④ 795,000원

11 **다음 중 일반기업회계준상 재무제표에 해당하는 것으로만 구성된 것은?**

① 재무상태표, 손익계산서
② 주기, 시산표
③ 손익계산서, 시산표
④ 재무상태표, 총계정원장

12 **다음은 기말 재무상태표상 계정별 잔액이다. 이 회사의 기말자본은 얼마인가?**

• 현금	100,000원	• 선수금	300,000원
• 상품	1,000,000원	• 외상매입금	200,000원
• 단기차입금	100,000원		

① 300,000원　② 500,000원
③ 800,000원　④ 1,100,000원

13 **다음 중 감가상각에 대한 설명으로 틀린 것은?**

① 자산이 사용가능한 때부터 감가상각을 시작한다.
② 정액법은 내용연수 동안 매년 일정한 상각액을 인식하는 방법이다.
③ 자본적 지출액은 감가상각비를 계산하는 데 있어 고려 대상이 아니다.
④ 정률법으로 감가상각하는 경우 기말 장부가액은 우하향 그래프의 곡선 형태를 나타낸다.

14 **다음 중 아래의 자료와 같은 결합관계가 나타날 수 있는 회계상 거래를 고르시오.**

(차) 자산의 증가	(대) 수익의 발생

① 판매용 물품 300,000원을 외상으로 매입하였다.
② 전월에 발생한 외상매출금 100,000원을 현금으로 회수하였다.
③ 직원 가불금 300,000원을 보통예금 계좌에서 인출하여 지급하였다.
④ 당사의 보통예금에 대한 이자 300,000원이 해당 보통예금 계좌로 입금되었다.

15 **다음 중 아래 계정별원장의 (   ) 안에 들어갈 계정과목으로 가장 적합한 것은?**

(		)	
당좌예금	300,000원	전기이월	200,000원
현금	150,000원	차량운반구	600,000원
차기이월	350,000원		
	800,000원		800,000원

① 미수금　　② 미지급금
③ 선급금　　④ 외상매출금

실무시험

합격물산(코드번호:1124)은 문구 및 잡화를 판매하는 개인기업으로 당기(제14기) 회계기간은 2025.1.1.~2025.12.31.이다. 전산세무회계 수험용 프로그램을 이용하여 다음 물음에 답하시오.

기본전제

- 문제에서 한국채택국제회계기준을 적용하도록 하는 전제조건이 없는 경우, 일반기업회계기준을 적용하여 회계처리 한다.
- 문제의 풀이와 답안작성은 제시된 문제의 순서대로 진행한다.

문제 1

다음은 합격물산의 사업자등록증이다. [회사등록] 메뉴에 입력된 내용을 검토하여 누락분은 추가 입력하고 잘못된 부분은 정정하시오(단, 우편번호 입력은 생략할 것). (6점)

사업자등록증
(일반과세자)
등록번호 : 305-52-36547

상 호 : 합격물산
성 명 : 나합격 생 년 월 일 : 1965 년 05 월 05 일

개 업 년 월 일 : 2012 년 03 월 14 일
사 업 장 소 재 지 : 대전광역시 중구 대전천서로 7(옥계동)

사 업 의 종 류 업태 도소매 종목 문구 및 잡화

교 부 사 유 : 신규
공 동 사 업 자 :

사업자 단위 과세 적용사업자 여부 : 여( ) 부(V)
전자세금계산서 전용 전자우편주소 :

2012 년 03 월 14 일

대 전 세 무 서 장 대전세무서장의인

국세청

문제 2

다음은 합격물산의 전기분 손익계산서이다. 입력되어 있는 자료를 검토하여 오류 부분은 정정하고 누락된 부분은 추가 입력하시오. (6점)

손익계산서

회사명 : 합격물산　　　제13기 2024.1.1. ~ 2024.12.31.　　　(단위 : 원)

과 목	금 액	과 목	금 액
Ⅰ. 매출액	**237,000,000**	**Ⅴ. 영업이익**	**47,430,000**
상품매출	237,000,000	**Ⅵ. 영업외수익**	**670,000**
Ⅱ. 매출원가	**153,000,000**	이자수익	600,000
상품매출원가	153,000,000	잡이익	70,000
기초상품재고액	20,000,000	**Ⅶ. 영업외비용**	**17,000,000**
당기상품매입액	150,000,000	기부금	5,000,000
기말상품재고액	17,000,000	유형자산처분손실	12,000,000
Ⅲ. 매출총이익	**84,000,000**	**Ⅷ. 소득세차감전순이익**	**31,100,000**
Ⅳ. 판매비와관리비	**36,570,000**	**Ⅸ. 소득세등**	**0**
급여	20,400,000	**Ⅹ. 당기순이익**	**31,100,000**
복리후생비	3,900,000		
기업업무추진비(접대비)	4,020,000		
통신비	370,000		
감가상각비	5,500,000		
임차료	500,000		
차량유지비	790,000		
소모품비	1,090,000		

문제 3

다음 자료를 이용하여 입력하시오. (6점)

[1] 합격물산의 거래처별 초기이월 자료는 다음과 같다. 주어진 자료를 검토하여 잘못된 부분은 오류를 정정하고, 누락된 부분은 추가하여 입력하시오. (3점)

계정과목	거래처명	금액
받을어음	아진상사	5,000,000원
외상매입금	대영상사	20,000,000원
예수금	대전세무서	300,000원

[2] 다음 자료를 이용하여 [거래처등록] 메뉴에서 거래처(신용카드)를 추가로 등록하시오(단, 주어진 자료 외의 다른 항목은 입력할 필요 없음). (3점)

• 거래처코드 : 99603	• 거래처명 : BC카드	• 유형 : 매입
• 카드번호 : 1234-5678-1001-2348	• 카드종류 : 사업용카드	

문제 4

[일반전표입력] 메뉴를 이용하여 다음의 거래 자료를 입력하시오. (24점)

입력 시 유의사항

- 적요의 입력은 생략한다.
- 부가가치세는 고려하지 않는다.
- 채권·채무와 관련된 거래는 별도의 요구가 없는 한 반드시 기등록된 거래처코드를 선택하는 방법으로 거래처명을 입력한다.
- 회계처리 시 계정과목은 별도의 제시가 없는 한 등록된 계정과목 중 가장 적절한 과목으로 한다.

[1] **08월 09일** ㈜모닝으로부터 상품 2,000,000원을 구매하는 계약을 하고, 상품 대금의 10%를 계약금으로 지급하는 약정에 따라 계약금 200,000원을 현금으로 지급하였다. (3점)

[2] **08월 20일** 상품 운반용 중고 화물차를 7,000,000원에 구매하면서 전액 삼성카드로 결제하고, 취득세 300,000원은 보통예금 계좌에서 이체하였다. (3점)

[3] **09월 25일** 영업사원 김예진의 9월 급여를 보통예금 계좌에서 이체하여 지급하였으며, 급여내역은 다음과 같다(단, 하나의 전표로 처리하되, 공제항목은 구분하지 않고 하나의 계정과목으로 처리할 것). (3점)

2025년 9월 급여내역

이름	김예진	지급일	2025년 9월 25일
기 본 급 여	3,500,000원	소 득 세	150,000원
직 책 수 당	200,000원	지 방 소 득 세	15,000원
상 여 금		고 용 보 험	33,300원
특 별 수 당		국 민 연 금	166,500원
자가운전보조금		건 강 보 험	131,160원
		장기요양보험료	16,800원
급 여 계	3,700,000원	공 제 합 계	512,760원
노고에 감사드립니다.		지 급 총 액	**3,187,240원**

[4] **10월 02일** 민족 최대의 명절 추석을 맞이하여 영업부의 거래처와 당사의 영업사원들에게 보낼 선물 세트를 각각 2,000,000원과 1,000,000원에 구입하고 삼성카드로 결제하였다. (3점)

카드매출전표

카드종류	신용/삼성카드
카드번호	1250-4121-2412-1114
거래일자	2025.10.02.10:30:51
일시불/할부	일시불
승인번호	69117675

이용내역

상품명	추석선물세트
단가	20,000원
수량	150개
결제금액	3,000,000원

가맹점정보

가맹점명	하나로유통
사업자등록번호	130-52-12349
가맹점번호	163732104
대표자명	김현숙
전화번호	031-400-3240

위의 거래내역을 확인합니다.

Samsung Card

[5] **11월 17일** 다음은 ㈜새로운에 상품을 판매하고 발급한 거래명세표이다. 대금 중 12,000,000원은 당좌예금 계좌로 입금되었고, 잔액은 ㈜새로운이 발행한 약속어음으로 받았다. (3점)

거 래 명 세 표

㈜새로운 귀하				등록번호			
				상 호	합격물산	대 표	나합격
				업 태	도소매업	종 목	문구 및 잡화
				주 소	대전광역시 중구 대전천서로 7(옥계동)		
발행일	2025.11.17.	거래번호	001	전 화	042-677-1234	팩 스	042-677-1235

NO.	품명	규격	수량	단가	금액	비고
1	A상품	5‘	100	350,000	35,000,000	
총계			35,000,000			

결제계좌	은행명	계좌번호	예금주	담당자	전화	042-677-1234
	농협은행	123-456-789-10	나합격		이메일	allpass@nate.com

[6] **12월 01일** 사업장 건물의 엘리베이터 설치 공사를 하고 공사대금 15,000,000원은 보통예금 계좌에서 지급하였다(단, 엘리베이터 설치 공사는 건물의 자본적 지출로 처리할 것). (3점)

[7] **12월 27일** 세무법인으로부터 세무 컨설팅을 받고 수수료 300,000원을 현금으로 지급하였다. (3점)

[8] **12월 29일** 현금 시재를 확인한 결과 실제 잔액이 장부상 잔액보다 30,000원 많은 것을 발견하였으나 그 원인이 파악되지 않았다. (3점)

문제 5

[일반전표입력] 메뉴에 입력된 내용 중 다음의 오류가 발견되었다. 입력된 내용을 검토하고 수정 또는 삭제, 추가 입력하여 올바르게 정정하시오. (6점)

입력 시 유의사항

- 적요의 입력은 생략한다.
- 부가가치세는 고려하지 않는다.
- 채권·채무와 관련된 거래는 별도의 요구가 없는 한 반드시 기등록된 거래처코드를 선택하는 방법으로 거래처명을 입력한다.
- 회계처리 시 계정과목은 별도의 제시가 없는 한 등록된 계정과목 중 가장 적절한 과목으로 한다.

[1] **07월 10일** 거래처 하진상사로부터 보통예금 계좌로 입금된 200,000원에 대하여 외상매출금을 회수한 것으로 처리하였으나 당일에 체결한 매출 계약 건에 대한 계약금이 입금된 것이다. (3점)

[2] **11월 25일** 세금과공과 200,000원으로 회계처리한 것은 회사 대표의 개인 소유 주택에 대한 재산세 200,000원을 회사 현금으로 납부한 것이다. (3점)

문제 6

다음의 결산정리사항을 입력하여 결산을 완료하시오. (12점)

입력 시 유의사항

- 적요의 입력은 생략한다.
- 부가가치세는 고려하지 않는다.
- 채권·채무와 관련된 거래는 별도의 요구가 없는 한 반드시 기등록된 거래처코드를 선택하는 방법으로 거래처명을 입력한다.
- 회계처리 시 계정과목은 별도의 제시가 없는 한 등록된 계정과목 중 가장 적절한 과목으로 한다.

[1] 상품보관을 위하여 임차한 창고의 월(月)임차료는 500,000원으로 임대차계약 기간은 2025년 12월 1일부터 2026년 11월 30일까지이며, 매월 임차료는 다음 달 10일에 지급하기로 계약하였다. (3점)

[2] 당기 말 현재 단기대여금에 대한 당기분 이자 미수액은 300,000원이다. (3점)

[3] 결산일 현재 마이너스통장인 보통예금(기업은행) 계좌의 잔액이 (-)800,000원이다. (3점)

[4] 보유 중인 비품에 대한 당기분 감가상각비를 계상하다(취득일 2023년 1월 1일, 취득원가 55,000,000원, 잔존가액 0원, 내용연수 10년, 정액법 상각, 상각률 10%). (3점)

문제 7

다음 사항을 조회하여 알맞은 답안을 [이론문제 답안작성] 메뉴에 입력하시오. (10점)

[1] 1월부터 5월까지 기간 중 현금의 지출이 가장 많은 달(月)은? (3점)

[2] 상반기(1월~6월) 중 현금으로 지급한 급여(판매비및일반관리비)액은 얼마인가? (3점)

[3] 6월 1일부터 6월 30일까지 외상매출금을 받을어음으로 회수한 금액은 얼마인가? (4점)

제113회 기출문제

이론시험

다음 문제를 보고 알맞은 것을 골라 이론문제 답안작성 메뉴에 입력하시오. (객관식 문항당 2점)

기본전제

제에서 한국채택국제회계기준을 적용하도록 하는 전제조건이 없는 경우, 일반기업회계기준을 적용한다.

01 **다음의 거래 내용을 보고 결합관계를 적절하게 나타낸 것은?**

전화요금 50,000원이 보통예금 계좌에서 자동이체되다.

	차변	대변
①	자산의 증가	자산의 감소
②	부채의 감소	수익의 발생
③	자본의 감소	부채의 증가
④	비용의 발생	자산의 감소

02 **다음 중 총계정원장의 잔액이 항상 대변에 나타나는 계정과목은 무엇인가?**

① 임대료수입 ② 보통예금
③ 수수료비용 ④ 외상매출금

03 **다음 중 기말상품재고액 30,000원을 50,000원으로 잘못 회계처리한 경우 재무제표에 미치는 영향으로 옳은 것은?**

① 재고자산이 과소 계상된다.
② 매출원가가 과소 계상된다.
③ 매출총이익이 과소 계상된다.
④ 당기순이익이 과소 계상된다.

04 **다음 중 유동성배열법에 의하여 나열할 경우 재무상태표상 가장 위쪽(상단)에 표시되는 계정과목은 무엇인가?**

① 영업권
② 장기대여금
③ 단기대여금
④ 영업활동에 사용하는 건물

05 **다음 중 감가상각을 해야 하는 자산으로만 짝지은 것은 무엇인가?**

① 건물, 토지
② 차량운반구, 기계장치
③ 단기매매증권, 구축물
④ 재고자산, 건설중인자산

06 **회사의 재산 상태가 다음과 같은 경우 순자산(자본)은 얼마인가?**

• 현금	300,000원	• 선급금	200,000원	• 매입채무	100,000원
• 대여금	100,000원	• 재고자산	800,000원	• 사채	300,000원

① 1,000,000원
② 1,100,000원
③ 1,200,000원
④ 1,600,000원

07 **다음 중 일정 시점의 재무상태를 나타내는 재무보고서의 계정과목으로만 연결된 것은?**

① 선급비용, 급여
③ 매출원가, 선수금
② 현금, 선급비용
④ 매출채권, 이자비용

08 다음 중 현금및현금성자산 계정과목으로 처리할 수 없는 것은?

① 보통예금
② 우편환증서
③ 자기앞수표
④ 우표

09 다음 자료에 의한 매출채권의 기말 대손충당금 잔액은 얼마인가?

- 기초 매출채권 : 500,000원
- 당기 매출액 : 2,000,000원 (판매시점에 전액 외상으로 판매함)
- 당기 중 회수한 매출채권 : 1,500,000원
- 기말 매출채권 잔액에 대하여 1%의 대손충당금을 설정하기로 한다.

① 0원
② 5,000원
③ 10,000원
④ 15,000원

10 다음 자료에서 부채의 합계액은 얼마인가?

- 직원에게 빌려준 금전 : 150,000원
- 선급비용 : 50,000원
- 선지급금 : 120,000원
- 선수수익 : 30,000원
- 선수금 : 70,000원

① 100,000원
② 120,000원
③ 150,000원
④ 180,000원

11 다음 자료는 회계의 순환과정의 일부이다. (가), (나), (다)의 순서로 옳은 것은?

거래 발생 → (가) → 전기 → 수정 전 시산표 작성 → (나) → 수정 후 시산표 작성 → (다) → 결산보고서 작성

	(가)	(나)	(다)
①	분개	각종 장부 마감	결산 정리 분개
②	분개	결산 정리 분개	각종 장부 마감
③	각종 장부 마감	분개	결산 정리 분개
④	결산 정리 분개	각종 장부 마감	분개

12 **다음 중 재고자산의 취득원가를 구할 때 차감하는 계정과목이 아닌 것은?**

① 매입할인 ② 매입환출
③ 매입에누리 ④ 매입부대비용

13 **다음 중 영업외비용에 해당하지 않는 것은?**

① 보험료 ② 기부금
③ 이자비용 ④ 유형자산처분손실

14 **다음 재고자산의 단가결정방법 중 선입선출법에 대한 설명으로 적절하지 않은 것은?**

① 물가상승 시 이익이 과대계상된다.
② 물량흐름과 원가흐름이 대체로 일치한다.
③ 물가상승 시 기말재고자산이 과소평가된다.
④ 기말재고자산이 현행원가에 가깝게 표시된다.

15 **다음과 같이 사업에 사용할 토지를 무상으로 취득한 경우, 토지의 취득가액은 얼마인가?**

- 무상으로 취득한 토지의 공정가치 : 1,000,000원
- 토지 취득 시 발생한 취득세 : 40,000원

① 0원 ② 40,000원
③ 1,000,000원 ④ 1,040,000원

실무시험

엔시상사(회사코드:1134)는 문구 및 잡화를 판매하는 개인기업으로 당기(제8기) 회계기간은 2025.1.1.~2025.12.31.이다. 전산세무회계 수험용 프로그램을 이용하여 다음 물음에 답하시오.

기본전제

- 문제에서 한국채택국제회계기준을 적용하도록 하는 전제조건이 없는 경우, 일반기업회계기준을 적용하여 회계처리 한다.
- 문제의 풀이와 답안작성은 제시된 문제의 순서대로 진행한다.

문제 1

다음은 엔시상사의 사업자등록증이다. [회사등록] 메뉴에 입력된 내용을 검토하여 누락분은 추가입력하고 잘못된 부분은 정정하시오(단, 우편번호 입력은 생략할 것). (6점)

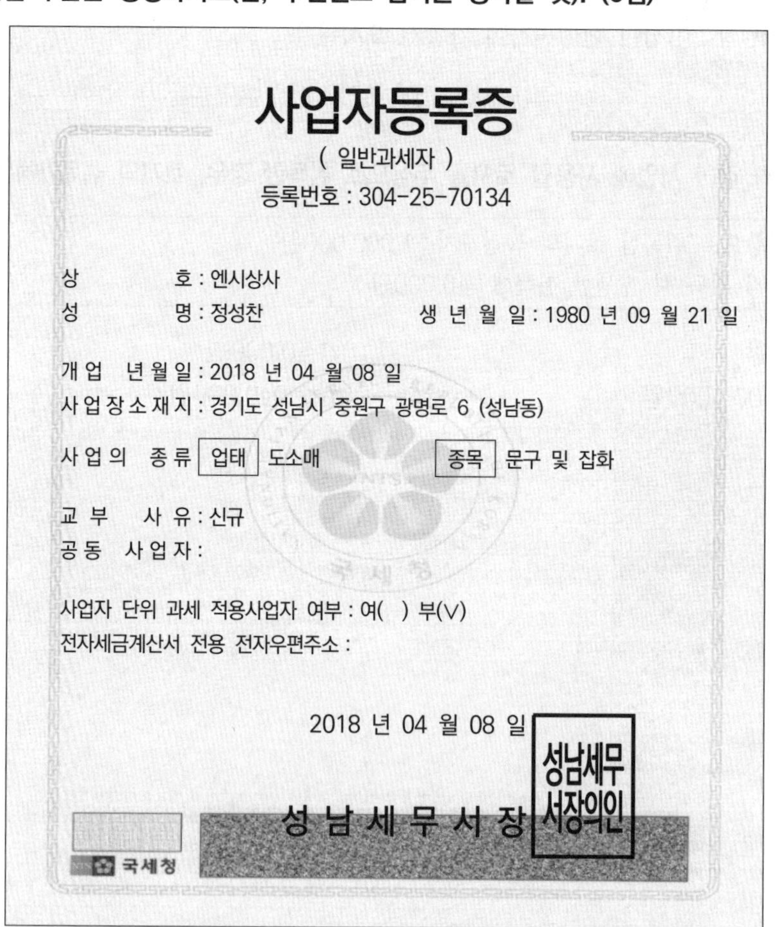

사업자등록증
(일반과세자)
등록번호 : 304-25-70134

상 호 : 엔시상사
성 명 : 정성찬 생 년 월 일 : 1980 년 09 월 21 일

개 업 년 월 일 : 2018 년 04 월 08 일
사 업 장 소 재 지 : 경기도 성남시 중원구 광명로 6 (성남동)

사 업 의 종 류 업태 도소매 종목 문구 및 잡화

교 부 사 유 : 신규
공 동 사 업 자 :

사업자 단위 과세 적용사업자 여부 : 여( ) 부(V)
전자세금계산서 전용 전자우편주소 :

2018 년 04 월 08 일

성 남 세 무 서 장 성남세무서장의인

국세청

문제 2

다음은 엔시상사의 전기분 손익계산서이다. 입력되어 있는 자료를 검토하여 오류 부분은 정정하고 누락된 부분은 추가 입력하시오. (6점)

손익계산서

회사명 : 엔지상사　　　　제7기 2024.1.1. ~ 2024.12.31.　　　　(단위 : 원)

과 목	금 액	과 목	금 액
Ⅰ 매출액	**100,000,000**	**Ⅴ 영업이익**	**10,890,000**
상품매출	100,000,000	**Ⅵ 영업외수익**	**610,000**
Ⅱ 매출원가	**60,210,000**	이자수익	610,000
상품매출원가	60,210,000	**Ⅶ 영업외비용**	**2,000,000**
기초상품재고액	26,000,000	이자비용	2,000,000
당기상품매입액	38,210,000	**Ⅷ 소득세차감전순이익**	**9,500,000**
기말상품재고액	4,000,000	**Ⅸ 소득세등**	**0**
Ⅲ 매출총이익	**39,790,000**	**Ⅹ 당기순이익**	**9,500,000**
Ⅳ 판매비와관리비	**28,900,000**		
급여	20,000,000		
복리후생비	4,900,000		
여비교통비	1,000,000		
임차료	2,300,000		
운반비	400,000		
소모품비	300,000		

문제 3

다음 자료를 이용하여 입력하시오. (6점)

[1] 다음 자료를 이용하여 [계정과목및적요등록] 메뉴에서 재고자산 항목의 상품 계정에 적요를 추가로 등록하시오. (3점)

> 현금적요 3. 수출용 상품 매입

[2] 외상매입금과 지급어음에 대한 거래처별 초기이월 자료는 다음과 같다. 주어진 자료를 검토하여 누락된 부분을 수정 및 추가 입력하시오. (3점)

계정과목	거래처	잔액
외상매입금	엘리상사	3,000,000원
	동오상사	10,000,000원
지급어음	디오상사	3,500,000원
	망도상사	3,000,000원

문제 4

[일반전표입력] 메뉴를 이용하여 다음의 거래 자료를 입력하시오. (24점)

입력 시 유의사항

- 적요의 입력은 생략한다.
- 부가가치세는 고려하지 않는다.
- 채권·채무와 관련된 거래는 별도의 요구가 없는 한 반드시 기등록된 거래처코드를 선택하는 방법으로 거래처명을 입력한다.
- 회계처리 시 계정과목은 별도의 제시가 없는 한 등록된 계정과목 중 가장 적절한 과목으로 한다.

[1] **08월 10일** 매출거래처 수민상회에 대한 외상매출금을 현금으로 회수하고, 아래의 입금표를 발행하여 교부하였다. (3점)

입 금 표

(공급자 보관용)

작성일 : 2025년 08월 10일 지급일 : 2025년 08월 10일

구분	항목	내용		항목	내용
공급자 (수령인)	상 호	엔시상사		대 표 자 명	정성찬
	사업자등록번호	304-25-70134			
	사업장소재지	경기도 성남시 중원구 광명로 6			
공급받는자 (지급인)	상 호	수민상회		대 표 자 명	이수민
	사업자등록번호	307-02-67153			
	사업장소재지	대구광역시 북구 칠성시장로7길 17-18			

금액	십	억	천	백	십	만	천	백	십	일
				2	4	0	0	0	0	0

(내용)

외상매출금 현금 입금

위 금액을 정히 영수합니다.

[2] **08월 25일** 거래처 대표로부터 아래와 같은 모바일 청첩장을 받고, 축의금 200,000원을 현금으로 지급하였다. (3점)

[3] **09월 02일** 영업부 직원의 고용보험료 220,000원을 보통예금 계좌에서 납부하였다. 납부한 금액 중 100,000원은 직원부담분이고, 나머지는 회사부담분으로 직원부담분은 직원의 8월 귀속 급여에서 공제한 상태이다(단, 하나의 전표로 처리하고 회사부담분은 복리후생비 계정으로 처리할 것). (3점)

[4] **09월 20일** 유형자산인 토지에 대한 재산세 500,000원을 현금으로 납부하였다. (3점)

납세자보관용 2025년 09월(토지분) **재산세** 도시지역분 지방교육세 **고지서**

전자납부번호
11500-1-12452-124234

구 분	납기 내 금액	납기 후 금액
합 계	500,000	515,000
납부기한	2025.09.30.까지	2025.10.31.까지

납 세 자	엔시상사
주 소 지	경기도 성남시 중원구 광명로 6
과세대상	경기도 성남시 중원구 성남동 1357

※이 영수증은 과세증명서로 사용 가능

위의 금액을 납부하시기 바랍니다.
2025년 9월 10일

[5] **09월 25일** 상품 매입대금으로 가은상사에 발행하여 지급한 약속어음 3,500,000원의 만기가 도래하여 보통예금 계좌에서 이체하여 상환하다. (3점)

[6] **10월 05일** 다음과 같이 상품을 판매하고 대금 중 4,000,000원은 자기앞수표로 받고 잔액은 외상으로 하였다. (3점)

<table>
<tr><td>5권</td><td>10호</td><td colspan="4">거래명세표(보관용)</td></tr>
<tr><td colspan="2">2025년 10월 05일</td><td rowspan="4">공급자</td><td>사업자
등록번호</td><td colspan="3">304-25-70134</td></tr>
<tr><td colspan="2" rowspan="2">한능협 귀하</td><td>상호</td><td>엔시상사</td><td>성명</td><td>정성찬 ㉑</td></tr>
<tr><td>사업장
소재지</td><td colspan="3">경기도 성남시 중원구 광명로 6</td></tr>
<tr><td colspan="2">아래와 같이 계산합니다.</td><td>업태</td><td>도소매</td><td>종목</td><td>문구및잡화</td></tr>
</table>

<table>
<tr><td>합계
금액</td><td colspan="5">일천만 원정 (₩ 10,000,000)</td></tr>
<tr><td>월일</td><td>품목</td><td>규격</td><td>수량</td><td>단가</td><td>공급대가</td></tr>
<tr><td>10/05</td><td>만년필</td><td></td><td>4</td><td>2,500,000원</td><td>10,000,000원</td></tr>
<tr><td></td><td></td><td></td><td></td><td></td><td></td></tr>
<tr><td></td><td></td><td></td><td></td><td></td><td></td></tr>
<tr><td colspan="3">계</td><td></td><td></td><td>10,000,000원</td></tr>
</table>

<table>
<tr><td>전잔금</td><td colspan="3">없음</td><td colspan="2">합계</td><td>10,000,000원</td></tr>
<tr><td>입금</td><td>4,000,000원</td><td>잔금</td><td>6,000,000원</td><td>인수자</td><td colspan="2">강아영 ㉑</td></tr>
<tr><td>비고</td><td colspan="6"></td></tr>
</table>

[7] **10월 20일** 영업부 사무실의 10월분 수도요금 30,000원과 소모품비 100,000원을 삼성카드로 결제하였다. (3점)

[8] **11월 10일** 정기예금 이자 100,000원이 발생하여 원천징수세액을 차감한 금액이 보통예금으로 입금되었으며, 다음과 같이 원천징수영수증을 받았다(단, 원천징수세액은 선납세금 계정을 이용하고 하나의 전표로 입력할 것). (3점)

※ 관리번호		이자소득 원천징수영수증		V 소득자 보관용 ☐ 발행자 보관용 ☐ 발행자 보고용
징 수 의 무 자	법인명(상호)	농협은행		
소 득 자	성명(상호)	사업자등록번호	계좌번호	
	정성찬(엔시상사)	304-25-70134	904-480-511166	
	주소	경기도 성남시 중원구 광명로 6		

지급일	이자율	지급액 (소득금액)	세율	원천징수세액		
				소득세	지방소득세	계
2025/11/10	1%	100,000원	14%	14,000원	1,400원	15,400원

위의 원천징수세액)수입금액)을 정히 영수(지급)합니다.

2025년 11월 10일

징수(보고)의무자 농협은행

문제 5

[일반전표입력] 메뉴에 입력된 내용 중 다음의 오류가 발견되었다. 입력된 내용을 검토하고 수정 또는 삭제, 추가 입력하여 올바르게 정정하시오. (6점)

입력 시 유의사항

- 적요의 입력은 생략한다.
- 부가가치세는 고려하지 않는다.
- 채권·채무와 관련된 거래는 별도의 요구가 없는 한 반드시 기등록된 거래처코드를 선택하는 방법으로 거래처명을 입력한다.
- 회계처리 시 계정과목은 별도의 제시가 없는 한 등록된 계정과목 중 가장 적절한 과목으로 한다.

[1] **08월 06일** 보통예금 계좌에서 이체한 6,000,000원은 사업용카드 중 신한카드의 미지급금을 결제한 것으로 회계처리 하였으나 하나카드의 미지급금을 결제한 것으로 확인되었다. (3점)

[2] **10월 25일** 구매부 직원의 10월분 급여 지급액에 대한 회계처리 시 공제 항목에 대한 회계처리를 하지 않고 급여액 총액을 보통예금 계좌에서 이체하여 지급한 것으로 잘못 회계처리하였다(단, 하나의 전표로 처리하되, 공제 항목은 항목별로 구분하지 않는다). (3점)

2025년 10월분 급여명세서			
사 원 명 : 박민정 입 사 일 : 2021.10.25.		부 서 : 구매부 직 급 : 대리	
지급내역	지급액	공제내역	공제액
기본급여	4,200,000원	국민연금	189,000원
직책수당	0원	건강보험	146,790원
상여금	0원	고용보험	37,800원
특별수당	0원	소득세	237,660원
자가운전보조금	0원	지방소득세	23,760원
교육지원수당	0원	기타공제	0원
지급액계	4,200,000원	공제액계	635,010원
귀하의 노고에 감사드립니다.		**차인지급액**	**3,564,990원**

문제 6

다음의 결산정리사항을 입력하여 결산을 완료하시오. (12점)

입력 시 유의사항

- 적요의 입력은 생략한다.
- 부가가치세는 고려하지 않는다.
- 채권·채무와 관련된 거래는 별도의 요구가 없는 한 반드시 기등록된 거래처코드를 선택하는 방법으로 거래처명을 입력한다.
- 회계처리 시 계정과목은 별도의 제시가 없는 한 등록된 계정과목 중 가장 적절한 과목으로 한다.

[1] 4월 1일에 영업부 사무실의 12개월분 임차료(임차기간 : 2025.4.1.~2026.3.31.) 24,000,000원을 보통예금 계좌에서 이체하여 지급하고 전액 자산계정인 선급비용으로 회계처리하였다. 기말수정분개를 하시오(단, 월할 계산할 것). (3점)

[2] 기말 외상매출금 중 미국 BRIZ사의 외상매출금 20,000,000원(미화 $20,000)이 포함되어 있다. 결산일 현재 기준환율은 1$당 1,100원이다. (3점)

[3] 기말 현재 현금과부족 중 15,000원은 판매 관련 등록면허세를 현금으로 납부한 것으로 밝혀졌다. (3점)

[4] 결산을 위하여 창고의 재고자산을 실사한 결과, 기말상품재고액은 4,500,000원이다. (3점)

문제 7

다음 사항을 조회하여 알맞은 답안을 이론문제 답안작성 메뉴에 입력하시오. (10점)

[1] 상반기(1월~6월) 중 어룡상사에 대한 외상매입금 지급액은 얼마인가? (3점)

[2] 상반기(1월~6월) 동안 지출한 복리후생비(판) 금액은 모두 얼마인가? (3점)

[3] 6월 말 현재 유동자산과 유동부채의 차액은 얼마인가? (4점)

제114회 기출문제

이론시험

다음 문제를 보고 알맞은 것을 골라 [이론문제 답안작성] 메뉴에 입력하시오. (객관식 문항당 2점)

기본전제

문제에서 한국채택국제회계기준을 적용하도록 하는 전제조건이 없는 경우, 일반기업회계기준을 적용한다.

01 다음은 계정의 기록 방법에 대한 설명이다. 아래의 (가)와 (나)에 각각 들어갈 내용으로 옳게 짝지어진 것은?

- 부채의 감소는 (가)에 기록한다.
- 수익의 증가는 (나)에 기록한다.

	(가)	(나)
①	대변	대변
②	차변	차변
③	차변	대변
④	대변	차변

02 **다음은 한국상점(회계기간 : 매년 1월 1일~12월 31일)의 현금 관련 자료이다. 아래의 (가)에 들어갈 계정과목으로 옳은 것은?**

- 01월 30일 - 장부상 현금 잔액 400,000원
  - 실제 현금 잔액 500,000원
- 12월 31일 - 결산 시까지 현금과부족 계정 잔액의 원인이 밝혀지지 않음.

현금과부족

7/1	이자수익	70,000원	1/30	현금	100,000원
	(가)	30,000원			
		100,000원			100,000원

① 잡손실　② 잡이익
③ 현금과부족　④ 현금

03 **다음 중 거래의 결과로 인식할 비용의 분류가 나머지와 다른 것은?**

① 영업부 사원의 당월분 급여 2,000,000원을 현금으로 지급하다.
② 화재로 인하여 창고에 보관하던 상품 500,000원이 소실되다.
③ 영업부 사무실 건물에 대한 월세 200,000원을 현금으로 지급하다.
④ 종업원의 단합을 위해 체육대회행사비 50,000원을 현금으로 지급하다.

04 **다음의 자료를 이용하여 계산한 당기 중 외상으로 매출한 금액(에누리하기 전의 금액)은 얼마인가?**

- 외상매출금 기초잔액 : 400,000원
- 외상매출금 당기 회수액 : 600,000원
- 외상매출금 중 에누리액 : 100,000원
- 외상매출금 기말잔액 : 300,000원

① 300,000원　② 400,000원
③ 500,000원　④ 600,000원

05 **다음 중 아래의 자료에서 설명하는 특징을 가진 재고자산의 단가 결정방법으로 옳은 것은?**

- 실제 재고자산의 물량 흐름과 괴리가 발생하는 경우가 많다.
- 일반적으로 기말재고액이 과소 계상되는 특징이 있다.

① 개별법　② 가중평균법
③ 선입선출법　④ 후입선출법

06 다음은 한국제조가 당기 중 처분한 기계장치 관련 자료이다. 기계장치의 취득가액은 얼마인가?

• 유형자산처분이익 : 7,000,000원 • 감가상각누계액 : 5,000,000원	• 처분가액 : 12,000,000원

① 7,000,000원
② 8,000,000원
③ 9,000,000원
④ 10,000,000원

07 다음의 자료를 참고하여 기말자본을 구하시오.

• 당기총수익 2,000,000원 • 당기총비용 1,500,000원	• 기초자산 1,700,000원 • 기초자본 1,300,000원

① 1,200,000원
② 1,500,000원
③ 1,800,000원
④ 2,000,000원

08 다음 중 손익의 이연을 처리하기 위해 사용하는 계정과목을 모두 고른 것은?

가. 선급비용 나. 선수수익	다. 대손충당금 라. 잡손실

① 가, 나
② 가, 다
③ 나, 다
④ 다, 라

09 다음 중 재고자산의 종류에 해당하지 않는 것은?

① 상품
② 재공품
③ 반제품
④ 비품

10 **다음 중 아래의 (가)와 (나)에 각각 들어갈 부채 항목의 계정과목으로 옳게 짝지어진 것은?**

> • 현금 등 대가를 미리 받았으나 수익이 실현되는 시점이 차기 이후에 속하는 경우 (가)(으)로 처리한다.
> • 일반적인 상거래 외의 거래와 관련하여 발생한 현금 수령액 중 임시로 보관하였다가 곧 제3자에게 다시 지급해야 하는 경우 (나)(으)로 처리한다.

	(가)	(나)
①	선급금	예수금
②	선수수익	예수금
③	선수수익	미수수익
④	선급금	미수수익

11 **다음 중 회계상 거래에 해당하는 것은?**

① 직원 1명을 신규 채용하고 근로계약서를 작성했다.
② 매장 임차료를 종전 대비 5% 인상하기로 임대인과 구두 협의했다.
③ 제품 100개를 주문한 고객으로부터 제품 50개 추가 주문을 받았다.
④ 사업자금으로 차입한 대출금에 대한 1개월분 대출이자가 발생하였다.

12 **다음 중 아래의 회계처리에 대한 설명으로 가장 적절한 것은?**

(차) 현금	10,000 원	(대) 외상매출금	10,000원

① 상품을 판매하고 현금 10,000원을 수령하였다.
② 지난달에 판매한 상품이 환불되어 현금 10,000원을 환불하였다.
③ 지난달에 판매한 상품에 대한 대금 10,000원을 수령하였다.
④ 상품을 판매하고 대금 10,000원을 다음달에 받기로 하였다.

13 **다음 중 일반기업회계기준에서 규정하고 있는 재무제표의 종류로 올바르지 않은 것은?**

① 시산표
② 손익계산서
③ 자본변동표
④ 현금흐름표

14 **㈜서울은 직접 판매와 수탁자를 통한 위탁판매도 하고 있다. 기말 현재 재고자산의 현황이 아래와 같을 때, 기말 재고자산 가액은 얼마인가?**

- ㈜서울의 창고에 보관 중인 재고자산 가액 : 500,000원
- 수탁자에게 위탁판매를 요청하여 수탁자 창고에 보관 중인 재고자산 가액 : 100,000원
- 수탁자의 당기 위탁판매 실적에 따라 ㈜서울에 청구한 위탁판매수수료 : 30,000원

① 400,000원　② 470,000원
③ 570,000원　④ 600,000원

15 **다음 자료를 이용하여 당기 매출총이익을 구하시오.**

- 기초 재고자산 : 200,000원
- 재고자산 당기 매입액 : 1,000,000원
- 기말 재고자산 : 300,000원
- 당기 매출액 : 2,000,000원
- 판매 사원에 대한 당기 급여 총지급액 : 400,000원

① 600,000원　② 700,000원
③ 1,000,000원　④ 1,100,000원

실무시험

두일상사(회사코드:1144)는 사무용가구를 판매하는 개인기업으로 당기(제12기) 회계기간은 2025.1.1. ~ 2025.12.31.이다. 전산세무회계 수험용 프로그램을 이용하여 다음 물음에 답하시오.

기본전제

- 문제에서 한국채택국제회계기준을 적용하도록 하는 전제조건이 없는 경우, 일반기업회계기준을 적용하여 회계처리 한다.
- 문제의 풀이와 답안작성은 제시된 문제의 순서대로 진행한다.

문제 1

다음은 두일상사의 사업자등록증이다. [회사등록] 메뉴에 입력된 내용을 검토하여 누락분은 추가입력하고 잘못된 부분은 정정하시오(단, 우편번호 입력은 생략할 것). (6점)

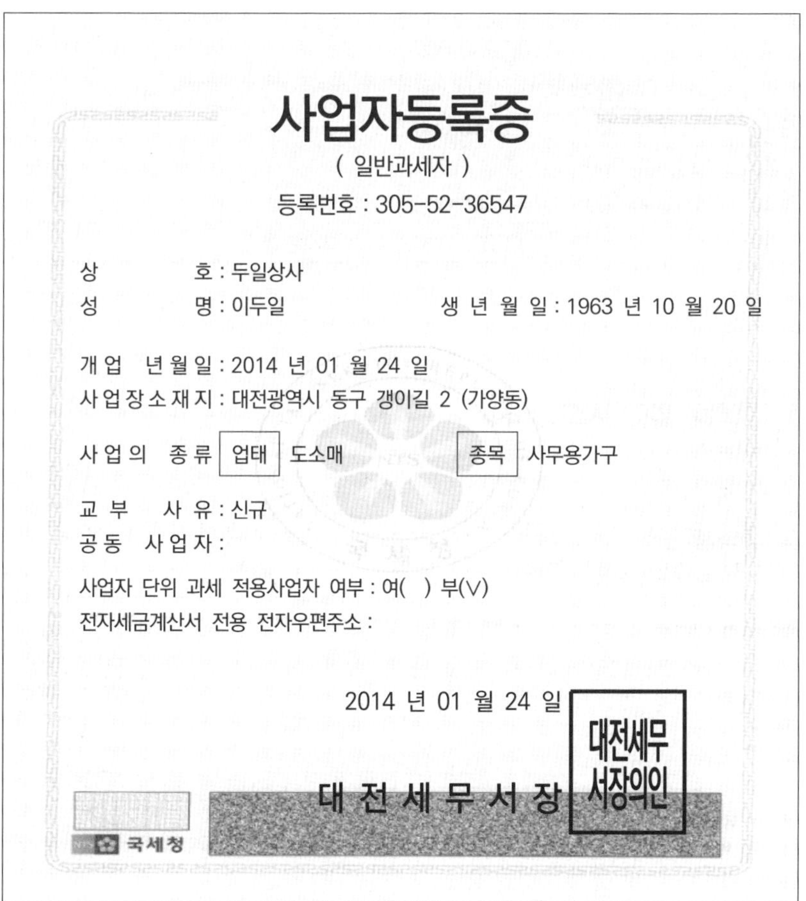

사업자등록증
(일반과세자)
등록번호 : 305-52-36547

상 호 : 두일상사
성 명 : 이두일 생 년 월 일 : 1963 년 10 월 20 일

개 업 년 월 일 : 2014 년 01 월 24 일
사 업 장 소 재 지 : 대전광역시 동구 갱이길 2 (가양동)

사 업 의 종 류 업태 도소매 종목 사무용가구

교 부 사 유 : 신규
공 동 사 업 자 :

사업자 단위 과세 적용사업자 여부 : 여( ) 부(V)
전자세금계산서 전용 전자우편주소 :

2014 년 01 월 24 일

대 전 세 무 서 장 대전세무서장의인

국세청

문제 2

다음은 두일상사의 전기분 재무상태표이다. 입력되어 있는 자료를 검토하여 오류 부분은 정정하고 누락된 부분은 추가 입력하시오. (6점)

재무상태표

회사명: 두일상사 제11기 2024.12.31. 현재 (단위: 원)

과 목	금	액	과 목	금	액
현 금		60,000,000	외상매입금		55,400,000
당좌예금		45,000,000	지급어음		90,000,000
보통예금		53,000,000	미지급금		78,500,000
외상매출금	90,000,000		단기차입금		45,000,000
대손충당금	900,000	89,100,000	장기차입금		116,350,000
받을어음	65,000,000		자 본 금		156,950,000
대손충당금	650,000	64,350,000	(당기순이익 :		
단기대여금		50,000,000	46,600,000)		
상 품		3,000,000			
소 모 품		500,000			
토 지		100,000,000			
차량운반구	64,500,000				
감가상각누계액	10,750,000	53,750,000			
비 품	29,500,000				
감가상각누계액	6,000,000	23,500,000			
자 산 총 계		542,200,000	부채와자본총계		542,200,000

문제 3

다음 자료를 이용하여 입력하시오. (6점)

[3] 다음의 자료를 이용하여 기초정보관리의 [거래처등록] 메뉴를 거래처(금융기관)를 추가로 등록하시오 (단, 주어진 자료 외의 다른 항목은 입력할 필요 없음). (3점)

• 코드 : 98100	• 거래처명 : 케이뱅크 적금	• 유형 : 정기적금
• 계좌번호 : 1234-5678-1234	• 계좌개설은행 : 케이뱅크	• 계좌개설일 : 2025년 7월 1일

[4] 외상매출금과 단기차입금의 거래처별 초기이월 채권과 채무의 잔액은 다음과 같다. 입력된 자료를 검토하여 잘못된 부분은 수정 또는 삭제, 추가 입력하여 주어진 자료에 맞게 정정하시오. (3점)

계정과목	거래처명	잔액	계
외상매출금	태양마트	34,000,000원	90,000,000원
	㈜애옹전자	56,000,000원	
단기차입금	은산상사	20,000,000원	45,000,000원
	세연상사	22,000,000원	
	일류상사	3,000,000원	

문제 4

[일반전표입력] 메뉴를 이용하여 다음의 거래 자료를 입력하시오. (24점)

입력 시 유의사항

- 적요의 입력은 생략한다.
- 부가가치세는 고려하지 않는다.
- 채권·채무와 관련된 거래는 별도의 요구가 없는 한 반드시 기등록된 거래처코드를 선택하는 방법으로 거래처명을 입력한다.
- 회계처리 시 계정과목은 별도의 제시가 없는 한 등록된 계정과목 중 가장 적절한 과목으로 한다.

[1] **07월 03일** 거래처 대전상사로부터 차입한 단기차입금 8,000,000원의 상환기일이 도래하여 당좌수표를 발행하여 상환하다. (3점)

[2] **07월 10일** 관리부 직원들이 시내 출장용으로 사용하는 교통카드를 충전하고, 대금은 현금으로 지급하였다. (3점)

Seoul Metro
서울메트로
[교통카드 충전영수증]

역 사 명 : 평촌역
장 비 번 호 : 163
카 드 번 호 : 5089-3466-5253-6694
결 제 방 식 : 현금
충 전 일 시 : 2025.07.10.

충전전잔액 : 500원
충 전 금 액 : **50,000원**
충전후잔액 : 50,500원

대표자명 이춘덕
사업자번호 108-12-16395
주소 서울특별시 서초구 반포대로 21

[3] **08월 05일** 능곡가구의 파산으로 인하여 외상매출금 5,000,000원이 회수할 수 없는 것으로 판명되어 대손처리하기로 하였다. 단, 8월 5일 현재 대손충당금 잔액은 900,000원이다. (3점)

[4] **08월 13일** 사업용 부지로 사용하기 위한 토지를 매입하면서 발생한 부동산중개수수료를 현금으로 지급하고 아래의 현금영수증을 발급받았다. (3점)

유성부동산

305-42-23567 김유성
대전광역시 유성구 노은동로 104 TEL : 1577-0000

현금영수증(지출증빙용)

구매 2025/08/13 거래번호 : 12341234-123

상품명	수량	단가	금액
중개수수료		1,000,000원	1,000,000원
		공 급 대 가	1,000,000원
		합 계	1,000,000원
		받 은 금 액	1,000,000원

[5] **09월 25일** 임대인에게 800,000원(영업부 사무실 임차료 750,000원 및 건물관리비 50,000원)을 보통예금 계좌에서 이체하여 지급하였다(단, 하나의 전표로 입력할 것). (3점)

[6] **10월 24일** 정풍상사에 판매하기 위한 상품의 상차작업을 위해 일용직 근로자를 고용하고 일당 100,000원을 현금으로 지급하였다. (3점)

[7] **11월 15일** 아린상사에서 상품을 45,000,000원에 매입하기로 계약하고, 계약금은 당좌수표를 발행하여 지급하였다. 계약금은 매입 금액의 10%이다. (3점)

[8] **11월 23일** 영업부에서 사용할 차량을 구입하고, 대금은 국민카드(신용카드)로 결제하였다. (3점)

신용카드매출전표
2025.11.23. 17:20:11

20,000,000원
정상승인 | 일시불

결제정보

카드	국민카드(7890-4321-1000-2949)
거래유형	신용승인
승인번호	75611061
이용구분	일시불
은행확인	KB국민은행

가맹점 정보

가맹점명	오지자동차
사업자등록번호	203-71-61019
대표자명	박미래

본 매출표는 신용카드 이용에 따른 증빙용으로 국민카드사에서 발급한 것임을 확인합니다.

문제 5

[일반전표입력] 메뉴에 입력된 내용 중 다음의 오류가 발견되었다. 입력된 내용을 검토하고 수정 또는 삭제, 추가 입력하여 올바르게 정정하시오. (6점)

입력 시 유의사항

- 적요의 입력은 생략한다.
- 부가가치세는 고려하지 않는다.
- 채권·채무와 관련된 거래는 별도의 요구가 없는 한 반드시 기등록된 거래처코드를 선택하는 방법으로 거래처명을 입력한다.
- 회계처리 시 계정과목은 별도의 제시가 없는 한 등록된 계정과목 중 가장 적절한 과목으로 한다.

[1] **08월 16일** 보통예금 계좌에서 출금된 1,000,000원은 임차료(판)가 아닌 경의상사에 지급한 임차보증금으로 확인되었다. (3점)

[2] **09월 30일** 사업용 토지에 부과된 재산세 300,000원을 보통예금 계좌에서 이체하여 납부하고, 이를 토지의 취득가액으로 회계처리한 것으로 확인되었다. (3점)

문제 6

다음의 결산정리사항을 입력하여 결산을 완료하시오. (12점)

입력 시 유의사항

- 적요의 입력은 생략한다.
- 부가가치세는 고려하지 않는다.
- 채권·채무와 관련된 거래는 별도의 요구가 없는 한 반드시 기등록된 거래처코드를 선택하는 방법으로 거래처명을 입력한다.
- 회계처리 시 계정과목은 별도의 제시가 없는 한 등록된 계정과목 중 가장 적절한 과목으로 한다.

[1] 포스상사로부터 차입한 단기차입금에 대한 기간경과분 당기 발생 이자는 360,000원이다. 필요한 회계처리를 하시오. (3점)

[2] 기말 현재 가지급금 잔액 500,000원은 ㈜디자인가구의 외상매입금 지급액으로 판명되었다. (3점)

[3] 영업부의 당기 소모품 내역이 다음과 같다. 결산일에 필요한 회계처리를 하시오(단, 소모품 구입 시 전액 자산으로 처리하였다). (3점)

소모품 기초잔액	소모품 당기구입액	소모품 기말잔액
500,000원	200,000원	300,000원

[4] 매출채권(외상매출금 및 받을어음) 잔액에 대하여만 2%의 대손충당금을 보충법으로 설정하시오(단, 기타 채권에 대하여는 대손충당금을 설정하지 않는다). (3점)

문제 7

다음 사항을 조회하여 알맞은 답안을 이론문제 답안작성 메뉴에 입력하시오. (10점)

[1] 4월 말 현재 지급어음 잔액은 얼마인가? (3점)

[2] 5월 1일부터 5월 31일까지 기간의 외상매출금 회수액은 모두 얼마인가? (3점)

[3] 상반기(1월~6월) 중 복리후생비(판)의 지출이 가장 적은 월(月)과 그 월(月)의 복리후생비(판) 금액은 얼마인가? (4점)

제115회 기출문제

이론시험

다음 문제를 보고 알맞은 것을 골라 [이론문제 답안작성] 메뉴에 입력하시오. (객관식 문항당 2점)

기본전제

문제에서 한국채택국제회계기준을 적용하도록 하는 전제조건이 없는 경우, 일반기업회계기준을 적용한다.

01 **다음 자료에 의하여 기말결산 시 재무상태표상에 현금및현금성자산으로 표시될 장부금액은 얼마인가?**

- 서울은행에서 발행한 자기앞수표 30,000원
- 당좌개설보증금 50,000원
- 취득 당시 만기가 3개월 이내에 도래하는 금융상품 70,000원

① 50,000원 ② 80,000원
③ 100,000원 ④ 120,000원

02 **다음 자료는 회계의 순환과정의 일부이다. (가), (나), (다)에 들어갈 순환과정의 순서로 옳은 것은?**

거래 발생 → (가) → 전기 → 수정 전 시산표 작성 → (나) → 수정 후 시산표 작성 → (다) → 결산보고서 작성

	(가)	(나)	(다)
①	분개	각종 장부 마감	결산 정리 분개
②	분개	결산 정리 분개	각종 장부 마감
③	각종 장부 마감	분개	결산 정리 분개
④	결산 정리 분개	각종 장부 마감	분개

03 다음은 개인기업인 서울상점의 손익 계정이다. 이를 통해 알 수 있는 내용이 아닌 것은?

손익

12/31	상품매출원가	120,000원	12/31	상품매출	260,000원
	급여	40,000원		이자수익	10,000원
	보험료	30,000원			
	자본금	80,000원			
		270,000원			270,000원

① 당기분 보험료는 30,000원이다.
② 당기분 이자수익은 10,000원이다.
③ 당기의 매출총이익은 140,000원이다.
④ 당기의 기말 자본금은 80,000원이다.

04 다음 중 재무상태표의 계정과목으로만 짝지어진 것은?

① 미지급금, 미지급비용
② 외상매출금, 상품매출
③ 감가상각누계액, 감가상각비
④ 대손충당금, 대손상각비

05 다음 중 결산 시 차기이월로 계정을 마감하는 계정과목에 해당하는 것은?

① 이자수익
② 임차료
③ 통신비
④ 미수금

06 다음 중 일반적으로 유형자산의 취득원가에 포함시킬 수 없는 것은?

① 설치비
② 취득세
③ 취득 시 발생한 운송비
④ 보유 중에 발생한 수선유지비

07 다음 중 판매비와관리비에 해당하는 것을 모두 고른 것은?

가. 이자비용	나. 유형자산처분손실
다. 복리후생비	라. 소모품비

① 가, 나
② 가, 다
③ 나, 다
④ 다, 라

08 다음 중 계정의 잔액 표시가 올바른 것은?

①

선수금	
2,000,000원	

②

선급금	
2,000,000원	

③

미수금	
	2,000,000원

④

미지급금	
2,000,000원	

09 다음 중 일반기업회계기준상 재고자산의 평가 방법으로 인정되지 않는 것은?

① 개별법
② 선입선출법
③ 가중평균법
④ 연수합계법

10 상품 매출에 대한 계약을 하고 계약금 100,000원을 받아 아래와 같이 회계처리 할 때, 다음 빈칸에 들어갈 계정과목으로 가장 옳은 것은?

(차)	현금	100,000 원	(대)	(　　　)	100,000 원

① 선수금
② 선급금
③ 상품매출
④ 외상매출금

11 **다음은 재무제표의 종류에 대한 설명이다. 아래의 보기 중 (가), (나)에서 각각 설명하는 재무제표의 종류로 모두 옳은 것은?**

> • (가) : 일정 시점 현재 기업이 보유하고 있는 자산, 부채, 자본에 대한 정보를 제공하는 재무보고서
> • (나) : 일정 기간 동안 기업의 경영성과에 대한 정보를 제공하는 재무보고서

	(가)	(나)
①	재무상태표	손익계산서
②	잔액시산표	손익계산서
③	재무상태표	현금흐름표
④	잔액시산표	현금흐름표

12 **다음 중 원칙적으로 감가상각을 하지 않는 유형자산은?**

① 기계장치 ② 차량운반구
③ 건설중인자산 ④ 건물

13 **다음 자료를 이용하여 상품의 당기 순매입액을 계산하면 얼마인가?**

> • 당기에 상품 50,000원을 외상으로 매입하였다.
> • 매입할인을 8,000원 받았다.

① 42,000원 ② 47,000원
③ 50,000원 ④ 52,000원

14 **다음의 자료를 이용하여 기말자본을 계산하면 얼마인가?**

> • 기초자본 300,000원 • 당기순이익 160,000원 • 기말자본 (?)원

① 140,000원 ② 230,000원
③ 300,000원 ④ 460,000원

15 **다음 중 수익과 비용에 대한 설명으로 옳지 않은 것은?**

① 급여는 영업비용에 해당한다.
② 소득세는 영업외비용에 해당한다.
③ 유형자산의 감가상각비는 영업비용에 해당한다.
④ 이자수익은 영업외수익에 해당한다.

실무시험

슈리상사(회사코드:1154)는 신발을 판매하는 개인기업으로서 당기(제16기)의 회계기간은 2025.1.1. ~ 2025.12.31.이다. 전산세무회계 수험용 프로그램을 이용하여 다음 물음에 답하시오.

기본전제

- 문제에서 한국채택국제회계기준을 적용하도록 하는 전제조건이 없는 경우, 일반기업회계기준을 적용하여 회계처리 한다.
- 문제의 풀이와 답안작성은 제시된 문제의 순서대로 진행한다.

문제 1

다음은 슈리상사의 사업자등록증이다. [회사등록] 메뉴에 입력된 내용을 검토하여 누락분은 추가입력하고 잘못된 부분은 정정하시오(단, 우편번호 입력은 생략할 것). (6점)

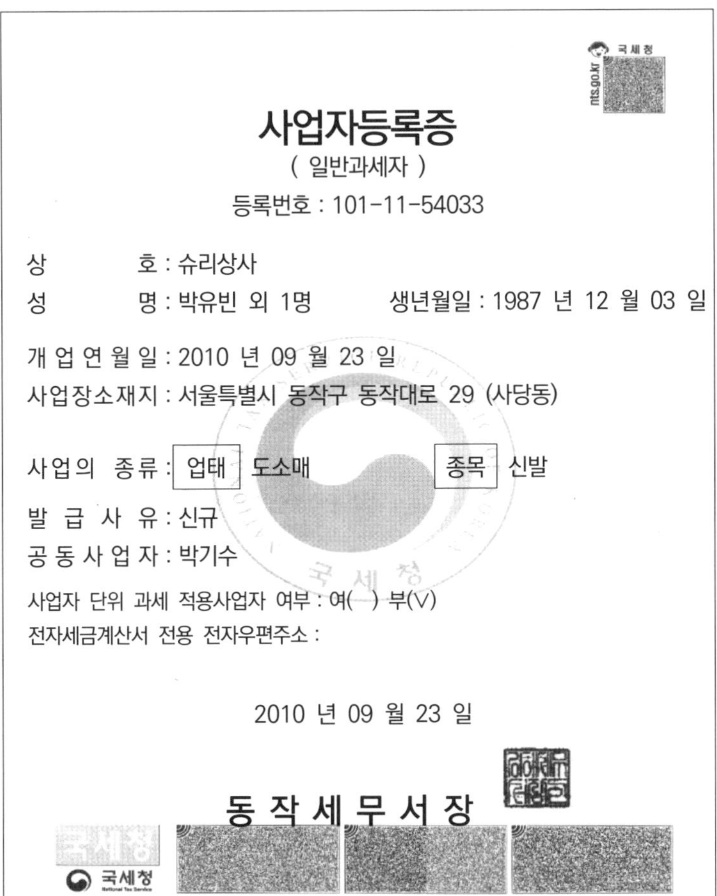

국세청 nts.go.kr

사업자등록증
(일반과세자)
등록번호 : 101-11-54033

상 호 : 슈리상사
성 명 : 박유빈 외 1명 생년월일 : 1987 년 12 월 03 일
개 업 연 월 일 : 2010 년 09 월 23 일
사업장소재지 : 서울특별시 동작구 동작대로 29 (사당동)
사업의 종류 : 업태 도소매 종목 신발
발 급 사 유 : 신규
공 동 사 업 자 : 박기수
사업자 단위 과세 적용사업자 여부 : 여( ) 부(V)
전자세금계산서 전용 전자우편주소 :

2010 년 09 월 23 일

동 작 세 무 서 장

국세청

문제 2

다음은 슈리상사의 전기분 손익계산서이다. 입력되어 있는 자료를 검토하여 오류 부분은 정정하고 누락된 부분은 추가 입력하시오. (6점)

손익계산서

회사명 : 슈리상사 제15기 2024.1.1.~2024.12.31. (단위: 원)

과목	금액	과목	금액
매출액	350,000,000	**영업이익**	94,500,000
상품매출	350,000,000	**영업외수익**	2,300,000
매출원가	150,000,000	이자수익	700,000
상품매출원가	150,000,000	잡이익	1,600,000
기초상품재고액	10,000,000	**영업외비용**	6,800,000
당기상품매입액	190,000,000	이자비용	6,500,000
기말상품재고액	50,000,000	잡손실	300,000
매출총이익	200,000,000	**소득세차감전순이익**	90,000,000
판매비와관리비	105,500,000	**소득세등**	0
급여	80,000,000	**당기순이익**	90,000,000
복리후생비	6,300,000		
여비교통비	2,400,000		
임차료	12,000,000		
수선비	1,200,000		
수수료비용	2,700,000		
광고선전비	900,000		

문제 3

다음 자료를 이용하여 입력하시오. (6점)

[1] [계정과목및적요등록] 메뉴에서 판매비와관리비의 상여금 계정에 다음 내용의 적요를 등록하시오. (3점)

현금적요 No.2 : 명절 특별 상여금 지급

[2] 슈리상사의 거래처별 초기이월 채권과 채무잔액은 다음과 같다. 자료에 맞게 추가입력이나 정정 및 삭제하시오. (3점)

계정과목	거래처	잔액	계
외상매출금	희은상사	6,000,000원	34,800,000원
	폴로전자	15,800,000원	
	예진상회	13,000,000원	
지급어음	슬기상회	6,000,000원	17,000,000원
	효은유통	7,600,000원	
	주언상사	3,400,000원	

문제 4

[일반전표입력] 메뉴를 이용하여 다음의 거래 자료를 입력하시오. (24점)

입력 시 유의사항

- 적요의 입력은 생략한다.
- 부가가치세는 고려하지 않는다.
- 채권·채무와 관련된 거래는 별도의 요구가 없는 한 반드시 기등록된 거래처코드를 선택하는 방법으로 거래처명을 입력한다.
- 회계처리 시 계정과목은 별도의 제시가 없는 한 등록된 계정과목 중 가장 적절한 과목으로 한다.

[1] **07월 29일** 사무실에서 사용하는 노트북을 수리하고 대금은 국민카드로 결제하였다(단, 해당 지출은 수익적 지출에 해당함). (3점)

카드매출전표

카드종류 : 국민카드
카드번호 : 1234-5678-11**-2222
거래일시 : 2025.07.29. 11:11:12
거래유형 : 신용승인
금　　액 : 150,000원
결제방법 : 일시불
승인번호 : 12341234
은행확인 : 신한은행

가맹점명 : 규은전자
-이하생략-

[2] **08월 18일** 농협은행으로부터 차입한 금액에 대한 이자 900,000원을 보통예금 계좌에서 지급하였다. (3점)

[3] **08월 31일** 당사에서 보관 중이던 섬미상사 발행 당좌수표로 넥사상사의 외상매입금 3,000,000원을 지급하였다. (3점)

[4] **09월 20일** 청소년의 날을 맞아 소년소녀가장을 돕기 위해 현금 500,000원을 방송국에 기부하였다. (3점)

[5] **10월 15일** 사무실로 이용 중인 동작빌딩 임대차계약을 아래와 같이 임차보증금만 인상하는 것으로 재계약하고, 인상된 임차보증금을 보통예금 계좌에서 이체하여 지급하였다. 종전 임대차계약의 임차보증금은 170,000,000원이며, 갱신 후 임대차계약서는 아래와 같다. (3점)

부동산 임대차(월세) 계약서

본 부동산에 대하여 임대인과 임차인 쌍방은 다음과 같이 합의하여 임대차(월세)계약을 체결한다.

1. 부동산의 표시

소 재 지	서울특별시 동작구 동작대로 29 (사당동)					
건　　물	구조	철근콘크리트	용도	사무실	면적	100㎡
임대부분	상동 소재지 전부					

2. 계약내용

제 1 조 위 부동산의 임대차계약에 있어 임차인은 보증금 및 차임을 아래와 같이 지불하기로 한다.

보증금	**일금 일억팔천만 원정 (₩ 180,000,000)**
차 임	일금 육십만 원정 (₩ 600,000)은 매월 말일에 지불한다.

제 2 조 임대인은 위 부동산을 임대차 목적대로 사용·수익할 수 있는 상태로 하여 2025년 10월 15일까지 임차인에게 인도하며, 임대차기간은 인도일로부터 24개월로 한다.

...중략...

임대인 : 동작빌딩 대표 이주인 (인)
임차인 : 슈리상사 대표 박유빈 외 1명 (인)

[6] **11월 04일** 보유하고 있던 기계장치(취득원가 20,000,000원)를 광운상사에 10,000,000원에 매각하고 그 대금은 보통예금 계좌로 입금받았다(단, 11월 4일까지 해당 기계장치의 감가상각누계액은 10,000,000원이다). (3점)

[7] **12월 01일** 영업부 출장용 자동차를 30,000,000원에 구입하면서 동시에 아래와 같이 취득세를 납부하였다. 차량운반구 구매액과 취득세는 모두 보통예금 계좌에서 지출하였다(단, 하나의 전표로 입력할 것). (3점)

대전광역시	차량취득세납부영수증		납부(납입)서		납세자보관용 영수증		
납세자	슈리상사						
주소	서울특별시 동작구 동작대로 29 (사당동)						
납세번호	**기관번호** 1234567	**세목** 10101501		**납세년월기** 202512		**과세번호** 0124751	

과세내역					과 세 표 준 액	
차번	222머8888		년식	2025		30,000,000
목적	신규등록(일반등록)	특례	세율특례없음			
차명	에쿠스					
차종	승용자동차		세율	70/1000		

세목	납 부 세 액	납부할 세액 합계	전용계좌로도 편리하게 납부!!	
취 득 세	2,100,000	2,100,000원	우리은행	1620-441829-64-125
가산세	0		신한은행	5563-04433-245814
지방교육세	0		하나은행	1317-865254-74125
농어촌특별세	0	신고납부기한	국민은행	44205-84-28179245
합계세액	2,100,000	2025. 12. 31. 까지	기업은행	5528-774145-58-247
지방세법 제6조~22조, 제30조의 규정에 의하여 위와 같이 신고하고 납부합니다.			■전용계좌 납부안내(뒷면참조)	

담당자	위의 금액을 영수합니다.			수납인
한대교	**납부장소** : 전국은행(한국은행제외) 우체국 농협		2025년 12월 01일	

[8] **12월 10일** 거래처 직원의 결혼식에 보내기 위한 축하 화환을 주문하고 대금은 현금으로 지급하면서 아래와 같은 현금영수증을 수령하였다. (3점)

현금영수증

승인번호	구매자 발행번호	발행방법
G54782245	101-11-54033	지출증빙
신청구분	발행일자	취소일자
사업자번호	2025.12.10.	-
상품명		
축하3단화환		
구분	주문번호	상품주문번호
일반상품	2025121054897	2025121085414

판매자 정보

판매자상호	대표자명
스마일꽃집	김다림
사업자등록번호	판매자전화번호
201-91-41674	032-459-8751
판매자사업장주소	
인천시 계양구 방축로 106	

금액

공급가액			1	0	0	0	0	0
부가세액								
봉사료								
승인금액			1	0	0	0	0	0

문제 5

[일반전표입력] 메뉴에 입력된 내용 중 다음의 오류가 발견되었다. 입력된 내용을 검토하고 수정 또는 삭제, 추가 입력하여 올바르게 정정하시오. (6점)

입력 시 유의사항

- 적요의 입력은 생략한다.
- 부가가치세는 고려하지 않는다.
- 채권·채무와 관련된 거래는 별도의 요구가 없는 한 반드시 기등록된 거래처코드를 선택하는 방법으로 거래처명을 입력한다.
- 회계처리 시 계정과목은 별도의 제시가 없는 한 등록된 계정과목 중 가장 적절한 과목으로 한다.

[1] **10월 25일** 본사 건물의 외벽 방수 공사비 5,000,000원을 수익적 지출로 처리해야 하나, 자본적 지출로 잘못 처리하였다. (3점)

[2] **11월 10일** 보통예금 계좌에서 신한은행으로 이체한 1,000,000원은 장기차입금을 상환한 것이 아니라 이자비용을 지급한 것이다. (3점)

문제 6

다음의 결산정리사항을 입력하여 결산을 완료하시오. (12점)

입력 시 유의사항

- 적요의 입력은 생략한다.
- 부가가치세는 고려하지 않는다.
- 채권·채무와 관련된 거래는 별도의 요구가 없는 한 반드시 기등록된 거래처코드를 선택하는 방법으로 거래처명을 입력한다.
- 회계처리 시 계정과목은 별도의 제시가 없는 한 등록된 계정과목 중 가장 적절한 과목으로 한다.

[1] 결산일 현재 임대료(영업외수익) 미수분 300,000원을 결산정리분개 하였다. (3점)

[2] 단기투자목적으로 2개월 전에 ㈜자유로의 주식 100주를 주당 6,000원에 취득하였다. 기말 현재 이 주식의 공정가치는 주당 4,000원이다. (3점)

[3] 2025년 10월 1일에 영업부 출장용 차량의 보험료(보험기간 : 2025.10.01.~2026.09.30.) 600,000원을 현금으로 지급하면서 전액 보험료로 처리하였다. 기말수정분개를 하시오(단, 월할 계산할 것). (3점)

[4] 12월 31일 당기분 차량운반구에 대한 감가상각비 600,000원과 비품에 대한 감가상각비 500,000원을 계상하였다. (3점)

문제 7

다음 사항을 조회하여 알맞은 답안을 [이론문제 답안작성] 메뉴에 입력하시오. (10점)

[1] 6월 30일 현재 당좌자산의 금액은 얼마인가? (3점)

[2] 상반기(1~6월) 중 광고선전비(판) 지출액이 가장 적은 달의 지출액은 얼마인가? (3점)

[3] 6월 말 현재 거래처 유화산업의 ①외상매출금과 ②받을어음의 잔액을 각각 순서대로 적으시오. (4점)

제116회 기출문제

이론시험

다음 문제를 보고 알맞은 것을 골라 [이론문제 답안작성] 메뉴에 입력하시오. (객관식 문항당 2점)

기본전제

문문제에서 한국채택국제회계기준을 적용하도록 하는 전제조건이 없는 경우, 일반기업회계기준을 적용한다.

01 **다음 중 혼합거래에 해당하는 것으로 옳은 것은?**

① 임대차 계약을 맺고, 당월 분 임대료 500,000원을 현금으로 받았다.
② 단기대여금 회수금액 300,000원과 그 이자 3,000원을 현금으로 받았다.
③ 단기차입금에 대한 이자 80,000원을 현금으로 지급하였다.
④ 상품 400,000원을 매입하고 대금 중 100,000원은 현금으로, 나머지 잔액은 외상으로 하였다.

02 **다음 중 재고자산의 원가를 결정하는 방법에 해당하는 것은?**

① 선입선출법　② 정률법
③ 생산량비례법　④ 정액법

03 **다음 중 결산 재무상태표에 표시할 수 없는 계정과목은 무엇인가?**

① 단기차입금　② 인출금
③ 임차보증금　④ 선급비용

04 다음의 자료를 바탕으로 유형자산 처분손익을 계산하면 얼마인가?

- 취득가액 : 10,000,000원
- 처분 시까지의 감가상각누계액 : 8,000,000원
- 처분가액 : 5,000,000원

① 처분이익 2,000,000원
② 처분이익 3,000,000원
③ 처분손실 3,000,000원
④ 처분손실 5,000,000원

05 개인기업인 신나라상사의 기초자본금이 200,000원일 때, 다음 자료를 통해 알 수 있는 당기순이익은 얼마인가?

- 기업 경영주의 소득세를 납부 : 50,000원
- 추가 출자금 : 40,000원
- 기말자본금 : 350,000원

① 150,000원
② 160,000원
③ 210,000원
④ 290,000원

06 다음 본오물산의 거래내역을 설명하는 계정과목으로 가장 바르게 짝지어진 것은?

(가) 공장 부지로 사용하기 위한 토지의 구입 시 발생한 취득세
(나) 본오물산 직원 급여 지급 시 발생한 소득세 원천징수액

	(가)	(나)
①	세금과공과	예수금
②	토지	예수금
③	세금과공과	세금과공과
④	토지	세금과공과

07 다음 중 판매비와관리비에 해당하지 않는 것은?

① 이자비용
② 차량유지비
③ 통신비
④ 기업업무추진비

08 **다음 중 정상적인 영업 과정에서 판매를 목적으로 보유하는 재고자산에 대한 예시로 옳은 것은?**

① 홍보 목적 전단지
② 접대 목적 선물세트
③ 제품과 상품
④ 기부 목적 쌀

09 **다음은 자본적 지출과 수익적 지출의 예시이다. 각 빈칸에 들어갈 말로 바르게 짝지어진 것은?**

• 태풍에 파손된 유리 창문을 교체한 것은 (㉠)적 지출 • 자동차 엔진오일의 교체는 (㉡)적 지출

① ㉠ 자본, ㉡ 수익
② ㉠ 자본, ㉡ 자본
③ ㉠ 수익, ㉡ 자본
④ ㉠ 수익, ㉡ 수익

10 **다음과 같은 결합으로 이루어진 거래로 가장 옳은 것은?**

(차) 부채의 감소 　　(대) 자산의 감소

① 외상매입금 4,000,000원을 보통예금 계좌에서 지급한다.
② 사무실의 전기요금 300,000원을 현금으로 지급한다.
③ 거래처 대표의 자녀 결혼으로 100,000원의 화환을 보낸다.
④ 사무실에서 사용하던 냉장고를 200,000원에 처분한다.

11 **다음 중 계정과목의 분류가 다른 것은?**

① 예수금
② 미지급비용
③ 선급비용
④ 선수금

12 **기간 경과 분 이자수익이 당기에 입금되지 않았다. 기말 결산 시 해당 내용을 회계처리 하지 않았을 때 당기 재무제표에 미치는 영향으로 가장 옳은 것은?**

① 자산의 과소계상
② 부채의 과대계상
③ 수익의 과대계상
④ 비용의 과소계상

13 **다음의 자료를 이용하여 순매출액을 계산하면 얼마인가?**

- 당기 상품 매출액 : 300,000원
- 상품매출과 관련된 부대비용 : 5,000원
- 상품매출 환입액 : 10,000원

① 290,000원
② 295,000원
③ 305,000원
④ 319,000원

14 **다음의 내용이 설명하는 계정과목으로 올바른 것은?**

기간이 경과되어 보험료, 이자, 임차료 등의 비용이 발생하였으나 약정된 지급일이 되지 않아 지급하지 아니한 금액에 사용하는 계정과목이다.

① 가지급금
② 예수금
③ 미지급비용
④ 선급금

15 **다음의 자료를 바탕으로 현금및현금성자산의 금액을 계산하면 얼마인가?**

- 보통예금 : 500,000원
- 당좌예금 : 700,000원
- 1년 만기 정기예금 : 1,000,000원
- 단기매매증권 : 500,000원

① 1,200,000원
② 1,500,000원
③ 1,700,000원
④ 2,200,000원

실무시험

하늘상사(회사코드:1164)는 유아용 의류를 판매하는 개인기업으로 당기(제10기)의 회계기간은 2025.1.1.~2025.12.31.이다. 전산세무회계 수험용 프로그램을 이용하여 다음 물음에 답하시오.

기본전제

- 문제에서 한국채택국제회계기준을 적용하도록 하는 전제조건이 없는 경우, 일반기업회계기준을 적용하여 회계처리 한다.
- 문제의 풀이와 답안작성은 제시된 문제의 순서대로 진행한다.

문제 1

다음은 하늘상사의 사업자등록증이다. [회사등록] 메뉴에 입력된 내용을 검토하여 누락분은 추가 입력하고 잘못된 부분을 정정하시오(단, 주소 입력 시 우편번호는 입력하지 않아도 무방함). (6점)

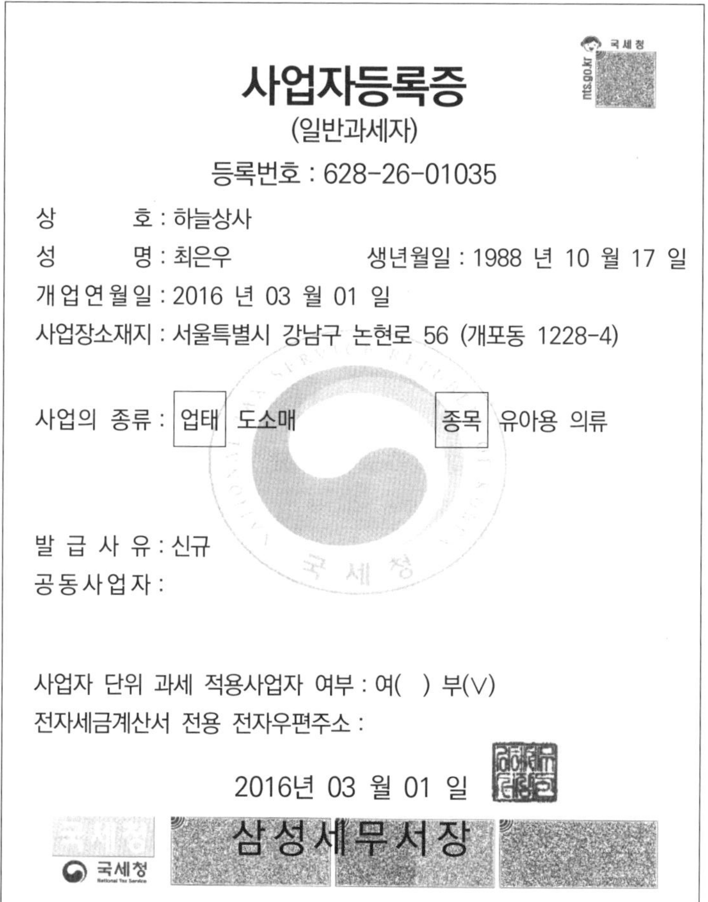

사업자등록증
(일반과세자)
등록번호 : 628-26-01035

상 호 : 하늘상사
성 명 : 최은우 생년월일 : 1988 년 10 월 17 일
개업연월일 : 2016 년 03 월 01 일
사업장소재지 : 서울특별시 강남구 논현로 56 (개포동 1228-4)

사업의 종류 : 업태 도소매 종목 유아용 의류

발 급 사 유 : 신규
공동사업자 :

사업자 단위 과세 적용사업자 여부 : 여( ) 부(V)
전자세금계산서 전용 전자우편주소 :

2016년 03 월 01 일

삼성세무서장

문제 2

다음은 하늘상사의 전기분 손익계산서이다. 입력되어 있는 자료를 검토하여 오류 부분은 정정하고 누락된 부분은 추가 입력하시오. (6점)

손익계산서

회사명 : 하늘상사　　　　　제9기 : 2024.1.1.~2024.12.31.　　　　　(단위 : 원)

과목	금액	과목	금액
Ⅰ. 매출액	665,000,000	**Ⅴ. 영업이익**	129,500,000
상품매출	665,000,000	**Ⅵ. 영업외수익**	240,000
Ⅱ. 매출원가	475,000,000	이자수익	210,000
상품매출원가	475,000,000	잡이익	30,000
기초상품재고액	19,000,000	**Ⅶ. 영업외비용**	3,000,000
당기상품매입액	472,000,000	기부금	3,000,000
기말상품재고액	16,000,000	**Ⅷ. 소득세차감전순이익**	126,740,000
Ⅲ. 매출총이익	190,000,000	**Ⅸ. 소득세등**	0
Ⅳ. 판매비와관리비	60,500,000	**Ⅹ. 당기순이익**	126,740,000
급여	30,000,000		
복리후생비	2,500,000		
기업업무추진비	8,300,000		
통신비	420,000		
감가상각비	5,200,000		
임차료	12,000,000		
차량유지비	1,250,000		
소모품비	830,000		

문제 2

다음 자료를 이용하여 입력하시오. (6점)

[1] 다음의 신규 거래처를 [거래처등록] 메뉴에서 추가 입력하시오(단, 우편번호 입력은 생략함). (3점)

코드	거래처명	대표자명	사업자등록번호	유형	사업장소재지	업태	종목
00308	뉴발상사	최은비	113-09-67896	동시	서울 송파구 법원로11길 11	도매및소매업	신발 도매업

[2] 거래처별 초기이월의 올바른 채권과 채무 잔액은 다음과 같다. [거래처별초기이월] 메뉴의 자료를 검토하여 오류가 있으면 올바르게 삭제 또는 수정, 추가 입력을 하시오. (3점)

계정과목	거래처명	금액
외상매출금	스마일상사	20,000,000원
미수금	슈프림상사	10,000,000원
단기차입금	다온상사	23,000,000원

문제 3

[일반전표입력] 메뉴를 이용하여 다음의 거래 자료를 입력하시오. (24점)

입력 시 유의사항

- 적요의 입력은 생략한다.
- 부가가치세는 고려하지 않는다.
- 채권·채무와 관련된 거래는 별도의 요구가 없는 한 반드시 기등록된 거래처코드를 선택하는 방법으로 거래처명을 입력한다.
- 회계처리 시 계정과목은 별도의 제시가 없는 한 등록된 계정과목 중 가장 적절한 과목으로 한다.

[1] **07월 25일** 경리부 직원 류선재로부터 아래의 청첩장을 받고 축의금 300,000원을 사규에 따라 현금으로 지급하였다. (3점)

[2] **08월 04일** 영동상사로부터 상품 4,000,000원을 매입하고 대금 중 800,000원은 당좌수표로 지급하고, 잔액은 어음을 발행하여 지급하였다. (3점)

[3] **08월 25일** 하나상사에 상품 1,500,000원을 판매하는 계약을 하고, 계약금으로 상품 대금의 20%가 보통예금 계좌에 입금되었다. (3점)

[4] **10월 01일** 운영자금을 확보하기 위하여 기업은행으로부터 50,000,000원을 5년 후에 상환하는 조건으로 차입하고, 차입금은 보통예금 계좌로 이체받았다. (3점)

[5] **10월 31일** 영업부 과장 송해나의 10월분 급여를 보통예금 계좌에서 이체하여 지급하였다(단, 하나의 전표로 처리하되, 공제 항목은 구분하지 않고 하나의 계정과목으로 처리할 것). (3점)

급 여 명 세 서

귀속연월 : 2025년 10월 지급연월 : 2025년 10월 31일

성명	송 해 나

세부 내역			
지 급		공 제	
급여 항목	지급액(원)	공제 항목	공제액(원)
기본급	2,717,000	소득세	49,100
		지방소득세	4,910
		국민연금	122,260
		건강보험	96,310
		장기요양보험	12,470
		고용보험	24,450
		공제액 계	309,500
지급액 계	2,717,000	실지급액	2,407,500

계산 방법		
구분	산출식 또는 산출방법	지급금액(원)
기본급	209시간×13,000원/시간	2,717,000

[6] **11월 13일** 가나상사에 상품을 판매하고 받은 어음 2,000,000원을 즉시 할인하여 은행으로부터 보통예금 계좌로 입금받았다(단, 매각거래이며, 할인율은 5%로 한다). (3점)

[7] **11월 22일** 거래처 한올상사에서 상품 4,000,000원을 외상으로 매입하고 인수 운임 150,000원(당사 부담)은 현금으로 지급하였다(단, 하나의 전표로 입력할 것). (3점)

[8] **12월 15일** 다음과 같이 우리컨설팅에서 영업부 서비스교육을 진행하고 교육훈련비 대금 중 500,000원은 보통예금 계좌에서 이체하여 지급하고 잔액은 외상으로 하였다. 단, 원천징수세액은 고려하지 않는다. (3점)

권	호	거래명세표(거래용)				
2025 년 12 월 15 일						
하늘상사 귀하		공급자	사업자등록번호	109-02-*****		
			상 호	우리컨설팅	성명	김우리 ㊞
			사 업 장 소 재 지	서울특별시 양천구 신정중앙로 86		
아래와 같이 계산합니다.			업 태	서비스	종목	컨설팅, 강의

합계금액		일백만 원정 (₩ 1,000,000)			
월일	품목	규격	수량	단가	공급대가
12월 15일	영업부 서비스 교육		1	1,000,000원	1,000,000원
계					1,000,000원
전잔금	없음		합계		1,000,000원
입 금	500,000원	잔 금	500,000원		
비 고					

문제 4

[일반전표입력] 메뉴에 입력된 내용 중 다음의 오류가 발견되었다. 입력된 내용을 검토하고 수정 또는 삭제, 추가 입력하여 올바르게 정정하시오. (6점)

입력 시 유의사항

- 적요의 입력은 생략한다.
- 부가가치세는 고려하지 않는다.
- 채권·채무와 관련된 거래는 별도의 요구가 없는 한 반드시 기등록된 거래처코드를 선택하는 방법으로 거래처명을 입력한다.
- 회계처리 시 계정과목은 별도의 제시가 없는 한 등록된 계정과목 중 가장 적절한 과목으로 한다.

[1] **08월 22일** 만중상사로부터 보통예금 4,000,000원이 입금되어 선수금으로 처리한 내용은 전기에 대손 처리하였던 만중상사의 외상매출금 4,000,000원이 회수된 것이다. (3점)

[2] **09월 15일** 광고선전비로 계상한 130,000원은 거래처의 창립기념일 축하를 위한 화환 대금이다. (3점)

문제 5

다음의 결산정리사항을 입력하여 결산을 완료하시오. (12점)

입력 시 유의사항

- 적요의 입력은 생략한다.
- 부가가치세는 고려하지 않는다.
- 채권·채무와 관련된 거래는 별도의 요구가 없는 한 반드시 기등록된 거래처코드를 선택하는 방법으로 거래처명을 입력한다.
- 회계처리 시 계정과목은 별도의 제시가 없는 한 등록된 계정과목 중 가장 적절한 과목으로 한다.

[1] 회사의 자금 사정으로 인하여 영업부의 12월분 전기요금 1,000,000원을 다음 달에 납부하기로 하였다. (3점)

[2] 기말 현재 현금과부족 30,000원은 영업부 컴퓨터 수리비를 지급한 것으로 밝혀졌다. (3점)

[3] 12월 1일에 국민은행으로부터 100,000,000원을 연 이자율 12%로 차입하였다(차입기간 : 2025.12.01.~2029.11.30.). 매월 이자는 다음 달 5일에 지급하기로 하고, 원금은 만기 시에 상환한다. 기말수정분개를 하시오(단, 월할 계산할 것). (3점)

[4] 결산을 위해 재고자산을 실사한 결과 기말상품재고액은 15,000,000원이었다. (3점)

문제 6

다음 사항을 조회하여 알맞은 답안을 이론문제 답안작성 메뉴에 입력하시오. (10점)

[1] 상반기(1월~6월) 중 기업업무추진비(판매비와일반관리비)를 가장 많이 지출한 월(月)과 그 금액은 얼마인가? (3점)

[2] 5월까지의 직원급여 총 지급액은 얼마인가? (3점)

[3] 6월 말 현재 외상매출금 잔액이 가장 많은 거래처의 상호와 그 외상매출금 잔액은 얼마인가? (4점)

제117회 기출문제

이론시험

다음 문제를 보고 알맞은 것을 골라 [이론문제 답안작성] 메뉴에 입력하시오. (객관식 문항당 2점)

기본전제

문제에서 한국채택국제회계기준을 적용하도록 하는 전제조건이 없는 경우, 일반기업회계기준을 적용한다.

01 **다음 중 결산 시 총계정원장의 마감에 대한 설명으로 옳지 않은 것은?**

① 결산 예비절차에 속한다.
② 손익계산서 계정은 모두 손익으로 마감한다.
③ 부채계정은 차변에 차기이월로 마감한다.
④ 재무상태표 계정은 모두 차기이월로 마감한다.

02 **다음의 내용과 관련하여 재무상태표와 손익계산서에 미치는 영향으로 옳은 것은?**

건물 내부 조명기구 교체 비용을 수익적 지출로 처리하여야 하나, 자본적 지출로 처리하였다.

① 자산의 과소계상
② 비용의 과대계상
③ 수익의 과대계상
④ 당기순이익의 과대계상

03 **다음 중 당좌자산에 대한 설명으로 옳지 않은 것은?**

① 유동성이 가장 높은 자산이다.
② 보고기간 종료일로부터 1년 이내에 현금화되는 자산이다.
③ 매출채권 및 선급비용, 미수수익이 포함된다.
④ 우편환증서, 자기앞수표, 송금수표, 당좌차월도 이에 포함된다.

04 **다음 중 판매관리비에 해당하지 않는 항목은 무엇인가?**

① 급여
② 외환차손
③ 매출채권에 대한 대손상각비
④ 여비교통비

05 **다음의 계산식 중 옳지 않은 것은?**

① 매출액 - 매출원가 = 매출총이익
② 영업이익 - 영업외비용 - 영업외수익 = 법인세비용차감전순이익
③ 매출총이익 - 판매비와관리비 = 영업이익
④ 법인세비용차감전순이익 - 법인세비용 = 당기순이익

06 **다음의 자료를 이용하여 재고자산의 취득원가를 계산하면 얼마인가?**

- 재고의 매입원가 : 10,000원
- 재고수입 시 발생한 통관 비용 : 5,000원
- 판매장소 임차료 : 3,000원

① 10,000원
② 13,000원
③ 15,000원
`④ 18,000원

07 **기초자본금 150,000원, 총수익 130,000원, 총비용 100,000원일 때, 회사의 기말자본금은 얼마인가?**

① 50,000원
② 150,000원
③ 180,000원
④ 230,000원

08 **다음은 당기 말 부채계정 잔액의 일부이다. 재무상태표상 매입채무는 얼마인가?**

•미지급임차료 : 30,000원	•단기차입금 : 20,000원	•외상매입금 : 10,000원
•선수금 : 40,000원	•지급어음 : 60,000원	•가수금 : 40,000원

① 30,000원
② 50,000원
③ 60,000원
④ 70,000원

09 **다음 중 재무상태표에서 해당 자산이나 부채의 차감적인 평가항목들로 짝지어진 것을 고르시오.**

•대손충당금	•감가상각누계액	•미지급금	•퇴직급여충당부채	•선수금

① 대손충당금, 선수금
② 감가상각누계액, 퇴직급여충당부채
③ 미지급금, 선수금
④ 대손충당금, 감가상각누계액

10 **다음 중 영업이익에 영향을 미치는 것으로 옳은 것은?**

① 잡이익
② 광고선전비
③ 이자비용
④ 기부금

11 **다음 중 일정 기간 동안 기업의 경영성과에 대한 정보를 제공하는 재무보고서의 계정과목으로 옳지 않은 것은?**

① 임대료수입
② 미지급비용
③ 잡손실
④ 기부금

12 **다음의 자료를 이용하여 유형자산의 취득원가를 계산하면 얼마인가?**

•취득세 : 50,000원 •재산세 : 30,000원	•유형자산 매입대금 : 1,500,000원 •사용 중에 발생된 수익적 지출 : 20,000원

① 1,500,000원
② 1,550,000원
③ 1,570,000원
④ 1,580,000원

13 다음의 내용이 설명하는 것으로 옳은 것은?

재화의 생산, 용역의 제공, 타인에 대한 임대, 관리에 사용할 목적으로 기업이 보유하고 있으며, 물리적 실체는 없지만 식별할 수 있고, 통제하고 있으며, 미래 경제적 효익이 있는 비화폐성자산을 말한다.

① 유형자산
② 투자자산
③ 무형자산
④ 유동부채

14 다음의 거래를 분개할 경우, 차변에 오는 계정과목으로 옳은 것은?

결산일 현재 현금시재액이 장부가액보다 30,000원이 부족함을 발견했다.

① 현금
② 잡손실
③ 잡이익
④ 현금과부족

15 다음의 자료를 참고로 하여 재무상태표를 작성할 경우, 유동성 배열에 따라 두 번째로 나열해야 할 것으로 옳은 것은?

현금, 산업재산권, 상품, 투자부동산, 기계장치

① 현금
② 기계장치
③ 상품
④ 투자부동산

실무시험

이현상사(회사코드 : 1174)는 신발을 판매하는 개인기업으로 당기(제9기)의 회계기간은 2025.1.1. ~2025.12.31.이다. 전산세무회계 수험용 프로그램을 이용하여 다음 물음에 답하시오.

기본전제

- 문제에서 한국채택국제회계기준을 적용하도록 하는 전제조건이 없는 경우, 일반기업회계기준을 적용하여 회계처리 한다.
- 문제의 풀이와 답안작성은 제시된 문제의 순서대로 진행한다.

문제 1

다음은 이현상사의 사업자등록증이다. [회사등록] 메뉴에 입력된 내용을 검토하여 누락분은 추가 입력하고 잘못된 부분은 정정하시오(주소 입력 시 우편번호는 입력하지 않아도 무방함). (6점)

국세청 nts.go.kr

사업자등록증

(일반과세자)

등록번호 : 250-21-15248

상 호 : 이현상사

성 명 : 김세무 생년월일 : 1987 년 9 월 6 일

개업연월일 : 2017 년 02 월 01 일

사업장소재지 : 경기도 파주시 금빛로 15(금촌동)

사업의 종류 : 업태 도소매 종목 신발

발 급 사 유 : 신규

공 동 사 업 자 :

사업자 단위 과세 적용사업자 여부 : 여( ) 부(∨)

전자세금계산서 전용 전자우편주소 :

2018 년 02 월 01 일

파주세무서장

국세청

문제 2

다음은 이현상사의 전기분 재무상태표이다. 입력되어 있는 자료를 검토하여 오류 부분은 정정하고 누락된 부분은 추가 입력하시오. (6점)

재무상태표

회사명 : 이현상사 제8기 2024.12.31. 현재 (단위 : 원)

과 목	금	액	과 목	금	액
현 금		10,000,000	외 상 매 입 금		18,000,000
당 좌 예 금		3,000,000	지 급 어 음		60,000,000
보 통 예 금		23,000,000	미 지 급 금		31,700,000
외 상 매 출 금	32,000,000		단 기 차 입 금		48,000,000
대 손 충 당 금	320,000	31,680,000	장 기 차 입 금		40,000,000
받 을 어 음	52,000,000		자 본 금		45,980,000
대 손 충 당 금	520,000	51,480,000	(당기순이익 :		
상 품		50,000,000	10,000,000)		
장 기 대 여 금		20,000,000			
건 물	47,920,000				
감가상각누계액	4,000,000	43,920,000			
차 량 운 반 구	20,000,000				
감가상각누계액	14,000,000	6,000,000			
비 품	7,000,000				
감가상각누계액	2,400,000	4,600,000			
자 산 총 계		243,680,000	부채와자본총계		243,680,000

문제 3

다음 자료를 이용하여 입력하시오. (6점)

[1] [계정과목및적요등록] 메뉴를 이용하여 판매비와관리비의 기업업무추진비 계정에 다음 내용의 적요를 등록하시오. (3점)

대체적요 No.5 : 거래처 현물접대

[2] [거래처별초기이월] 메뉴의 계정과목별 잔액은 다음과 같다. 주어진 자료를 검토하여 잘못된 부분은 오류를 정정하고, 누락된 부분은 추가 입력하시오. (3점)

계정과목	거래처명	금액
외상매출금	베베인터내셔널	9,500,000원
	코코무역	15,300,000원
	호호상사	7,200,000원
외상매입금	모닝상사	2,200,000원
	미라클상사	3,000,000원
	나비장식	12,800,000원

문제 4

[일반전표입력] 메뉴를 이용하여 다음의 거래 자료를 입력하시오. (24점)

입력 시 유의사항

- 적요의 입력은 생략한다.
- 부가가치세는 고려하지 않는다.
- 채권·채무와 관련된 거래는 별도의 요구가 없는 한 반드시 기등록된 거래처코드를 선택하는 방법으로 거래처명을 입력한다.
- 회계처리 시 계정과목은 별도의 제시가 없는 한 등록된 계정과목 중 가장 적절한 과목으로 한다.

[1] **07월 23일** 대표자 개인의 거주용 주택으로 임대차계약을 하고 임차보증금 5,000,000원을 현금으로 지급하였다. (3점)

[2] **08월 16일** 상품을 판매하고 거래명세표를 다음과 같이 발급하였다. 대금 중 2,000,000원은 현금으로 받고, 잔액은 외상으로 하였다. (3점)

<table>
<tr><td>권</td><td>호</td><td colspan="5" rowspan="2">**거래명세표**(거래용)</td></tr>
<tr><td colspan="2">2025 년 8 월 6 일</td></tr>
<tr><td colspan="2" rowspan="3">**백호상사** 귀하</td><td rowspan="4">공급자</td><td>사업자 등록번호</td><td colspan="3">250-21-15248</td></tr>
<tr><td>상 호</td><td>이현상사</td><td>성명</td><td>김세무 ㊞</td></tr>
<tr><td>사업장 소재지</td><td colspan="3">경기도 파주시 금빛로 15(금촌동)</td></tr>
<tr><td colspan="2">아래와 같이 계산합니다.</td><td>업 태</td><td>도소매</td><td>종목</td><td>신발</td></tr>
</table>

합계금액		육백만 원정 (₩			6,000,000)
월일	**품목**	**규격**	**수량**	**단가**	**공급대가**
08월 16일	사무용복합기		5	1,200,000	6,000,000원
계					6,000,000원
전잔금	없 음		합 계		6,000,000원
입 금	2,000,000원	**잔 금**	4,000,000원	**인수자**	임우혁 ㊞
비 고					

[3] **08월 27일** 영업부에서 운반비 30,000원을 현금으로 지급하고, 아래의 영수증을 받았다. (3점)

영수증

OK퀵서비스 217-09-8*****
대표자 김하늘
서울시 중구 충무로3가 ***

출발지	도착지
필동	충현동

합계요금

30,000 원

2025년 8월 27일

감사합니다

[4] **09월 18일** 회사로부터 300,000원을 가지급 받아 출장을 갔던 영업부 직원 이미도가 출장에서 돌아왔다. 회사는 다음과 같이 출장비 명세서를 보고 받고 초과하는 금액은 현금으로 지급하였다(단, 하나의 전표로 입력하고 가지급금의 거래처를 입력할 것). (3점)

사용내역	금액
숙박비	250,000원
교통비	170,000원
합계	420,000원

[5] **10월 16일** 한세상사에 외상매입금을 지급하기 위하여 송금수수료 1,000원이 포함된 5,001,000원을 보통예금 계좌에서 이체하였다(단, 송금수수료는 판매및관리비 계정을 사용함). (3점)

[6] **11월 11일** 시원상사의 파산으로 인하여 외상매출금을 회수할 수 없게 되어 시원상사의 외상매출금 200,000원 전액을 대손처리 하였다. 11월 11일 현재 외상매출금의 대손충당금 잔액은 320,000원이다. (3점)

[7] **12월 05일** 하나은행의 장기차입금 원금 상환 및 이자와 관련된 보통예금 출금액 1,000,000원의 상세 내역은 다음과 같다(단, 하나의 전표로 입력할 것). (3점)

대출거래내역조회

•조회기간 : 2025.12.05.~2025.12.05.

•총건수 : 1건

거래일자	거래내용	이자종류	거래금액 (원금+이자)(원)	원금(원)	이자(원)	대출잔액(원)	이율
2025.12.05.	대출금 상환		1,000,000	800,000	0	19,200,000	0%
2025.12.05.		약정이자	0	0	200,000	0	2.63%

[8] **12월 23일** 당사의 영업부에서 장기간 사용할 목적으로 냉장고를 구입하고 대금은 국민카드(신용카드)로 결제하였다(단, 미지급금 계정을 사용하여 회계처리 할 것). (3점)

신용카드매출전표

2025.12.23.(월) 14:30:42

3,000,000원

정상승인 | 일시불

결제정보

카드	국민카드(1002-3025-4252-5239)
거래유형	신용승인
승인번호	41254785
이용구분	일시불
은행확인	KB국민은행

가맹점 정보

가맹점명	성수㈜
사업자등록번호	117-85-52797
대표자명	이성수

본 매출표는 신용카드 이용에 따른 증빙용으로 국민카드사에서 발급한 것임을 확인합니다.

문제 5

[일반전표입력] 메뉴에 입력된 내용 중 다음의 오류가 발견되었다. 입력된 내용을 검토하고 수정 또는 삭제, 추가 입력하여 올바르게 정정하시오. (6점)

입력 시 유의사항

- 적요의 입력은 생략한다.
- 부가가치세는 고려하지 않는다.
- 채권·채무와 관련된 거래는 별도의 요구가 없는 한 반드시 기등록된 거래처코드를 선택하는 방법으로 거래처명을 입력한다.
- 회계처리 시 계정과목은 별도의 제시가 없는 한 등록된 계정과목 중 가장 적절한 과목으로 한다.

[1] **08월 20일** 한세상사에 상품을 50,000,000원에 납품하기로 계약하고 보통예금 계좌로 입금받은 계약금 5,000,000원을 외상매출금의 회수로 회계처리한 것을 확인하였다. (3점)

[2] **11월 05일** 부산은행으로부터 받은 대출 20,000,000원의 상환기일은 2027년 11월 5일이다. (3점)

문제 6

다음의 결산정리사항을 입력하여 결산을 완료하시오. (12점)

입력 시 유의사항

- 적요의 입력은 생략한다.
- 부가가치세는 고려하지 않는다.
- 채권·채무와 관련된 거래는 별도의 요구가 없는 한 반드시 기등록된 거래처코드를 선택하는 방법으로 거래처명을 입력한다.
- 회계처리 시 계정과목은 별도의 제시가 없는 한 등록된 계정과목 중 가장 적절한 과목으로 한다.

[1] 영업부 서류 정리를 위한 단기계약직 직원(계약기간 : 2025년 12월 1일~2026년 1월 31일)을 채용하였다. 매월 급여는 1,500,000원이며 다음 달 5일에 지급하기로 하였다(단, 급여 관련 공제는 없는 것으로 하고, 지급해야 하는 금액은 미지급비용 계정을 사용할 것). (3점)

[2] 기말 현재 가지급금 잔액 500,000원은 대구상사의 외상매입금 지급액으로 판명되었다. (3점)

[3] 기말 현재 장기대여금에 대해 미수이자 3,270,000원이 발생하였으나 회계처리가 되어있지 않았다. (3점)

[4] 보유 중인 비품에 대한 당기분 감가상각비를 계상하였다. (3점)

취득원가	잔존가액	취득일	상각방법	내용년수
5,000,000원	500,000원	2023년 1월 1일	정액법	10년

문제 7

다음 사항을 조회하여 알맞은 답안을 이론문제 답안작성 메뉴에 입력하시오. (10점)

[1] 상반기(1월~6월) 동안 지출한 이자비용은 모두 얼마인가? (3점)

[2] 6월 말 현재 거래처 성지상사에 대한 선급금 잔액은 얼마인가? (3점)

[3] 6월 말 현재 전기 말과 비교하여 유동자산의 증감액은 얼마인가? (단, 감소 시 (−)로 기재할 것.) (4점)

5부
정답 및 해설

실전문제 풀이

1 회계의 개념과 순환과정

회계의 기본개념

01	02	03	04	05	06	07
②	④	①	④	③	②	④

01	②	회계의 궁극적인 목적은 기업의 경영활동사항을 요약·정리하여 기업의 모든 이해관계자들에게 유용한 정보를 제공함에 있다.
02	④	회계기간이라 부르는 회계연도는 전기에서 차기까지 즉 전기의 결산후 시점에서 당해연도의 결산시점까지를 의미한다.
03	①	회계의 주체는 기업체 이며, 회계의 책임은 경영자에 있다.
04	④	회계기간은 보통 6개월 또는 1년으로 설정하되, 최소 6개월이상 최대 1년을 초과할수 없다.
05	③	회계가 기록되는 장소적 범위를 회계단위라 하고, 인위적 기간을 회계연도(회계기간)라 한다.
06	②	이전 회계연도를 전기, 현재 회계연도를 당기, 다음 회계연도를 차기 라고 한다.
07	④	부기는 일정한 원리원칙없이 작성되는 단순부기와 원리원칙에 의하여 작성되는 복식부기로 분류된다. 복식부기의 대표적인 특징으로는 대차평균의 원리를 통한 자기검증능력이 있다.

기업의 재무상태

01	02	03	04	05	06	07	08	09	10	11	12	13	14
④	②	②	②	②	③	①	②	②	②	②	③	①	④

01	④	재무상태표는 일정시점의 재무상태를 나타내는 재무보고서이다.
02	②	재무상태표 등식은 "자산 = 부채 + 자본" 이다.
03	②	외상매입금과 단기차입금은 부채 이지만, 선급금은 자산에 해당한다.
04	②	자산, 부채, 자본은 재무상태표의 구성요소이며, 비용, 수익은 손익계산서의 구성요소이다.
05	②	① 상품, ② 미지급금, ③ 외상매출금, ④ 당좌예금에 대한 설명이며, 미지급금은 부채에 해당한다.
06	③	① 차입금, ② 외상매입금, ③ 선급금, ④ 선수금에 대한 설명이며, 선급금은 자산에 해당한다.
07	①	"자산 - 부채 = 자본" 이라는 등식에 비추어볼 때 부채가 고정되고 자산이 증가한다면 자본은 당연히 증가하게 된다.
08	②	자산은 현금화가 가능한 기간에 따라 유동자산과 비유동자산으로 분류하며, 1년 이내에 현금화가 가능한 자산을 유동자산이라 한다.
09	②	• 기말자본금: 기말자산(1,300,000원) - 기말부채(500,000원) = 800,000원 • 기초자본금(XXX) + 당기순이익(300,000원) = 기말자본금(800,000원) ∴ 기초자본금은 500,000원
10	②	기초자본금(850,000원) 보다 기말자본금(1,250,000원)의 금액이 증가하였으므로 당기순이익(400,000원)이 발생한다.
11	②	• 매입채무: 외상매입금(500,000원) + 지급어음(300,000원) = 800,000원 • 매출채권: 외상매출금(500,000원) + 받을어음(200,000원) = 700,000원
12	③	자본이란 기업실체의 자산 총액에서 부채 총액을 차감한 잔여액 또는 순자산으로서 기업실체의 자산에 대한 소유주의 잔여청구권을 나타낸다.
13	①	• 자산: 9,000,000원(현금 + 받을어음 + 미수금) • 부채: 총자산(9,000,000원) - 자본금(5,000,000원) = 4,000,000원 • 부채: 단기차입금(XXX) + 미지급금(1,800,000원) = 4,000,000원 ∴ 단기차입금은 2,200,000원
14	④	부채는 1년을 기준으로 유동부채와 비유동부채로 동일하게 분류한다. 다만, 정상적인 영업주기 내에 소멸할 것으로 예상되는 매입채무와 미지급비용 등은 보고기간종료일로부터 1년 이내에 결제 되지 않더라도 유동부채로 분류하며, 유동부채로 분류한 금액 중 1년 이내에 결제되지 않을 금액을 주석으로 기재한다.

기업의 경영성과

01	02	03	04	05	06	07	08	09	10
①	④	④	③	①	④	③	①	③	③

01	①	임차료와 단기매매증권처분손실은 비용이며, 매출채권은 자산에 해당한다.
02	④	임대료와 수수료수익, 배당금수익은 수익에 해당한다.
03	④	기업의 경영성과 측정은 손익계산서에 대한 것으로 비용과 수익으로 구성되며, 매입채무는 부채에 해당한다.
04	③	손익계산서는 일정기간의 경영성과를 나타내는 재무제표에 해당한다.
05	①	비용이란 기업이 일정 기간 동안 경영 활동을 통하여 지출하는 경제적 가치총액이며, 자본 감소의 원인이 된다.
06	④	• 수익은 자산의 유입 또는 부채의 감소를 통해 자본의 증가라는 결과를 가져온다. • 비용은 자산의 유출 또는 부채의 증가를 통해 자본의 감소라는 결과를 가져온다.
07	③	• 재무상태표: 기업의 일정시점의 재무상태(자산, 부채, 자본)를 나타내는 재무제표 • 손익계산서: 기업의 일정기간의 경영성과(비용, 수익)를 나타내는 재무제표
08	①	• 기초자산(900,000원) - 기초부채(300,000원) = 기초자본(600,000원) • 총수익(1,300,000원) - 총비용(1,800,000원) = 당기순손실(500,000원) • 기초자본(600,000원) - 당기순손실(500,000원) = 기말자본(100,000원)
09	③	• 기초자본금(3,000,000원) 보다 기말자본금(4,800,000원)이 1,800,000원 증가 • 총수익(2,500,000원)이 총비용(2,000,000원)보다 크므로, 당기순이익 500,000원 발생 • 당기순이익은 500,000원 인데, 자본금 증가액은 1,800,000원 이므로 1,300,000원이 추가 출자액에 해당한다. • 추가출자란 기업주가 회계기간중에 자본을 추가로 기업에 제공하는 것으로 자본금의 증가로 이어진다.
10	③	• 기초자본(80,000원)에 당기순손실(10,000원)을 반영하여 기말자본금(70,000원) 계산 • 기말자산(XXX) - 기말부채(90,000원) = 기말자본금(70,000원) ∴ 기말자산 = 160,000원

거래

01	02	03	04	05	06	07	08
③	②	①	①	①	①	③	③

01	③	회계상 거래는 기업의 경영활동에서 자산,부채,자본의 증감을 일으키는 것을 의미하며, 상품의 주문, 자산,부채의 증감이 없는 단순 계약체결, 종업원의 채용 등은 거래로 인식하지 않는다.
02	②	상품의 주문, 임대차계약 등은 회계상 거래에 해당하지 않는다.
03	①	기업의 경영활동에 의해서 발생하는 자산, 부채, 자본 등의 증감변화를 일으키는 경제적 현상을 거래라고 한다.
04	①	회계상의 모든 거래는 그 발생이 반드시 차변요소와 대변요소가 대립되어 생성하며, 양쪽에 동일한 금액이 이중으로 기입되는 것은 거래의 이중성에 대한 설명이다.
05	①	자산의 감소는 대변요소이며, 자산의 증가는 차변요소이다.
06	①	보기의 거래를 분개하면 (차) 상품 ××× (대) 외상매입금 ×××이며, 거래상에 수익과 비용이 발생하지 않으므로 교환거래에 해당한다.
07	③	보기의 거래를 분개하면 (차) 차입금 ××× 이자비용 ××× (대) 현금 ×××이며, 거래상 차변에 비용과 부채가 함께 회계처리 되었으므로 혼합거래에 해당한다.
08	③	• 9월 5일: 혼합거래(대변의 수익이 다른계정과 함께발생) • 9월 7일: 손익거래(비용&수익이 차변 혹은 대변 한쪽에만 발생) • 교환 거래는 비용&수익이 발생하지 않는 거래이다. ∴ (차) 상품 ××× (대) 외상매입금 ×××

계정

01	02	03	04	05
④	①	④	④	③

01	④	선급금 계정은 자산에 해당하므로, 잔액이 차변에 발생한다.
02	①	계정을 보았을 때 차변보다 대변의 금액이 더 크므로, 대변중심의 계정으로 부채, 자본, 수익중 하나이어야 하며, 매출채권(외상매출금, 받을어음)은 자산이므로 차변중심으로 차변에 잔액이 남아야 한다.
03	④	하나의 거래는 차변요소(자산의 증가, 부채의 감소, 자본의 감소, 비용의 발생)와 대변요소(자산의 감소, 부채의 증가, 자본의 증가, 수익의 발생)가 양쪽에 대립되어 발생한다. ∴ 부채의 증가는 대변에 발생
04	④	미수금과 선급급은 자산 이므로 증가는 차변, 감소는 대변, 선수금과 미지급금은 부채 이므로 감소는 차변, 증가는 대변에 기록된다.
05	③	거래의 이중성에 의해서 대차평균의 원리가 발생한다.

분개와 전기

01	02	03	04	05	06	07	08
①	②	④	②	②	②	④	①

01	①	거래가 발생하면 각 계정에 기입하기 전의 준비단계로서 거래를 차변요소와 대변요소로 구분하여 계정에 기입할 과목과 금액을 결정하는 것을 분개라 하고, 분개된 내용을 각 계정에 옮기는 절차를 전기라고 한다.
02	②	가에 대한 분개를 추정하면 다음과 같다. (차) 현 금 250,000원 (대) 단기차입금 250,000원
03	④	보기의 내용을 회계처리 하면 다음과 같다. (차) 장기차입금 50,000원 (대) 현금 55,000원 이자비용 5,000원
04	②	비품 구입시 발생한 외상대금은 외상매입금이 아닌 미지급금을 사용하여야 한다. (차) 비품 300,000원 (대) 현금 200,000원 미지급금 100,000원
05	②	• 외상매입금(부채) 계정의 차변 = 외상매입금 감소 • 지급어음(부채) 계정의 대변 = 지급어음 증가 (차) 외상매입금 90,000원 (대) 지급어음 90,000원
06	②	보기의 내용을 회계처리 하면 다음과 같다. (차) 상품(자산의 증가) 300,000원 (대) 현금(자산의 감소) 100,000원 지급어음(부채의 증가) 200,000원
07	④	자산의 매입시 발생하는 수수료, 운송비, 설치비, 취등록세 및 토지 정지비 등은 매입제비용에 해당하여 원가에 가산하지만, 자동차세는 판매관리비에 해당하여 세금과공과 계정으로 처리하여야 한다.
08	①	자산과 부채가 동시에 증가하면 순자산인 자본 금액에는 변화가 없다.

결산과 회계의 순환과정

01	02	03	04	05	06	07	08
②	②	①	④	④	④	①	④

01	②	시산표에 대한 설명이다.
02	②	시산표등식: 기말자산 + 총비용 = 기말부채 + 기초자본 + 총수익
03	①	계정과목이 잘못되었거나, 차변과 대변을 서로 반대로 전기하거나 양변을 누락하거나 중복한 경우는 시산표에 대차차액으로 나타나지 않는다.
04	④	시산표에서는 전기된 계정과목의 금액이 차이나는 경우에 대한 대차차액 오류를 찾아주며, 계정과목이 잘못 되었거나 차변과 대변이 동시에 누락된 경우등은 오류로 인식하지 않는다.
05	④	분개의 차변과 대변 모든 내용이 누락된 경우는 시산표에서 오류검색이 불가능하다.
06	④	• (A): (A) − 240,000원 = 10,000원 • (B): (B) − 310,000원 = 20,000원 • (C): (C) − 110,000원 = 10,000원 ∴ (A) 250,000원 + (B) 330,000원 + (C) 120,000원 = 700,000원
07	①	재무제표에는 재무상태표, 손익계산서, 현금흐름표, 자본변동표, 주석이 포함된다.
08	④	재무상태표는 유동성이 높은 계정과목부터 기록된다.

2 유동자산

당좌자산

01	02	03	04	05	06	07	08
③	②	①	①	③	②	③	④

01	③	타인발행 약속어음은 받을어음(매출채권)으로, 당좌자산에 해당한다.
02	②	단기매매증권은 단기투자자산으로 분류된다.
03	①	• 당좌개설 보증금은 장기금융상품, 당좌차월은 단기차입금으로 분류된다. • 500,000원 + 200,000원 + 300,000원 = 1,000,000원
04	①	우표는 통신비 또는 소모품(소모품비) 계정으로 처리된다.
05	③	당좌차월에 대한 설명이며, 당좌차월 계정은 재무제표에는 단기차입금 계정으로 표기된다.
06	②	회계기간 중 현금 실제잔액이 장부보다 많다고 하였으므로, (차) 현금 15,000원 (대) 현금과부족 15,000원 으로, 회계처리하여 장부상 금액을 실제금액으로 증가시키는 회계처리를 하여야 한다.
07	③	결산시 현금 실제잔액이 장부보다 부족하다고 하였으므로, (차) 잡손실 15,000원 (대) 현금 15,000원 으로, 회계처리하여 장부상 잔액을 실제 금액으로 감소시키는 회계처리를 하여야 한다.
08	④	현금과부족을 잡이익으로 대체 하였으므로, 결산시점에서 현금과부족 대변잔액을 잡이익으로 대체한 회계처리에 해당한다.

단기매매증권

01	02	03	04	05	06
③	②	②	②	②	①

01	③	시장성과 단기매매차익 목적이 있으면 단기매매증권에 해당한다.
02	②	• ㈜순양: 취득금액(100,000원) 〉 공정가치(80,000원) = 평가손실 20,000원 • ㈜대행사: 취득금액(20,000원) 〈 공정가치(35,000원) = 평가이익 15,000원 ∴ 평가손실 20,000원 + 평가이익 15,000원 = 평가손실 5,000원
03	②	03.01.: (차) 단기매매증권 10,000,000원 (대) 현금 10,000,00원 06.30.: (차) 현 금 2,700,000원 (대) 단기매매증권 3,000,000원 단기매매증권처분손실 300,000원 ∴ 처분시 단기매매증권처분손실 300,000원이 발생하므로, 당기순이익이 감소한다.
04	②	(차) 단기매매증권 560,000원 (대) 보통예금 565,600원 수수료비용(영업외비용) 5,600원
05	②	단기매매증권은 당좌자산으로 분류된다.
06	①	단기매매증권은 당좌자산이고, 나머지는 모두 투자자산이다.

매출채권과 대손

01	02	03	04	05	06	07	08	09	10
③	③	②	④	②	②	②	②	④	③

01	③	매출채권에는 외상매출금과 받을어음이 해당된다.
02	③	매입채무에는 외상매입금과 지급어음이 해당된다.
03	②	• 받을어음의 차변: 약속어음의 수취 • 받을어음의 대변: 만기 혹은 만기전 할인시 어음대금수취, 배서양도, 부도처리
04	④	받을어음을 만기전에 타인에게 양도하는 것은 배서양도에 대한 설명이다.
05	②	미지급금, 선수금, 예수금은 부채계정이므로 대손충당금 설정 대상이 아니다.
06	②	대손충당금에서 우선 상계한 후 대손충당금이 부족하면 대손상각비를 계상하여야 한다.
07	②	• 대손충당금 설정액: (45,000,000원 × 2%) - (400,000원 - 320,000원) = 820,000원 • 외상매출금 및 받을어음 이외의 채권에 대한 대손은 기타의대손상각비로 처리한다.
08	②	상거래에서 발생한 매출채권에 대한 대손상각비는 판매비와 관리비로 처리하고, 미수금, 대여금, 선급금 등 기타 채권에 대한 대손상각비는 기타의대손상각비(영업외비용) 계정으로 처리한다.
09	④	기타의대손상각비는 매출채권 이외의 미수금, 선급금, 대여금 등의 대손발생시에 사용하며, 영업외비용에 해당한다.
10	③	• 기말 매출채권 잔액: 50,000원 + 500,000원 - 200,000원 = 350,000원 • 기말 대손충당금 추산액 = 매출채권 잔액(350,000원) × 1% = 3,500원 • 기말 대손충당금 추가계상액: 대손충당금 잔액(3,500원) - 결산전 대손충당금(2,000원) = 1,500원 • 결산시 대손충당금 회계처리 (차) 대손상각비 1,500원 (대) 대손충당금 1,500원

재고자산

01	02	03	04	05	06	07	08	09	10	11	12	13
③	①	②	③	④	②	④	①	④	①	④	①	③

01	③	나머지는 재고자산 취득원가에 포함할 수 없으며, 발생기간의 비용으로 인식한다.
02	①	실지재고조사법은 평가방법이 아니라 재고자산의 수량결정 방법이다.
03	②	• 매출원가: 기초재고액 + 순매입액(매입액 − 매입환출 − 매입에누리) − 기말재고액 • 매출원가: 300,000원 + (1,200,000원 − 80,000원 − 100,000원) − 200,000원 = 1,120,000원
04	③	• 매출원가: 판매가능상품(기초상품 + 순매입액) − 기말상품재고액 • 매출원가: 판매가능상품(530,000원) − 기말상품재고액(150,000원) = 380,000원
05	④	물가상승시 이익을 가장 적게 계상하는 것은 후입선출법의 특징이다.
06	②	(가): 상품외의 외상 거래는 미수금, 미지급금 계정을 사용한다. (나): 계약금을 먼저 받을 때는 선수금 계정을 사용한다.
07	④	부동산매매업자가 판매를 목적으로 보유한 건물, 토지 등은 재고자산에 해당된다. ①은 유형자산, ②는 당좌자산, ③은 유형자산
08	①	• 매출액: 25개 × 140원 = 3,500원 • 매출원가: 10개 × 100원 + 15원 ×110원 = 2,650원 • 매출총이익: 매출액(3,500원) − 매출원가(2,650원) = 850원
09	④	기말재고자산을 실제보다 높게 계상한 경우에는 매출원가는 감소하고, 그 결과 매출총이익과 당기순이익이 증가된다. 당기순이익이 증가하면, 자본총계도 증가한다.
10	①	• 재고금액 및 이익의 크기: 선입선출법 〉 이동평균법 〉 총평균법 〉 후입선출법 • 매출원가의 크기: 선입선출법 〈 이동평균법 〈 총평균법 〈 후입선출법
11	④	상품 (아래 표 참조) • 매출원가에 30%이익을 가산하여 판매하였으므로, 매출원가 × 1.3 = 매출액 ∴ 매출액(5,200,000원) ÷ 1.3 = 매출원가(4,000,000원)
12	①	총매출액에서 매출환입, 매출에누리, 매출할인을 차감하면 순매출액이 된다.
13	③	[(10개 × 100원) + (30개 × 120원) + (10개 × 110원)] ÷ (10개 + 30개 + 10개) = 114원

상품

기초재고:	0원(가정)	매출원가:	(4,000,000원)
당기매입:	4,500,000원	기말재고:	500,000원
합계:	4,500,000원	합계:	4,500,000원

3 투자자산 및 유형자산

유형자산

01	02	03	04	05	06	07	08	09	10	11	12	13	14	15
④	①	④	②	③	④	②	①	④	②	③	②	④	②	③

01	④	생산 및 판매목적인 자산의 분류는 재고자산이다.
02	①	보험료, 유류대, 자동차세는 보유하면서 지출되는 비용이다.
03	④	자산을 취득 완료한 후 발생한 이자는 비용으로 처리한다.
04	②	수익적 지출을 자본적 지출로 처리하면 비용이 과소계상되고, 자산이 과대계상되므로 당기순이익이 과대계상된다.
05	③	유형자산의 차감적평가계정은 감가상각누계액이고, 매출채권에 대한 차감적평가계정은 대손충당금이다.
06	④	감가상각은 취득원가를 체계적인 방법으로 기간배분하는 것이다.
07	②	토지는 감가상각 대상이 아니다.
08	①	①은 수익적 지출, ②, ③, ④는 자본적 지출에 해당한다.
09	④	유형자산처분손실이 발생하므로 자산과 자본이 감소한다.
10	②	정액법이 정률법보다 초기 감가상각비 금액이 작으므로 비용이 과소계상되고, 자산이 과대계상되므로 당기순이익이 과대계상된다.
11	③	• 1차 연도 감가상각비: 10,000,000원 × 0.45 = 4,500,000원 • 2차 연도 감가상각비: (10,000,000원 − 4,500,000원) × 0.45 = 2,475,000원
12	②	• 정률법: 1,000,000원 × 0.4 = 400,000원 • 연수합계법: (1,000,000원 − 100,000원) × 5/15 = 300,000원 • 정액법: (1,000,000원 − 100,000원) × 1/5 = 180,000원
13	④	1차년도에 정액법과 비교하여 정률법으로 감가상각할 경우 감가상각비(비용)가 과대계상 되므로 당기순이익은 과소계상 되고, 또한 감가상각누계액이 과대계상 되므로 유형자산은 과소계상 된다.
14	②	• 처분이익(5,000,000원) = 처분금액(37,000,000원) − 순장부금액(XXX) • 순장부금액(32,000,000원) = 취득원가(XXX) − 감가상각누계액(8,000,000원) ∴ 취득원가는 40,000,000원
15	③	취득원가 50,000,000원 − 감가상각누계액 36,000,000원 = 14,000,000원 • 1차년도 감가상각비: (50,000,000원 − 5,000,000원) × 5/15 = 15,000,000원 • 2차년도 감가상각비: (50,000,000원 − 5,000,000원) × 4/15 = 12,000,000원 • 3차년도 감가상각비: (50,000,000원 − 5,000,000원) × 3/15 = 9,000,000원 • 3차년도말 감가상각누계액: 15,000,000원 + 12,000,000원 + 9,000,000원 = 36,000,000원

4 무형자산 및 기타비유동자산

01	02	03	04	05	06	07	08
④	③	③	②	④	②	③	①

01	④	임차보증금은 기타비유동자산, 나머지 항목은 모두 무형자산에 해당된다.
02	③	연구비는 연구단계에서 지출되는 비용으로 판매관리비에 해당한다.
03	③	상품권은 무형자산에 해당하지 않는다.
04	②	산업재산권(특허권, 실용신안권, 의장권, 상표권, 상호권 및 상품명 포함), 소프트웨어, 임차권리금이 무형자산에 해당된다.
05	④	무형자산은 합리적인 상각방법을 정할 수 없는 경우에 정액법을 사용하지만, 유형자산은 해당 사항이 아니다.
06	②	연구단계와 개발단계로 구분할 수 없는 경우에는 모두 연구단계에서 발생한 것으로 본다.
07	③	• 특허권 취득원가: 매입액(1,800,000원) + 특허등록비(200,000원) = 2,000,000원 • 20×1년 상각비: 취득원가(2,000,000원) ÷ 5년 × 6/12 = 200,000원 ∴ 무형자산인 특허권은 직접법으로 상각하므로 재무상태표에는 감가상각액이 차감된 금액으로 나타난다.
08	①	단기대여금은 당좌자산에 해당되며, 유동자산으로 분류된다.

5 부채

01	02	03	04	05	06
②	②	③	④	④	④

01	②	퇴직급여충당부채는 비유동부채에 해당된다.
02	②	(차) 상품(자산의 증가) 300,000원 (대) 현금(자산의 감소) 100,000원 지급어음(부채의 증가) 200,000원 ✓총자산과 총부채가 증가한다.
03	③	선수금 계정을 통해 거래를 추정해보면 (차) 현금 100,000원 (대) 선수금 100,000원 이며, 계약금을 현금으로 수령한 거래에 해당한다.
04	④	부채는 1년을 기준으로 유동부채와 비유동부채로 분류한다. 다만, 정상적인 영업주기 내에 소멸할 것으로 예상되는 매입채무와 미지급비용은 보고기간종료일로부터 1년 이내에 결제되지 않더라도 유동부채로 분류한다.
05	④	유동부채: 외상매입금 + 단기차입금 + 선수금 + 미지급비용 + 유동성장기부채 = 610,000원
06	④	• 현금및현금성자산: 보통예금 + 자기앞수표 = 280,000원 • 매출채권: 외상매출금 + 받을어음 = 230,000원 • 매입채무: 외상매입금 + 지급어음 = 330,000원 • 유동부채: 외상매입금 + 지급어음 + 미지급금 = 450,000원

6 자본금

01	02	03	04
④	④	②	①

01	④	인출금 계정은 자본금의 감소요인으로 자본금 계정의 차변에 기록된다.
02	④	인출금은 결산시 자본금의 감소요인이 된다.
03	②	손익계정의 내용을 추정해 보면 (차) 손익 250,000원 (대) 자본금 250,000원 이며, 당기순이익 250,000원을 자본금에 대체한 것이다.
04	①	• 당기순손실: 총비용(820,000원) - 총수익(780,000원) = 40,000원 • 기말자본금: 기초자본금(×××) + 추가출자(200,000원) - 인출금(85,000원) - 당기순손실(40,00원) = 1,250,000원

7 · 수익과 비용

01	02	03	04	05	06	07	08	09	10	11	12	13	14	15
①	④	①	②	③	①	④	③	③	④	①	①	③	③	③

01	①	기타의 대손상각비는 영업외비용에 해당한다.
02	④	기부금은 영업외비용에 해당한다.
03	①	매출환입은 매출총이익에 영향을 주고 영업이익에 영향을 준다. 그 외의 계정과목은 영업외손익 항목이다.
04	②	손익의 이연에 해당하는 선급수익과 선급비용에 대한 설명이다.
05	③	당초 분개: (차) 선급비용 ××× (대) 현금 ××× 누락한 분개: (차) 보험료 ××× (대) 선급비용 ××× (비용 누락, 자산감소 누락) • 당기보험료 과소계상 ➜ 당기순이익 및 자본 과대계상 • 선급비용 과대계상 ➜ 자산 과대계상
06	①	누락된 분개: (차) 미수수익(자산) ××× (대)이자수익(수익) ××× 자산이 과소, 수익이 과소, 당기순이익 과소, 자본이 과소계상 된다.
07	④	계상하지 않은 회계처리: (차) 이자비용(비용) ××× (대) 미지급비용(부채) ××× ✓ 비용 과소계상, 부채 과소계상, 순이익이 과대계상 되어 자본 과대계상
08	③	당기순이익에서 보험료 중 선급비용 5,000원은 더하고, 이자수익 중 선수수익 4,000원을 뺀다.
09	③	• 24개월 480,000원 => 1개월 20,000원 • 20X1년 보험료: 10개월 200,000원(3월 ~ 12월) • 20X2년 보험료: 12개월 240,000원(1월 ~ 12월) • 20X3년 보험료: 2개월 40,000원(1월 ~ 2월)
10	④	수정후 당기순이익: 수정전 당기순이익(5,000,000원) + 보험료 선급분(800,000원) − 선수임대료(500,000원) − 이자미지급분(500,000원) = 4.800,000원
11	①	단기매매증권에 대한 평가는 결산정리사항에 해당하지만, 단기매매증권의 처분은 결산과 무관한 내용이다.
12	①	매출원가: 판매가능상품(250,000원) − 기말상품(100,000원) = 150,000원
13	③	• 순매출액: 35,000,000원 − 200,000원 − 200,000원 = 34,600,000원 • 순매입액: 18,000,000원 − 250,000원 − 300,000원 = 17,450,000원 • 매출원가: 500,000원 + 17,450,000원 − 450,000원 = 17,500,000원 • 매출총이익: 34,600,000원 − 17,500,000원 = 17,100,000원
14	③	• 매출총이익: 1,000,000원 − 600,000원 = 400,000원 • 영업이익: 400,000원 − (100,000원 + 30,000원) = 270,000원 • 당기순이익: 270,000원 + 0원 − (50,000원 + 20,000원) = 200,000원
15	③	• 매출액: 빵 및 케익 판매대금 = 800,000원 • 매출원가: 빵 및 케익 구입대금 = 250,000원 • 매출총이익: 매출액(800,000원) − 매출원가(250,000원) = 550,000원 • 영업이익: 매출총이익 − 판매관리비(급여 + 임차료) = 430,000원

8 장부의 이해

01	02	03	04	05	06
①	②	④	③	①	③

01	①	거래에 대한 분개는 분개장에 기록되며, 분개장은 주요부에 해당한다.
02	②	상품재고장에 관련된 설명이다.
03	④	상품을 외상으로 매출시 매출장(매출액), 상품재고장(상품 재고관리), 매출처원장(외상매출금) 등에 관련 내용이 작성된다.
04	③	외상매입금은 부채에 해당하며, 상품을 외상으로 매입한 경우 외상매입금이 증가하므로 대변에 기록된다.
05	①	• 외상매입 월말잔액(160,000원) = 월초(20,000원) + 외상매입 발생액(250,000원) - 환출액(10,000원) - 외상매입 지급액(×××) • 외상매입 지급액 = 100,000원
06	③	지급어음의 발행(증가)은 지급어음 계정의 대변에 기록되므로, 2/22 일자만 해당된다.

기출문제 풀이

제106회 이론

01	02	03	04	05	06	07	08	09	10	11	12	13	14	15
①	②	③	④	④	①	②	③	③	②	③	②	①	④	①

01	①	회계는 미래 현금흐름 예측에 유용한 회계적 정보를 제공한다.
02	②	주된 영업활동인 상품매매 거래가 아닌 비품을 외상으로 구입한 경우에는 외상매입금(매입채무) 대신 미지급금 계정을 사용하여야 한다.
03	③	일정기간 동안 기업의 경영성과에 대한 정보를 제공하는 재무보고서는 손익계산서로, 매출원가는 영업비용이고, 기부금은 영업외비용이다.
04	④	보기 모두 옳은 내용이다. ① (차) 기계장치(자산증가) 100,000원 (대) 보통예금(자산감소) 100,000원 ② (차) 현금(자산증가) 100,000원 (대) 자본금(자본증가) 100,000원 ③ (차) 보통예금(자산증가) 100,000원 (대) 단기차입금(부채증가) 100,000원 ② (차) 외상매입금(부채증가) 100,000원 (대) 현금(자산감소) 100,000원
05	④	합계잔액시산표의 잔액은 차변과 대변에 동일한 금액이 기록되므로, (가)에 해당하는 합계는 850,000원 이고, (나)에 해당하는 자본금은 720,000원 이다.
06	①	결산시 손익으로 계정을 마감하는 것은 비용과 수익 계정이 해당된다.
07	②	보기의 내용은 유형자산에 대한 설명이며, 회사가 판매를 위하여 보유하고 있는 재고자산은 상품이다.
08	③	• 기초자본: 기초자산(8,500,000원) - 기초부채(4,000,000원) = 4,500,000원 • 기말자본: 기초자본(4,500,000원) + 당기순이익(800,000원) = 5,300,000원 • 기말부채: 기말자산(11,000,000원) - 기말자본(5,300,000원) = 5,700,000원
09	③	매입운임 및 운반비 등은 자산의 취득원가에 가산할 항목이지만, 매입할인 및 에누리, 매입환출 등은 자산의 취득원가에서 차감하여야 한다.
10	②	• 감가상각비: (취득원가(XXX) - 잔존가액(5,000원)) / 내용연수(10년) = 9,000원 ✓ 건물의 취득원가는 95,000원
11	③	기계장치는 유형자산 항목으로 비유동자산에 해당한다.
12	②	수령한 임대료(3,600,000원)중 900,000원이 차기에 속하는 금액이므로 당기분은 2,700,000원 이며, 차기분은 결산시 선수수익으로 대체하여야 한다.
13	①	급여 지급 시 종업원이 부담해야 할 소득세 등을 회사가 일시적으로 받아두는 경우 예수금 계정으로 처리하여야 한다.
14	④	결산일 현재 자본금 원장의 손익(당기순이익)은 900,000원 이며, 차기이월되는 금액은 2,900,000원 이다.
15	①	① 업무용 건물의 재산세 ➜ 세금과공과 ② 급여 지급 시 원천징수한 근로소득세 ➜ 예수금 ③ 차량운반구를 취득하면서 지급한 취득세 ➜ 차량운반구 ④ 회사 대표자의 소득세 ➜ 인출금(자본금)

제106회 실무

문제 1

회사등록	• 사업장주소: 대전광역시 서구 둔산동 86 → 대전광역시 중구 대전천서로 7(옥계동) • 사업자등록번호: 350-22-28322 → 305-52-36547 • 종목: 의류 → 문구 및 잡화

문제 2

전기분 재무상태표	• 외상매출금(108): 4,000,000원 → 40,000,000원 • 감가상각누계액(213): 200,000원 → 2,000,000원 • 토지(:201): 274,791,290원 추가입력

문제 3

01	거래처등록 [일반거래처]	• 유형 수정: 매출 → 동시 • 종목 수정: 전자제품 → 잡화 • 주소 수정: 서울 마포구 마포대로 33(도화동) → 경기도 남양주시 진접읍 장현로 83
02	거래처별 초기이월	• 외상매출금: · 발해상사 10,000,000원 → 13,000,000원 • 외상매입금: · 신라상사 7,000,000원 → 17,000,000원 · 가야상사 5,000,000원 → 19,000,000원

문제 4 일반전표입력

01	07월 09일	(차)	차량운반구	45,000,000원	(대)	당좌예금	45,000,000원
02	07월 10일	(차)	선급금(진영상사)	100,000원	(대)	보통예금	100,000원
03	07월 25일	(차)	외상매입금(광주상사)	900,000원	(대)	현금 매입할인(148)	891,000원 9,000원
04	08월 25일	(차)	감가상각누계액(203) 보통예금 미수금(하나상사)	2,500,000원 10,000,000원 19,000,000원	(대)	건물 유형자산처분이익	30,000,000원 1,500,000원
05	10월 13일	(차)	받을어음(발해상사) 외상매출금(발해상사)	1,200,000원 1,100,000원	(대)	상품매출	2,300,000원
06	10월 30일	(차)	복리후생비	100,000원	(대)	현금	100,000원
07	10월 31일	(차)	기업업무추진비(접대비)	200,000원	(대)	보통예금	200,000원
08	11월 10일	(차)	도서인쇄비	30,000원	(대)	미지급금(현대카드)	30,000원

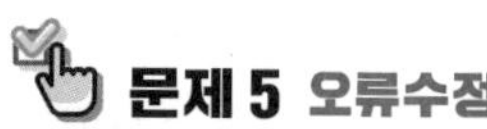

문제 5 오류수정

01	09월 08일	수정전	(차) 단기차입금(신라상사)	25,000,000원	(대) 보통예금	25,000,000원
01	09월 08일	수정후	(차) 외상매입금(조선상사)	25,000,000원	(대) 보통예금	25,000,000원
02	11월 21일	수정전	(차) 기업업무추진비(접대비)	200,000원	(대) 현금	200,000원
02	11월 21일	수정후	(차) 인출금 (또는 자본금)	200,000원	(대) 현금	200,000원

문제 6 결산정리

01	12월 31일	(차) 외화환산손실 1,500,000원 (대) 외상매입금(미국 ABC사) 1,500,000원 ✓ 외화환산손실: (1,250원×$10,000)−11,000,000원=1,500,000원
02	12월 31일	(차) 현금 66,000원 (대) 잡이익 66,000원
03	12월 31일	(차) 이자비용 125,000원 (대) 미지급비용 125,000원
04	12월 31일	(차) 감가상각비 1,450,000원 (대) 감가상각누계액(차량운반구) 1,200,000원 감가상각누계액(비품) 250,000원 또는 [결산자료입력] 감가상각비 차량운반구 1,200,000원, 비품 250,000원 입력 후 F3 전표추가

문제 7 조회

01	**[거래처원장]** 기간: 1월 1일 ~ 6월 30일, 계정과목: 외상매출금	**우리상사** **35,500,000원**
02	**[총계정원장]** 기간: 1월 1일 ~ 3월 31일, 계정과목: 소모품비 ✓ 316,650원(1월)+45,000원(2월)=361,650원	**361,650원**
03	**[재무상태표]** 기간: 6월, 받을어음에서 받을어음 대손충당금 차감 ✓ 73,400,000원(받을어음)−520,000원(받을어음 대손충당금)=72,880,000원	**72,880,000원**

제107회 이론

01	02	03	04	05	06	07	08	09	10	11	12	13	14	15
④	①	④	③	②	③	④	③	①	②	①	②	③	①	④

01	④	근로계약서 작성 및 재산 증감의 변화가 없는 계약, 의사결정, 주문 등은 회계상 거래에 해당하지 않는다.
02	①	거래의 8요소 중 자산의 증가는 차변에 자산의 감소는 대변에 기록된다.
03	④	급여 지급 시 전월에 원천징수한 근로소득세는 예수금 계정으로 처리한다.
04	③	재무상태표의 대변에는 부채과 자본이 구성되며, 선급금은 자산항목에 해당한다.
05	②	당좌자산: 현금(300,000원) + 보통예금(800,000원) + 외상매출금(200,000원) + 단기매매증권(500,000원) = 1,800,000원
06	③	매출할인에 대한 설명이며, 매출할인은 매출액에서 차감하여야 한다.
07	④	일반적인 상거래에서 발생한 미회수 금액은 외상매출금으로 처리한다.
08	③	• 당기순이익: 총수익(8,000,000원) - 총비용(5,000,000원) = 3,000,000원 • 기말자본: 기초자본(1,000,000원) + 당기순이익(3,000,000원) = 4,000,000원
09	①	• 매출원가: 기초상품(25,000,000원) + 순매입(168,000,000원) - 기말상품(15,000,000원) = 178,000,000원 • 매출총이익: 매출액(XXX) - 매출원가(178,000,000원) = 172,000,000원 ✓ 매출액은 350,000,000원
10	②	영업활동으로 인해 거래처에서 약속어음을 수취한 경우 받을어음 계정으로 처리한다.
11	①	• 유형자산의 순장부가액: 취득가액(16,000,000원) - 감가상각누계액(9,000,000원) = 7,000,000원 • 유형자산처분손실(1,000,000원) = 순장부가액(7,000,000원) - 처분가액(XXX) ✓ 처분가액은 6,000,000원
12	②	일정시점의 재무상태를 나타내는 재무보고서는 재무상태이며, 자산, 부채, 자본이 해당된다. 임대료와 이자비용은 손익계산서의 구성항목에 해당한다.
13	③	현금및현금성자산은 현금 등의 통화대용증권과 취득당시 만기 또는 상환일이 3개월 이내의 금융상품이 포함된다.
14	①	실제 물량 흐름과 유사하고, 기말재고가 가장 최근에 매입한 상품의 단가로 계상되는 것은 선입선출법에 대한 설명이다.
15	④	보기 항목중 영업외수익에 해당하는 것은 이자수익이다. ① 미수수익(자산), ② 경상개발비(판매관리비), ③ 외환차손(영업외비용)

제107회 실무

문제 1

회사등록	• 사업자등록번호 정정: 107-35-25785 → 107-36-25785 • 과세유형 수정: 2.간이과세 → 1.일반과세 • 업태 수정: 제조 → 도소매

문제 2

전기분 재무상태표	• 대손충당금(109) 추가: 100,000원 • 감가상각누계액(213) 수정: 6,000,000원 → 2,400,000원 • 외상매입금 수정: 11,000,000원 → 8,000,000원

문제 3

01	거래처등록	• 코드: 98005 • 거래처명: 신한은행 • 유형: 1.보통예금 • 계좌번호: 110-081-834009 • 계좌개설일: 2024-01-01 • 사업용 계좌: 1.여
02	거래처별 초기이월	**[받을어음]** • 하우스컴 5,500,000원 추가 입력 **[지급어음]** • 모두피씨 2,500,000원 → 4,000,000원 수정 • 하나로컴퓨터 6,500,000원 → 2,500,000원 수정

문제 4 일반전표입력

01	07월 05일	(차)	보통예금 이자비용	9,700,000원 300,000원	(대)	단기차입금(세무은행)	10,000,000원
02	07월 07일	(차)	상품	3,960,000원	(대)	외상매입금(대림전자)	3,960,000원
03	08월 03일	(차)	보통예금 받을어음(국제전자)	15,000,000원 5,000,000원	(대)	외상매출금(국제전자)	20,000,000원
04	08월 10일	(차)	기부금	1,000,000원	(대)	현금	1,000,000원
05	09월 01일	(차)	기업업무추진비(접대비)	49,000원	(대)	현금	49,000원
06	09월 10일	(차)	예수금 세금과공과	150,000원 150,000원	(대)	보통예금	300,000원
07	10월 11일	(차)	현금	960,000원	(대)	선수금(미래전산)	960,000원
08	11월 25일	(차)	미지급금(비씨카드)	500,000원	(대)	보통예금	500,000원

문제 5 오류수정

번호	일자	구분	차변	금액	대변	금액
01	07월 29일	수정전	(차) 수선비	30,000,000원	(대) 보통예금	30,000,000원
		수정후	(차) 건물	30,000,000원	(대) 보통예금	30,000,000원
02	11월 23일	수정전	(차) 비품	1,500,000원	(대) 보통예금	1,500,000원
		수정후	(차) 인출금 (또는 자본금)	1,500,000원	(대) 보통예금	1,500,000원

문제 6 결산정리

번호	일자	차변	금액	대변	금액
01	12월 31일	(차) 소모품	30,000원	(대) 소모품비	30,000원
02	12월 31일	(차) 단기매매증권	100,000원	(대) 단기매매증권평가이익	100,000원
03	12월 31일	(차) 선급비용	270,000원	(대) 보험료	270,000원
		✓ 당기분 보험료: 360,000원×3개월/12개월= 90,000원 ✓ 차기분 보험료: 360,000원×9개월/12개월=270,000원			
04	12월 31일	(차) 이자비용	600,000원	(대) 미지급비용	600,000원

문제 7 조회

번호	내용	답
01	**[총계정원장]** 기간: 1월1일 ~ 6월30일, 계정과목: 기업업무추진비(접대비)	**6,500,000원**
02	**[재무상태표]** 기간: 1월, 계정과목: 미수금 ✓ 5,050,000원(1월) – 4,500,000원(전기말) = 550,000원	**550,000원**
03	**[거래처원장]** 기간: 1월 1일 ~ 5월 31일, 계정과목: 외상매출금	**00112 (또는 112) 36,500,000원**

제108회 이론

01	02	03	04	05	06	07	08	09	10	11	12	13	14	15
③	④	①	①	②	④	③	③	②	①	①	④	④	③	②

01	③	재무상태표는 일정시점의 재무상태를 나타내는 재무제표이다.
02	④	자산 항목과 비용 항목은 잔액이 차변에 발생하고, 부채 항목 및 자본 항목과 수익 항목의 잔액은 대변에 기록된다. 임대료는 수익 계정이므로 잔액이 대변에 발생한다.
03	①	• 순매입: 상품매입액(30,000원) - 매입에누리(1,000원) = 29,000원 • 매출원가: 기초상품(10,000원) + 순매입(29,000원) - 기말상품(5,000원) = 34,000원
04	①	• 기계장치에 대한 수익적지출은 수선비(비용)로 처리되므로, 감가상각과는 무관한 금액이다. • 감가상각비: (취득원가 1,000,000원 - 잔존가액 0원) ÷ 5년 x 6/12 = 100,000원 ✓ 7월 1일 취득하였으므로 6개월분(7월 ~ 12월)에 대한 감가상각을 인식하여야 한다.
05	②	1년 납입분(600,000원)중 당기분 2개월(100,000원)분이 보험료 계정으로 계상된다.
06	④	매입채무는 외상매입금과 지급어음의 통합계정이다.
07	③	① 차량운반구(비유동자산), ② 당좌예금(당좌자산), ④ 선수수익(유동부채)
08	③	당좌차월은 단기차입금에 해당한다.
09	②	상품 매매거래에서 계약금을 지급한 경우는 선급금 계정으로, 계약금을 수령한 경우는 선수금 계정으로 처리한다.
10	①	외상매입금(3,000,000원) + 선수수익(500,000원) + 미지급비용(2,000,000원) = 5,500,000원
11	①	보고기간종료일로부터 1년 이내에 현금화 또는 실현될 것으로 예상되는 자산을 유동자산으로 분류한다.
12	④	외상매출금 기말잔액: 기초잔액(3,000,000원) + 발생액(7,000,000원) - 회수액(1,000,000원) = 9,000,000원
13	④	개별법은 통상적으로 상호 교환될 수 없는 재고자산 항목의 원가를 계산할 때 사용한다.
14	③	• 손익의 이연: 선급비용(비용의 이연), 선수수익(수익의 이연) • 손익의 발생: 미수수익(수익의 발생), 미지급비용(비용의 발생)
15	②	기말재고자산을 과대평가할 경우, 매출원가는 과소계상되고 당기순이익은 과대계상된다.

제108회 실무

문제 1

회사등록	• 업태 수정입력: 제조 → 도소매 • 종목 수정입력: 의약품 → 사무기기 • 사업장관할세무서 수정입력: 621.금정 → 130.부천

문제 2

전기분 손익계산서	• 기업업무추진비 수정입력: 800,000원 → 750,000원 • 819.임차료 1,200,000원 추가입력 • 951.이자비용 1,200,000원 추가입력

문제 3

01	계정과목 및 적요등록	• 계정과목: 812.여비교통비 대체적요 등록: 3.직원의 국내출장비 예금 인출
02	거래처별 초기이월	• 외상매입금: 라라무역 2,320,000원 → 23,200,000원으로 수정입력 • 외상매입금: 양산상사 35,800,000원 추가입력 • 단기차입금: ㈜굿맨 36,000,000원 추가입력

문제 4 일반전표입력

01	07월 15일	(차)	받을어음(태영상사) 외상매출금(태영상사)	800,000원 3,200,000원	(대)	상품매출	4,000,000원
02	08월 25일	(차)	보통예금	15,000,000원	(대)	장기차입금(큰손은행)	15,000,000원
03	09월 05일	(차)	통신비 수도광열비	50,000원 40,000원	(대)	미지급금(삼성카드)	90,000원
04	10월 05일	(차)	기업업무추진비(접대비)	300,000원	(대)	현금	300,000원
05	10월 24일	(차)	토지	52,300,000원	(대)	현금	52,300,000원
06	11월 02일	(차)	대손충당금(109) 대손상각비	900,000원 2,100,000원	(대)	외상매출금(온나라상사)	3,000,000원
07	11월 30일	(차)	급여	4,200,000원	(대)	예수금 보통예금	635,010원 3,564,990원
08	12월 15일	(차)	외상매입금(대한상사)	7,000,000원	(대)	보통예금 현금	5,000,000원 2,000,000원

문제 5 오류수정

01	08월 20일	수정전	(차) 현금 3,500,000원 (대) 선수금(두리상사) 3,500,000원
		수정후	(차) 선급금(두리상사) 3,500,000원 (대) 현금 3,500,000원
02	09월 16일	수정전	(차) 이자비용 4,000,000원 (대) 보통예금 4,000,000원
		수정후	(차) 단기차입금(나라은행) 4,000,000원 (대) 보통예금 4,000,000원

문제 6 결산정리

01	12월 31일	(차) 이자비용 1,125,000원 (대) 미지급비용 1,125,000원 ✓ 이자비용: 30,000,000원×5%×9개월/12개월=1,125,000원
02	12월 31일	(차) 미수수익 15,000원 (대) 이자수익 15,000원
03	12월 31일	(차) 감가상각비 1,700,000원 (대) 감가상각누계액(비품) 1,700,000원 또는 [결산자료입력] 감가상각비 비품 1,700,000원 입력 후 F3 전표추가
04	12월 31일	(결차) 상품매출원가 187,920,000원 (결대) 상품 187,920,000원 ✓ 상품매출원가: 합계잔액시산표 상품 차변 합계액 194,420,000원 - 기말상품재고액 6,500,000원 = 187,920,000원 또는 [결산자료입력] 기말상품재고액 6,500,000원 입력 후 F3 전표추가

문제 7 조회

01	**[거래처원장]** 기간: 4월 1일 ~ 6월 30일, 계정과목: 지급어음	**30,000,000원**
02	**[총계정원장]** 기간: 1월 1일 ~ 6월 30일, 계정과목: 보통예금 ✓ 121,562,000원(차변합계액) - 35,000,000원(전기이월) = 86,562,000원	**86,562,000원**
03	**[총계정원장]** 기간: 1월1일 ~ 6월30일, 계정과목: 기업업무추진비(접대비)	**3월** **272,000원**

제109회 이론

01	02	03	04	05	06	07	08	09	10	11	12	13	14	15
④	④	②	③	②	②	①	③	①	①	①	④	②	④	③

01	④	혼합거래는 하나의 거래에서 교환거래와 손익거래가 동시에 발생하는 거래이며, 보기 ④는 비용과 수익이 발생하지 않는 교환거래에 해당한다.
02	④	• 외상매출금 및 받을어음의 대손발생시 ➜ 대손상각비(판매관리비) • 미수금, 대여금, 선급금 등의 기타채권 대손발생시 ➜ 기타의 대손상각비(영업외비용) ✓ 단기차입금은 채무에 해당하는 계정과목으로 대손처리가 불가능한 계정이다.
03	②	당사 발행 당좌수표는 당좌예금 계정으로 처리한다.
04	③	순매입액: 상품매입(50,000원) + 취득부대비용(2,000원) - 매입할인(3,000원) = 49,000원
05	②	자산의 증가, 부채의 감소, 자본의 감소, 비용의 발생 등은 차변항목이며, 자산의 감소, 부채의 증가, 자본의 증가, 수익의 발생 등은 대변항목에 해당한다.
06	②	외상매출금 계정의 대변에 기입되는 거래는 외상매출금(자산)의 감소 즉, 외상매출금의 회수거래가 해당된다.
07	①	기말재고자산이 과대계상되면 매출원가가 과소계상되고 당기순이익은 과대계상된다.
08	③	• 매출총이익: 매출액(20,000,000원) - 매출원가(14,000,000원) = 6,000,000원 • 영업이익: 매출총이익(6,000,000원) - 판매비와관리비(2,300,000원) = 3,700,000원 ✓ 보기의 항목중 판매관리비에 해당하는 것은 급여와 복리후생비 이다.
09	①	기말 대손충당금: 기말 매출채권(20,000,000원) X 1% = 200,000원
10	①	유형자산의 감가상각방법에는 정액법, 정률법, 생산량비례법, 연수합계법 등이 있으며, 선입선출법은 후입선출법, 평균법, 개별법과 함께 재고자산의 단가결정방법에 해당한다.
11	①	판매비와관리비에 해당하는 것은 여비교통비와 거래처 대표자 결혼식 화환구입에 해당하는 기업업무추진비(접대비)이며, 이자비용(차입금 이자)은 영업외비용, 유형자산처분이익은 영업외수익에 해당한다.
12	④	자본항목중 자본잉여금에는 주식발행초과금, 감자차익, 자기주식처분이익 등이 해당되며, 임의적립금은 이익잉여금에 해당하는 항목이다.
13	②	• 보기 항목중 선급비용은 유동자산에 해당하고, 장기차입금은 비유동부채에 해당한다. • 유동부채: 유동성자기부채 + 미지급비용 + 예수금 + 외상매입금 = 9,200,000원
14	④	건설중인자산은 유형자산에 해당되며, 완공시 건물계정으로 대체된다.
15	③	건물 내부의 조명기구를 교체하는 지출은 수선유지를 위한 수익적지출에 해당하며, 이는 자본적 지출에 해당하지 않으므로 발생한 기간의 비용으로 인식하여야 한다.

제109회 실무

문제 1

회사등록	• 사업자등록번호: 646-40-01031 → 646-04-01031 • 종목: 식료품 → 신발 • 사업장관할세무서: 508.안동 → 212.강동

문제 2

전기분 손익계산서	• 여비교통비: 500,000원 → 600,000원으로 수정 • 광고선전비: 600,000원 → 700,000원으로 수정 • 기부금: 600,000원 → 이자비용 600,000원으로 수정

문제 3

01	계정과목 및 적요등록	• 계정과목: 813.기업업무추진비, 현금적요 No.5: 거래처 명절선물 대금 지급
02	거래처별 초기이월	• 외상매출금: · ㈜사이버나라 20,000,000원 → 45,000,000원으로 수정 • 단기대여금: · ㈜해일 20,000,000원 → 10,000,000원으로 수정 · 부림상사 30,000,000원 → 3,000,000원으로 수정

문제 4 일반전표입력

01	08월 01일	(차)	단기매매증권 수수료비용(984)	2,000,000원 12,000원	(대)	보통예금	2,012,000원
02	09월 02일	(차)	상품	9,600,000원	(대)	외상매출금(푸름상회) 외상매입금(푸름상회)	5,000,000원 4,600,000원
03	10월 05일	(차)	비품	550,000원	(대)	현금	550,000원
04	10월 20일	(차)	예수금 복리후생비	220,000원 220,000원	(대)	보통예금	440,000원
05	11월 01일	(차)	광고선전비	990,000원	(대)	당좌예금	990,000원
06	11월 30일	(차)	보통예금	10,500,000원	(대)	정기예금 이자수익	10,000,000원 500,000원
07	12월 05일	(차)	수선비	330,000원	(대)	미지급금(하나카드)	330,000원
08	12월 15일	(차)	선급금(에스파파상사)	1,000,000원	(대)	보통예금	1,000,000원

문제 5 오류수정

01	10월 27일	수정전	(차) 보통예금 10,000,000원 (대) 자본금 10,000,000원
		수정후	(차) 보통예금 10,000,000원 (대) 단기차입금(좋은은행) 10,000,000원
02	11월 16일	수정전	(차) 기업업무추진비(접대비) 198,000원 (대) 보통예금 198,000원
		수정후	(차) 상품 198,000원 (대) 보통예금 198,000원

문제 6 결산정리

01	12월 31일	(차) 소모품비 550,000원 (대) 소모품 550,000원
02	12월 31일	(차) 선급비용 600,000원 (대) 보험료 600,000원 ✓ 선급비용: 1,200,000원×6개월/12개월 = 600,000원
03	12월 31일	(차) 현금과부족 50,000원 (대) 잡이익 50,000원
04	12월 31일	(차) 대손상각비 1,748,200원 (대) 대손충당금(109) 1,281,200원 대손충당금(111) 467,000원 ✓ • 외상매출금 기말 잔액 128,120,000원×1% = 1,281,200원 • 받을어음 기말 잔액 46,700,000원×1% = 467,000원 또는 [결산자료입력] 대손상각 외상매출금 1,281,200원, 받을어음 467,000원 입력 후 F3 전표추가

문제 7 조회

01	**[총계정원장]** 기간: 1월 1일 ~ 6월 30일, 계정과목: 현금	**4월** **24,150,000원**
02	**[재무상태표]** 기간: 6월, 유동부채	**158,800,000원**
03	**[총계정원장]** 기간: 1월 1일 ~ 6월 30일, 계정과목: 복리후생비 ✓ 1,825,000원(2월)−505,000원(6월) = 1,320,000원	**1,320,000원**

제110회 이론

01	02	03	04	05	06	07	08	09	10	11	12	13	14	15
③	②	①	②	①	④	①	②	②	③	③	④	③	①	④

01	③	① (차) 현금(자산증가) 500,000원 (대) 임대료(수익발생) 500,000원 ② (차) 상품(자산증가) 400,000원 (대) 외상매입금(부채발생) 400,000원 ③ (차) 이자비용(비용발생) 80,000원 (대) 현금(자산감소) 80,000원 ② (차) 토지(자산증가) 80,000,000원 (대) 보통예금(자산감소) 80,000,000원
02	②	선급비용은 유동자산에 해당한다.
03	①	단기매매증권 취득 시 발생한 수수료는 별도의 비용(영업외 비용)으로 처리하고, 차량운반구 취득 시 발생한 취득세는 차량운반구의 원가에 가산하여야 한다.
04	②	기초 잔액이 대변에 기록되는 대변 중심의 항목에 해당하는 것은 부채와 자본, 수익 계정이 해당되며, 받을어음(자산), 광고선전비(비용), 미수금(자산)은 차변 중심의 항목에 해당한다.
05	①	재산세는 유형자산의 보유기간 중 발생하는 지출로써 취득원가에 가산하지 않으며, 세금과공과 계정으로 처리하여야 한다.
06	④	당좌차월은 단기차입금에 속하는 것으로 유동부채에 해당한다.
07	①	인출금 계정은 개인기업의 사업주가 개인적 용도로 지출한 금액을 처리하는 임시계정으로 결산기일에 자본금 계정으로 대체하여 마감한다.
08	②	선급비용은 자산에 해당하므로 재무상태표상 계정과목에 해당한다.
09	②	미지급비용이란 당기의 수익에 대응되는 비용으로서 아직 지급되지 않은 비용을 말한다.
10	③	보험료(비용)로 계상된 120,000원중 차기분에 해당하는 30,000원은 결산시 선급비용으로 대체되어 비용의 감소(당기순이익 증가)라는 결과를 가져온다. ✓ 수정후 당기순이익: 수정전 당기순이익(300,000원) + 보험료 선급분(30,000원) = 330,000원
11	③	영업외 비용: 이자비용(3,000원) + 기부금(1,000원) = 4,000원 ✓ 자동차 보험료: 판매비와관리비, 대손상각비: 판매비와관리비
12	④	매출채권에 대한 대손발생시 처리되는 대손상각비는 판매비와관리비에 해당하지만, 매출채권 이외의 계정의 대손발생시 처리되는 기타의 대손상각비는 영업외비용에 해당한다.
13	③	분개장에 분개된 거래내역을 총계정원장에 옮겨 기록하는 절차는 전기에 대한 설명이다.
14	①	• 일정시점의 재무상태(자산, 부채, 자본)를 나타내는 재무보고서 ➜ 재무상태표 • 일정기간의 경영성과(비용, 수익)를 나타내는 재무보고서 ➜ 손익계산서
15	④	재고자산의 단가결정방법으로는 개별법, 선입선출법, 후입선출법, 이동평균법, 총평균법이 있으며, 연수합계법은 정액법, 정률법, 생산량비례법과 함께 유형자산의 감가상각방법에 해당된다.

제110회 실무

문제 1

회사등록	• 종목 수정: 문구및잡화 → 전자제품 • 개업연월일 수정: 2011년 01월 05일 → 2011년 09월 14일 • 관할세무서 수정: 145.관악 → 305.대전

문제 2

전기분 손익계산서	• 급여(801): 20,000,000원 → 24,000,000원 • 복리후생비(811): 1,500,000원 → 1,100,000원 • 잡이익(930): 3,000,000원 삭제 → 임대료(904) 3,000,000원 추가입력

문제 3

01	거래처등록	• 코드: 98006 • 거래처명: 한경은행 • 유형: 1.보통예금 • 계좌번호 : 1203-4562-49735 • 사업용 계좌 : 1.여
02	거래처별 초기이월	• 외상매출금: · 믿음전자 15,000,000원 → 20,000,000원 · 리트상사 5,000,000원 삭제 → ㈜형제 5,000,000원 추가입력 • 외상매입금: · 중소상사 : 1,000,000원 → 12,000,000원

문제 4 일반전표입력

01	07월 16일	(차)	보통예금	600,000원	(대)	선수금(우와상사)	600,000원
02	08월 04일	(차)	비품	15,000,000원	(대)	미지급금(BC카드)	15,000,000원
03	08월 25일	(차)	세금과공과금	120,000원	(대)	현금	120,000원
04	09월 06일	(차)	당좌예금 매출할인(403)	1,764,000원 36,000원	(대)	외상매출금(수분상사)	1,800,000원
05	09월 20일	(차)	복리후생비	200,000원	(대)	현금	200,000원
06	10월 05일	(차)	광고선전비	500,000원	(대)	미지급금(삼성카드)	500,000원
07	10월 13일	(차)	기부금	500,000원	(대)	현금	500,000원
08	11월 01일	(차)	예수금 복리후생비	190,000원 190,000원	(대)	보통예금	380,000원

문제 5 오류수정

01	08월 16일	수정전	(차) 운반비 50,000원 (대) 현금 50,000원
		수정후	(차) 상품 50,000원 (대) 현금 50,000원 ✓ 상품 매입 시 발생한 당사 부담 운반비는 상품계정으로 처리한다.
02	09월 30일	수정전	(차) 장기차입금(농협은행) 11,000,000원 (대) 보통예금 11,000,000원
		수정후	(차) 장기차입금(농협은행) 10,000,000원 (대) 보통예금 11,000,000원 이자비용 1,000,000원

문제 6 결산정리

01	12월 31일	(차) 소모품비 70,000원 (대) 소모품 70,000원
02	12월 31일	(차) 가수금 200,000원 (대) 외상매출금(강원상사) 200,000원
03	12월 31일	(차) 현금과부족 100,000원 (대) 잡이익 100,000원
04	12월 31일	(차) 감가상각비 1,100,000원 (대) 감가상각누계액(차량운반구) 600,000원 감가상각누계액(비품) 500,000원 또는 [결산자료입력] 감가상각비 차량운반구 600,000원, 비품 500,000원 입력 후 F3 전표추가

문제 7 조회

01	**[거래처원장]** 기간: 1월 1일 ~ 6월 30일, 계정과목: 외상매출금	**드림상사 4,200,000원**
02	**[총계정원장]** 기간: 1월 1일 ~ 6월 30일, 계정과목: 복리후생비	**2,524,000원**
03	**[재무상태표]** 기간: 6월, 계정과목: 차량운반구, 차량운반구 감가상각누계액 ✓ 22,000,000원(차량운반구) – 6,000,000원(차량운반구 감가상각누계액) = 16,000,000원	**16,000,000원**

제111회 이론

01	02	03	04	05	06	07	08	09	10	11	12	13	14	15
④	①	②	④	③	③	②	④	②	④	①	③	③	①	②

01	④	재산 등의 증감변화에 대해 개별 항목의 변동만 기록하는 것은 단식부기의 특징이다.
02	①	유형자산에 대한 설명이며, 유형자산에는 토지, 건물, 차량운반구, 비품, 기계장치, 구축물, 건설중인 자산 등이 해당된다.
03	②	현금및현금성자산은 취득 당시 만기가 3개월 이내에 도래하는 금융상품을 말한다.
04	④	단식부기라고 불리우는 단식회계는 일정한 원리원칙 없이 작성되는 것으로 일반기업회계기준에 의한 회계 즉, 복식부기와 무관한 내용이다.
05	③	재고자산은 판매되는 시점에수익을 인식하며, 수익을 인식한 시점에 매출원가 계정으로 처리되면서 비용으로 인식된다.
06	③	일시적가계정에 해당하는 가수금에 대한 설명이며, 가계정은 결산시에 재무제표에 반영될 수 없다.
07	②	거래처 직원과 함께한 식사비용은 접대비(기업업무추진비) 계정으로 처리하며, 회계처리는 다음과 같다. (차) 접대비(기업업무추진비) 22,000원 (대) 현금 22,000원
08	④	• 기말재고액 증가 ➜ 매출원가 감소, 매출총이익 증가 • 기말재고액 감소 ➜ 매출원가 증가, 매출총이익 감소
09	②	• 판매비와관리비: 보험료, 세금과공과 • 영업외비용: 이자비용, 기부금 • 자산항목: 미수금, 선급비용 • 부채항목: 미지급비용
10	④	잔액시산표에서 확인되는 자본금(820,000원)은 당기순손익이 반영되지 않은 기초자본금이다. ① 기말자본금: 기초자본금(820,000원) + 당기순이익(10,000원) = 830,000원 ② 유동자산 = 220,000원(현금) ③ 판매비와관리비 = 50,000원(급여) ② 당기순이익: 수익(60,000원) - 비용(50,000원) = 10,000원
11	①	① (차) 차량운반구(자산증가) 1,000,000원 (대) 현금(자산감소) 1,000,000원 ② (차) 임차료(비용발생) 1,000,000원 (대) 현금(자산감소) 1,000,000원 ③ (차) 현금(자산증가) 1,000,000원 (대) 이자수익(수익발생) 1,000,000원 ② (차) 상품(자산증가) 1,000,000원 (대) 외상매입금(부채증가) 1,000,000원
12	③	엘리베이터 설치는 자본적 지출에 해당하며, 나머지 보기는 수익적 지출에 해당한다. • 자본적지출: 엘리베이터 및 냉난방장치 설치, 내용연수 연장 및 품질현상을 가져오는 행위 • 수익적지출: 수선유지, 원상회복 및 능률유지를 위한 지출
13	③	• 개인기업의 대표자 소득세 납부 ➜ 인출금(결산시 자본금의 감소로 대체) • 건물에 대한 재산세 ➜ 세금과공과
14	①	매입채무: 지급어음(20,000원) + 외상매입금(30,000원) = 50,000원
15	②	• 당기순이익: 총수익(100,000원) - 총비용(80,000원) = 20,000원 • 기말자본: 기초자본(XXX) + 당기순이익(20,000원) = 200,000원 ∴ 기초자본금은 180,000원

제111회 실무

문제 1

회사등록	• 대표자명 수정: 이기호 → 박연원 • 업태 수정: 제조 → 도소매 • 개업연월일 수정: 2018.08.02. → 2013.02.02.

문제 2

전기분 재무상태표	• 미수금 600,000원 추가입력 • 지급어음 810,000원 → 8,100,000원으로 수정 • 단기차입금 500,000원 → 5,000,000원으로 수정

문제 3

01	거래처별 초기이월	• 외상매입금: · 고래전자 10,000,000원 → 12,000,000원으로 수정 · 석류상사 27,000,000원 추가입력 • 미지급금: · 앨리스상사 2,500,000원 → 25,000,000원으로 수정
02	계정과목 및 적요등록	• 현금적요 No.5: 미수금 보통예금 입금

문제 4 일반전표입력

01	07월 13일	(차) 보통예금	2,000,000원	(대) 대손충당금(109)	2,000,000원
02	08월 01일	(차) 외상매입금(남선상사)	2,000,000원	(대) 받을어음(오름상사)	2,000,000원
03	08월 31일	(차) 임차보증금(온천상사)	20,000,000원	(대) 보통예금	20,000,000원
04	09월 02일	(차) 인출금(또는 자본금)	1,500,000원	(대) 미지급금(삼성카드)	1,500,000원
05	09월 16일	(차) 현금 감가상각누계액(209)	9,000,000원 2,000,000원	(대) 차량운반구 유형자산처분이익	10,000,000원 1,000,000원
06	09월 30일	(차) 보통예금	10,000,000원	(대) 장기차입금(우리은행)	10,000,000원
07	10월 02일	(차) 상품	2,200,000원	(대) 외상매입금(포스코상사) 현금	2,000,000원 200,000원
08	10월 29일	(차) 선급금(효은상사)	1,000,000원	(대) 보통예금	1,000,000원

문제 5 오류수정

01	10월 05일	수정전	(차) 수선비	1,300,000원	(대)	현금	1,300,000원
		수정후	(차) 건물	13,000,000원	(대)	현금	13,000,000원
02	10월 13일	수정전	(차) 복리후생비	400,000원	(대)	미지급금(삼성카드)	400,000원
		수정후	(차) 기업업무추진비(접대비)	400,000원	(대)	미지급금(삼성카드)	400,000원

문제 6 결산정리

01	12월 31일	(차)	미수수익	1,500,000원	(대)	이자수익	1,500,000원
02	12월 31일	(차)	선급비용	120,000원	(대)	보험료	120,000원
03	12월 31일	(차)	단기매매증권	100,000원	(대)	단기매매증권평가이익	100,000원
		✓ 1,600원(기말 공정가치) - 1,500원(취득원가) × 1,000주 = 100,000원					
04	12월 31일	(차)	대손상각비	563,500원	(대)	대손충당금(109)	323,500원
						대손충당금(111)	240,000원
		✓ • 외상매출금 기말 잔액 322,350,000원 × 1%−2,900,000원 = 323,500원 • 받을어음 기말 잔액 28,300,000원 × 1%−43,000원 = 240,000원 또는 [결산자료입력] 대손상각 외상매출금 323,500원, 받을어음 240,000원 입력 후 F3 전표추가					

문제 7 조회

01	[계정별원장] 기간: 3월 1일 ~ 3월 31일, 계정과목: 외상매출금	3건
02	[거래처원장] 기간: 1월 1일 ~ 6월 30일, 계정과목: 선급금, 거래처: 자담상사	5,200,000원
03	[총계정원장] 기간: 1월 1일 ~ 6월 30일, 계정과목: 현금 ✓ 44,000,000(입금액 5월) - 20,600,000원(출금액 2월) = 23,400,000원	23,400,000원

제112회 이론

01	02	03	04	05	06	07	08	09	10	11	12	13	14	15
②	③	①	①	④	②	③	④	①	③	①	②	③	④	②

01	②	당기순손익을 계산하는 방법은 재산법과 손익법으로 구분된다. • 재산법: 기초자본과 기말자본을 비교 ➔ 재무상태표 • 손익법: 총비용과 총수익을 비교 ➔ 손익계산서
02	③	• 외상매입금 발생액: 당기외상매입액(300,000원) - 매입환출(30,000원) = 270,000원 • 기초 외상매입금(60,000원) + 외상매입금 발생액(270,000원) - 외상매입금 지급액(XXX) = 기말 외상매입금(120,000원) ∴ 외상매입금 지급액은 210,000원
03	①	매출원가와 판매비와관리비(접대비'기업업무추진비', 세금과공과)는 영업이익에 영향을 주지만, 영업외비용(이자비용)은 영업이익과는 무관한 항목이다. [손익계산서 구조] • 매출총이익 = 매출액 - 매출원가 • 영업이익 = 매출총이익 - 판매비와관리비 • 소득세차감전순이익 = 영업이익 - 영업외비용 + 영업외수익 • 당기순이익 = 소득세차감전순이익 - 소득세
04	①	유형자산에 대한 감가상각은 결산 수정분개에 해당하지만, 유형자산의 처분은 결산 수정분개에 해당하지 않는다.
05	④	임차보증금은 유형자산이 아니라 기타비유동자산 항목이다. • 유형자산: 토지, 건물, 건설중인자산, 구축물, 비품, 차량운반구, 기계장치 등
06	②	유동성배열법에 따른 자산의 배열순서: 당좌자산 ➔ 재고자산 ➔ 투자자산 ➔ 유형자산 ➔ 무형자산 ➔ 기타비유동자산
07	③	• 단기매매증권 처분금액: 매도금액(2,000,000원) - 매각 수수료(100,000원) = 1,900,000원 • 단기매매증권 처분손익: 처분금액(1,900,000원) - 장부금액(1,600,000원) = 단기매매증권 처분이익(300,000원)
08	④	선급금은 당좌자산 항목이다.
09	①	대손충당금은 채권(외상매출금, 받을어음 등)에 대해 설정하는 것이며, 지급어음, 미지급금, 선수금은 채무(부채) 계정에 해당한다. • 외상매출금, 받을어음의 대손발생 ➔ 대손상각비(판매비와관리비) • 미수금, 대여금, 선급금 등의 대손발생 ➔ 기타의 대손상각비(영업외비용)
10	③	손익계정 차변의 [매입]은 매출원가를 의미하며, 대변의 [매출]은 순매출을 의미한다. • 매출총이익: 순매출(800,000원) - 매출원가(600,000원) = 200,000원
11	①	재무제표의 종류 ➔ 재무상태표, 손익계산서, 현금흐름표, 자본변동표, 주석
12	②	• 기말자산: 현금(100,000원) + 상품(1,000,000원) = 1,100,000원 • 기말부채: 선수금(300,000원) + 외상매입금(200,000원) + 단기차입금(100,000원) = 600,000원 • 기말자본: 기말자산(1,100,000원) - 기말부채(600,000원) = 500,000원
13	③	유형자산에 대한 자본적 지출액은 해당자산의 취득원가에 가산되며, 향후 감가상각을 통해 비용으로 처리된다.

14	④	① (차) 상품(자산의 증가) 300,000원 (대) 외상매입금(부채의 증가) 300,000원 ② (차) 현금(자산의 증가) 100,000원 (대) 외상매출금(자산의 감소) 100,000원 ③ (차) 종업원가불금(자산의 증가) 300,000원 (대) 보통예금(자산의 감소) 300,000원 ④ (차) 보통예금(자산의 증가) 300,000원 (대) 이자수익(수익의 발생) 300,000원
15	②	• 전기이월이 대변에 발생하므로, 부채 또는 자본 계정에 해당한다. • 미수금, 선급금, 외상매출금은 자산계정에 해당하므로, 전기이월이 차변에 발생한다.

제112회 실무

문제 1

회사등록	• 사업자등록번호: 350-52-35647 → 305-52-36547 • 사업장주소: 부산광역시 해운대구 중동 777 → 대전광역시 중구 대전천서로 7(옥계동) • 종목: 신발 의류 잡화 → 문구 및 잡화

문제 2

전기분 손익계산서	• 상품매출(401): 227,000,000원 → 237,000,000원 • 여비교통비(812) → 복리후생비(811) • 유형자산처분손실(970): 12,000,000원 추가 입력

문제 3

01	거래처별 초기이월	• 받을어음 : 아진상사 2,000,000원 → 5,000,000원 • 외상매입금 : 대영상사 15,000,000원 → 20,000,000원 • 예수금 : 대전세무서 300,000원 추가 입력
02	거래처등록 [신용카드]	• 거래처코드 : 99603 • 거래처명 : BC카드 • 유형 : 2.매입 • 카드번호 : 1234-5678-1001-2348 • 카드종류 : 3.사업용카드

문제 4 일반전표입력

01	08월 09일	(차)	선급금((주)모닝)	200,000원	(대)	현금	200,000원
02	08월 20일	(차)	차량운반구	7,300,000원	(대)	미지급금(삼성카드) 보통예금	7,000,000원 300,000원
03	09월 25일	(차)	급여	3,700,000원	(대)	예수금 보통예금	512,760원 3,187,240원
04	10월 02일	(차)	기업업무추진비(접대비) 복리후생비	2,000,000원 1,000,000원	(대)	미지급금(삼성카드) (또는 미지급비용)	3,000,000원
05	11월 17일	(차)	당좌예금 받을어음((주)새로운)	12,000,000원 23,000,000원	(대)	상품매출	35,000,000원
06	12월 01일	(차)	건물	15,000,000원	(대)	보통예금	15,000,000원
07	12월 27일	(차)	수수료비용	300,000원	(대)	현금	300,000원
08	12월 29일	(차)	현금	30,000원	(대)	현금과부족	30,000원

문제 5 오류수정

01	07월 10일	수정전	(차)	보통예금	200,000원	(대)	외상매출금(하진상사)	200,000원
		수정후	(차)	보통예금	200,000원	(대)	선수금(하진상사)	200,000원
02	11월 25일	수정전	(차)	세금과공과	200,000원	(대)	현금	200,000원
		수정후	(차)	인출금 (또는 자본금)	200,000원	(대)	현금	200,000원

문제 6 결산정리

01	12월 31일	(차)	임차료	500,000원	(대)	미지급비용	500,000원
02	12월 31일	(차)	미수수익	300,000원	(대)	이자수익	300,000원
03	12월 31일	(차)	보통예금	800,000원	(대)	단기차입금(기업은행)	800,000원
04	12월 31일	(차)	감가상각비 ✓ 55,000,000원×10%=5,500,000원 또는 [결산자료입력] 감가상각비 비품 5,500,000원 입력 후 F3 전표추가	5,500,000원	(대)	감가상각누계액(비품)	5,500,000원

문제 7 조회

01	[현금출납장] 기간: 1월 1일 ~ 5월 31일, 1월 8,364,140원, 2월 36,298,400원, 3월 7,005,730원, 4월 7,248,400원, 5월 14,449,010원	2월
02	[월계표] 기간: 1월 ~ 6월, 판매비와관리비 급여의 차변 현금	12,000,000원
03	[계정별원장] 기간: 6월 1일 ~ 6월 30일, 계정과목: 받을어음	5,000,000원

제113회 이론

01	02	03	04	05	06	07	08	09	10	11	12	13	14	15
④	①	②	③	②	①	②	④	③	①	②	④	①	③	④

01	④	(차) 통신비(비용의 발생) 50,000원 (대) 보통예금(자산의 감소) 50,000원
02	①	총계정원장에서 자산과 비용은 잔액이 차변에 남으며, 부채와 자본, 수익은 잔액이 대변에 남는다. • 보통예금(자산), 수수료비용(비용), 외상매출금(자산) ➜ 잔액이 차변 • 임대료수입(수익) ➜ 잔액이 대변
03	②	기말상품재고액이 과다계상되는 경우 매출원가는 과소, 매출총이익과 당기순이익은 과대계상 된다.
04	③	유동성배열법에 따른 자산의 배열순서: 당좌자산 ➜ 재고자산 ➜ 투자자산 ➜ 유형자산 ➜ 무형자산 ➜ 기타비유동자산 ∴ 단기대여금(당좌자산), 건물(유형자산), 영업권(무형자산), 장기대여금(투자자산) 순으로 배열
05	②	유형자산과 무형자산이 감가상각 대상이 되며, 유형자산 중 토지와 건설중인자산은 감가상각을 하지 않는다.
06	①	• 순자산(자본) = 자산 − 부채 • 자산: 현금(300,000원) + 대여금(100,000원) + 선급금(200,000원) + 재고자산(800,000원) = 1,400,000원 • 부채: 매입채무(100,000원) + 사채(300,000원) = 400,000원 ∴ 순자산(자본): 자산(1,400,000원) − 부채(400,000원) = 1,000,000원
07	②	• 일정시점의 재무상태를 나타내는 재무보고서는 재무상태표이며, 자산, 부채, 자본 항목이 포함된다. • 매출원가, 급여, 이자비용 등은 비용 항목으로 손익계산서의 구성요소 이다.
08	④	우표는 통신비(비용의 발생)로 처리한다.
09	③	기말 대손충당금: 기말 매출채권 × 대손률(1%) • 기말 매출채권: 기초 매출채권(500,000원) + 당기 매출액(2,000,000원) − 매출채권 회수액(1,500,000원) = 1,000,000원 • 기말 대손충당금: 기말 매출채권(1,000,000원) × 1% = 10,000원

10	①	선수금과 선수수익이 부채계정에 해당하며, 나머지 항목은 자산계정에 해당한다. ∴ 부채: 선수금(70,000원) + 선수수익(30,000원) = 100,000원
11	②	회계의 순환과정: 거래발생 ➜ 분개 ➜ 전기 ➜ 수정 전 시산표 작성 ➜ 결산정리분개 ➜ 수정 후 시산표작성 ➜ 각종 장부마감 ➜ 결산보고서 작성
12	④	운반비, 수수료, 설치비 등의 자산 매입부대비용은 자산의 취득원가에 가산하며, 매입환출, 매입에누리, 매입할인 등은 자산의 취득원가에서 차감하여야 한다.
13	①	보험료는 판매비와관리비 항목에 해당한다.
14	③	물가상승 시 기말재고자산이 과소평가되는 것은 후입선출법에 대한 설명이다.
15	④	무상으로 자산을 취득하는 경우 자산의 취득가액은 공정가액으로 처리하며, 취득 과정에서 발생하는 취득세와 등록세, 수수료 등은 취득원가에 가산 하여야 한다.

제113회 실무

문제 1

회사등록	• 대표자명: 최연제 → 정성찬 • 종목: 스포츠 용품 → 문구 및 잡화 • 개업연월일: 2018-07-14 → 2018-04-08

문제 2

전기분 손익계산서	• 급여(801): 10,000,000원 → 20,000,000원 • 임차료(819): 2,100,000원 → 2,300,000원 • 통신비(814): 400,000원 → 운반비(824): 400,000원

문제 3

01	계정과목 및 적요등록	• 계정과목: 146.상품, 현금적요 No.3: 수출용 상품 매입
02	거래처별 초기이월	• 외상매입금: 동오상사 10,000,000원 추가 입력 • 지급어음: 디오상사 3,000,000원 → 3,500,000원 : 망도상사 3,000,000원 추가 입력

문제 4 일반전표입력

01	08월 10일	(차) 현금	2,400,000원	(대) 외상매출금(수민상회)	2,400,000원
02	08월 25일	(차) 기업업무추진비(접대비)	200,000원	(대) 현금	200,000원
03	09월 02일	(차) 예수금 복리후생비	100,000원 120,000원	(대) 보통예금	220,000원
04	09월 20일	(차) 세금과공과	500,000원	(대) 현금	500,000원
05	09월 25일	(차) 지급어음(가은상사)	3,500,000원	(대) 보통예금	3,500,000원
06	10월 05일	(차) 현금 외상매출금(한능협)	4,000,000원 6,000,000원	(대) 상품매출	10,000,000원
07	10월 20일	(차) 수도광열비 소모품비	30,000원 100,000원	(대) 미지급금(삼성카드) (또는 미지급비용)	130,000원
08	11월 10일	(차) 선납세금 보통예금	15,400원 84,600원	(대) 이자수익	100,000원

문제 5 오류수정

01	08월 06일	수정전	(차) 미지급금(신한카드)	6,000,000원	(대) 보통예금	6,000,000원
		수정후	(차) 미지급금(하나카드)	6,000,000원	(대) 보통예금	6,000,000원
02	10월 25일	수정전	(차) 급여	4,200,000원	(대) 보통예금	4,200,000원
		수정후	(차) 급여	4,200,000원	(대) 예수금 보통예금	635,010원 3,564,990원

문제 6 결산정리

01	12월 31일	(차) 임차료 18,000,000원 (대) 선급비용 18,000,000원 ✓ 24,000,000원×9/12 = 18,000,000원
02	12월 31일	(차) 외상매출금(미국 BRIZ사) 2,000,000원 (대) 외화환산이익 2,000,000원 ✓(1,100원×$ 20,000)-20,000,000원 = 2,000,000원
03	12월 31일	(차) 세금과공과 15,000원 (대) 현금과부족 15,000원
04	12월 31일	(차) 상품매출원가 129,100,000원 (대) 상품 129,100,000원 ✓ 기초상품재고액 4,000,000원+당기상품매입액 129,600,000원-기말상품재고액 4,500,000원=129,100,000원 또는 [결산자료입력] 기말상품재고액 4,500,000원 입력 후 F3 전표추가

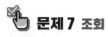

문제 7 조회

01	[거래처원장] 기간: 1월 1일 ~ 6월 30일, 계정과목: 외상매입금, 거래처 어룡상사	4,060,000원
02	[총계정원장] 기간: 1월 ~ 6월, 판매비와관리비 복리후생비	4,984,300원
03	[재무상태표] 기간: 6월, 유동자산 280,188,000원-유동부채 194,000,000원=86,188,000원	86,188,000원

제114회 이론

01	02	03	04	05	06	07	08	09	10	11	12	13	14	15
③	②	②	④	④	④	③	①	④	②	④	③	①	④	④

01	③	[거래의 8요소] "차변" "대변" 자산의 증가 자산의 감소 부채의 감소 부채의 증가 자본의 감소 자본의 증가 비용의 발생 수익의 발생 ➜ 부채의 감소는 차변, 수익의 발생(증가)은 대변에 기록된다.
02	②	• 01월 30일: (차) 현금 100,000원 (대) 현금과부족 100,000원 • 07월 01일: (차) 현금과부족 70,000원 (대) 이자수익 70,000원 • 12월 31일: (차) 현금과부족 30,000원 (대) 잡이익 30,000원 ➜ 결산시 까지 원인이 밝혀지지 않은 현금과부족 차변잔액은 잡손실로 처리하고, 대변잔액은 잡이익 으로 처리한다.
03	②	① 급여, ③ 임차료 ④ 복리수생비 ➜ 판매비와관리비 ② 화재로인한 자산의 소실: 재해손실 ➜ 영업외비용
04	④	외상매출금 기초잔액 400,000원 | 당기회수액 600,000원 당기발생액 ××× | 에누리액 100,000원 | 기말잔액 300,000원 외상매출금 기말잔액 = 외상매출금 기초 + 당기 외상매출금 발생 - 외상매출금 회수액 - 에누리 ∴ 외상매출금 당기발생액은 600,000원
05	④	실제 재고자산의 물량흐름과는 다르며, 물가상승시 기말재고액이 과소계상 되는 것은 후입선출법에 대한 설명이다.
06	④	• 유형자산의 장부가액: 취득기액(×××) - 감가상각누계액(5,000,000원) • 유형자산의 처분손익: 처분가액(12,000,000원) - 장부가액(×××) = 처분이익(7,000,000원) ∴ 유형자산의 장부가액은 5,000,000원, 취득가액은 10,000,000원

07	③	• 기말자본 = 기초자본 + 당기순이익 • 기초자본: 기초자산(1,700,000원) - 기초부채(1,300,000원) = 400,000원 • 당기순이익: 총수익(2,000,000원) - 총비용(1,500,000원) = 500,000원 • 기말자본: 기초자본(400,000원) + 당기순이익(500,000원) = 900,000원
08	①	• 손익의 이연: 선급비용(자산), 선수수익(부채) • 손익의 발생: 미수수익(자산), 미지급비용(부채)
09	④	상품, 재공품, 반제품은 재고자산에 해당하며, 비품은 유형자산에 해당한다.
10	②	(가)는 선수수익, (나)는 예수금에 대한 설명이다.
11	④	직원의 신규채용, 구두협의, 상품의 주문 등은 자산, 부채, 자본의 증감이 발생하지 않으므로, 거래에 해당하지 않는다.
12	③	외상매출금(자산)을 현금(자산)으로 회수한 거래이다.
13	①	재무제표의 종류 ➜ 재무상태표, 손익계산서, 현금흐름표, 자본변동표, 주석 • 시산표는 분개장에서 총계정원으로 전기된 내용을 대차평균의 원리에 의해 확인하기 위한 것으로 재무제표에 해당하지 않는다.
14	④	위탁판매를 위해 수탁자에게 보낸 적송품은 위탁자의 재고자산이며, 위탁판매수수료는 판매비와관리비에 해당하다. • 위탁자의 재고자산: 창고에 보관중인 자산(500,000원) + 위탁판매중인 적송품(100,000원) = 600,000원
15	④	• 매출총이익: 매출액(2,000,000원) - 매출원가(×××) • 매출원가: 기초재고자산(200,000원) + 순매입액(1,000,000원) - 기말재고자산(300,000원) = 900,000원 ∴ 매출총이익은 1,100,000원 (급여는 판매비와관리에 해당하므로, 매출총이익과는 무관)

제114회 실무

문제 1

회사등록	• 대표자명: 안병남 → 이두일 • 개업연월일: 2016년 10월 05일 → 2014년 01월 24일 • 관할세무서: 508.안동 → 305.대전

문제 2

전기분 재무상태표	• 받을어음(110): 69,300,000원 → 65,000,000원 • 감가상각누계액(209): 11,750,000원 → 10,750,000원 • 장기차입금(293): 116,350,000원 추가입력

 문제 3

01	거래처등록 [금융기관]	• 코드: 98100 • 거래처명: 케이뱅크 적금 • 유형: 3.정기적금 • 계좌번호 : 1234-5678-1234 • 계좌개설은행: 089.케이뱅크 • 계좌개설일: 2025-07-01
02	거래처별 초기이월	• 외상매출금: · 태양마트 : 15,000,000원 → 34,000,000원 • 단기차입금: · 은산상사 : 35,000,000원 → 20,000,000원 · 종로상사: 5,000,000원 삭제 → 일류상사: 3,000,000원 추가입력

문제 4 일반전표입력

01	07월 03일	(차)	단기차입금(대전상사)	8,000,000원	(대)	당좌예금	8,000,000원
02	07월 10일	(차)	여비교통비	50,000원	(대)	현금	50,000원
03	08월 05일	(차)	대손충당금(109) 대손상각비	900,000원 4,100,000원	(대)	외상매출금(능곡가구)	5,000,000원
04	08월 13일	(차)	토지	1,000,000원	(대)	현금	1,000,000원
05	09월 25일	(차)	임차료 건물관리비	750,000원 50,000원	(대)	보통예금	800,000원
06	10월 24일	(차)	잡급	100,000원	(대)	현금	100,000원
07	11월 15일	(차)	선급금(아린상사)	4,500,000원	(대)	당좌예금	4,500,000원
08	11월 23일	(차)	차량운반구	20,000,000원	(대)	미지급금(국민카드)	20,000,000원

문제 5 오류수정

01	08월 16일	수정전	(차)	임차료	1,000,000원	(대)	보통예금	1,000,000원
		수정후	(차)	임차보증금(경의상사)	1,000,000원	(대)	보통예금	1,000,000원
02	09월 30일	수정전	(차)	토지	300,000원	(대)	보통예금	300,000원
		수정후	(차)	세금과공과	300,000원	(대)	보통예금	300,000원

문제 6 결산정리

01	12월 31일	(차)	이자비용	360,000원	(대)	미지급비용	360,000원
02	12월 31일	(차)	외상매입금((주)디자인가구)	500,000원	(대)	가지급금	500,000원
03	12월 31일	(차)	소모품비	400,000원	(대)	소모품	400,000원

04	12월 31일	(차) 대손상각비 4,431,400원 (대) 대손충당금(109) 3.081,400원 대손충당금(111) 1,350,000원 ✓ • 외상매출금 기말 잔액 154,070,000원×2% - 0원 = 3,081,400원 • 받을어음 기말 잔액 100,000,000원×2% - 650,000원 = 1,350,000원 또는 [결산자료입력] 대손상각 외상매출금 3,081,400원, 받을어음 1,350,000원 입력 후 F3 전표추가

문제 7 조회

01	**[재무상태표]** 기간: 4월, 계정과목: 지급어음	**130,000,000원**
02	**[일계표]** 기간: 5월 1일 ~ 5월 31일, 계정과목: 외상매출금	**60,000,000원**
03	**[총계정원장]** 기간: 1월 ~ 6월, 계정과목: 복리후생비	**5월** **300,000원**

제115회 이론

01	02	03	04	05	06	07	08	09	10	11	12	13	14	15
③	②	④	①	④	④	④	②	④	①	①	③	①	④	②

01	③	현금및현금성자산: 통화 및 통화대용증권, 요구불예금, 취득 당시 만기 3개월 이내 금융상품 • 현금및현금성자산: 자기앞수표(30,000원) + 취득 당시 만기 3개월 이내 금융상품(70,000원) = 100,000원 • 당좌거래개설보증금은 특정현금과예금에 해당하며, 사용이 제한된 단기투자자산이다.
02	②	회계의 순환과정: 거래발생 ➜ 분개 ➜ 전기 ➜ 수정 전 시산표 작성 ➜ 결산정리분개 ➜ 수정 후 시산표작성 ➜ 각종 장부마감 ➜ 결산보고서 작성
03	④	• 매출총이익: 상품매출(260,000원) - 상품매출원가(120,000원) = 140,000원 • 손익계정의 자본금은 당기순이익(총수익 - 총비용)을 의미한다.
04	①	• 재무상태표는 자산, 부채, 자본 항목으로 구성된다. • 상품매출(수익), 감가상각비(비용), 대손상각비(비용)는 손익계산서 항목이다.
05	④	결산 시 차기로 이월되는 계정과목은 자산, 부채, 자본 항목이 해당된다.
06	④	유형자산을 취득하는 과정에서 발생하는 설치비, 취득세, 취득과 관련된 운송비 등은 자산의 취득원가에 가산하여야 하며, 보유 중에 발생한 수선비 등은 당기 비용인 수선비 항목으로 처리한다.
07	④	이자비용, 유형자산처분손실 등은 영업이익에 영향을 주지않는 영업외비용 항목이다.

08	②	• 자산, 비용은 계정의 잔액이 차변에 기록 • 부채, 자본, 수익은 계정의 잔액이 대변에 기록 ∴ 선수금과 미지급금은 부채항목으로 잔액이 대변에 기록되며, 선급금과 미수금은 자산항목으로 잔액이 차변에 기록된다.
09	④	연수합계법은 유형자산의 감가상각방법에 해당한다.
10	①	상품매출과 관련된 계약금 수령은 선수금(부채) 계정으로 처리한다.
11	①	• 일정시점 기업의 재무상태(자산, 부채, 자본)를 제공하는 재무보고서 ➜ 재무상태표 • 일정기간 기업의 경영성과(비용, 수익)를 제공하는 재무보고서 ➜ 손익계산서
12	③	유형자산 중 토지와 건설중인자산은 감가상각 대상이 아니다.
13	①	상품의 순매입액: 상품매입액(50,000원) − 매입할인(8,000원) = 42,000원
14	④	기말자본: 기초자본(300,000원) + 당기순이익(160,000원) = 460,000원
15	②	소득세는 영업비용에 해당하지 않는다. [손익계산서 구조] • 매출총이익 = 매출액 − 매출원가 • 영업이익 = 매출총이익 − 판매비와관리비 • 소득세차감전순이익 = 영업이익 − 영업외비용 + 영업외수익 • 당기순이익 = 소득세차감전순이익 − 소득세

제115회 실무

문제 1

회사등록	• 업태: 제조 → 도소매 • 종목: 금속제품 → 신발 • 개업연월일: 2015년 9월 23일 → 2010년 9월 23일

문제 2

전기분 손익계산서	• 상품매출원가(451) 당기상품매입액: 180,000,000원 → 190,000,000원 • 수수료비용(831): 2,000,000원 → 2,700,000원 • 잡손실(980): 300,000원 추가입력

문제 3

01	계정과목 및 적요등록	• 계정과목: 803.상여금, 현금적요 No.2: 명절 특별 상여금 지급
02	거래처별 초기이월	• 외상매출금: · 폴로전자: 4,200,000원 → 15,800,000원 · 예진상회: 2,200,000원 → 13,000,000원 • 지급어음: · 주언상사: 3,400,000원 추가입력

문제 4 일반전표입력

01	07월 29일	(차) 수선비 150,000원	(대) 미지급금(국민카드)	150,000원
02	08월 18일	(차) 이자비용 900,000원	(대) 보통예금	900,000원
03	08월 31일	(차) 외상매입금(넥사상사) 3,000,000원	(대) 현금	3,000,000원
04	09월 20일	(차) 기부금 500,000원	(대) 현금	500,000원
05	10월 15일	(차) 임차보증금(동작빌딩) 10,000,000원	(대) 보통예금	10,000,000원
06	11월 04일	(차) 감가상각누계액(207) 10,000,000원 보통예금 10,000,000원	(대) 기계장치	20,000,000원
07	12월 01일	(차) 차량운반구 32,100,000원	(대) 보통예금	32,100,000원
08	12월 10일	(차) 기업업무추진비(접대비) 100,000원	(대) 현금	100,000원

문제 5 오류수정

01	10월 25일	수정전	(차) 건물 5,000,000원	(대) 현금	5,000,000원
		수정후	(차) 수선비 5,000,000원	(대) 현금	5,000,000원
02	11월 10일	수정전	(차) 장기차입금(신한은행) 1,000,000원	(대) 보통예금	1,000,000원
		수정후	(차) 이자비용 1,000,000원	(대) 보통예금	1,000,000원

문제 6 결산정리

01	12월 31일	(차) 미수수익 300,000원	(대) 임대료	300,000원
02	12월 31일	(차) 단기매매증권평가손실 200,000원 ✓ (6,000원 − 4,000원) × 100주 = 200,000원	(대) 단기매매증권	200,000원
03	12월 31일	(차) 선급비용 450,000원 ✓ 600,000원 × 9/12 = 450,000원	(대) 보험료	450,000원
04	12월 31일	(차) 감가상각비 1,100,000원 또는 [결산자료입력] 감가상각비 차량운반구 600,000원, 비품 500,000원 입력 후 F3 전표추가	(대) 감가상각누계액(차량운반구) 감가상각누계액(비품)	600,000원 500,000원

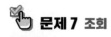

문제 7 조회

01	[재무상태표] 기간: 6월, 당좌자산 ✓ 상품은 재고자산이므로 포함하지 아니한다.	247,210,500원
02	[총계정원장] 기간: 1월 1일 ~ 6월 30일, 계정과목: 광고선전비	1,650,000원
03	[거래처별계정과목별원장] 기간: 1월 1일 ~ 6월 30일, 계정과목: 전체조회(101~999), 거래처: 유화산업	① 10,500,000원 ② 500,000원

제116회 이론

01	02	03	04	05	06	07	08	09	10	11	12	13	14	15
②	①	②	②	②	②	①	③	④	①	③	①	①	③	①

01	②	① (차) 현금(자산증가) 500,000원 (대) 임대료(수익발생) 500,000원 ➜ 수익거래 ② (차) 현금(자산증가) 330,000원 (대) 단기대여금(자산감소) 300,000원 이자수익(수익발생) 30,000원 ➜ 혼합거래 ③ (차) 이자비용(비용발생) 80,000 (대) 현금(자산감소) 80,000원 ➜ 수익거래 ④ (차) 상품(자산증가) 400,000원 (대) 현금(자산감소) 100,000원 외상매입금(부채증가) 300,000원 ➜ 교환거래(비용, 수익이 발생하지 않는 거래)
02	①	정률법, 생산량비례법, 정액법은 유형자산의 감가상각 방법에 해당한다.
03	②	미결산항목에 해당하는 가수금, 가지급금, 현금과부족, 인출금 등은 재무상태표에 표시될 수 없다.
04	②	• 유형자산의 장부가액: 취득기액(10,000,000원) - 감가상각누계액(8,000,000원) = 2,000,000원 • 유형자산의 처분손익: 처분가액(5,000,000원) - 장부가액(2,000,000원) = 처분이익(3,000,000원)
05	②	• 기업 경영주의 소득세 ➜ 인출금(결산시 자본금 감소) • 기말자본금: 기초자본금(200,000원) - 인출금(50,000원) + 추가출자(40,000원) + 당기순이익(×××) = 350,000원 ∴ 당기순이익은 160,000원
06	②	• 토지 구입시 발생한 취득세 ➜ 토지의 취득원가에 가산 • 급여 지급시 발생한 소득세 원천징수액 ➜ 예수금(부채)
07	①	이자비용은 영업이익에 영향을 주지않는 영업외비용 항목이다.
08	③	판매목적으로 보유중인 재고자산에는 상품, 반제품, 제품 등이 해당된다.

09	④	파손된 유리 창문을 교체하는 비용과 자동차 엔진오일의 교체는 수익적 지출에 해당한다.
10	①	① (차) 외상매입금(부채감소) ××× (대) 보통예금(자산감소) ××× ② (차) 수도광열비(비용발생) ××× (대) 현금(자산감소) ××× ③ (차) 기업업무추진비(비용발생) ××× (대) 현금(자산감소) ××× ④ (차) 현금(자산증가) ××× (대) 비품(자산감소) ×××
11	③	선급비용은 당좌자산에 해당하며, 예수금, 미지급비용, 선수금은 유동부채에 해당한다.
12	①	• 경과분이자 미수령 회계처리: ➜ (차) 미수수익(자산증가) ××× (대) 이자수익(수익발생) ××× ∴ 위 회계처리를 하지 않는 경우 자산이 과소계상, 수익이 과소계상 된다.
13	①	• 순매출액: 매출액(300,000원) - 매출환입(10,000원) = 290,000원 • 상품매출과 관련된 부대비용은 비용인 운반비 계정으로 처리한다.
14	③	비용이 발생하였으나, 약정된 지급일이 되지 않아 지급하지 않은 금액은 미지급비용으로 처리한다.
15	①	• 정기예금은 단기금융상품으로 분류되며, 단기매매증권은 단기투자자산으로 분류된다. • 현금및현금성자산: 통화 및 통화대용증권, 요구불예금, 취득 당시 만기 3개월 이내 금융상품 ∴ 보통예금(500,000원) + 당좌예금(700,000원) = 1,200,000원

제116회 실무

문제 1

회사등록	• 사업자등록번호: 628-26-01132 → 628-26-01035 • 종목: 컴퓨터 부품 → 유아용 의류 • 사업장관할세무서: 212.강동 → 120.삼성

문제 2

전기분 손익계산서	• 상품매출(401): 656,000,000원 → 665,000,000원 • 기업업무추진비(접대비)(813): 8,100,000원 → 8,300,000원 • 임차료(819): 12,000,000원 추가입력

문제 3

01	거래처등록 [일반거래처]	• 코드: 00308 • 거래처명: 뉴발상사 • 등록번호: 113-09-67896 • 유형: 3.동시 • 대표자: 최은비 • 업태: 도매및소매업 • 종목: 신발 도매업 • 사업장주소: 서울 송파구 법원로11길 11
02	거래처별 초기이월	• 외상매출금: 온컴상사 → 스마일상사 • 미수금: 슈크림상사 1,000,000원 → 10,000,000원 • 단기차입금: 다온상사 23,000,000원 추가입력

문제 4 일반전표입력

01	07월 25일	(차) 복리후생비 300,000원 (대) 현금 300,000원
02	08월 04일	(차) 상품 4,000,000원 (대) 당좌예금 800,000원 지급어음(영동상사) 3,200,000원
03	08월 25일	(차) 보통예금 300,000원 (대) 선수금(하나상사) 300,000원
04	10월 01일	(차) 보통예금 50,000,000원 (대) 장기차입금(기업은행) 50,000,000원
05	10월 31일	(차) 급여 2,717,000원 (대) 예수금 309,500원 보통예금 2,407,500원
06	11월 13일	(차) 보통예금 1,900,000원 (대) 받을어음(가나상사) 2,000,000원 매출채권처분손실 100,000원
07	11월 22일	(차) 상품 4,150,000원 (대) 외상매입금(한울상사) 4,000,000원 현금 150,000원
08	12월 15일	(차) 교육훈련비 1,000,000원 (대) 보통예금 500,000원 미지급금(우리컨설팅) 500,000원 (또는 미지급비용)

문제 5 오류수정

01	08월 22일	수정전	(차) 보통예금 4,000,000원 (대) 선수금(만중상사) 4,000,000원
		수정후	(차) 보통예금 4,000,000원 (대) 대손충당금(109) 4,000,000원
02	09월 15일	수정전	(차) 광고선전비 130,000원 (대) 보통예금 130,000원
		수정후	(차) 기업업무추진비(접대비) 130,000원 (대) 보통예금 130,000원

문제 6 결산정리

01	12월 31일	(차) 수도광열비 1,000,000원 (대) 미지급비용 1,000,000원 (또는 미지급금)
02	12월 31일	(차) 수선비 30,000원 (대) 현금과부족 30,000원
03	12월 31일	(차) 이자비용 1,000,000원 (대) 미지급비용 1,000,000원 ✓ 100,000,000원×12%÷12개월=1,000,000원
04	12월 31일	(차) 상품매출원가 180,950,000원 (대) 상품 180,950,000원 ✓ 기초상품재고액 16,000,000원+당기상품매입액 179,950,000원-기말상품재고액 15,000,000원=180,950,000원 또는 [결산자료입력] 기말상품재고액 15,000,000원 입력 후 F3 전표추가

문제 7 조회

01	[총계정원장] 기간: 1월 1일 ~ 6월 30일, 계정과목: 기업업무추진비(접대비)	2월 1,520,000원
02	[손익계산서] 기간: 5월, 계정과목: 급여	27,000,000원
03	[거래처원장] 기간: 1월 1일 ~ 6월 30일, 계정과목: 외상매출금	다주상사 46,300,000원

제117회 이론

01	02	03	04	05	06	07	08	09	10	11	12	13	14	15
①	②	④	②	②	③	③	④	④	②	②	②	③	②	③

01	①	총계정원장의 마감은 결산절차 중 본절차에 해당한다.
02	②	수익적 지출(비용발생)을 자본적 지출(자산증가)로 처리한 경우 재무제표에 미치는 영향 ➜ 비용의 과소계상, 자산의 과다계상, 이익의 과다계상, 자본의 과다계상
03	④	당좌차월은 유동부채에 해당한다.
04	②	외환차손은 영업이익에 영향을 주지않는 영업외비용 항목이다.
05	②	[손익계산서 구조] • 매출총이익 = 매출액 − 매출원가 • 영업이익 = 매출총이익 − 판매비와관리비 • 법인세차감전순이익 = 영업이익 − 영업외비용 + 영업외수익 • 당기순이익 = 법인세차감전순이익(소득세차감전순이익) − 법인세(소득세)
06	③	• 재고자산의 취득원가: 매입원가(10,000원) + 통관비용(5,000원) = 15,000원 • 판매장소 임차료는 판매비와관리비 계정으로 재고자산의 취득원가와는 무관하다.
07	③	• 당기순이익: 총수익(130,000원) − 총비용(100,000원) = 30,000원 • 기말자본금: 기초자본금(150,000원) + 당기순이익(30,000원) = 180,000원
08	④	매입채무: 외상매입금(10,000원) + 지급어음(60,000원) = 70,000원
09	④	자산이나 부채에 대한 차감계정은 대손충당금과 감가상각누계액이 대표적이다.
10	②	잡이익(영업외수익), 이자비용(영업외비용), 기부금(영업외비용)은 영업이익에 영향을 주지않는 항목이다.
11	②	• 일정기간 동안 기업의 경영성과에 대한 정보를 제공하는 재무보고서는 손익계산서 이며, 비용과 수익 항목이 해당된다. • 미지급비용은 부채에 해당하며, 재무상태표 항목이다.

12	②	• 재산세는 자산의 보유기간 중 발생한 지출로 세금과공과(비용)로 처리하며, 사용 중에 발생한 수익적 지출은 수선비(비용)로 처리한다. • 유형자산의 취득원가: 매입대금(1,500,000원) + 취득세(50,000원) = 1,550,000원
13	③	무형자산에 대한 설명이다.
14	②	• 결산시 현금시재액이 장부가액보다 30,000원 부족한 경우 ➜ (차) 잡손실 30,000원 (대) 현금 30,000원 • 결산일 현금의 차액은 현금과부족 대신 잡손실 혹은 잡이익 으로 처리한다.
15	③	유동성배열법에 따른 자산의 배열순서: 당좌자산 ➜ 재고자산 ➜ 투자자산 ➜ 유형자산 ➜ 무형자산 ➜ 기타비유동자산 ∴ 현금, 상품, 투자부동산, 기계장치, 산업재산권 순으로 배열

제117회 실무

문제 1

회사등록	• 업태: 제조 → 도소매 • 종목: 사무기기 → 신발 • 사업장관할세무서: 128.고양 → 141.파주

문제 2

전기분 재무상태표	• 보통예금(103): 2,300,000원 → 23,000,000원 • 대손충당금(111): 520,000원 추가입력 • 단기차입금(260): 48,000,000원 추가입력

문제 3

01	계정과목 및 적요등록	• 계정과목: 813.기업업무추진비(접대비), 대체적요 No.5: 거래처 현물접대
02	거래처별 초기이월	• 외상매출금: 코코무역 10,000,000원 → 15,300,000원 : 호호상사 7,200,000원 추가입력 • 외상매입금: 나비장식 12,800,000원 추가입력

문제 4 일반전표입력

01	07월 23일	(차) 인출금 (또는 자본금)	5,000,000원	(대) 현금	5,000,000원
02	08월 16일	(차) 현금 외상매출금(백호상사)	2,000,000원 4,000,000원	(대) 상품매출	6,000,000원

03	08월 27일	(차) 운반비	30,000원	(대) 현금	30,000원
04	09월 18일	(차) 여비교통비	420,000원	(대) 가지급금(이미도) 현금	300,000원 120,000원
05	10월 16일	(차) 외상매입금(한세상사) 수수료비용	5,000,000원 1,000원	(대) 보통예금	5,001,000원
06	11월 11일	(차) 대손충당금(109)	200,000원	(대) 외상매출금(시원상사)	200,000원
07	12월 05일	(차) 장기차입금(하나은행) 이자비용	800,000원 200,000원	(대) 보통예끔	1,000,000원
08	12월 23일	(차) 비품	3,000,000원	(대) 미지급금(국민카드)	3,000,000원

문제 5 오류수정

01	08월 20일	수정전	(차) 보통예금	5,000,000원	(대) 외상매출금(한세상사)	5,000,000원
		수정후	(차) 보통예금	5,000,000원	(대) 선수금(한세상사)	5,000,000원
02	11월 05일	수정전	(차) 보통예금	20,000,000원	(대) 단기차입금(부산은행)	20,000,000원
		수정후	(차) 보통예금	20,000,000원	(대) 장기차입금(부산은행)	20,000,000원

문제 6 결산정리

01	12월 31일	(차) 급여 (또는 잡급)	1,500,000원	(대) 미지급비용	1,500,000원
02	12월 31일	(차) 외상매입금(대구상사)	500,000원	(대) 가지급금	500,000원
03	12월 31일	(차) 미수수익	3,270,000원	(대) 이자수익	3,270,000원
04	12월 31일	(차) 감가상각비 ✓ (5,000,000원-500,000원)/10 = 450,000원 또는 [결산자료입력] 감가상각비 비품 450,000원 입력 후 F3 전표추가	450,000원	(대) 감가상각누계액(비품)	450,000원

문제 7 조회

01	[총계정원장] 기간: 1월 ~ 6월, 계정과목: 이자비용	1,650,000원
02	[거래처원장] 기간: 1월 1일 ~ 6월 30일, 계정과목: 선급금, 거래처: 성지상사	2,600,000원
03	[재무상태표] 기간: 6월, 유동자산, 6월말 471,251,000원-전기말 169,160,000원=302,091,000원	302,091,000원

저자 이원주

▌약력

- 고려대학교 법학석사(조세법)
- 고려대학교 법학박사(수료)
- 한국세무사회 자격시험팀 차장
- 한양여자대학교 겸임교수
- 웅지세무대학교 겸임교수
- 지방공무원시험 출제위원
- 한국산업인력공단 NCS 심의위원
- 경찰공무원 경력경쟁채용 심의위원
- 국세청 바른세금지킴이 탈세감시위원

(현) 경일세무회계사무소 대표세무사
(현) 한국세무사회 자격시험 출제위원
(현) 고려사이버대학교 외래교수
(현) 에듀윌 전임교수
(현) 한국사이버진흥원 강사
(현) 한국세무사회 도서편집 및 국제협력 위원

▌주요저서

- I CAN 전산세무 2급 (「삼일인포마인」, 2025)
- I CAN 전산회계 1급 (「삼일인포마인」, 2025)
- I CAN 전산회계 2급 (「삼일인포마인」, 2025)
- 초급세무회계(「경영과회계」, 2014)
- 1타 전산회계(「e배움터」, 2021)
- 유튜버와 BJ의 세금신고가이드(「삼일인포마인」, 2021)

저자 김진우

▌약력

- 경남대학교 경영학석사(회계전문가 과정)
- 경남대학교 경영학박사(회계전공)
- 한국생산성본부 ERP 공인강사
- 영남사이버대학교 외래교수
- 영진전문대학교 외래교수
- 창원문성대학교 외래교수
- 경남도립거창대학 세무회계유통과 초빙교수
- 거창세무서 국세심사위원회 위원
- 한국공인회계사회 AT연수강사

(현) (주)더존에듀캠 전임교수
(현) 울산과학대학교 세무회계학과 겸임교수
(현) 경남대학교 경영학부 겸임교수
(현) 서원대학교 경영학부 겸임교수

▌주요저서

- I CAN 전산세무 2급 (「삼일인포마인」, 2025)
- I CAN 전산회계 1급 (「삼일인포마인」, 2025)
- I CAN 전산회계 2급 (「삼일인포마인」, 2025)
- ERP정보관리사 회계 (「삼일인포마인」, 2025)
- ERP정보관리사 인사 (「삼일인포마인」, 2025)
- ERP정보관리사 물류 (「삼일인포마인」, 2025)
- ERP정보관리사 생산 (「삼일인포마인」, 2025)
- 바이블 원가회계(「도서출판 배움」, 2021)
- 바이블 회계원리(「도서출판 배움」, 2023)

감수 김윤주

▌약력

- 영남대학교 경영대학원 석사 졸업(회계학)
- (주)더존비즈온 근무
- 영진전문대학교 경영회계서비스계열 전산세무회계전공 교수
- 한국공인회계사회 AT연수강사
- 국가직무능력표준(NCS) 학습모듈 집필위원 (한국직업능력 개발원)

(현) (주)한결경영 대표
(현) 영진전문대학교 회계금융창업과 겸임교수
(현) (주)더존에듀캠 전임교수

▌주요저서

- I CAN FAT 회계실무 2급 (「삼일인포마인」, 2025)
- I CAN FAT 회계실무 1급 (「삼일인포마인」, 2025)
- I CAN TAT 세무실무 2급 (「삼일인포마인」, 2025)
- I CAN TAT 세무실무 1급 (「삼일인포마인」, 2025)
- 포인트 전산세무/회계 1급, 2급 (「경영과회계」, 2011)
- 포인트 ERP정보관리사 회계/인사 1, 2급 (「경영과회계」, 2009)
- 전산세무실무, 전산회계실무, 기업자원관리실무 (서울시 교육감 인정)

감수 김혜숙

▌약력

- 홍익대학교 교육대학원 석사 졸업(상업교육)
- 홍익대학교 일반대학원 박사 수료(세무학)
- 홍익대학교 외래교수
- 한국공인회계사회 AT연수강사

(현) (주)더존에듀캠 전임교수
(현) 해커스 TAT(세무실무) 1급 전임교수
(현) 서울사이버대학교 세무회계과 겸임교수
(현) 안양대학교 글로벌경영학과 겸임교수

▌주요저서

- I CAN FAT 회계실무 2급 (「삼일인포마인」, 2025)
- I CAN FAT 회계실무 1급 (「삼일인포마인」, 2025)
- I CAN TAT 세무실무 2급 (「삼일인포마인」, 2025)
- I CAN TAT 세무실무 1급 (「삼일인포마인」, 2025)
- ERP정보관리사 회계 (「삼일인포마인」, 2025)
- ERP정보관리사 인사 (「삼일인포마인」, 2025)
- ERP정보관리사 물류 (「삼일인포마인」, 2025)
- ERP정보관리사 생산 (「삼일인포마인」, 2025)

I CAN 전산회계 2급

저자와의
협의하에
인지생략

발　　행	2024년 1월 10일 초판 발행 2025년 2월 10일 2판 발행
저　　자	이원주·김진우
발 행 인	이 희 태
발 행 처	삼일피더블유씨솔류션
주　　소	서울특별시 한강대로 273 용산빌딩 4층
등　　록	1995. 6. 26 제3-633호
전　　화	(02) 3489-3100
팩　　스	(02) 3489-3141
정　　가	20,000원
I S B N	979-11-6784-328-9 13320

* 삼일인포마인은 삼일피더블유씨솔루션의 단행본 브랜드입니다.